国家出版基金项目
NATIONAL PUBLICATION FOUNDATION

中国教育思想文库

冯建军／著

生命与教育

教育科学出版社
·北京·

前　言

回归生命的教育

> 教育，是人对人的主体间的灵肉交流活动，包括知识内容的传授、生命内涵的领悟、意志行为的规范，并通过文化传递的功能，将文化遗产教给年青一代，使他们自由地生成，并启动其自由天性。
>
> ——雅斯贝尔斯（K. T. Jaspers）

人是自然生命和价值生命的双重存在，无论是自然生命的发育完善，还是精神生命的成长，都离不开教育，教育是人的生命的存在形式。这正如哲学家康德（I. Kant）的观点：人是唯一必须接受教育的造物。人只有受过教育，才能成为人。受教育是生命的一种发展需要，非外力所施。

教育是因为人的生命而存在，生命的生长需要才是教育的基本内容。但长期以来，我们的教育语境并不关乎人的生命，而是把教育作为工具。“把‘教育’理解为社会借此可以保存、延续、进步，个体借此得以获得某种素质而在未来过上‘幸福’‘完满’的生活的工具。”（周浩波，2000）[35]对教育的关注，不是因为人本身的需要，而是因为社会的直接需要，间接由培养社会的人来完成，这就是工具主义的教育语境。教育的工具主义思维方式，导致了功利主义教育盛行，造成了生命的遮蔽。

在我国，教育曾经被认为是上层建筑，是生产力，教育培养政治人、经济人。20 世纪后半叶，教育从培养人的外在属性转向人自身。70 年代强调“双基”，因为“知识就是力量”；80 年代强调“能力”，因为面对科技革命的挑战，“能力比知识更重要”；90 年代强调“情意”，因为技术时代的唯理性教育“失却了教育的另一半”。21 世纪之初颁布的《幼儿园教育指导纲要（试行）》和《基础教育课程改革纲要（试行）》都走出了对人的局部关注，指出教育要满足儿童多方面发展的需要，促进他们和谐地发展。教育从关注社会，作为服务社会的工具，到关注人，作为人的发展的自觉需要；从关注知识、能力、情感单一的发展到关注人的身心完整的发展，不断地实现着向生命的回归。

教育是最具生命的事业，它不仅关注生命的发展，而且要基于生命的需求。那么，人的生命的最基本特性是什么呢？我认为，生命具有全面性、自由性、创造性和独特性。人是一个双重生命的存在，是一个身心和谐的统一体。舍弃了价值生命，人就降低为只具本能的动物；舍弃了自然生命，人就异化为无所不能的神。生命是一个不可分裂的整体，具有发展的全面性。全面性是就生命发展的内容而言的，就发展的形式来说，生命的本质就在于它能够“有意识”地支配自己的意志和意识的对象，使生命体现为永不停滞的自我超越与自我发展，实现自我追求的发展和确证。人是现实的产物，现实规约着人，但人对现实不满，要改变现实。人就是这样，不断地创造世界，又不断地改造世界。超越性和否定性就是人的生命的本质。“否定性就意味着人的生命的自我生成与自我实现，意味着人的生命价值的不断跃迁与提升，同时也意味着人逐渐扩大其自由空间，不断走向新的解放的自我超越。”（高清海，胡海波，贺来，1998）[45] 人通过对自我、对现实世界的否定，重构着新的自我和新的世界，这就是人的创造性。哲学人类学家兰德曼（M. Landmann）指出，人的创造性源于人的未完成性（未特定化、不确定性）。“人必须靠自己完成自己，必须决定自己要成为某种特定的东西，必须力求解决他要靠自己的努力对自己解决的问题。他不仅可能，而且必须是创造性的。创造性完全不限于少数人的少数活动；它作为一种必然性，根植于人本身存在的结构之中。”（兰德曼，1988）[228–229] 人之所以具有创造性，因为他是自由的，一方面人能摆脱本能的束缚“获得自由”，另一方面，他又能按照自己的意识、目的，决定自己的行为方式，在趋向创造性的自我决定中“走向自由”。生命是自由的，它要反映个人的自我意识和目的，因此，生命也是独特的。生命的自由性、创造性和独特性是同一语，它们源于人本身的未完成性，源于人是一种文化动物，最终源于人的生命的双重性。

生命是完整的，是富有个性的；生命是自由的，也是具有创造性的。我们的教育要关注生命，就要提供生命发展的良好“土壤”。

从根本上说，教育对生命具有本体论的意义。人的生命的获得主要是通过广义的教育来实现的，因此，教育唯一地隶属于人。只是在文明社会，由于分工的发达，教育才逐渐变成一种相对独立的活动，与生活日益分化，这种独立化反而掩盖了教育与生命的关系，使教育远离生命，表现出生命的遮蔽和缺失。

唯材教育对生命完整性的肢解

教育归根结底是为了把人培养成什么？这是教育的一个核心问题。现代社会高度的社会分工和市场经济的功利主义逻辑，使人不再关注他自身，而关注社会的需要，因此，教育不是成“人”的教育，而是成“材”、成“器”的教育。正如西方学者达拉里（M. Dallaire）所言，教育“成为制造劳动者的一台机器，通过教育的塑造，人被变成追求物质利益的人，掌握生产技术成为受教育的全部目的，这样，人愈是受教育，他就愈被技术和专业所束缚，愈失去了作为一个完整的人的精神属性”（王坤庆，2002a）。

人是具有内在潜能的生命整体，而成“材”的教育，把人的本质、人的价值归结为“材”。“材”即“用”，与“体”相对，成“材”，作为满足外在社会要求的一种目标，把人置于手段、客体的地位。受教育者怎样才算成“材”，成什么样的“材”，完全不由受教育者自身决定，所以，成“材”教育完全叛离了教育的生命内涵，受教育本身不是生命的需要，而取决于外在的需要。当政治需要时，人被培养成为政治人；当经济需要时，人又被塑造成经济人。同时，成“材”的“材”只是应社会某一方面的要求，因此，它把完整的人变成他的某一部分或方面，成为片面的工具人。人的工具化，导致了人性的虚无，人的本体性存在价值完全被抹杀。

现代社会是一个技术宰制的社会，它要求发展人的技术理性，使人成为“没有思想、没有情感的机器”。哲学家尼采（F. W. Nietzsche）说，“由于这种‘非人格化’的机械和机械主义，由于工人的‘非人格化’，由于错误的‘分工’经济，生命便成病态的了”（冯建军，2001a）[31]。其实，由西方社会的发展可以看出，从科学主义、技术统治到商品经济和市场逻辑的充分运用，无不表明西方现代社会条件下人的灵性的丧失和人的物化的命运。今天正在走向网络化社会的“数字化生存”，极有可能再次将人的精神生活和灵魂世界排挤到一个日益边缘化的角落，从而成为“人文精神”失落的时代原因和历史根源。因此，20 世纪后期的西方哲学家致力于工具理性的批判，用现象学、交往实践、价值理性、审美文化拯救病态的生命，使生命的肉体与灵魂、知识与情意、理性与价值走向和谐统一。

在强大的现代性的历史语境下，教育也逃离不了对人文性的遮蔽，表现为科学与人文的分裂和失衡。教育只教人掌握“何以为生”的本领，放弃了引导受教育者对“为何而生”的思考。因此整个世界潮流就是强调技术知识教育，无论是基础教育的改革，还是高等教育的专业调整，都把发展的重点放在技术教育上，人文学科被边缘化。这固然使科学技术发展了，但人文精神的贫乏和人文教育的脆弱所造成的后果却很少有人去考虑。不断发生的中小学生的自残和对他人生命、对自然界生命的漠视，本质上就是独尊技术知识教育、缺损人文教育的恶果。爱因斯坦说：“学校的目标始终应当是：青年人在离开学校时，是作为一个和谐的人，而不是作为一个专家。”（赵中立，许良英，1979）[70] 因为缺少人文关怀的技术运用，不仅没有给人类带来福祉，反而会残害人类。20 世纪发生的两次世界大战，应该使人清醒地放弃对技术乐观的幻想。所以，越是技术发达的社会，人文教育的地位就越显重要。那种以工具价值为主体的技术教育与以人格培养为目的的人文教育不是平等的，而是人文教育要高于技术教育，从根本上制约、引导技术教育。

符合论知识观对生命灵动性的压抑

任何的教育，尤其是现代教育，都不可能摆脱知识的“纠缠”。历史的经验证明，杜威抛弃知识，专注个人经验，使20世纪50年代的美国教育付出了沉重代价，60年代不得不重提“回到基础去”。问题的关键不在于否定知识，而在于如何理解知识和怎样安置知识。

近代教育家斯宾塞（H. Spencer）“什么知识最有价值”的发问，把科学推向了前台，遵从为唯一，从而奠定了科学主义范式的基础，科学主义范式也成为教育和课程领域的范式。斯宾塞的科学是对牛顿经验主义和笛卡儿理性主义的现代改版，其知识观和认识论基础是实证主义和自然科学的方法论。这种知识观认为，在我们的世界之外存在一个真实的纯客观的世界，这个世界隐藏在纷繁的现象背后，人们要靠理性剥离无序的、杂乱的现象，去揭示这个真实的本质。在这个探索过程中，坚持经典物理学的实证方法论和价值无涉的原则，使人的理性认识符合客观事物本身。只有这种符合客观事物本身的认识，才是真理，才是知识。所以这种知识观视知识为对现实的客观反映，是封闭的、稳定的和固有的，不以人的意志为转移。显然这种认识论和知识观，已经抽去了个人的主观存在和经验，只关注知识与物的符合关系，因此科学主义的知识观是符合论的知识观，强调知识的客观性、普遍性、确定性和中立性。

以抽离个人存在的科学主义知识观来设计课程，课程就成为固定的、先验的“跑道”，课程知识成为有待人们去“占有”的“客观对象物”，儿童只能怀着顶礼膜拜的心情去占有，“他的本分是被动的容纳或接受。当他是驯良的和服从的时候，他的职责便完成了”（杜威，1994）[118]。正是这种知识观导致了知识、课程、教材与学生的对立，致使知识的教学成为对儿童的训练和控制，造成了教育对人的精神生命自由成长主动权的剥夺。

符合论的知识观认为，知识是固定的、普遍的，是外在于人的，是有待我们发现的客观存在。我们的任务是“发现”知识，而不是创造知识，学生和教师是知识的旁观者，而不是创造者。因此，教学是让学生走向知识，而不是让知识走向学生。如若知识和学生的需要发生冲突，改造的对象只能是学生，而不是知识，这种改造是通过教师强迫学生“刻苦”学习而实现的。在这个过程中，教师如同钦差大臣，知识就是“圣旨”，学生是俯首听命的臣民。

划一性的制度对生命独特性的阉割

人类教育的发展从非形式化教育到形式化教育，进而到制度化教育，使教育制度越来越规范，越来越成为一个严整的、封闭的系统。从历史上看，教育的制度化进程，适应“人的依附关系”的保守社会的要求，但今天，划一性的制度和规范的管理，越来越排斥学生的个性和自主性，这有悖于现代社会对生命独特性的弘扬。

生命不仅意味着生存、活着，更在于生命的意义，在于自主支配自己的生命，在于凸显生命的独特个性。然而生命的这一要求，是与社会的发展紧密相连的。马克思将人类社会的发展分为三种形态，在“人的依赖关系形态”下，人只能以群体的形态存在，个人不可能有独立人格，教育以整齐划一为根本要求，消解的正是生命的自主和独特的个性。商品经济的发展，使“物的依赖性为基础的个人独立性”开始出现，这是一种单子式的个人主体，虽然一定意义上推动了人性的自由解放，但它的自我中心，必然带来社会的无序和失范。人是社会的存在，个体的生命只有在关系中才有意义。马克思所言的第三个阶段是关系存在中的“自由个性”，这既是对整体主义的超越，也是对单子式个体的超越，是一种融入“大我”中的“小我”，“大我”不再是被压制的个体，而是有自主性、创造性的独特生命的联合体。我们的教育不是为张扬单子式的主体性而否认制度，而需要的是“和而不同”的关系体的制度。

然而今日之教育，还停留在上述第一个“群体主义阶段”，表现为整齐划一的制度管理。教学是划一的，统一的教材，统一的进度，统一的要求，按年龄将学生统一地组成一个班级，而不管这个班级中学生的个性差异。

教学时间和空间被分成无数的小单位，每个单位都预先为学生设置了任务，在使每个学生有“轨”可寻之时，也使他们失去了个性化“选择”的自由。课堂的管理是严格的，鲜活的生命被异化为一个安静的环境和井井有条的秩序。标准化的考试，如同温柔的陷阱，对客观化、规范化的刻意追求，束缚了学生的想象力和创造性。因此《学会生存：教育世界的今天和明天》指出，传统教育有两个根本的弱点，“第一个弱点是它忽视了（不是单纯地否认）个人所具有的微妙而复杂的作用，忽视了个人所具有的各式各样的表达形式和手段。第二个弱点是它不考虑各种不同的个性、气质、期望和才能”（联合国教科文组织国际教育发展委员会，1996）[105]。显而易见，这是“制器”而非“育人”。因为所谓真正的教育当张扬生命的独特性。教育固然需要一定的制度、规范，因为“无规矩不成方圆”，但任何制度都不应该是僵化的、教条的，都不应以抹杀人的能动性和创造性为代价。

教育源于生命发展的需要，而长期以来教育却遮蔽了这种本原性的需求，而把教育的目的异化为知识、技能，这是一种本末倒置的做法。教育固然传授知识，但知识只具有工具价值，教育的目的在于用知识启迪智慧，将智慧融入生命，最终提升生命的意义。“知识若没有智慧烛照其中，即使再多，也只是外在的牵累；智慧若没有生命隐帅其间，那或可动人的智慧却也不过是飘忽不定的鬼火萤照。”（黄克剑，2012）所以，点化和润泽生命乃教育之核心。

教育关注生命的完整

人是一个双重生命的存在，既具有自然生命，又具有超自然的价值生命，是自然生命和价值生命的统一体，自然生命是价值生命的载体，价值生命是自然生命的灵魂，舍弃二者中的任何一个，生命都是不完整的。

但长期以来，我们只关注人的社会文化属性、人的自由价值，而忽视人的自然生命的属性，从诗人裴多菲的千古诗句中可窥见一斑。这就只把人看作社会或文化的存在，没有注意人因为自然生命存在而存在的意义。我们的社会也会对为了某种“高尚”的精神而轻易放弃生命者高唱赞歌。

其实，生命都不存在了，谈何生命的意义和价值呢?

人间最宝贵的东西是什么？答案只有生命。因为生命对每个人来说，只有一次。世上对生命的最大蔑视，对生命的最大摧残，莫过于杀戮生命了。可怕的是现实中丧心病狂的杀戮生命现象仍时有发生。美国的“9·11”事件，以及这之后愈益严重的恐怖行为，致使多少生命死于无辜，但我们还会听到“炸得少了，多炸几个才好”的叫好声，似乎正说明人的生命意识越来越淡薄。这种倾向已经蔓延到中小学生当中。媒体关于中小学生自杀或杀人的报道越来越多，这些事件也越来越让人触目惊心。浙江金华的高中生徐某，仅因为母亲的几句唠叨，竟向自己的母亲举起了铁榔头。还有不少青少年，因为一点事情不顺心，就放弃了生命，走上了绝路。这些青少年因为不懂得生命的宝贵，更不懂得珍惜生命、呵护生命的意义，使得他们的生命出现一片无知的空白；一旦有了外界的压力，就失去了生命的承受力，不仅毁灭了自己的生命，有的还会残害他人的生命。面对这些现象，我们不能只将其归咎于心理问题，更要从生命意识缺失的角度，认识到问题的严重性和症结所在。所以，国内有学者提出了生命美育的思想(姚全兴，2001)。生命教育的目的是让人热爱生命、珍惜生命、享受生命。在消极层面上是不会自杀，也不会杀人；在积极层面上是尊重自己的生命，也尊重别人的生命。

人的生命不仅是自然生命与价值生命的和谐统一，而且价值生命中要达到真善美、理性与非理性、认知与情感的统一。认知是人的智能的认识活动，情感是对客观事物是否满足自己需要的心理体验。前者指向事物的本质和规律，达到对“真”的把握；后者指向人的内心世界，是人主观愿望的反映。认知与情感虽是不同的心理活动，但二者紧密相连。列宁曾深刻地指出：没有人的情感，就从来没有也不可能有人对于真理的追求。所以，情感是认知发展的动力。但我们对情感作用的认识，不能仅仅停留在工具价值的层面，必须认识到情感在人的发展中独立的价值。现代脑科学研究表明，情感在大脑的机能定位是皮质下结构，认知的定位是大脑皮质中的新皮质。认知与情感是相互影响、相互制约、协调发展的。正如美国心理学家布卢姆（B. S. Bloom）等所比喻的，“一个人用两个并排的梯子爬墙壁……。一个梯子代表认知行为和认知目标，另一个梯子代表情感行为和情感目标。这两个梯子的构造，使一个梯子每一级正好在另一个梯子每一级的中间。通过交替地攀登这两个梯子——从这个梯子上的一级踏到另一个梯子上够得上的一级——就有可能达到某些复杂的目的”（克拉斯沃尔，布卢姆 等，1989）[64]。

价值生命的教育应该是认知与情感的和谐统一。但在近代科学主义的侵袭下，人对理性的坚信和追求，把情意作为非理性排除在外。教育成为唯理性的教育，以知识教育为主导，造成教育的畸形，从而扭曲人的生命发展。完整的精神教育，迫切需要寻找失落已久的教育的“另一半”，即情感的教育。当然，情感教育不能脱离知识的教学而单独训练，只有在知识教学中，不断地感悟，不断地体验，才能使情感油然而生。只有融入知识、智慧之中的情感教育，才会激扬理性的生命，真正提升生命的质量。

教育凸显生命的灵动

生命不仅是全面的、和谐的，而且是自主的、自由的。马克思“自由自觉活动”的类本质思想，柏格森（H. Bergson）的“生命冲动”思想，兰德曼的“人为文化创造者”的思想，都彰显着人之为人的生命灵性。发展心理学的研究也表明，自主和创造是人的天性。所谓自主意识，即自觉到“我是主体”的意识，是作为主体的我对自己以及自己与周围事物关系的认识，包括自我观察、自我监督、自我评价、自我体验、自我控制等形式。自我意识在婴儿时期即出现萌芽，在这之后，它的各因素随年龄的增长而进一步发展，例如自我情绪体验中的自尊意识，120 名 3—3.5 岁的儿童中，有体验的占 23.33%，而 6—6.5 岁的儿童中有体验的已达 83.33%（林崇德，1995）[244]。创造是人超越现实、趋向理想的过程。人作为超生命的存在，在创造中完善自身生命的未特定化的“缺陷”，这是人类本性中最大的驱策力之一。对于一个孩子来讲，无论是牙牙学语，还是蹒跚学步，在其成长的每一步中，都透射着他作为一个天生学习者的主动性与创造性。可见，人的自我意识与生命发展的需要一起，使人生命的主动发展、自我创造成为可能，这是人生命的独特之处。

生命是自由的，关注人的生命的教育，必须凸显生命的灵动。

灵动生命的教育，首先要求我们高度尊重儿童，遵循他们身心发展的内在本性，而不是用成人的世界、用成人的眼光去过滤他们的生活，使他们被迫服从。因为用成人的要求来约束儿童，是对儿童的最大犯罪，是对人性的犯罪。这方面 18 世纪的教育家卢梭（J. J. Rousseau）早给我们以启蒙："大自然希望儿童在成人以前就要象儿童的样子。如果我们打乱了这个次序，我们就会造成一些早熟的果实，它们长得既不丰满也不甜美，而且很快就会腐烂……。儿童是有他特有的看法、想法和感情的；如果想用我们的看法、想法和感情去代替他们的看法、想法和感情，那简直是最愚蠢的事情。"（卢梭，1996）[91] 杜威在他的很多著作里也曾深刻地批评了这种做法，在他看来，"为了成人生活的造诣，而不管儿童的能力和需要，是一种自杀的政策"（杜威，1981）[134]。所以，生命的教育必须把儿童看作生命发展的主体，始终珍视他们发自天性自然的那种主动权。其次，还儿童精神发展的自主权，让每个学生的心灵更为自由。教学固然教人以知识，但知识不是死板的，我们要反思科学主义的符合论知识观，走向多元、开放、个体和情景性的后现代知识观，倡导一种多元的教学观。教学不要满足于教给学生什么，而要创设一种"海阔凭鱼跃，天高任鸟飞"的发展空间，放飞儿童的思维，让他们自由自在地思考问题，使教学成为探索和发现的过程，成为发展学生智慧、感悟自由精神的过程。最后，生命教育不是知识的堆积，而是一种"唤醒"（雅斯贝尔斯语）。教育本身就意味着：一棵树摇动另一棵树，一朵云推动另一朵云，一个灵魂唤醒另一个灵魂。如果一种教育未能触及人的灵魂，未能引起人的灵魂深处的激荡，它就不能称为教育。教育过程要"尊重意愿、满足需要、培养兴趣"，凸显"自主、自信"的主体精神，唤醒儿童自我发展的内在动力。教师要做的工作，不是一味地束缚、灌输，更多的是唤醒、激发，把个体内在的天赋本性引发出来，多给他们一些属于自己的时间和空间，使之有思维的自由、心灵的自由，通过讨论的方式，培养其发现问题、解决问题的能力，使他们的生命多一些自主的色彩。只有这样，才能使教育活动真正成为教师指导下学生生动、活泼、主动发展的过程。

教育张扬生命的个性

对生命的尊重，对生命价值的尊重，最基本的就是尊重生命的独特性。生命的独特性，也称为个性，是个体动机、需要、兴趣、特长、倾向性以及认知思维方式的综合反映，它使人对事物的反映带有个人的选择和特征，形成个人化的精神世界。生命的教育，关注的不是空洞的、抽象的生命，而是具体的、真实的生命。因此，生命教育以个性的认可为前提，生命化的教育，归根结底就是个性化的教育。

个体既是人，又是个人。前者说明，作为一个关系中的存在，人具有社会性；后者说明，作为他自身，人又具有独特的个性。社会性和个性在个体生命中是本质统一的。过去，我们常常把个体的独特性与集体性对立起来，只谈集体性，而不谈独特性，这是错误的。今天无视人的关系存在，而张扬单子式的独特个性，同样是错误的。马克思和恩格斯指出，“只有在集体中，个人才能获得全面发展其才能的手段，也就是说，只有在集体中才可能有个人自由”（马克思，恩格斯，1960）[84]。集体不仅不压制人的个性，而且为人的个性提供生长的土壤，任何的个人离开了人与人之间的交往，离开了集体，都不可能成为人，更谈不上个性的发展。不过，这种集体必须是一种“真实的集体”，而不是“虚假的集体”。“真实的集体”来自个体间内在的共生性，共生性不排除个体生命的存在，也不排斥个体具有的独立性和独特性，每个个体都是按他自己的愿望、目的和价值，从所在关系中创造自己，按自己的愿望对所属的关系做出自我选择，进行自我建构。“虚假的集体”来自外在的约束，它以一种至高无上的戒律来压制、泯灭个人的独特性，这种集体实际上是平均化的个人模式，与独特的个性格格不入。

张扬生命个性的教育，固然要反对整齐划一的制度，反对不顾儿童个性差异的模式化教学，但并不意味要走向另一个极端，连制度和计划都不要了。这里的关键是如何使制度和计划体现“以人为本”的精神。

为此，我们需要创造一个有助于生命舒展、生命涌动的环境，创造一个崇尚开放、多元的环境。“教育的基本作用，似乎比任何时候都更在于保证人人享有他们为充分发挥自己的才能和尽可能牢牢掌握自己的命运而需要的思想、判断、感情和想象方面的自由。”（联合国教科文组织国际 21 世纪教育委员会，1996）[85] 针对集体教学的现状（不同于完全的个别教学），在教育活动的组织方面，既要照顾集体的利益，又要照顾个别差异，满足儿童的合理需要。在课堂教学中，要为学生留出主动参与的时间和空间，反对行为目标，倡导表现性目标，强调教学进程的动态性、生成性。在制度上，尤其是课堂纪律方面，要处理好“自由”和“纪律”的关系，使学生意识到公共生活中的自由不是为所欲为，而是有限制的，纪律就是其底线的要求。生命的教育尊重个性，尊重儿童的自由，但并不是放任不管。要制定“保障自由”的纪律，同时引导学生“学会自我约束”“学会自由”。

教育是最具生命的事业，生命是完整的，是自由的，是独特的，致力于生命全面而和谐、自由而充分、独特而创造地发展是教育的根本使命。新世纪的教育应该走出“异化的洞穴”，回归生命本身。

目　　录

第一章　生命：教育的原点 …… 001
一、以“人”的方式来认识“人” …… 001
二、种生命：未特定化的自然生命 …… 010
三、类生命：超自然生命的生命 …… 020
四、教育：生命存在的基本方式 …… 029

第二章　生命在教育中的失落与反思 …… 039
一、问题：生命意义的消解 …… 040
二、反思：对教育现代性的批判 …… 065

第三章　教育对生命的祈求与追寻 …… 079
一、历史的追寻 …… 079
二、时代的呼唤 …… 114

第四章　教育的生命品性 …… 133
一、教育在个体生命发展中的价值 …… 134
二、教育的生命本质 …… 150
三、生命化教育的特征 …… 162
四、关怀生命的教育研究 …… 180

第五章　生命化教育的建构 …… 198
一、全人的教育内容 …… 199
二、自由的教育活动 …… 234
三、个性化的教育形式 …… 257

第六章　生命的品质及其教育意蕴 …… 280
一、生命的超越性及其教育意蕴 …… 280
二、生命的可持续性及其教育意蕴 …… 295
三、生命的主体间性及其教育意蕴 …… 311
四、生命发展的非连续性及其教育意蕴 …… 329
五、生命的有限性及其教育意蕴 …… 341

结束语　生命，在教育中诗意地栖居 …… 354

参考文献 …… 360

索　　引 …… 374

后　　记 …… 378

再版后记 …… 380

第一章　生命：教育的原点

人之特殊就“特”在，人虽来自物，却能超越于一切物之上，人是生命存在，却又超越了生命的局限。人就是这样一种仿佛来自两个世界、生活在两个天地，既近于禽兽而又类于天使，身上充满了“二律背反”式矛盾，既“是其所是”而同时又“是其所不是”的那种存在。

——高清海

教育的本源是什么？教育为什么而发生？教育的根本目的是什么？长期以来，我们把教育视为一种社会现象，把社会政治、经济、文化的需要和要求作为教育发生的原点，不知不觉偏离了教育的本真。人是教育的对象，教育是“人”的教育，而不是社会的教育。教育固然对社会产生作用，但这种作用必须通过培养的人参与社会实践而实现。所以，人是教育的根源，教育是关乎人的教育。对人的认识，成为教育活动和教育学的前提。

一、以“人”的方式来认识“人”

人是什么？人的本性是什么？对认识教育和从事教育活动而言，这无疑是关键的问题。因为许多其他问题都取决于我们对人性的看法。“对人性的不同看法，必然对我们应当做什么和怎样做，得出不同的结论。”（史蒂

文森，1994）[5]

自从人脱离了远古蒙昧时代，把自己同自然界的其他物种区别开来，意识到“我是人”或“我是作为人存在”的时候，人就开始了自我认识。对人的认识，构成了哲学的主题。一部哲学史，就是人不断地认识自己的历史，因此，从根本上说，哲学就是人学，哲学的最终目的就是解释人自身。人成为哲学家探讨的一个千年古题，却亘古而常新。

（一）对以往认识“人”的方式的反思

人是什么？人与动物的根本区别是什么？人性是什么？这些成为哲学家必须回答的问题。早期的哲学家，把人与动物的形体相区分，把人定义为“两足而无毛”或“没有羽毛的两脚动物”。但后期的哲学家更多地从人的某种特性出发把人定义为具有某种特殊本性（本质）的动物。

从人的生物性来定义，哲学人类学提出，人是未完成的动物，未特定化是人的本性。弗洛伊德（S. Freud）的精神分析理论，对无意识和性本能的强调，就是从人的生物性来认识人的。

从人的社会性来定义，有人认为，人是合群的动物，合群是人的本性；有人认为，人是社会中的政治动物、经济动物或文化动物，这是不同时期出现的政治人、经济人、文化人的人性观。

从人的精神属性来定义，有人认为，人是理性的动物；有人认为，人是有是非、善恶之心的动物；有人认为，人是自由的动物；有人认为，人是有自我意识的动物。

从人的功能特性来定义，有人认为，人是制造工具的动物；有人认为，人是使用语言符号的动物；有人认为，人是有思想的动物。

此外，基督教还从与上帝的关系的角度来看待人，把人神化，认为人是按照上帝的形象创造的，使之管理其他所有受造物。人是与众不同的，因为他具有某种自我意识和能力去自由地爱，而这正是上帝的形象。

关于人的定义，以上列举的仅是“大海中的几朵浪花”，实际上还有很多很多。

人的问题想来简单，因为我们自己都是人，自己对自己有什么不了解的呢？实际上，人既是认识者，又是认识的对象，既作为主体，又作为客体，当他把自己当作认识的对象、认识的客体时，认识的只是作为客体的人，作为主体的人的特征就不能被纳入其中，因而就失去了主体人的特性，这时认识的就不是“人”，而是“物”，这是一个自我缠绕的悖论。所以，在所有的认识对象中，人可以说是最难把握的一种“对象”。“人是什么”，成为一个看法最具分歧、最无确定答案的难题。

但这又是一个不得不面对、不得不解决的难题。哲学家们提出了成百上千种见解。这些见解大体可以分为两类。一类是以物的观点来认识人，把人归为动物的族类，运用“求异法”，寻找人与动物的不同特征，认为只要从特征上把人与动物区分开来，就把握了人的本质。所以，他们提出了“人是政治的动物、文化的动物、理性的动物”等，把理性、精神、社会性等认定为人的本质。另一类是从超越性的角度把握人，宗教把人神化，把人性定义为上帝的神性，无神论的存在主义倡导人的绝对的自我选择和自由。无论是从“物”的角度来把握人，还是从“神”的角度来把握人，把人归为“物性”或“神性”，都失落了人，因为人既不是物，也不是神。因此，从这两种角度认识的人，都不会是“人”。

这种探讨问题的方式，之所以不能探得人的本质，是因为它是一种认识“物”的方法。人虽然来自动物，但人作为人，其本性已经不同于动物的本性。动物的本性是由物种前定的，而人的本性“同他们的生产是一致的”，是在实践活动中创生的，是自为的可变本性。人的本性是可变的，但动物的本性是不变的。以往的探讨，习惯于采用“属加种差”的办法，寻求人与动物的不同点，把人定义为“具有附加值 X 的动物”。用认识物的方法认识人，无论怎样定义人，人终究是一物，而非现实的人。所以，以往对人的认识，首先是静态的，以往的方法不适合认识动态的人。其次，以往对人的认识都局限在人的特性的某个侧面，虽然这些特性、功能为人所有，但它只是某个点，不代表整体的人。人是完整的，不可能用某个点来代表。所以，以往对人的探讨，如同盲人摸象，具有片面性。再次，当我们用认识物的方法认识人的时候，不仅认识的是人的某一特性，而且必然会把人“物化”。而人的“物化”，也就是人的抽象化。当我们指着某人说，“你是政治动物”，“你是文化动物”，或者说，“你是善的”，“你是恶的”，你不觉得滑稽可笑吗？人就是人，是一个活生生的生命体，在现实生活中展现自己的存在，在实践中寻找人生的意义。

以往之所以用认识物的方法和逻辑认识人，除了因为上述“物种”的观点和由此形成的追求前定、单一、不变本性的那种认识物的思维方法外，还有一个重要原因就是很难摆脱动物的生命观。在人们的观念中，生命有机体与非生命的区别就是生物，“生命表现为无数种植物和动物的形态”（贝塔朗菲，1999）[6]。谈到生物只有一种对生命的认识。因此，人作为一个生物有机体，对其本质的认识必然还原为动物的生命观。

高清海教授指出，我们对人的认识，必须突破“物种”的认识逻辑和方法，用人的方式来认识人。把人在本性上与动物区别开来，确立人的另一种生命观。

动物的生命是前定的，总是先在规定着后在，动物的生命、动物的本性，与后天的活动没有直接的关系。但人的生命则不同，要靠后天的活动来滋养。马克思说，“一当人们自己开始生产他们所需要的生活资料的时候，……他们就开始把自己和动物区别开来。”马克思以实践的观点来考察人的本质，认定“个人怎样表现自己的生活，他们自己也就怎样。因此，他们是什么样的，这同他们的生产是一致的”（马克思，恩格斯，1960）[24]。马克思的经典论述表明，人的本质是在实践活动中由自己创生的，人是自己本质的创造者。从马克思所确立的“实践观点”来认识人，才能突破对人的本性的僵化的物种认识，确立现实的具体人的观点，进而把握“活生生的人”。

这是认识人的方法论上的重大变化。

考察人的思维方式和方法论由马克思主义哲学的实践观点解决之后，要从本性上把人与动物区别开来，根本转变关于人的传统观念，“生命”就是关键的切入点。

（二）人是双重存在的复杂生命体

人是什么，确实让人难以回答。最难回答的还不是人与动物相区别的那一点功能特性，诸如人是有意识的、使用符号的等等，而是给人定位的问题。

人是什么？日常生活中，我们经常会开这样一个玩笑，甲问乙："你是什么东西（物）？"乙一准不高兴，会说："我是人，你才是东西呢！"这时甲若进一步地说："这样说来，你不是东西了。"乙就会更加不高兴，甚至还认为甲在骂他。撇开甲、乙的具体关系不说，从这个玩笑中可以看出，对人的称谓真难选择，说"他是东西（物）"不行，说"他不是东西（物）"也不行。

人不是物，那是什么呢？神化论者又把人说成具有神性般的"超物之物"，代表上帝或神的意志和力量，彰显着人与动物相比的高贵性。同样，把人归结为神，也是一种抽象，而且是一种唯心主义的幻想式抽象。

人是什么？既不是物，又不是神。其实，人既是物，因为他具有新陈代谢的自然生命体，又不是物，因为他具有超越现实、追求自由的愿望；人既是神，因为他具有神的内在超越性，又不是神，因为神没有自然的躯体，而人以自然生命做根基。人就是这样一个特殊体，说他是什么，又不是什么；说他不是什么，又是什么。

马克思理解把人归结为某种非他自身的危险，认识到人自身的独特性，提出"人是人的最高本质"，"人的根本就是人本身"（马克思，恩格斯，1956）[460-461]，把人归结为人自身，"人就是人"。

对于动物，说"狗就是狗"，"猫就是猫"，只能是一种同语反复，因为它们可以找到它们的上位概念，找到它们在上位概念中不同一般的特殊种差，从而定义自身。但对人来说就不同了。人不能归结为人以外的某物，人只能从自身来理解，去认识他的特有内涵。任何把人理解为人以外的事物的做法，都容易把人抽象化，而理解为非"人"。

人是一个特殊的存在，这一特殊性就在于他是一个双重的生命体，而任何一个其他的存在都是一个单一的生命体。所以，用任何其他存在比照人，都不会正确地说明人，在这个意义上，人只能是人。这是一个内涵深刻的结论。

人来自物，却又不是物；有着动物的生命体，但又有不等同于动物生命的本性。动物的生命是单一的“种生命”，人的生命不满足于种生命支配的本能生活，他的生活是经过理解和筹划的有意义的生活，因此，对于人，他不光满足于吃喝拉撒层面的“活着”，而且还追求理想和自我价值层面的“为什么活着”，即“人生的目的和意义”。这说明人已经突破“种生命”的局限，去追求具有价值和意义的“超生命的生命”。对此，马克思做了正确的揭示。他说：“动物和它的生命活动是直接同一的。动物不把自己同自己的生命活动区别开来。它就是这种生命活动。人则使自己的生命活动本身变成自己的意志和意识的对象。他的生命活动是有意识的。”（马克思，恩格斯，1979a）[96] 正因为人的生命活动是有意识的，所以，人的生存方式就不是动物式的被动依赖环境，而变成依赖于自身生产生活资料的活动。

按照马克思的观点，当人开始生产他们所需要的生活资料的时候，人的本性就脱离了动物，而成为人。动物依赖于自然环境，依赖于它与生俱来的自然生命，动物的活动是其本能的表现，但人不是这样。人虽然脱离不了自然环境，也离不开本能的活动，但这不是人的唯一，甚至不是根本。人自己生产自己的生活资料，生命由原来依赖于环境而存在，变成依赖于自身活动而存在。动物与人虽然说都是生命，都具有自然的生命体，但生命的本性发生了变化，人依靠自身的实践活动，创造了自身独有的“类生命”。之所以我们反对以物的方式来解读人，就是因为生命进化到人，人的生命与动物的生命出现了根本的差别。

如此看来，人是双重生命的存在，既具有和动物共有的种生命，又具有自己独特的类生命。种生命是自然的生命，是物种所先在设定的本能生命，因此是自在的生命，它为每个生命个体所承载。类生命是自我创生的自为生命，它是社会历史积淀的文化、科学、智慧等在个体身上的反映，因此它是精神的生命、智慧的生命和价值的生命。

在动物身上，种的生命就是它的一切，动物的种生命是什么样的，它就怎样表现它的活动，所以，动物的活动和它的生命是统一的，就是它的本能体现。对动物来说，不存在价值的追求和理想，它没有昨天和明天、已为和应为的区分，没有本能和意义的区分。活着是它唯一的追求。所以，日常生活中，当我们说一个人没有理想和追求时，责骂他活得像一头猪一样，就是在这种意义上说的。

人具有双重生命。人的种生命从形态上看，与动物相同，是自然给予的，与肉身结为一体，遵循生物体的运行机理和规律，有生有死，是有限的生命，非人的意志和意识所能支配。每个个体呱呱落地，都是一个自然的生命体，在种生命上没有太大的差异，甚至没有差异，但后天所成就的社会人，反映出类生命的巨大差异。这说明，人的类生命已经超越了种生命的有限性，而走向无限，获得了自我创造、自我规定的自为性。从这个意义上说，人成为自己生命的主宰者，他能够自主地支配自己的生命活动。这就是类生命的本质。

西方学者把人说成“一半是天使，一半是禽兽”，虽然也指出了人的双重生命，但没有说明双重生命的关系，没有说明它们如何统一于人自身。马克思正确地指出了人的本质就在于创造和实现具有价值和意义的类生命，但类生命的实现离不开种生命提供的自然基础，否则，人就不是人，而成为“神”。类生命的本质在于创造和超越，在于不断地趋向于“神”，但人永远成不了神，因为他由种生命做根基。人的种生命在类生命的引导下，也具有了人的特性。

种生命和类生命是有机的，它们不是西方学者所言的“一半和一半”的关系，而是组合成一个复杂体。

对人的本质的考察，长期以来使用的是“二分法”，陷入了“肉体与灵魂”“物性与超物性”“生命与精神”“实然与应然”“野兽与天使”的争论之中，按照这种“非此即彼”的思维方式，无法认识“是其所是，是其所不是”的具有矛盾性的人。所以，对人的本质的考察，最适合的方式是运用复杂性理论。

法国的莫兰（E. Morin）在《复杂思想：自觉的科学》中考察了生物的复杂性；在《迷失的范式：人性研究》中考察了人的复杂性，虽然他的考察主要着眼于种的生命，但他的复杂性思想，对我们系统认识人的双重生命的复杂统一，有着重大的启示。

莫兰把复杂性的第一要义归结为系统和整体性。“复杂性从系统的存在开始。系统意味着在一个整体中不同元素的相互关联，这个整体因此成为一个复杂的统一体（既是一又是多）。”（莫兰，2001）[235] 系统的复杂性预示着，整体具有孤立的元素不具有的特性，元素离开了整体就失去了整体的品性。人的生命由作为元素的种生命与类生命组合而成。种生命和类生命并非两个生命，它们在人身上也不是单独存在的。它们之间及其与人的关系是“三位一体”的关系。种生命或类生命，任何一个剥离了人这一整体，都意味着它不再是人，而分别是“物”或“神”。人的自我意识，使它总是处于二元分裂的世界之中，但人一直在努力不断地克服分裂，在分裂中寻求统一，达到一种完满，这就是马克思的“总体的人”的理想——作为一个完整的人，占有自己的全面本质。

生物复杂性的第二要义是自组织。莫兰把生物的基础单位细胞比作“奇异的自动化工厂”，把人的生理成长比作“自然的自动机”，指出“生物系统是一个持续的自我产生或自我创造的过程，或者说持续的再组织的过程”。“自组织”成为生物复杂性的核心。（莫兰，1999）[99] 自组织就是面对无序、“噪声”和差错，排斥或吸收它们所产生的熵，完成自我的更新。生物学的研究表明，作为生物体，生命具有自组织性。其实，人的类生命也具有自组织性，因为类生命不是前定的、先在的，而是随着人的社会实践活动所不断地创生的、处于历史变化中的“自我规定”。换言之，人是自身活动的创造者，是自己命运的主宰者。

不仅种生命和类生命各自具有自组织性，更重要的是人作为双重生命的存在，种生命代表一种实然、一种现实，类生命代表一种应然、一种理想，人的整体生命的发展，就是实然和应然的否定性统一，也即为了追求应然，不断地否定自身，超越自身的存在，而达到一种新的应然。超越性是人的生命发展的动力，是人不同于单纯生物体的自组织性。正是凭着“超越”这一自组织性，人的双重生命才能够获得再生性。

复杂性的第三要义是，复杂性伴随着无序、“噪声”和差错而运转，表现为矛盾和悖论。无序是一种偶然性，它不服从系统、组织预先确定的模式；“噪声”是指任何改变信息的传输或使之模糊的干扰；差错是任何相对于信息来源的不准确的信息接收。对人造机器而言，其元件之间组合严密，任何的无序、“噪声”和差错，都可能增加系统中的熵，引起系统的损坏、退化和解体。但对生物体来说，它的自主、灵活性，容忍一定程度的无序、“噪声”和差错。莫兰认为，生物体是伴随它们三者一起工作的，而且“生物系统愈是进化，愈是复杂，它愈是在本身包含着无序、噪声和差错”（莫兰，1999）[239]，这三者在生物体的自组织中，起到更新的作用。正是因为无序、“噪声”和差错伴随着生物体的发展，复杂性又表现为矛盾和悖论，生物体是建立在矛盾和悖论的基础上来发展它的新品质的。这一点，在人的生命体上也得到了完全的体现。

人的生命就处在矛盾和悖论之中。人是物，却又不是物；是生物体，却又不能被当作生物体；生死是必然的，生命是有限的，但人总是通过自己的创造活动，超越有限、虚无和死亡，在有限中追求无限、永恒的意义；人由“历史”中来，生活在现实之中，但他却面向未来，把未来、明天作为人生的期盼而时刻不会放松。就这样，“自然性与超自然性、历史性与超越性、有限性与无限性等，这些互相对立的两极性矛盾关系便在人身上同时存在，并且两极相通，共同构成人的生命的有机组成部分。……人的生命真理不存在于任何一极，而是存在于这些环节的否定性统一之中”（高清海，胡海波，贺来，1998）[41]。

总之，我们对人的认识，要转变物的认识方式为人的认识方式，确立人是由双重生命构成的一种具有复杂性的统一体。种生命和类生命在它们所表现出来的一系列悖论和矛盾中，通过否定和超越这一生命的自组织性，实现它们的统一。也就是说，种生命和类生命是生命整体中的一个元件。对这两种生命的区分只是我们的一种思维逻辑，实际上二者是合为一体的。

也就是说，我们可以在理论研究中进行理论化的区分，在生命整体中“找出”本能的种生命，或意向性的、价值性的类生命，这只是一种研究的需要。实际上，二者脱离了人的生命整体，脱离了它们的矛盾关系，就不会成为生命的一部分。就如同胳膊和腿与人体分离后，就不再是人的胳膊和腿一样。

二、种生命：未特定化的自然生命

（一）人是自然的存在物

马克思主义反对把人抽象化，把人等同于具有绝对理念或自我意识的精神实体，肯定人是“自然的、肉体的、感性的、对象性的存在物”，强调有生命的个人的存在是全部人类历史的第一个前提，因此，第一个需要确认的事实就是这些个人的肉体组织以及由此产生的个人与其他自然的关系。

所以，马克思和恩格斯对人的考察首先肯定“人是自然界的一部分”（马克思，恩格斯，1979a）[95]，“人直接地是自然存在物”（马克思，恩格斯，1979a）[167]。自然的生命是人作为人的前提和基础，因为只有首先是一个活的生物体，成为肉体组织的主体，才有可能成为人。马克思解释了人作为有生命的自然存在的内涵，“一方面具有自然力、生命力，是能动的自然存在物；这些力量作为天赋和才能、作为欲望存在于人身上；另一方面，人作为自然的、肉体的、感性的、对象性的存在物，和动植物一样，是受动的、受制约的和受限制的存在物，也就是说，他的欲望的对象是作为不依赖于他的对象而存在于他之外的”（马克思，恩格斯，1979a）[167]。如果一个存在物在自身之外没有自己的自然界，就不是自然存在物，就不能参加自然界的生活。

说人是自然的存在物，首先说人是有生命的肉体组织的存在。但这里我们不打算具体探讨人的生理特性或人体生理组织，尽管这也是人的生命的重要组成部分。这里重点围绕对人的生命本质的认识，从自然生命的角度加以揭示。

尽管对人的生命的定义存在着分歧，但说人是一种生物体，相信不会有多大的争议。人的生命属于生物体，表现为一种生物学意义上的生命。生物体或生命体与非生命体的区别就在于生命的存在。这一生物意义上的生命是人、动物、植物和其他一切有机物都具有的。

生物学上的生命是一个系统，这个系统由不同的组织、器官所构成，它们以各种方式相互联系，互相结合，聚合在一起，发挥着整体的功能。对这一系统的认识，是对人作为直接的自然存在物的认识。

那么，生物学意义上的生命系统，有哪些特点呢？生物学哲学的研究认为有以下几点（胡文耕，2002）[21-31]。第一，生命系统具有个体性。生物具有生命，生命是活的，是可变的，因基因、环境、活动等不同，个体具有自身独有的特性，因此，个体性与偶然性对生物来说是重要的。这不同于物理学中的无机物，无机物是死的，它的性质是先在的，没有变化，具有齐一性与同质性。第二，生命系统具有层次性。生命是多层次结构的系统，伯尔纳（C. Bernard）指出，“一个复杂的机体由不同的‘基本机体’所构成，它们以各种方式相互联系，互相结合，聚合在一起，首先构成机体的不同组织，然后再由组织构成各种器官，最后，生物内无数的各种器官聚合起来构成解剖结构，这些生物体在生物学中表现出无限多样的组合”（伯尔纳，1985）[81]。现代生理学的研究，把包括人体在内的生命体的结构分为九个层次：整体、系统、器官、组织、细胞、亚细胞、分子、原子、基本粒子。第三，生命的代谢性和生长性。生命是不断从小到大，从简单到复杂，处在生长和发展之中，生命变化的机制就是新陈代谢。新陈代谢是生命与外界环境所进行的物质与能量的交换，这一过程发生同化作用和异化作用，同化与异化的相对平衡，使得肌体完成自我更新。人体通过生命的代谢性促进生命的成长，生长是代谢的必然结果，代谢是生长的前提。它们为生命的生理本性所固有。第四，生命系统具有开放性。正因为生命能够进行新陈代谢，能够与外界进行物质能量的交换，在这个意义上，生物有机体必然是开放的系统。这是贝塔朗菲（L. V. Bertalanffy）在生命观上非常强调的一个观点。他说："每一个生命有机体本质上是一个开放系统。它在连续不断的流入与流出之中，在其组分的不断的构成与破坏之中维持自己，只要它是有生命的，它就永远不会处于化学的和热力学的平衡状态，而是维持在与平衡状态不同的所谓稳态上。这是通常所说的新陈代谢这个基本生命现象的真正本质。"（贝塔朗菲，1987）[36]

生命有机体与非生命有机体在以上方面都有区别。生命表现为无数的植物和动物的形态，这些形态呈现出由单细胞到组织、器官，再到无数细胞组成的复杂有机体独特的组织体系。有机体是复杂的，它由不同的层次所组成，同时，又呈现出独特性。所有的生物都不是封闭的，而是开放的，在与外界的物质能量进行的交换中保持自身，它以活动的方式对外界的环境刺激主动做出反应，在这种新陈代谢中进行着生命的自我更新。生物界通常把自我更新、变异与选择、新陈代谢作为区别生命与非生命的标准。

循此，我国学者胡文耕认为生命的本质是具有不断自我更新能力的、主要由核酸与蛋白质组成的多分子系统，它具有自我调节、自我复制和对体内外环境选择性反应的属性。西方学者萨特勒（R. Sattler）认为，生命系统即自我复制、自我调节、呈现个体性的开放系统，并从环境中馈入能量。这些定义都揭示了自然生命的生理本质。

揭示人是自然界中存在的自然存在物，或者说是有肉体组织的生命体，并不是一句简单的无聊的废话，不是一种肤浅的认识。实际上，确立人在自然界中的地位和人是直接的自然存在物，是马克思唯物主义的巨大贡献。因为，"神创论"和"上帝造人说"影响深远。美国当代哲学家莫里斯（C. W. Morris）这样说道："在西方历史中，我们贬低、抹杀和污蔑我们的身体几乎有 2000 年了。我们的宗教是没有形体的灵魂的宗教，而我们的心理学则是没有形体的精神的心理学。"（莫里斯，1986）[25] 中国虽然宗教色彩不及西方，但对人的认识也同样有着抽离实体的精神化倾向。

在西方，有上帝创造亚当和夏娃的神话。在中国，有女娲团土造人的传说。因此，古代的一些哲学家也用神学目的论来解释人的起源。如古希腊的苏格拉底就认为，人是神创造的。神为了某种有用的目的给了人身体的各部分，让人用它们觉察不同的对象。同时，神在人的身体内安排了灵魂，从而使人成为万物之灵。我国西汉的董仲舒认为，人是天按照自己的意志创造出来的，“为人者，天也，人之［为］人本于天，……人之情性有由天者矣”。人是“天”的副本。

除了上帝造人或神化人之外，还有把人当作脱离肉体的绝对精神或理念来看待的。在我国古代的思想中，《管子》中就说，“凡人之生也，天出其精，地出其形，合此以为人”。《庄子·外篇·知北游》说：“人之生，气之聚也。”管仲和庄子把人的生命归结为“精”或“气”。东汉的王充也认为，“人之所以生者，精气也”。在西方，古典唯心主义哲学认为，人的生成过程就是世界理性、绝对精神自我发展、自我实现的过程，把人归结为一个绝对精神或自我意识体。

无论认为人是神或上帝的造物，还是认为人是理性或绝对精神的自我实现，用现代的科学观点来看，都是一种虚假观念。马克思指出，“人们迄今总是为自己造出关于自己本身、关于自己是何物或应当为何物的种种虚假观念”（马克思，恩格斯，1960）[15]，并受这些观念或造物的支配。所以，对人的认识首先确立人是自然存在物，把握人的生物性，是十分必要的，对于鉴别历史上关于人的本质的种种认识，具有指导意义。

（二）人是人的自然存在物

把人作为自然存在物，其意义是有局限性的。在生物学意义上，肯定自然性是生命的一种属性。在哲学意义上，反对把人看作无人身的灵魂、精神或自我意识的精神主体。如果只把人作为自然的存在物，有把高贵的人低看的嫌疑。因为人不是一般的自然存在物。马克思在肯定人是自然存在物后，进一步指出人是“自然存在物”。人是自然存在物，但与动物等其他自然存在物相比，同样的自然存在，已经打上了人的烙印，具有了“属人性”。

生物人类学的研究揭示了这一点。首先，“人的外表甚至也是特殊的人类的外表。对客观论的思想来说，这似乎是显而易见的，但是，依赖于这一点的理性人类学和旧的进化论，倾向于把人的生命基础实际上看成是动物性的，认为真正属人的一面仅仅始于理智的上层结构。然而，深化了的认识现在已发现，我们的生物性甚至在总体上也是属人的。根据一种综合性的结构原理，人从最初不同于动物，这个原理也包括了人的生理属性，并认为在生理属性中也表现出了人性。人不能被划分为属人的和非人的层次”（兰德曼，1988）[203−204]。

当柏拉图晚年把人定义为“没有羽毛的两足动物”时，实际上已经说明了人与动物在生理属性上的差异。虽然柏拉图的敌手第奥根尼（Diogenes）曾指着拔了毛的小鸡说“这就是柏拉图所说的人”，讽刺柏拉图。说“无毛的两足行走的小鸡”也是人时，实际上，他们并不理解人的两足直立行走对人的意义。亚里士多德指出：“人类是惟一直立的动物，因为其本性是神圣的。最神圣的活动就是认知和思想。如果躯体上部负荷着大量沉重下坠的肉体，这种神圣的活动将变得十分艰难，因为肉体的重量会妨碍心智和共同感受的活动。”（夏甄陶，2000）[78]

直立行走对人来说，有利于心智的发展，而且从生理上讲，解放了“手”。手是人制造工具的“工具”，正是手这一工具使人摆脱了本能的匮乏，能够不确定地用一切方式掌握事物，开拓丰富多彩的生活空间，制造他们的生活必需品。无论是哲学家阿那克萨戈拉（Anaxagoras）的“人因为有手，才使他成为有智慧的动物”，还是亚里士多德“人类因为是理性的动物，他才有手”，都表明手与标志人性根本的理性有着密切的联系。康德说：“人作为有理性的动物，其特征已经在他的手、手指和指尖的形态结构上……。大自然由此使他变得灵巧起来，这不是为了把握事物的一种方式，而是不确定地为了一切方式，因而是为了使用理性。”（康德，1987）[235]

因此，说“直立造就了人”，不无道理。

直立行走，使人由动物进化为人。人与动物在生理性上的差别还在于器官和组织的机能不同，这表现在每个器官上，只不过差异程度有大小而已。其中，决定人成为万物之灵，成为理性动物的根本在于人特别发达的大脑。科学家的研究都强调这一点。阿西摩夫（I. Asimov）在《人体和思维》一书中指出：人类之所以成为地球上的统治者，仅仅因为受惠于一种更重要的器官——人的大脑。巴兰金在《时间・地球・大脑》中也指出：理性人的一个主要部件——大脑，使得人区别于所有其他动物并能创造出人类活动圈。关于人的大脑的结构和动物相比，其复杂性和功能的完善性，生理学研究已经有明确而详细的答案，这里就不再转述。

"其次，人的生理和精神特质彼此并非没有联系……。它们各自以另一方面为目的，彼此制约对方。"（兰德曼，1988）[204] 人类生物学家波特曼（A. Portmann）认为，正是心灵本身才形成了人的肉体，肉体已被重要的精神原则所决定，并且只能根据精神来理解。人的许多生理属性的分类，应该有别于动物，因为它们必须与精神实在共存。

例如，食和性是动物与人生命存在和种族繁衍所必需的普遍的生理机能。但动物的食与性虽然在生理发生上与人相同，但所蕴含的意义有质的差异。动物仅仅是为了满足本能的生理需要，换言之，仅仅为了填饱肚子而食，仅仅为了性欲的发泄而进行性行为。这一切对人来说虽然也存在，但人对食的追求，还要讲究食物的色香味，甚至讲究食物的造型和吃的气氛。人对性的要求、生理的需求要以道德和爱情来赋予意义感。精神分析学家弗洛伊德提出的三个"我"的理论，就说明了这个道理。在弗洛伊德看来，本我是人格中最原始的潜意识结构，由先天的本能、基本欲望所组成，其中以性本能为主。本我依照快乐原则追求本能的释放，而不知道价值判断的是非、美丑。自我是从本我中分化出来的有意识的结构部分，它代表着理性，它使人按照现实原则活动，既要满足本我的即刻要求，又要按客观的要求行事。超我是从自我中分化出来的，行使监督自我的职能。超我凭借自我理想和良心监督自我去限制本我的本能冲动，它按照至善原则行动。弗洛伊德虽然主张性本能，但他正确地指出了性的冲动要受到自我和本我的限制。所以，人的食性行为并非等同于动物的自然生理机能或生理需求，而是属于人的生理属性和机能。对此，马克思也指出："吃、喝、性行为等等，固然也是真正的人的机能，但是，如果使这些机能脱离了人的其他活动，并使它们成为最后的和唯一的终极目的，那么，在这种抽象

中，它们就是动物的机能。”（马克思，恩格斯，1979a）[94]

这就是说，人作为自然的存在物，也具有属人的本性，因此，人是人的自然存在物。

（三）人是未特定化的生物体

人作为生物体与动物的最大差别，还在于动物的生理构造和机体组织是特定化的，而人是未特定化的。对此，生物人类学做了充分的解释。兰德曼在《哲学人类学》中写道：

> 不仅是猿，而且一般的动物，在其总的构造上，也比人更多地被特定化了。动物的器官适合于特殊的生活条件，而且每个物种的必要性，象一把钥匙一样，只适合于一把锁。动物的感觉器官也同样如此。这种特定化（the specialization）的效果和范围也是动物的本能，它规定了动物在各种形势下的行为。然而，人的器官没有片面地为了某种行为而被定向，在远古就未被特定化（人的食物也是如此；人的牙齿既非食草动物的牙齿，亦非食肉动物的牙齿）。所以，人在本能上也是匮乏的：自然没有对人规定他应做什么或不应做什么。（兰德曼，1988）[195]

虽然人也是自然生物体，具有生物的一般特征，但我们还必须承认，“人是人的生物体”。在纯粹生物学的意义上，对这个命题的理解，表现为上述提到的人的形体与动物的差异，人的生理特性为精神属性所制约。若在一个放大的背景下理解生物学意义上人与动物的生存方式的差异，就得出了生物人类学所说的动物的特定化和人的未特定化的结论。

所谓动物的特定化，是指动物的活动器官的构造和机能是先定的——“它一出自然之手就达到了完善”，而且每种器官功能上的专门化，使每种动物只能在其特定空间生活。许多动物只能生活在陆地，许多动物只能生活在海洋，还有许多生活在天空中。而且每种动物都有其生活空间所需要的活动器官。例如，适合在陆地上生活的动物有肢体，适合于水中生活的有腮，适合于空中飞行的有翅膀。正是这些特殊的专门器官把某一物种和其他物种区别开来。鱼不能生活在陆地，狗不能生活在天空，鸟儿不能生活在水里。动物由于它们特定化的器官和本能，被限制在十分特殊的外部生活条件中，只有它们才能在这些条件中生存。

所谓人的未特定化，是指人的活动器官在构造和机能上具有非专门化的特点和性质。这里所说的人的器官的非专门化，并不是在人的器官的自然分工意义上讲的。从自然分工的意义上说，人的器官也是专门化的，它们分别履行它们各自的生理机能。这里所说的人的器官的非专门化，是指人的器官并非为专门适应某一固定的、特殊的环境而服务的，因此，它们不具备适合某一特定环境的特殊功能。人的器官，无论对于哪一种环境来说，先定地都不完全适合，但经过后天的改造，都能适应。正因为如此，人的器官具有极大的可塑性、广泛的适应性，可以不确定地适合于人的一切行为方式。

动物机体器官的生理构造和机能的特定化，决定了其行为方式也是被特定化、被定向了的。这种被特定化、被定向了的机体器官的机能和行为方式，决定了动物具有适应某一特定环境的生命功能，即本能。所谓本能，就是指物种的专门化器官所固有的、与生俱来的、维持种族生存的特有的生物功能。“每一种本能都是特有的（一个物种的特点）和先天的：本能不是通过试验或错误就能学到。”（弗伊，1988）[8]因此，对动物的生命来说，它没有可塑性，自然对它做出了最后的物种上的限定，而没有给它留下未确定性。可以说，动物在生理特性上是完善的。

这种完善是优点，因为动物不需要学习和探索就能适应环境，而且是完美地适应环境，但这种环境是一种固定的、特殊的环境。一旦环境发生变化，“由于许多动物在新的条件下仍然保持着它们的旧框框和无目的的习性，不能抛弃这些东西，所以在局部地区或者在全球范围内，这些动物的整个物种便灭绝了。在正常的条件下，它们的特定化全是优点，而在新的条件下，却成了致命的不利条件”（兰德曼，1988）[200-201]。动物要么在原地走向灭绝，要么适应变化了的条件形成新的物种，要么迁徙他地，继续着原有生物的特性。

动物的特定化，使动物的生命是“完善”的，“达到了完成”的。正因为它是完善的、完成了的，所以是确定的、限定的、无法发展的。尽管动物的生命系统不是封闭的，而是开放的系统，那只是指动物系统内部的物质、能量的输入和输出，表现为新陈代谢的生物运行，但动物对外部环境只能是依赖和适应，只能以其完成了的、特定化的和具有确定性的本能“使自然早已为它提供的东西现实化”，动物与环境的关系具有非开放的封闭性。

然而，人与动物不同，人的生命是未特定化的。这在表面看来，对人并没有好处，因为它造成人的本能匮乏，人成为自然界中存在的最脆弱的、毫无生存能力的一个物种。他的未特定化，使他没有一个适合自己生存的特定环境，也使他比其他物种都更难维持自己的生计。人是裸体无衣的、脆弱和渺小的、胆怯和无防卫能力的。人的最大的弱点是丧失了任何导向生活的本能。这与动物不一样，人不是靠本能而生活，仅有的生物遗留的本能的残余，也在进化的过程中遭遇着毁灭。人在自然界中无依无靠，是“最孤独无靠的自然之子”（赫尔德），因此，莱辛（T. Lessing）说人是没有防御能力的弱者，在本质上已病入膏肓，走入生命的死胡同；哲学家由此赋予人种种消极的称谓：“被剥夺了的存在”（a deprived being）（格伦），“堕落的、腐败的动物”（卢梭），“有病的动物”（尼采）。

人的未特定化，使人适应环境的能力处于最低点，使人失去了固定的、唯一的、被特定化的生存家园，这只是消极的一面。但还要看到问题的另一面，人的未特定化是一种不完善，这意味着自然界把尚未完成的人放到世界之中，它没有对人做出最后的限定，在一定程度上给人留下了未确定性，给人留下了广阔的发展空间和创造的自由。

动物是特定化的，所以它的行为也被定向化，它的生命活动空间也被牢牢固定。人是未特定化的，他在活动方面也未被特定化。人不为任何本能所驱使，而是去运用独特的能力，克服本能上的脆弱，在超本能的生存方式中求得发展。所以，未特定化使得人能够决定自己的行为方式，表现出创造性。“人必须靠自己完成自己，必须决定自己要成为某种特定的东西，必须力求解决他要靠自己的努力对自己解决的问题。他不仅可能，而且必须是创造性的。创造性完全不限于少数人的少数活动；它作为一种必然性，根植于人本身存在的结构之中。”（兰德曼，1988）[228–229]

未特定化使人也失去了本能的“枷锁”，能够按照“属人的”特征自我创造，这一过程表现为人是自由的。兰德曼指出，人在双重意义上是自由的，一方面人从本能的统治下“获得自由”，另一方面，又在趋向创造性的自我决定中“走向自由”。

动物是特定化的，它为本能所支配，本能是怎么样的，它的生命和活动也就是怎么样的。人未被特定化，所以人是自由的，人是开放的，人是有创造性的。这些使人能够成为他所渴望的一切东西，使其生存得更随人意，更加自在。

蒙田（M. Montaigne）说，最软弱的造物是最值得骄傲的，对人来说恰如其分。兰德曼也写道：

> 虽然非特定化（unspecialization）开始可能有消极影响，但在漫长的发展过程中，它却意味着是一个非常宝贵的优点。缺乏特定化被证明是十分积极的能力的消极关联物，因为人的器官并非专门为某几种生命机能而制成，它们有适合于多种多样用途的能力；由于人不为本能所控制，他本身就能思考和发明。所以，人具有别的能力来代替缺乏的能力。他所缺乏的特定化，更多地得到了他多种多样的能力的补偿。……因此，尽管动物似乎有适合于生存竞争的较优良的装备，但人却远胜过动物。（兰德曼，1988）[196]

未特定化在生物学意义上，意味着人的软弱，意味着人的孤独无助，意味着人的生存没有本能预定的“温床”。这就决定了人这种特殊的物种要维持其自身的存在，就必须超越动物的生存方式，在超生命的、非本能的生存方式中求得自身的发展与进化。这就是作为“类存在物”的人特有的存在方式——类生命。生理上的未特定化导致发展的不确定性，为人的再发展提供了无穷的空间，为人的创造性和自由提供了自我创造的机会，为人的未完成性提供了开放性的吸收和超越性的生成的过程。这都为类生命的存在创造了条件。

三、类生命：超自然生命的生命

人的未特定化把人的种生命和类生命联系起来。种生命使人成为一个有肉体组织的自然实体，它是人生存的第一需要。但人的生命又是一个非常特殊的自然存在，人的生命的未特定化、不确定性，造成了人的生命功能的欠缺——本能的缺乏。正是由于人的本能的欠缺同生存需要的矛盾，才使人产生一种新的、超越生命功能的需要，即支配生命活动的“超生命的生命”。这一超生命的需要是动物不需要也不可能具有的，是人所特有，标志人所为人的根本。区别于种生命，它是人类特有的生命存在形式，所以，可以称之为类生命①。

真实的人，首先是一个个的生命存在，他们活着，有血有肉，因此，是马克思所说的“自然存在物”，是一个肉体组织的实体。这就是作为人的自然基础的“种生命”。对种生命的考察，我们可以采取科学的研究方式——生物学的、解剖学的、人类学的，将它视为自在的物，以逻辑思维的形式追求种生命的本原，以外在的立场言说它“是什么”。但对类生命来说②，我们不能采用孤立静止的、外在的言说方式，因为类生命是看不见、摸不着的。它不是物，它是一种关系，更是一种意义，所以，我们不能在

① 类生命是吉林大学高清海教授首先提出的。参见高清海教授的系列著作：《高清海哲学文存（第二卷）》《人的“类生命”与类哲学：走向未来的当代哲学精神》《人就是“人”》以及他的有关论文。

② 对类生命的言说方式，实际上就是对人的言说方式，因为类生命是人的根本。所以，我们反对以“物的方式”言说人，只能以“人的方式”言说人。

生命体之外讨论人的类生命，把人的生命当作一个外在于自身的研究对象。我们作为人，自己就是生命，生命的本真和意义都在自我之中，所以，我们应该走进生命，融入生命，体验生命，享受生命，在生命中感悟、理解、追寻，这样的探讨才是基于人的特有的类生命本身的、内在于生命的、对生命的探讨。这样探讨，不是言说“人是什么”，而是言说“人是谁”，“人怎样存在”。这样的探讨，才是人对人的探讨，是生命对生命的探讨。

生命是一种存在，是与环境、与自身所构成的关系中的一种存在。因此我们必须通过关系，在关系中，体悟生命的性质，描述它是如何存在的。

（一）人是自为的存在

动物是自在的存在，人是自为的存在。

从人的种生命上看，他与动物种生命的最大区别在于人的生理结构的未特定化，这使得人在适应环境的过程中，缺乏本能的调节，处于不利的一面。动物的生命是特定化的，它的生理构造只属于某一特定的环境，与生活环境的要求是完全适应的，而且是始终如一的。如果环境发生了变化，动物不再适应变化了的环境，这类动物就会绝种。如若动物要适应变化的环境而生存，它必须改变自身，而成为另一个物种。动物全然不会改变它所生活的环境，它的遗传特征、它的特定化的生理构造，使它成为环境中稳定不变的部分。动物的生命只能完全依附于它的环境、作为自然界的一部分而存在，命运因而就完全为大自然所控制，表现出生命的被动性，使动物只能成为一个自在体。

人的未特定化使得他本能的适应能力处于最低点。环境为人的发展提供条件，但人不属于某一特定环境，哪一个环境也都不能完全控制人的生命。相反，人必须靠自己的劳动去改造环境，满足未特定化的生命发展的需要。因而劳动成为人类生存和发展的基础。马克思看到了人的生命发展对劳动的需求，因此把“生产物质生活本身”看作人类历史的第一个前提，并把生活资料的生产作为人与动物的根本区别——“可以根据意识、宗教或随便别的什么来区别人和动物。一当人们自己开始生产他们所必需的生活资料的时候（这一步是由他们的肉体组织所决定的），他们就开始把自己和动物区别开来”（马克思，恩格斯，1960）[24]。马克思的这段经典名言，一方面表明了人的特有的生命存在对劳动的依赖性，即人的非专门化、非本能的生命功能结构，决定了人必须借助劳动才能超越本能的局限，这意味着劳动成为必要；另一方面也反映了劳动对人的特有生命的依赖性，即劳动这种超生命的生存方式，只有对于人的非专门化、非本能的生命功能结构才是必要的和必然的，而与动物特定化的生命结构没有必然的联系。

而正是由于劳动，人与环境的关系才发生了“革命性”变化。人作为生命的存在，已经不再直接依赖于环境提供的现成的物质生产资料，而是要依靠自己的劳动去改造环境，生产自己所需要的生活资料。所以，生命与环境的关系，与动物相比是完全倒转过来的，不是环境限制、主宰生命，生命成为环境的一部分，而是人支配、改造环境，环境成为生命发展的组成部分。

所以，人把生命的适应性活动变成了创造性活动，这就不仅赋予人的生命以独立的“自我”，还使生命活动变成自我支配的“目的性活动”，在自身活动范围获得了发展的自由（高清海，2001）[9-10]。生命由此获得了自为的本性。

马克思之所以说，“可以根据意识、宗教或随便别的什么来区别人和动物”，是因为意识、宗教等都是人的生命自为性之体现。

顾名思义，自为是自己做主，自己有所为。它是人在对环境的作用过程中表现出来的人的自我意识和主体性。

相对于动物自在的无意识或潜意识，意识和自我意识成为人生命存在的前提。马克思多次指出，人的生命活动是有意识的，这种有意识是人通过改造无机界而得以明证的。正是由于这一点，人才是类的存在物。这也是莫兰在《迷失的范式：人性研究》中通过对人类进化史的考察所得出的结论。

人是有意识的，这种意识使自己的生命活动变成自己的支配对象，人成为生命活动的主宰者。人是有意识的，这种意识通过生产劳动支配人的活动对象，变革人的生存环境、外部的客观世界。这意味着人是自我发展、自我生成的主体，人是改造自然的主体。

人作为自为的生命体，是一个主体，他在对客体进行改造的过程中呈现出积极性、主动性，对客体的改造反映自己的意志，使客体镌刻上人的本质的力量。所以，自为的生命是一种主动的生存方式，源于生命本性的需要，使生命本身焕发出活力，表现出创造性和对自由的不断追求。

自为的生命存在，以意识为原基，孕育着主体的选择和追求，饱含着创造和自由的向往，从“骨子”里、本性中，使生命迸发出勃勃的生机和活力。

（二）人是文化的存在

无论是近代哲学家帕斯卡（B. Pascal）的“人是思想的芦苇”，还是现代哲学人类学家卡西尔（E. Cassirer）的“人是符号的动物”，兰德曼的“人作为文化的创造者”“人作为文化的产物”，都试图表明同样的思想：文化与人的生命密切相关，人的生命是一种文化的存在。

考察文化的产生和存在方式，我们可以发现，文化世界就是人的生活世界。尽管文化的定义多种多样，颇有争议，但就文化的生产而言，人们都不否认，文化是与纯粹的自然相对的，它是人类进行活动的产物。从中国的文字溯源上看，古代的“文”通“纹”，就是在某物上做记号，谓之“刻纹”“画纹”，使某物上留有“纹路”“花纹”等痕迹。“文”是一个动作，这个动作是人“有意识地”对“纯粹”的自然界的一种“改造”活动，因而是人的自为活动。在这个过程中，纯粹的自然界、自然物根据人的活动的目的而变革了“原有的”自然面貌，体现了人的意志和要求，因而成为“属人的”文化物，自然秩序也变为“文化秩序”。与自然世界不同，自然世界是一个“无人的自在世界”，而文化世界是一个“有人的自为世界”。所以，人对自然界改造的过程和结果，就是文化。

文化是人类的自为行为，因而也是人类特有的活动。不仅动物不具有文化行为，即便是“人”在进行“文化”活动之前，还不能说他（们）是人，而是从属于自然界的物种。人因为从事文化活动而成为人，因此，兰德曼把人类学的未来说成是“文化人类学”，并认为文化是人的“第二天性”。

之所以是“第二天性”，因为它是人性中最基础的“未特定化”和“自为性”的必然产物。人作为一个未特定化的存在，首先，天性上的未完成性和不完善性，使得人要适应环境，维持生存，必须自我完成、自我完善未完成的、未完善的部分。人是一种必须以其生活环境来决定自己的生物，人类自我决定的这个方面即是我们所说的文化。其次，人天性上的匮乏，必须通过他自己的认识和创造性来摆脱匮乏的“装备”，使他成为一个创造性的存在。所以，人的未特定化的生理本性，决定了文化是一种弥补。生物人类学家莱辛就指出，“精神及其成就——工具、概念、语言、社交——总是可怜的代用品，人用它们去弥补自己天生的软弱，并设法把握生命”。其他学者也认为，“理智是对器官缺陷的‘过度补偿’”。（兰德曼，1988）[198-199] 人的未特定化这一人性中的缺口却恰恰成为文化产生的动力，使那些没有这一缺口便不会得到发展的能力解放出来。

就人的文化特性而言，人的未特定化只是人成为文化存在的必要条件。因为没有人的未特定化，人就没有补偿自己生理不足的需求，就不可能有对文化的需求。但还要看到人成为文化存在的可能条件，这就是人的意向性和自为性。因为文化的世界是人通过变革自然界而有意识创造的。无论是对于自然，还是对于社会、对于他人，人的活动（物质资料生产活动、精神活动）总是有意向的。这个意向性，表现了人的生命存在的某种本质特点，它是文化的最根本的特征。只要有这个特征存在，就必然存在一个文化的世界。

人成为文化的存在，或者说，文化成为人的特性。文化世界是一个以人为本体的世界，人的意向性是文化世界的动力和指向，人的活动是文化世界的运动方式（李鹏程，1994）[48-50]。文化是人的生命本性所为，生命是文化世界的原生性的实在。生命创造了文化，也创造了自身。人的生命就是文化的本性。所以文化哲学学者李鹏程在《当代文化哲学沉思》中用生命来阐释文化，认为：（1）文化是人的自我生长过程；（2）文化是人的自我组织的过程；(3) 文化是人以自己生命存在的意向性为理由不断改造他周围的自然界的创造性的劳动过程。文化的本质就是人的自我的生命存在及其活动，文化世界的本体就是人的自为的生命存在。

以上是从发生学的角度，考察了文化是人的创造物，它以人的生命存在为依托。兰德曼把文化分为主观精神和客观精神。主观精神是人的生命的创造，客观精神是“人类创造力的积淀”。我们首先是文化的生产者，但文化一经创造，它就会成为一种制约因素，人也为文化所塑造。后者正如兰德曼所说，“我们全都是由我们在其中成长和存在的共同群体的传统塑造成的，我们是由自己的过去塑造成的。我们是这种‘遗产’的承担者，这种遗产为我们的未来规定了路线。如果我们作决定的可能性继续了这种遗产，那么只有这时，这些可能性才最深刻地是为了我们自己的。因此，任何时候人的决定的主权，都要受到过去生活的砝码的限制”（兰德曼，1988）[代译序11]。客观文化是主观精神的外显形式，它可以独立于人以语言、文字、符号、书籍等媒体形式渗透在生活的每个方面，人要成为社会的存在，就必须接受社会的影响，成为一个文化的存在。

人作为文化的存在，借助人类特有的符号，内化人类积累的经验，使人成为有思想的存在。正如帕斯卡所说的，人不过是一根脆弱的芦苇，但他却是一根能思想的芦苇，这就足以使他成为宇宙中最伟大的存在。

总之，人是文化的生产者，文化也是人的生产者，人与文化水乳交融，密不可分。人的世界是文化的世界，文化是人诗意存在的栖居地。只有在文化的世界中，人才是人。离开了文化世界，人就可能成为一种“动物”。所以，人永远是文化的子孙，是文化的载体，生命是文化的核心。

（三）人是超越性的存在

本章一开始就指出，以往对人的认识或是把人归结为某种被动性的物，或者把人归结为超越无限的神，单方面强调物性或神性，这都不是认识“人”的正确方式。以人的方式看待人，人既不是物，也不是神；但他既具有物的被动性，更具有神的自由性，他处于动物和神之间，他虽然是一个物，具有物的被动性，但又在不断地向着神性跃升。人是一个双重存在，是物性与神性、冲动与精神、种生命与类生命的二律背反。

人的生命与动物不同，动物的生命是单一的，因此是特定化的、固定的、封闭的，但人是双重生命的存在，生活在一个二律背反的“张力网”中。一方面，人“直接是自然的存在物”，来源于大自然，生存于大自然，适应于大自然，成为大自然的一部分，在其生命中渗透着大自然的力量，有着动物的“物性”和被动性。但另一方面，人的生命本质是不确定的，大自然在造人的时候，只完成了人的一半，另一半只好由人自己通过创造性的活动来完成。动物的生命只能适应环境，环境的变化要么使动物走向灭绝，要么使动物适应新的环境而变异为另一种动物。对动物来说，只能是一把钥匙开一把锁。但对人来说，生命中的“空缺”本身使他没有特定的环境，而成为一个不确定的开放性存在，人可以面对任何的环境，因为人能改变自身。生理的短缺、环境的压力，使创造性成为人生命中的天性。人无时无刻不为超越生存的局限以及成为一个“创造者”的愿望所驱使，无时无刻不在内心激荡着一种趋向自由的力量、热情和憧憬。这就是来自人的生命的特有的“超越性”，是人之外的动物所不具有的根本属性。人是宇宙间唯一能够“是其所是”和“是其所不是”的存在物。人要超越现实的“是”，追求理想的“不是”。人就是一个这样的永不满足者，直到生命的最后一刻，他才会停止对这种超越的追求。

人是不确定的、可能性的存在，他生活在希望之中。布洛赫（E. Bloch）在《希望的原理》一书中指出，人借助于自身的主动性与超越性，为自身创造未来，他的生命进程就是不断地走向一个他所期待的目标。所以，布洛赫认为人的希望是人性的根本，而希望的基础则是人永远“指向前面的意向”，即不懈的自我超越。我国学者贺来也认为这种超越现实、追求理想的精神是人的本性，他谓之“乌托邦精神”。所谓“乌托邦精神”，是人类对超越现存状况的价值理想不懈追求的精神。乌托邦精神是人的根本精神。（贺来，1998）

但是，这里所说的超越性不同于神学、宗教学意义上的超越性，它们是“无根”的超越性，因此是不可能实现的。人的超越性是人的双重生命、双重生存方式的反映，它是人的生命本性的需要，同时又在实践活动中得以实现。实践是一种认识和改造客观事物的活动。在实践活动中，人不仅改造了社会物质生产条件，生产了满足自身生存需要的物质资料，同时也改造了社会，生产了属人的社会关系。在改造外界的物质生产、社会生产条件的同时，通过这一主体客体化的过程，人还改造了自身，生产了人新的品质。可以看出，实践活动体现了人对旧事物的否定和对新事物的创造。这就是人的超越性之体现。马克思主义认为，人总是凭借实践的超越本性不断地扬弃对象和自身的自在性和规定性，从而在超越自在的客观实在的同时，既不断地重构人的世界，又不断地重构人的本质。生命只要存在，总是要进行实践活动，在实践活动中，人超越了现实，超越了既有，向着新的目标，为着自己的未来而前进。

传统哲学中的超越性，来源于超感性的实体世界而非感性的实践活动和感性的人的生活世界，它是对超验的、至上的、普遍的终极价值的顽强追求。这种超越性是一种“断线的风筝”，是一种神的自由和超越。人的超越性与此不同，它是矛盾中的超越。人生活在自然中，却要不断超越自然对人的限制，创造超自然的价值生活。人生活在“历史”和“现实”之中，但他却向往着未来，不断地为未来做准备。人是一个现实的存在，是一个既成的生命，但人对自身总不满意，在可能性中追求一个永远“不是的我”。人是有限的存在，死亡是生命的必然，但人在追求着无限，追求着永恒，给有限赋予无限的意义。就这样，自然性与超自然性、历史性与未来性、现实性与可能性、有限性与无限性，这些相互对立的两极在人的生命中同时存在，人的生命不存在于任何一极，而存在于这些环节的否定性统一之中。否定性统一的动力来源于后者。人如果没有来自生命深处的超越性，就会降格为动物。

过去，人们单一地把人归为物或归为神。现代哲学家则越来越意识到人生命的复杂性与丰富性。如弗洛伊德把“生命的我”分解为三个层次：本我、自我和超我，在三个“我”的互动关系中解决生命的发展问题。舍勒（M. Scheler）在《人在宇宙中的地位》一书中也指出，人是向世界无限开放的双重存在，生命由冲动和精神所构成。冲动为所有动物所固有，是自发的、无定形的、无方向的。精神是“使人成为人的那种东西”，精神的本质是“它的存在的无限制和自由”，与自然本能的可分离性，这使得精神不受本能和环境的控制而表现出对世界的开放。舍勒说：“人，只有人——倘使他是人本身（Person）的话——能够自己——作为生物——超越自己，从一个中心、可以说空间时间世界的彼岸出发，把一切，其中也包括自己本身，变成他的认识的对象。”（舍勒，1989）[34] 蒂利希（P. Tillich）在《存在的勇气》一书中也指出，人是一种渴求无限超越的存在物，他既有物质的、世俗的需要，又有精神的、天国的渴求。而在这两者中，精神之存在物又是人的本质特征，人的生存就是不断地超越物质的、世俗的存在，从无限的可能性中不断“站出来”的过程。弗洛姆（E. Fromm）也认为，人的存在是一种二律背反，理性迫使人永无止境地设法克服不可解决的二律背反，人永远处在不可回避的不平衡状态中，这使得人向往理想，不断追求。他说：“人除了通过发挥其力量、通过生产性的生活而赋予生命以意义外，生命并没有意义。”（弗洛姆，1988）[60] 所以，只有人不断超越的精神力量，才使人的生命富有意义。

人作为一个文化的存在，作为“一根有思想的芦苇”，他的超越不只是满足物质生活的需要，它是一种更好的、新的生命存在的可能性的追求。如同普列斯纳（H. Plessner）所言，人永远意欲着和期盼着，思考着和想象着，感觉着和信仰着，为自己的生命担忧着。在这些活动中，他不断认识自身的完善性与达到它的可能性之间的距离。

所以，超越性对人来说，追求的是生命的意义。“人不仅仅为了面包而活着”，他要讲求活着的意义和价值：生命为何而生存？我为什么活着？人生的意义何在？对这些问题的思考表现了人之生命独特性的特征。对生命意义的追求，使人不等同于肉体组织的存在，人的存在之意义不在于他的时空性，如果以时空性来看待人的存在，“有的人死了，但他还活着；有的人活着，但他却已经死了”。因为人的存在在于生命的意义，在于对真、善、美的追求。

人的开放性，使人活在希望之中，活在可能性之中。“人如果停滞在现实性中而不思突破其有限性，或者说，安于现实而不思前进，那就是死亡而不是人生：停滞于感性中有限的东西，固然是死亡；停滞于一些固定的概念，那就叫做思想僵化，也是一种死亡。”（张世英，2001）生命是活出来的，但这种活不仅指“在世”，而且要有“追求”，活出价值和意义，这样的生命才是绚丽多姿的。

四、教育：生命存在的基本方式

（一）对教育原点的思考

教育为“什么”而发生，也即教育的起源问题，是一个长期讨论而又从来没有解决的问题。关于教育发生的原因，西方有生物起源论和心理起源论之说。19 世纪后期，法国的社会学家、哲学家勒图尔诺（C. Letourneau）在《各人种的教育演化》一书中提出了教育的生物起源论。20 世纪，英国的教育家沛西·能（T. P. Nunn）在其《教育原理》中也持同样观点。生物起源论认为，教育的起源是一个生物学的过程，教育起源于生物的本能和冲动，动物和人一样，生来就有一种由遗传而得到的潜在的教育。教育的生物起源论，显然忽视了人与动物的差异。美国教育家孟禄（P. Monroe）批判了利托尔诺把人的心理等同于动物的心理，同时提出了教育的心理起源论。他认为教育起源于儿童对成人的无意识的模仿。孟禄的教育心理起源论，把人的活动归结为无意识，其实无意识是动物本能的体现，人的活动是有意识的。孟禄在批判生物起源论的同时，也犯了同样的错误。我国对教育起源的探讨，尽管观点很多①，但主导的或影响较大的观点是教育的劳动起源论。劳动起源论以恩格斯的“劳动创造了人本身”这一著名

---

① 关于教育起源的学说有：劳动说、前身说、需要说、人生发展说、社会化影响说、超生物经验的传递和交流说、交往起源说、文化起源活动说、知识授受说、前提–条件说。参见瞿葆奎. 教育基本理论之研究（1978～1995）[M]. 福州：福建教育出版社，1998.

的命题为依据，它被作为马克思主义的教育学说，在相当一段时间内，不容置疑。直到 20 世纪 80 年代，随着人们思想的解放，有研究者对这一观点及其理论依据提出了质疑。质疑的一个重要原因是：劳动是教育产生的外因，它不可能成为教育起源的决定性条件。我觉得这一批评是中肯的。

在古代文字中，“教”“学”都含有今天“教育”的意思。“教”的甲骨文的写法是“”，金文的写法是“”。它左上方的“”代表一种类似八卦的经典，是教的内容；左下方的“”，表示一个孩子，是教的对象；右边的“”，表示成人的一只手，手里拿着一根棍子或鞭子，是教的方法和手段。整个“教”字形象地表示：儿童必须学习被认为是经典的内容，不能违背经典的要求；如若违背，成人则手持棍棒加以惩罚。所以，许慎在《说文解字》中说，“教，上所施，下所效也”。

“学”的甲骨文写法是“”，金文的写法是“”。“学”字上方表示两只手，手中拿的“”表示学习的内容。中间的“”表示房屋，是学习的场所，下边的“”表示孩子，是学习的主体。整个“学”字形象地表示：孩子在一所房屋里学习有关的知识。

在西语中，名词“教育”，英语为“education”，法语为“éducation”，德语为“erziehung”，皆起源于拉丁语名词“educare”。而名词的“educare”，是由动词“educĕre”转化而来，动词“educĕre”是由前缀“e-”和词根“ducĕre”合成，其中前缀“e-”有“出”的意思，而词根“ducĕre”则表示“引导”，二者合起来是“引出”的意思。这意味着“教育”一词在西语中表示：引发儿童的内在潜能，使之变为现实。

我们看出，无论是中国的象形文字“教”“学”，还是西语中的“教育”，表示的都是与儿童有关、与人有关的一种活动，这种活动在于养育或培养儿童，促使他们成长和成人。因此，我们可以说，“教育”一词的原始含义即为儿童教育，它是作为儿童的一种生存方式而出现的。

其实，这一观点夸美纽斯和康德早有言及。夸美纽斯把人理解为“可以教育的动物”，“实际上人不受教育就不能成为一个人”。康德在 1803 年出版的《论教育》中也说，“人只有受过教育，才能成为人”。然而我们以往对这些观点的理解，过于表面化，认为是教育通过传授知识和社会的规范，给人以思想的启迪、智慧的熏陶和人格的陶冶，使人由自然人变成社会人，由无知、愚昧变成有知和聪慧。这固然也是其中一意，但这种认识还没有达到夸美纽斯和康德所提及的高度：教育对人的生存的根本意义。人们总是把教育作为事实而接受，而从不追问“人为什么需要教育”，教育对于人有什么意义。

人类学的出现，开始改变这种认识。教育人类学把人对教育的需要性作为一个基本问题加以考察。兰格维尔特对此提出一个根本性的观点：“人是教育的、受教育的和需要教育的生物，这一点本身就是人的形象的最基本标志之一。”（博尔诺夫，1999）[36] 教育人类学从一开始就把教育纳入人的存在的认识之中。因此，从一开始把人作为一种可以教育并且需要教育的生物来理解，教育被纳入人的本质系统，成为生命存在的方式。

这是对教育最根本的释义，是最“原始”的解释。因此，也是对教育原点的解释。

问题是，人为什么是可以教育并需要教育的动物？教育何以成为人的生命存在的形式？

（二）人的未特定化对教育的规定

任何的生命首先都要靠本能生活，但对本能的依靠程度不同。动物是完全依靠，因此，动物的生命是特定化的。人对本能的依靠处于最低限度，人没有任何特殊的生物本能，因此，人是未特定化的。

生命对本能的依赖程度不同，或者说，生命中本能的比例不同，使得动物体质上的技能要比人类专门化或特定化得多，它们的每一器官适应于每一种特定生活条件的需要，如鸽子的方向感、蝙蝠的声呐系统、蚊子的定位能力等。动物由于器官的特定化，本能被严格限制在特定的外部生活条件下，只有在这一特定的条件下才能生存，因此形成了与环境之间的封闭性关系。人因为在生物学上未特定化，具有不完善性，所以得以面对一个开放的世界，不必受制于本能，与环境保持着非特定的开放性关系。正是在这种情况下，人获得教育既成为可能，又显得必要。因为人类存在先天的自然缺陷与生物匮乏性，若不借助于教育的力量、文化的力量，作为一个自然物种，人类不可能在生存竞争中生存下来。正是在这个意义上，文化人类学把人看作天生的文化的生物，把人的文化性视为对人的生物本能的未特定化和匮乏性的补偿，文化成为人的“第二天性”，“抛弃文化就是抛弃我们自己”。教育人类学认为，正是人的未特定化赋予人的开放性，以及所带来的超越生命的文化性，使教育成为人的生存方式。

教育是人的生存方式，首先因为人是可以教育的。人的未特定化，使人无法依靠特定化的图式生存，因此，人的生命需要和环境之间保持一个完全开放的空间，从而构成人向世界的开放性。同时，人的未特定化，赋予人以可塑性，使人能够根据环境的要求，自我确定同化的信息、作用于外部世界的主体机制。因此，人具有巨大的自我塑造的潜力。动物由于生命的特定化，也就失去了可塑性，只能顺从“命运”的随意摆布。

人类进化的研究表明，人的未完成状态，主要不是表现在解剖学或生物学的次要特征上，而是表现在脑的潜在的未完成上。新生黑猩猩的大脑体积已经达到成年时大脑体积的70%，而智人的新生儿的大脑体积只达到成年时的23%。智人新生儿大脑的发育，就需要母体分娩后，在子宫外完成。人类与其他高级哺乳动物相比，在母体子宫内度过的时间过短。根据与其他灵长类动物的比较所进行的一项计算显示，智人的妊娠期应该是21个月，但新生儿在母体内实际经历的只有10个月，而提前来到了世上，因而还需要一个人类学所称的“子宫外年”。这个子宫外年，就是个体发展的幼年期。“幼年时期的延长允许大脑在外部世界的刺激和文化的影响下持续其组织上的发展；换言之，个体发育进展的缓慢性有利于学习技能，有利于发展智力，有利于文化的熏陶亦即传输。”（莫兰，1999）[69] 新生儿大脑的完善需要一段较长的幼年期、童年期，这是包括猿在内的动物所没有的，对动物来说，都是从婴儿期几乎直接进入成年期。新生儿无力自助，首先需要母亲的照料，较大的儿童需要成人的教育。因此，儿童期的存在是教育发生的生物前提，也是教育存在的本体论秘密（刘晓东，1998）[71]。

教育因为人的未特定化而成为人的存在方式，它不仅是人的生命发生的前提，而且实现着生命的再生产。生物的本能是由基因决定的，植物和低等生物基因完全是特异的、封闭的，而高等动物的基因部分是特异的、封闭的，部分是未特定化的、开放的。物种的等级越低，其特异的部分越多。特异性的基因编码可以遗传，因此本能是伴随种族繁衍而得以传递和延续，不是通过试验或学习而获得的。但开放性编码是不能遗传的。对高等动物来说，部分开放性的基因编码使它已经具有初步的学习能力。这种学习能力对于动物的物种存在之所以重要，就在于它是动物自我再生产的一部分。在人的进化过程中，基因的特异部分降低到最低，人的基因系统中绝大部分都是开放的，这样人的基因和环境之间就存在着一个缺口，“如果智人不能用积累起来的文化经验和通过个人学习获得的知识至少部分地填补这个缺口，他将成为最贫穷的动物”（莫兰，1999）[108]。在莫兰看来，智人的出现是智能和破碎的本能的结合，“在遗传基因中被程序化的行为[①]的减少和组织性智能的建立是原人的生物进化过程的特点，它在智人那里得到完成”（莫兰，1999）[102]。所以，人的生命再生产就以扬弃的方式包含着高等动物学习在内的高级的自我再生产，即必须在基因遗传赋予的最低本能上，依靠教育完成其文化遗传的要求。教育作为人类的再生产活动区别于其他生命形式的后天的再生产，就在于人的社会性以及由这种社会性所赋予的文化意义。因此，教育是人特有的超生命的遗传方式。

以上是对教育在人类进化中的本体地位的分析。从个体发展的角度看，教育是个体再生产的方式。个体的再生产包括先天的个体生理生命（种生命）的生产和后天的价值生命（类生命）的生产，种族繁衍将生理结构和各种本能遗传给下一代，从而使个体获得种的自然的生命。但初生婴儿还不能算真正意义上的人，只有经过一定的教育，使他们具备了在人类社会中独立生存的各种能力之后，他们才算进入了社会，才成为真正的人。这也就是康德的“人只有受过教育，才能够成为人”的另一层含义。前一个

---

①　即本能。——引者注

“人”是指自然人，后一个“人”是指社会人。前一个“人”只是具有人的生命潜能的生物，后一个“人”才是真正的人。完成从前一个“人”到后一个“人”的转换，教育担负着使命，包括使儿童掌握现代社会生活、生产所必需的各种工具系统，具备从事物质生产的经验，使儿童认识并形成在特定社会环境中生存所需要的各种行为规范，具备社会生活的经验。这些都超出了遗传和生物本能的范围而属于“超生物经验”，个体获得这些“超生物经验”必须要通过教育。

由此可见，教育是人的生命存在的形式，是人类自身再生产过程中极为重要的环节。

（三）人的文化性对教育的规定

文化的出现和人的生理本能不是毫不相关的，相反，在生物进化的过程中，文化发展和本能的完善程度是紧密相连的。动物生命的特定化使其失去了开放的空间，鲜有文化创造的可能。但人的生命是未特定化的，为文化的产生提供了可能性和必要性。对人来说，“文化发挥着补充作用加入本能（遗传的程序）衰退和组织性智能增进的过程，它同时被这个衰退（意味着青春化）和这个增进（意味着大脑进化）所增强，并为这两者所需要”。所以，人的生命的获得与文化之间具有原始的互补关系。首先表现的不是人的社会性的获得，而是人的大脑的发育对文化的依赖。“脑的再生的智能的发展最终只能依靠社会文化现象的复杂性来实现。对于一个不拥有这个社会文化的复杂性的生物来说，大脑可能反而是一个妨碍。”（莫兰，1999）[72–73] 因此，哲学人类学家兰德曼把人作为文化的动物，文化作为人的本能匮乏的补充而成为人的第二天性。

“只有研究人的客观精神的根源[①]和文化的条件作用，才能完全理解人。”（兰德曼，1988）[代译序12] 从文化的生产来看，它源于人的生命的不完善性。人的生命的开放性和不完善性，使人必须与外界进行信息交换才能

① 即文化。——引者注

生存，这种人与环境的相互作用，就产生了文化。所以，从文化的角度看，人的生命的不完善以及由此导致的人的创造性，是文化产生的前提。从人类进化的角度看，人首先是文化的创造者。文化虽然为人所创造，但各个时代、各个民族在不同环境下所创造的文化的累积，成为人类创造力的一种历史积淀，这就是被兰德曼称为“客观精神”（the objective spirit）的文化，包含着人类创造力积淀的文化，具有外在于人的独立价值。从个体的角度来看，生来就不可避免地生活在体现人类创造力的客观存在的文化世界中，必然受到历史沉积的文化的限制。“我们是这种‘遗产’的承担者，这种遗产为我们的未来规定了路线。”（兰德曼，1988）[代译序 11] 因此，对个体来说，每个人又为文化所塑造。人作为文化的存在，既创造了文化，又为文化所创造。

与动物相比，人的生命与环境之间有一个“缺口”，弥补这个缺口，不仅创造了个体文化，而且继承客观文化。作为个体的人，首先生活在已有的文化积淀中，他需要通过教育攀登他降生于其间的文化高峰，以掌握存在于一个特定文化所应具有的存在和行为的先在图式。只有通过教育，人获得文化的特质，才能够成为人类的个体，才能够成为文化关系中的人。

人的可教育性，不仅源于文化对人的制约，还源于传递文化的符号。卡西尔认为，人本质上是使用符号的动物，是利用符号去创造文化的动物。符号不同于信号，信号是物理的存在世界的一部分，而符号则是人类的意义世界的一部分。动物只能用“信号”做出条件反射，人能够把这些“信号”改造成有意义的“符号”。符号作为一种思想性的媒介，本质上是人把握世界并赋予自身生活以意义的一种特殊形式，是人与世界的一种意义关系。人正是用符号这一功能性工具去解释世界，创造一个理想的、可能的、有意义的世界。人与世界的关系不是一种实体关系、因果关系，而是一种思想意义关系，要理解人，就是要对这些人置身于其中的符号进行意义的阐释。符号化的存在决定了人的存在是一个不断进行符号意义交换的过程，而这些符号的意义又不是天生的，它需要后天的教育。只有通过教育的形式使所有个体就符号达成统一的规定性意义，才不至于造成社会交往中的意义混乱。同时，符号性的存在也使得人能够适应教育这种以符号化的形式存在的文化传递方式。符号化的教育与符号化的生存达成的内在默契，使教育成为人的存在形式。

生物进化的历史使我们看到，对人来说，古人与现代人有着巨大的差别，但他们的本能的变化几乎没有，造成这种差别的主要原因是文化的不同。美国的遗传学家多布然斯基（T. Dobzhansky）在《进化中的人类》中就明确指出，在人类的进化中，人类的基因已经放弃了它的首席地位而让位于一种全新的或超机体的力量，这就是文化。柴尔德（V. G. Childe）在《远古文化史》中也得出同样的结论，认为文化上的进步，确已代替了人类家族中进一步的生物进化。文化不仅仅是本能匮乏的补充，而且成为现代人生命的核心或本质。文化不能通过基因的方式遗传，文化外在于人，可以通过一个人传递给另一个人，教育显然是文化传递的有效形式。人类越发展，文化沉积越多，教育对人的生命价值就越大。套用兰德曼的一句话，“没有文化，人也就什么都不是”，我们同样也可以得出这样的结论：没有教育，人也就什么都不是。这再次证明了康德的名言。

（四）人的超越性对教育的规定

动物的生命活动是固定的，对动物来说，生命和活动是统一的，活动只能是本能的表现。动物的世代只是本能的重演。但人不是这样，人的生命是开放的，他必须不断地进行自我再生产，支配这种再生产的动力就是人的超越性。超越性是人的生命的本质，生命就是对已有存在状态的不断否定和对新的存在状态的不断创造，是现实与理想的统一。人必须用生命的现实去充实理想，生活在理想和可能之中。人没有对理想的追求，就如同动物。

以人的生命的超越性来解释教育，我们可以得到以下认识。

第一，教育的目的就是人的超越性的持续，表现为人的生长过程。否定自我，创造新我是超越性的表现，也是人的生长过程，从而也构成了教育的根本所在。这正如杜威所言："教育的过程是一个持续不断的生长过程。"人的生长的过程不是天赋的自然成长，自然天赋只提供了教育过程中起发动作用和限制作用的力量，发展的动力乃在于人对可能世界的追求和由此表现的创造性状态。超越性作为人的生长过程不是动物式的自然成长，也不是神灵式的无限自由，人的发展就是一种理想与现实、无限与有限、"是其所是"与"是其所不是"的否定性统一，是人的一个自我创生的过程。

生长的过程，同样是生命的一个自组织的过程。人通过自己的生命活动，总想使自己"活得"比现实状况"更好"一些，人总是在不断地追求着"更完善的"自我组织形式。

教育关注人的发展，以人的成长和发展为目的，因此，教育是以人的生命存在的"应然"为理由的不断超越的过程，是生命的自我组织活动过程。

第二，教育的过程是以超越性为指向的人与文化的矛盾统一的过程。教育从目的或意向性上说，是生命的生长过程或自组织过程，但生长或自组织不是自然天赋的展现，也不是凭空进行的，它必须凭借着一定的媒介，这就是文化。"人的生长发展与其他生命形式生长发展的最大区别即在于人能创造和开发利用文化这样的精神形态的发展资源。"（项贤明，2000）[115] 人的超越性的追求，也即人的成长过程，是人与文化的矛盾过程。

个体的人首先为文化所塑造，是文化的占有者和享用者，在这种意义上，人与文化是统一的，文化是人的生命存在的现实之家，也是人的生命存在的精神之家，人生活的现实是一个文化的世界，文化是人的类生命的寄存地。人对文化是一种维护性的肯定关系。但是这种关系是暂时的，因为人的本性是超越，而不是故步自封。超越性不仅体现为自我生长中的超越，也体现为人与环境、人与文化的超越。而且后者是前者超越的资源，没有后者的超越，就不可能有人的成长。所以，人与文化的关系，从根本上讲是一种否定的关系，肯定只是人与文化关系中的一个环节，超越性的追求，使人与文化的关系永远处于否定性之中，这种否定关系的延续，就意味着生命的成长。同时，文化也在对人的否定中获得进步和发展。文化是人的生命活动的外部表现，是人对应然世界不断追求的结果。

人凭借人与文化的矛盾统一，使自身得到了发展。教育一方面作为传承文化的手段，另一方面作为创造文化的手段，在“制造”着人与文化之间的矛盾[①]，所以，从这个意义上说，教育的过程是人与文化的矛盾统一过程。

总而言之，通过本章对人类发生史的考察，我们对于教育可以得出这样一个原点性的认识：人的种生命的未特定化和由此导致的类生命的出现，使教育成为人超越种生命、走向类生命的存在方式。教育对生命来说，是最基本的原点，它源于生命发展的需要，同时，生命发展的过程就是教育的过程。生命的发展不是自然的肉体生长，也不是凭空进行的，它借助于文化，是人与文化之间的矛盾统一。教育在人与文化之间“制造”矛盾、“解决”矛盾，又不断地“生成”新的矛盾。所以，生命、文化成为教育的原点，文化源于生命的存在，故教育最根本的原点只在于生命本身。

---

① 关于这个问题，参见张应强.高等教育现代化的反思与建构［M］.哈尔滨：黑龙江教育出版社，2000：210−214.

第二章　生命在教育中的失落与反思

19 世纪的问题是上帝死了，20 世纪的问题是人死了。

——弗洛姆

教育的职业性和社会性诚然重要，但舍掉其精神性则是致命的，它之所以致命，是因为可能长时间都看不到缺少精神性，就如同一种不知不觉加重的病患一样。一个国家会因此受苦，直到病入膏肓才认识到病情的严重。

——利文斯通（R. Livingstone）

世纪之交，往往是一个新旧理念碰撞、新理念诞生的时代。这种新的理念，缘于对过去世纪的反思和反抗。

20 世纪与瑞士教育家爱伦·凯（E. Key）的《儿童的世纪》同时诞生。她有感于 19 世纪教育对儿童生命的折磨和摧残，预言“20 世纪是儿童的世纪”。然而，在刚刚过去的 20 世纪，除了在为数不多的像尼尔创办的夏山学校①能看到“儿童的身影”外，在大多数地方和学校，儿童仍处在被遗

① 夏山学校（Summerhill School）是英国的教育家尼尔（A. S. Neill）1921 年创办的。学校秉承的宗旨是“自由教育”和“个性发展”，倡导“把教育还给儿童，让学校适应儿童”。

忘的角落，以至于满足“儿童发展的需要几乎成为一种奢侈品”①。面对两次世界大战、东西方“冷战”的格局以及技术革命不竭的浪潮，各国在政治和经济的争斗中走完了风雨摇曳的20世纪，教育成为促成它们现代化的有力杠杆。满足政治、经济、军事等方面的需要是20世纪各国教育改革的首要目标，也是各国投资教育、发展教育的动力所在。20世纪的上空响彻的不是爱伦·凯的“儿童世纪”，而是舒尔茨（T. W. Schultz）的“人力资本理论”，20世纪70年代呈现出的被联合国教科文组织认为是“当代特征”的“教育先行”（联合国教科文组织国际教育发展委员会，1996）[35]，不是为了“儿童”，而是为了包含着政治地位和经济实力的综合国力的竞争。这充分显示了，20世纪不是“儿童的世纪”，教育成了社会的工具，遗弃了“儿童”，也丧失了教育的生命本质。

或许，爱伦·凯一开始就是错误的。因为20世纪是一个以现代性为特征的世纪，现代性把理性奉为新的“上帝”的时候，已经把人当成追逐物质利益、满足于物质享受的功利主义者，人成为工业化进程中的“机器”，而丧失了人的生命意义和价值的追求。

迎着21世纪的步伐，我们在摆脱现代性的阴影，而进入一个“人”的世纪。“以人为本”成为这个时代的最强音。为了迎接这个时代的真正到来，我们必须彻底反思20世纪教育现代性的阴影，超越教育的现代性，走向以生命为本的新时代。

正视现实，反思存在的问题，是我们迈向新时代的第一步。

一、问题：生命意义的消解

（一）人文教育的失落：失缺了生命的另一半

总体上看，人文教育是个模糊的概念，在不同的时代使用这个概念的

① 这是国内学者陆有铨教授在考察20世纪教育的历程后得出的结论。参见陆有铨. 躁动的百年：20世纪的教育历程［M］. 济南：山东教育出版社，1997：916.

语境不同，其含义也呈现出差异。

古代社会，生产力发展水平不高，物质文明程度相对低下，人们认识自然的水平低下，对自然存在着敬畏和崇拜，所以，无论在西方，还是在中国，教育一开始都镌刻着深深的人文印迹。①人们对教育的认识，都是以人为中心，以善为导向，追求人性的和谐发展。如古希腊教育家柏拉图认为，教育的根本目的在于对“绝对的善”的追求，“使人的心灵的和谐达到完善的境地”。我国古代教育家孔子“仁者，爱人”的思想以及儒家经典《大学》提出的“大学之道，在明明德，在亲民，在止于止善”的教育目的，都反映了儒家对以“善”为导向的人格完美的追求。因此，古代的教育都是人文、伦理的内容，而关于生产劳动的经验则被排斥在教育之外。孔子的学生樊迟因“请学稼”，而遭到孔子的讽刺和责骂。古代社会教育对以“德”为核心的人格的强调，实则是统治阶级培养官吏的需求。如柏拉图的《理想国》提出教育要培养“执政者”、“军人”和“生产者”，他们分别具有“高贵品德”的不同方面：智慧、勇敢和节制。我国儒家思想也提出“修身、齐家、治国、平天下”，“修身”的目的不在于人格的完善，而在于“齐家、治国、平天下”。所以，这时的人文教育并不具备真正的人文内涵。

但古代的人文教育，为古典人文教育奠定了基础。出现在文艺复兴时期的古典人文教育反抗中世纪的禁欲主义和经院主义，主张把人从神学的束缚下解放出来，反对封建教育中的“神道”之学，提倡“人文”之学，学习古典的人文学科，强调身心或人格的和谐发展。

近代以来，古典的人文教育，随着科技的发展，受到科学教育越来越大的冲击。这分为两个阶段。首先是18世纪以来，尤其是18世纪中叶以后工业革命在欧洲急剧扩展，科学教育出现并不断地加强，呈现了和人文教育分割天下的局面。从1708年，德国教育家策姆勒（Zemanler）创办第

① 从对“教育”一词的解释可见一斑。在中文的语境中，“教”是手段，“育”是目的，“育”谓之“养子使作善”。“善”即“道德”和“人性”。英语中，“education”是“引出、引发”，意味着“生命的不断发展”。

一所实科中学，到18世纪末，出现了众多的实用学校和综合学校，“在这种学校里，科学课程和实际业务课程与文科课程相比，已大大领先”（杜时忠，1999）[31]。人文教育受到科学教育的挑战。不过，科学教育的发展并没有否定人文教育的重要性，如同赫胥黎（T. H. Huxley）指出的，“科学和文学不是两个东西，而是一个东西的两个方面”，“单纯的科学教育与单纯的人文教育一样，将会造成理性的歪曲”。（杜时忠，1999）[32]第二个阶段是19世纪下半叶，随着科学主义成为西方文化的主导思潮，科学教育取代了人文教育的主导地位，甚至出现了唯科学主义的倾向，从此，人文教育走向了衰落。

所以，今天所谈的人文教育不同于文艺复兴时的古典人文教育。古典人文教育是针对中世纪的神学和宗教统治而言的。今天的人文教育主要是针对唯科学主义、理性至上、功利主义、物质主义、享乐主义的流弊而提出的。人文教育，顾名思义，就是以“人”为目的，以“文”为手段，实现人文关怀的教育。笼统地说，人文教育就是培养学生人文素养的教育，人文素养包括人文知识和人文精神，其中人文精神是核心，是灵魂。人文精神是以人为主题，以文化建构为底蕴，以意义追求为指向的人的生命表现、生命确立、生命发展的法则、原理和规律（樊浩，2001）。人文知识若没有人文精神、人文情怀的渗透和定向，就成了理性的认识。只有人文精神孕育其中，才可以转化为人文情感、人文情怀。

刚刚过去的20世纪，是科学技术突飞猛进的时代，人类的科学发明、创造是空前的。人类不仅发明了卫星，征服了宇宙和太空，而且基因的重组，也在征服着人类自身、生命自身。科学差不多改变了人类的生活方式，成为上帝之后的新的“造物主”，导致人类对科学的迷信和崇拜。科学本身没有错，但人类对科学的迷信和崇拜，导致了对人的文化精神的忽视，人们在为新的发明而欢呼、执迷于一项项新的技术的时候，忘却了生命自身。所以，技术在造福人类的同时，也成为残害人类的“凶器”。20世纪战争频发，哪一次不是新技术运用于军事的结果。这种技术不仅残害了人类自身，更殃及人类的生存家园：物种的灭绝、生态的破坏、环境的污染、水资源的枯竭、臭氧层的破坏、土地的沙漠化等等，严重地威胁着人类的生存。这一切，卢卡奇（G. Lukacs）认为是“理性的毁灭”，斯宾格勒（O. Spengler）称之为“西方的没落”。

科学的发展使人的物质丰富了，但人的精神世界却日益贫困化了，人们拼命追求物质享受和感官刺激，追求消费和享乐，物质主义和纵欲主义横流，导致各种腐败堕落现象空前泛滥，使人类从文明再次走向野蛮。所以，20 世纪是一个“分裂”的世纪，人类的科学技术和物质财富空前发展，但与之伴随的却是道德水平的急剧下降和人文精神的缺失，使 20 世纪的哲学家发出了“上帝死了”“人也死了”的叹息。

教育在这场人文危机中起着推波助澜的作用，表现出功利主义教育的取向和唯科学主义教育的霸权。现代社会高度的社会分工和市场经济的功利主义逻辑，使人不再关注他自身，而关注社会的需要，因此，教育不是成“人”的教育，而是成“材”、成“器”的教育。正如鲁洁教授所言，“当今的教育却是从根本上偏离了它本真的意义，成了一种在工具理性操作下的功利主义教育”（鲁洁，2001a）。教育脱离了生命的本原，成为满足社会需要的工具。人的工具化，导致了人性的虚无，人本体性的存在价值全被抹杀。

在功利主义价值的影响下，人们把技术和技术理性当作追求功利的手段，因此，教育又表现出唯科学教育、唯理性教育的倾向。教育只教人掌握“何以为生”的本领，放弃了引导受教育者对“为何而生”的思考。因此整个世界教改潮流就是强调技术知识教育，无论是基础教育的改革，还是高等教育的专业调整，都把发展的重点放在技术教育上，人文学科被边缘化，不受重视。人们在追逐一个个的热门专业，从法律、金融、贸易、管理到计算机、生物工程、高分子，唯独没有哲学、文学、伦理学。相反，它们今天几乎到达了不能生存的境地，不得不依靠国家政策的强制保护。唯科学教育的盛行，固然使科学技术发展了，但人文精神的贫乏和人文教育的脆弱所造成的后果则很少有人在考虑。不断发生的中小学生的自残和对他人生命、对自然界生命的漠视，本质上就是独尊技术知识教育、缺损人文教育的恶果。20 世纪末，我们不得不展开补救的工作。[①]

也许人们会说，人文学科，如文学、哲学等我们不是一直在开设吗？怎么说我们会有人文知识的缺失呢？问题是，日趋“科学化”与“知识化”的人文课程，在教师的支离剖析中，很难说还有多少人文的内涵。就语文教学而言，长期以来形成的模式就是先学生字、生词，然后划分段落，总结中心思想。一篇有血有肉、感情丰满的课文，逐步分解为生词、段落、大意和中心思想时，“魂”就没有了。教学就这样在掌握“双基”的大旗下，淡忘或丧失了人文关怀。教师也许会让学生熟背《背影》，却很难让学生感受到那份凄美情愫；学生读《老人与海》，看《鲁宾孙漂流记》，却领略不到人对自然的无限伟力以及对自我的挑战。所以，每当教师让学生有感情地朗读课文时，听到的只是生硬的模仿或制造情感的播音。我们在追求教学目标的完成，这些目标却是表面的。段落的划分和中心思想的概括已经遮掩了文章本身所能体现的生命的跳动和升华。教学内容也只是一些没有丝毫灵气与活力的知识，视四十分钟教学内容的连贯、衔接得当为成功教学的典范。把智慧、真、美、自由、公正、希望和爱的种子深深埋在书本中，也没有意识到挖掘出这些人间终极价值的重要性。

所以，没有人文教育不行，只有灌输式的压抑人性的人文教育也不行。那种以工具价值为主体的知识教育与以人格培养为目的的人文教育不是平等的，人文教育要高于知识教育，从根本上制约着知识教育。而且不仅要制约着知识教育的人文教育，要以人文的方式进行文科教育，把文科教学变成欣赏的过程，变成体验生命价值的活动的过程，还要用人文教育观照科学教育，使科学教育成为一种具有人文教化意蕴的、全面的科学教育。

总之，我们从西方社会的发展可以看出，科学主义、技术至上到商品经济和市场逻辑的充分运用，无不表明西方现代社会条件下生命完整性的丧失和人被物化的命运。今天正在走向网络化社会中的“数字化生存”，极

---

① 一方面，一些高校尤其是理工科院校开设人文社会科学的讲座或课程；另一方面，编写了人文知识教材，如陈思和为中学生编写了人文读本，夏中义为大学生编写了大学人文读本，均由广西师范大学出版社出版。

有可能再次将人的精神生活和灵魂世界排挤到一个日益边缘化的角落，从而成为“人文精神”失落的新的契机和根源，所以，21 世纪加强人文教育，任重道远。

（二）教育与生活的割裂：丧失了生命的意义

我们在不断地生活，却很少来思考什么是生活，思考以什么来衡量我们生活的质量。我们常问别人，“最近生活得怎么样”，他可能说，“最近心情不怎么好”或“最近生活得很幸福”。由此可以看出，生活是人的一种生存状态，是生命存在状态的一种体验。陶行知说：“什么叫生活？一个有生命的东西在一个环境里生生不已的就叫生活。人生就是要‘活’——要‘生活’。”（郭元祥，2002）[117] 在陶行知看来，生命生生不息，就是生活。梁漱溟甚至把生命与生活相等同。他说：“生命与生活，在我说实际上是纯然一回事；……一为表体，一为表用而已。”（梁漱溟，1994）[263] 生活的根本内涵是生生不息的生命的展现，生命是生活的主体和核心。但生命的展现是通过生命与环境的作用而实现的，所以，承担生命展现的空间即为生活的世界，也是生活的内容。

表面看来，我们都在生活，包括儿童在教育中也在生活。但若以生命的自由展现为标志来衡量，儿童在教育中是在生活吗？我们的儿童在一个“神圣的地狱”，在一个“比监狱稍好一点的地方”，在一个“未成年人的集中营”① 度日，他们过的是本该属于他们的天真烂漫的生活吗？

20 世纪初，杜威早已察觉到这种情况，批判现代的教育忽视了把学校作为社会生活的一种形式这一最基本的原则。他说：“现代教育把学校当作一个传授某些知识、学习某些课业或养成某些习惯的场所。这些东西的价值被认为多半要取决于遥远的将来；儿童所以必须做这些事情，是为了他

---

① 刘云杉在《学校生活社会学》中描述了受教育者（高三学生）视野中的“学校”，其中提道：“学校是整形医院”“学校是神圣的地狱”“学校是监视器”“学校是比监狱稍好一点的地方”“学校是未成年人的集中营”“学校是优胜劣汰的战场”，参见刘云杉. 学校生活社会学［M］. 南京：南京师范大学出版社，2000.

将来要做某些别的事情；这些事情只是预备而已。结果是，它们并不成为儿童生活经验的一部分，因而并不真正具有教育作用。”（杜威，1981）[5]杜威在一百多年前发出的警告，让我们今天的教师读来依然无地自容。我们的教育中至今仍然存在杜威所批判的情况，这就是教育与生活的隔离。它主要表现在三个方面：一是教育的内容与生活相脱节，远离了儿童的生活世界；二是以成人的世界代替儿童的世界，失去了对儿童当下生活的关注；三是教育中缺乏生活气息，使教育丧失了生命的活力。

总体上看，教育与生活的关系经历了一个从原始的统一到分化与割裂的过程。原始社会，生产力水平低下，每个人都必须直接参加生产劳动，在劳动中获取生活的必需品，同时也获取生活的经验。因此，劳动的过程就是教育的过程。教育与生活是原始地融为一体的，教育在生活中，通过生活进行教育，教育就是生活本身，是通过共同的社会生活过程来教育自己，而不是被别人所教育。教育的内容也就是人的生活内容，教育的过程也是生活的过程。但随着生产力和生产关系的变革，社会分工的发展，独立形态的教育——学校教育出现了。贵族子弟成为学校的首批学生，最广大的劳动人民的子女依然受着原始的日常生活教育。由此开始，学校教育与生活出现了分离，学校教育的内容开始摒弃日常的、完整的生活，而越来越走向科学，走向知识。生活不同于“知识”“科学”，就在于“知识”“科学”是抽象的灰色世界，生活是鲜活的生命世界。科学的世界是图像、符号的世界，生活的世界是人的世界，是由人的活动所开展出来的世界，是人通过人自身的活动而生成的世界。人在生活中舒展着自己的生命，体验着自己的生存状态，享受着生命的快活和生活的乐趣。科学是枯燥的，生活是诗意的；科学奉行本质主义，生活主张生成性思维；科学是知识，生活是体验；科学是认识的，生活是实践的。因此，说生活就是说人，说具有灵动生命的主体人。生活就是生命的亲历性和实践性。现在的教育使儿童在“科学世界”“书本世界”之中，而不是在生活之中，从而导致在教育中看不到儿童，看不到儿童对人生意义的祈求。

就教学内容而言，受实证主义的影响，关于自然的知识被简化为纯粹事实的知识。“实证科学正是在原则上排斥了一个在我们的不幸的时代中，人面对命运攸关的根本变革所必须立即作出回答的问题：探问整个人生有无意义”，所以，胡塞尔（E. Husserl）指出，科学的危机就是科学之中人的危机，表现为科学丧失了生活的意义。（胡塞尔，1988a）[5-7]实际上，实证主义的思维方式，不仅影响了自然科学，而且影响着人文社会科学，前面列举的对语文的“解剖式”教学，就是追随实证主义的表现。

教育与生活的隔离，还表现在脱离儿童的当下的生活。教学内容反映的不是儿童的世界，而是成人的世界、社会的需要。以新中国成立后的小学一年级语文课文为例：

> 50 年代初期的课文：我们要好好学习，做毛主席的好孩子。
>
> 70 年代初期的课文：毛主席万岁！中国共产党万岁！中华人民共和国万岁！人民公社万岁！
>
> 70 年代末期的课文：毛主席永远活在我们心中。全国人民热爱华主席，热爱共产党。我爱首都北京。我爱中华人民共和国。
>
> 90 年代初期的课文：我是中国人。我爱五星红旗。五星红旗是我们的国旗。国旗和太阳一同升起。
>
> 90 年代末期的课文：五星红旗，我们的国旗，国歌声中，高高升起。我们立正，向您敬礼。

90 年代的课文相比以前，有了巨大的进步，尤其是 90 年代末期的课文，虽然同样讲的是“国旗”，但它叙说的不是政治的口号，而是儿童每天进行的活动，是儿童的经验。

儿童的生活是“儿童”的，是充满童心、童趣、童稚的。一旦我们在教学中以理性的尺度，以唯一的尺度，或以某种崇高的尺度，来剪裁儿童世界的时候，儿童就不在生活之中了。我们的语文教学中，乌龟和兔子赛跑，为什么“谦虚使人进步，骄傲使人落后”是唯一正确的主题，而不能是“兔子累了”或者是“建议乌龟和兔子三局两胜”呢？“拔苗助长”的寓言，为什么只说明“办事必须根据事物的客观规律”，以此来责备烈日下拔苗的农民呢？为什么不可以赞扬农民伯伯吃苦耐劳的精神呢？老师布置写《一件有意义的事》，一位同学记述了这样一件事：

> 在我很小的时候，常常替妈妈买酱油。去店铺要走过很长一段凸凹不平的路。有一次，妈妈正做饭时，发现酱油用完了，让我赶快去打酱油，快去快回。店铺的阿姨给我打了满满一缸酱油，我小心地端着酱油，急促地往回走，想着妈妈等着用酱油，又害怕酱油洒了。正在这时，路边过来了一位小哥哥，跟我说：“小姑娘，你的缸子漏了！”我猛地把缸子翻了过来，酱油洒了一地，我“哇”地哭了。

这是小时候发生的一件事，几年了她还记忆犹新，对她来说，当年的怨恨已经化成了美好的回忆。当她把这篇充满童真的趣事写出来交给老师时，老师的批语是“立意不高，以后要写有意义的事”，于是，我们看到了作文中一个一个有意义的事——拾金不昧、乐于助人等等，只不过它不是儿童经历的真实，而是他们编写的一个个“瞎话”。为了“意义”而编写故事，不是在教人撒谎吗？

生活不仅在于它的意义，更在于它是生命的冲动，充满着生机活力。充满活力的生命是创造的，一定意义上是“野性”的。幼小的生命应该无拘无束、自由自在，他们应该在东奔西跑中，在手舞足蹈中感受自然，亲历生命，体验生活的本真，享受童年的乐趣。诗人泰戈尔晚年曾办了所学校，他的学生可以光着脚在草地上奔跑，骑在高高的树杈上读书，有人感到吃惊和不理解。对此，泰戈尔说，“童年是一个文明人一生中唯一可以在树杈和客厅的椅子间做出选择的时期，难道因我已是成人不便这样做就该去剥夺孩子的这种权利吗？……我知道，在这个实际世界上，鞋子是要穿的，道路是要铺设的，车子是要使用的。然而，在孩子受教育时期，难道不应该让他们懂得，世界并非是客厅，而是一个诸如自然的东西，而他们的肢体之所以被造得如此的美妙，正是对自然的一种回应”。今天，试问有几位校长、老师、家长能像泰戈尔这样呢？今天的儿童越来越多地被封闭在狭小的空间中，过着从家庭到学校、从学校到家庭的单调生活，他们没有朋友的嬉闹和追逐，有的只是在题海中“遨游”。偶尔的春游、野炊还要附载着写篇作文的前提。这样的生活，儿童能快乐起来吗？不能不说这是对生命的折磨和摧残。

（三）绝对主义的客观知识：泯灭生命的灵性和创造

任何的教育都不可能否定知识在其中的中介作用，教育是以知识，尤其是间接知识为媒介而促进学生发展的。知识的性质和类型不同，影响到教学的过程和方法。19 世纪社会学家孔德（A. Comte）提出了人类知识发展的三个阶段：神学阶段、形而上学阶段与“科学阶段”。我国学者石中英认为人类历史上知识经过三次转型，出现四种类型的知识：原始知识型（神话知识型）、古代知识型（形而上学知识型）、现代知识型（科学知识型）和后现代知识型（文化知识型）①。前三种与孔德提出的基本相同，最后一种是对现代社会进行反思、走向后工业社会所出现的知识类型。现代的知识正在经历从现代向后现代的转换。原始的神话型知识出现在人类的蒙昧时代，人类无法认识大自然、解释自然中的神秘现象，因而诉诸神话、图腾等神秘力量，“仪式”是它的主要学习形式。古代的形而上学型知识打破了知识的神秘性，认为真正可靠的知识是有关事物本体的知识，怎样认识本体，西方哲学家借助于“logos”（逻各斯），中国哲学家借助于“思”，他们都把形而上学的知识作为思辨的理性的认识结果，因此，形而上学的知识具有绝对性和终极性。到了中世纪，神学的知识除了具有形而上学知识的特征外，还具有了宗教和神学的“神圣性”。对形而上学的知识，其教学的方式是注重理性的训练，苏格拉底的“产婆术”可以被看作代表和典

① 石中英在《知识转型与教育改革》一书第二章论述了这四种类型的知识，参见石中英．知识转型与教育改革［M］．北京：教育科学出版社，2001．

范。从表面看来，“产婆术”注重发挥学生的个性，根据他们的理解而可以产生差异，但苏格拉底一步步的诘问，实际上是在不断地消灭个性和差异，把他们推向一个绝对的真理，这个绝对的真理是形而上学家的特权。中世纪的形而上学家就演化为神学家。因此，形而上学知识的学习根本在于服从权威。正是在这个意义上，夸美纽斯批判中世纪的学校是儿童心灵的“屠宰场”。

由于古代的形而上学知识遵从权威，所以近代哲学家笛卡儿（R. Descartes）在确立新的哲学理念时，所做的第一件事就是反对形而上学的权威甚至神学权威，提倡以“经验”为标准检验一切知识。这就出现了现代的科学型知识。

古代的形而上学知识的客观性是由抽象的“逻各斯”和“理念”决定的，在中世纪，神学知识是由“上帝”决定的。但现代的科学型知识是对古代知识的“祛魅”（disenchantment），它认为知识是外在于人的事物本体决定的，它是对事物的本质属性或事物与事物之间的本质联系的反映，因此，判断知识的标准就是看是否符合客体事物的特性，符合的则为知识，不符合的则为谬误。因此，这种知识就成了“客观存在、客观对象、客观本性”的代号和能指，它否定了主体在知识形成中的作用。判断一种认识是否为知识，不在于人怎样认识、认识了什么，而在于这种认识是否符合客体自身的特点。客体是固定的、不变的，因此，知识也应该是固定的，是客观的，是唯一的，是铁一般的真理。对真理、对知识只能不断地发现，而不能随意创造。因此，科学型知识严格按照自然科学的求证方式，排斥了人的主观性、历史性和“先见”，认为人的主观性是与“知识”“真理”背道而驰的，是获取知识和真理的最大障碍。因此，我们可以看到，科学型知识是一种“忘我”的知识，具有“非人格性”（impersonality）。

“‘忘我’的真理意识把‘我’彻底排除在外，完全把自身依系于纯粹客观性存在，这也就同时决定了它的绝对主义性质。”（贺来，1998）[111] 知识是绝对的、唯一的，真理一经发现，就成为一堆只需要人们死记硬背的教条，否定了人的价值认识的多样性、差异性和个性追求。

对科学型知识的客观性、绝对性、唯一性的认识，不仅在理论上导致了教学论的“科学认识论”基础，而且在实践上产生了“占有性”教育。

因为知识是客观的、绝对的，因此，教学的过程就是一个认识的过程，是在教师的指导下通过认识间接经验获得发展的过程，具有间接性、有领导性和教育性。（王策三，1985）[114–135] 这是一种科学的认识论。科学的认识论尽管也强调学生在学习过程中的主动性，但无论怎样强调，它都是外在的，无非是在“激发兴趣”“发奋努力”下获取外在于他的知识、技能，而不是参与教学过程，建构属于自己的知识。① 此时的学生无疑是“戴着镣铐跳舞”。在实践中，由于知识是客观的、“忘我的”、“非人的”，人们面对知识，只能怀着顶礼膜拜的心情去记忆知识、占有知识。教育的目的在于让学生获得唯一的知识，因此，可以称为“有知的教育”②。

“有知的教育”是一种标准化知识的教育，它用标准化的知识或答案代替了对问题的思考。它所呈现的内容不是启发学生思考的原料，而是让学生记住大量的“标准”知识，它把标准答案作为权威，杜绝知识中的或然性和未知性。“有知的教育”把传递文化的功能完全变成了搬运功能，它仅仅热衷于把知识从书本搬运到学生的头脑中，教育就是盲目地占有知识。“有知的教育”，可能使一个人学富五车，但其创造性可能为零。“有知的教育”追求的是占有大量“正确知识”，它把人看作知识的守护神，使前人的声音保存得“完好无损”，是再现知识的教育，它使学生养成的知识绝对性的意识，恰恰就是创造的顽固敌人，所以，“有知的教育”代思真理，止思真理，压抑学生的创造性。满足于“有知的教育”，最优秀的学生是上课最

---

① 教学论的科学认识论最近已经受到了挑战，出现了“生活认识论”和“交往认识论”。“生活认识论”把教学的本质看成人的生命的一种存在形式和生活形式，教学的过程是引导学生体验生活，建构意义世界，在人与世界的意义建构中，促成生命的生成。交往的教学观认为，教学的过程不是人对客体的认识过程，而是以客体为中介的师生之间交往的过程，是教师、学生、文本之间的对话和理解，其目的是实现师生之间知识、智慧、生命、意义的共享。尽管两种观点的着眼点不同，但都把学生作为教学过程中的真正主体。

② 苏格拉底认为，自知自己无知的人是最聪明的人，因此，他的产婆术的核心是使自以为知者知其不知，是使学生“无知”的教育。而我们的教育恰恰相反，使无知者有知，知少者知多，是教人“有知”的教育。

认真、笔记记得最好、能最大限度地复述别人的思想的人。在这个过程中，学生成了容器，没有怀疑，没有思考，课堂上所获得的知识只是借助他的头脑而储存，并没有融为他自己的思想，更谈不上丰富和扩展他的思想。

（四）极端的道德理想主义：培育无根的生命

与绝对主义的客观知识观一脉相承，这种寻求终极真理的“绝对意识”运用到道德领域，就成为绝对主义的道德意识，寻找的是一个终极的、永恒的、完美的、至善的世界，这是一种极端的道德理想主义，它脱离了现实生活的世界，脱离了具体的生命，成为一种抽象的、异在的东西。以极端的道德理想主义为旨趣的道德教育，必然异化人的生命，培育无根的人。

生命具有超越性，因此培育德性的道德教育，也是一种超越的教育（鲁洁，1994；冯建军，2002a）。道德教育不在于使受教育者了解现实生活中人的行为是怎样的，而在于使他们掌握人们的行为可能是怎样的、应该是怎样的。道德教育是对现实生活的超越，创造一种可能的生活。但可能的生活，之所以是可能的，还因为它“是现实世界所允许的生活”，“意味着去实现的生活”。道德教育就是创造条件，使人们不断地超越现实生活，去接近可能的生活。“可能的生活”既是理想，又不脱离现实。因此，可能的生活不是一种“圣人”的生活，它是现实中“平民”的生活，它首先关注人的当下生活的需要，用价值理想引导、改造现实的生活，从而导向新的理想生活。

传统的道德理想主义倡导道德和道德教育的理想性，这是值得肯定的，但是极端的道德理想，倡导的是一种“神圣的道德”，认为道德的终极目标是“至善”，道德教育就是要培养“哲学王”“圣人”“神人”，超越普通人的世俗生活，甚至把个人的私欲视为腐败之根、堕落之源，要坚决予以剔除。

极端的道德理想主义在我们的道德教育中不时地表现出来。首先表现为德育目标定位过高，不符合时代的特征，也不符合青少年的特点。以1992年国家教委颁布的《九年义务教育全日制小学、初级中学课程计划

(试行)》规定的德育目标为例：小学阶段培养学生初步具有爱祖国、爱人民、爱劳动、爱科学、爱社会主义的思想感情，初步养成关心他人、关心集体、认真负责、诚实、勤俭、勇敢、正直、合群、活泼向上等良好品德和个性品质；初中阶段培养学生具有爱祖国、爱人民、爱劳动、爱科学、爱社会主义的思想感情，初步了解辩证唯物主义、历史唯物主义的基本观点，初步具有为人民服务和集体主义的思想，具有守信、勤奋、自主、合作、乐观、进取等良好的品德和个性品质。这些目标除了“诚实、勤俭、勇敢、正直、合群、活泼向上”和“勤奋、自主、合作、乐观、进取”属于个性品质外，在道德目标上，过于强调集体精神。这样的目标是培养政治家的目标，是“成圣”的目标，而不是成“人”的目标，虽正确而且不乏教育意义，但它却远离现实，远离普通人的思想实际，难以转化为一般人的道德行为。下述两则真实的故事即能说明这个问题。

有位班主任在“七一”前要开一个主题班会：“给党过生日”。同学们都格外高兴，班会开始时，不时有同学往外张望，似乎很焦急的样子，老师问他们有什么事，他们回答：“老师，党怎么还没来呢？什么时候来呀？”“老师，给党过生日，怎么不买蛋糕啊？”

小学一年级语文课“家”的课文中写道：“蓝天是白云的家，树林是小鸟的家，小河是鱼儿的家，泥土是种子的家；我们是祖国的花朵，祖国就是我们的家。”课上，老师让大家分别给“白云”“小鸟”“鱼儿”“种子”找个家，大家通过看图画，结合生活经验很快都找到了。当老师问“我们的家在哪里”的时候，同学们纷纷说的是自己家的房子、自己的村庄和小区，最多有同学说出了自己所在的城市，但没有一人说是“祖国”。老师不得不把“祖国”这个家生硬地告诉同学们。有的同学问：“老师，为什么祖国是我们的家？”老师说：“因为我们是祖国的花朵。”这使不少同学更加迷惑不解，“我们是人，怎么又成花朵了呢？”

这就是儿童，真实、天真的儿童。他们天真，他们的理解能力有限。我们怎么能够脱离真实的儿童，进行这种抽象的教育呢？苏霍姆林斯基告诫教育者：在学校里，不许讲空话，不许搞空洞的思想教育！要珍惜每一句话！当儿童不能理解某些词语时，就不要让这些词语从他们嘴里说出来！请不要把那些高尚的、神圣的语言变成一钱不值的破烂。

中国除了专门的德育课程外，还十分强调通过其他学科教材和教学来渗透道德教育。以《九年义务教育全日制小学语文教学大纲》为例，它渗透的价值观有：（1）认识祖国的壮丽山河、悠久历史、灿烂文化，激发学生热爱祖国的情感；（2）了解革命领袖、共产党人和人民群众在革命和建设中的杰出贡献，培养学生热爱党的思想感情；（3）了解社会主义的辉煌成就，从而更加热爱社会主义；（4）接受辩证唯物主义的启蒙教育，爱科学，爱劳动，爱公物，艰苦朴素，诚实勇敢，关心集体，团结友爱。如此的语文课除了注重字词句训练外，几乎等同于思想品德课，文学本身的魅力荡然无存。尽管在教育社会学看来，课程是一种法定文化，它要体现统治阶级的意识形态与价值取向，但课程作为促进儿童生命整体发展的跑道的性质不能变。“课程设计如果凭借某种政治权力，充满一种权力的话语，仅用合政治的标准来塑造儿童青少年的言论、行为和生活，那不是人的教育所要求的。”（郭元祥，2002）[23]

其次，德育目标的定位过高，必然导致德育的内容空洞，政治化的教条充斥其间。从以往中小学的思想品德课大纲看，中小学思想品德的内容共有 9 部分：“热爱祖国的教育”“敬爱中国共产党的教育”“热爱人民的教育”“热爱集体的教育”“文明礼貌、遵纪守法的教育”“努力学习、热爱科学的教育”“热爱劳动、艰苦奋斗的教育”“良好的品格的教育”“辩证唯物主义观点的教育”。这些缺乏生活的气息，缺乏儿童的气息。课文所呈现的故事，多是成人世界的故事，多是伟人的故事。以《九年义务教育六年制小学教科书（试用本）：思想品德：第五册》（苏教版）为例，6 种德目涉及 13 篇文章，其中“科学技术为人类造福”没以故事形式呈现，12 篇以故事呈现的，讲述儿童自己故事的有 4 篇，其余 8 篇都是伟人或英雄的故事，现代的有毛泽东、李政道、陈景润、雷锋、抗洪的解放军战士，古代的有东汉的黄香、唐朝的韩愈、齐国的范伯。儿童的品德是在生活中成长的，这里的生活是发生在他们身边的普通的生活、日常的生活、今天的生活、儿童眼中的生活，而不是成人世界预设的至善、至美的生活。如果抛开这些看似“琐碎”的现实生活，一味进行原则性的、非功利的、高大的理想生活教育，不仅不会有助于个体品德的健康发展，而且还会给其发展带来不利影响。爱因斯坦在纪念居里夫人时说：“我们所接受的宏大的教育方略总是要孩子从小树雄心、立大志，为了什么，成为什么。与之相匹配，我们强调榜样的力量，把榜样成长描述为为了什么、辛勤努力的过程。我们的师长也不时地推出一些榜样供我们效仿。然而这种效仿使活的生命个体成为僵硬的工具，使思想全无乐趣可言。”因此，我们的教育理想的实现应与学生现实生活状况紧密结合，而不仅仅是沉浸于教师头脑中关于学生的理想完美人格。过分强调从道德规范出发对学生提出一些大而空的人生教条，不重视这些规范在实际生活中的意义和价值，就必然会严重脱离学生的现实生活，难以很好地适应对学生有强大冲击力的现实社会，最终陷入僵化与呆板。这样的德育对学生的现实生活缺少指导意义，学生不喜欢，德育效果可想而知。脱离了现实生活，除了当时教育效果差，还会使学生虽有足够的道德认识，但半信半疑，不能把道德认识转化为道德实践，最终造成学生知行脱节，导致学生道德上的双重人格。

总之，生命是一个双重性的存在，客我与主我、实然与应然、历史与可能、自然与价值构成了人性中的一对对矛盾。在矛盾运动中，人是有限的，但人要不断地超越有限，追求无限，而这种无限不管达到什么程度，都是以有限性为前提的。极端的道德理想主义，离开了人的历史性、现实性，离开了人赖以生存的土壤来谈理想、谈超越，忘记了现实乃是超越性之所以可能的前提和内在环节，遗忘了人的有限性，必然导致虚幻的人性。我们认为，道德是生命的内核，道德教育是一种超越。但这种超越不是无根的超越，它必须立足于儿童的现实生活，在儿童现实生活和可能生活之间保持必要的张力，把道德教育的目标落实在儿童品德的“最近发展区”

之中，才是最有效的。否则，必然导致道德教育的无效和培育知行不一的“无根”的生命。

（五）规训：压抑自由的生命

作为教师，我们常被誉为“人类灵魂的工程师”，被誉为“辛勤的园丁”。这两个我们引以为豪的称号，实际上反映着教师“无视儿童的生命”甚至是反生命教育的观念。我们的教师，如果像工程师一样，把学生人为塑造成一个模样，那么我们的教师就谈不上育人，而只能是“制器”。说到园丁，我马上就联想起丰子恺的漫画《剪冬青联想》：春天到了的时候，路边的冬青开始长出长短不齐的嫩芽，辛勤的园丁操起手中的剪刀，对准这些嫩芽就是“咔嚓”“咔嚓”几刀，直到把它们修剪得平平整整。园丁心中只有一个标准，不符合标准的，坚决剪掉。无论是工程师、还是园丁，他们共同的理念都是整齐划一，把每个产品、每棵花木，都塑造得一模一样。

看看我们今天的教育——划一的教学，统一的教材，统一的进度，统一的要求，按年龄将学生统一地组成一个班级，而不管这个班级中学生的个性差异。我们的教师在用一个标准，塑造和修剪个性各异的学生，他们不像工程师、不像园丁吗？工程师使产品合格了，园丁把路边的冬青修剪得好看了，但我们的老师呢？把学生塑造成失去个性、不敢越雷池半步的人。这是教师的耻辱，也是教育的悲哀。

园丁修剪花木靠的是剪刀，教师“修剪”学生，靠的是纪律。课堂中、学校里，教师使用的是什么样的纪律呢？我们看两则例子：

> 邻居家的孩子东东，是个聪明伶俐、惹人喜爱的小男孩，幼儿园的他，是班长，颇得老师的喜爱和赏识。但自从上了小学，东东反而成为不受老师欢迎，让老师感到头疼的孩子，原因是他常常违反纪律。
>
> 那么，课堂上有什么纪律呢？上课要端坐，双手交叉平放桌上，两脚并拢，举手时一律把一只手的肘关节放在另一只手的手背

上，不能举得太高；上课除了老师要求的举手、翻书、写字等规定动作外，不能做其他小动作；上课发言要举手，不举手不发言，不经老师准许不得随意插话……

一天，东东的头上被蚊子叮了一个包。东东说，是上课时被蚊子叮的。问及他为什么不当时抓一抓，或者是抹一点风油精之类的东西，东东说，老师有规定，上课不能乱动，否则就是做小动作，要受罚的。“那你可以给老师说一下，他会理解你的。”但东东又说，没有举手，老师是不允许乱说话的。“那可以当时举手啊？”东东说，老师要求，不提问时，不要乱举手。我们再进一步，蚊子叮时，怎样能赶上老师正好提问呢？即便是老师在提问，怎能保证又正好提问东东呢？即便是提问东东，东东不是回答问题，开口说的是要抓痒，怎能保证老师不批评他呢？

据说，第二天家长找到了班主任，问能不能对诸如此类的“紧急情况”不经“批准”直接处理？班主任回答说：“那可不行，若这样的话，大家都借口被蚊子叮了或其他事情而趁机乱动。”

我在教师培训中，几乎每每都要提到这个例子，但每次反应都异常平淡，似乎已经成为当前教师的日常行为，没有什么大惊小怪。倒是每次我对此的议论、批驳，引来了“老师，你不了解中小学情况”的辩驳。

另一则例子是从报上看到的：

一次，一位领导到一个幼儿园参观。当时天空飘着蒙蒙细雨，参观人员到达幼儿园门口时，只见门口齐刷刷地站了两队小朋友欢迎领导的到来，并且有规则地挥动着鲜花，喊着“欢迎，欢迎，热烈欢迎”。来宾走进教室，整个课堂鸦雀无声，孩子们个个笔直地端坐着，纹丝不动，表情严肃地听老师讲课。看到这些，领导很快结束了参观。

结束后，领导问：为什么下着雨还要同学们在大门口列队等

> 候，大家整齐地挥着手，喊着口号，如同木偶一样？为什么进了教室那么肃静，静得连根针掉到地上都能听到？五六岁的孩子，是撒野的时候，天真活泼，可这些孩子都像受过军事化训练的士兵，一点都不像孩子。

这种情景，在幼儿园和小学经常可以见到。为什么我们没有如此的敏感性呢？我们在日常的浸染中麻木了，麻木是最可怕的！

人生活在社会之中，学生生活在课堂当中，为了大家的活动有个和谐的秩序，为了保证大家的利益都不受损害，我们需要一个共同的制度，需要一个纪律来维护、来约束。但课堂纪律不是老师控制学生行为的命令。纪律是为了维护共同的利益，也即每个人的利益，它是每个人利益的保护神，应该蕴含个人的需要，因此，纪律是人性化的。但我们时常外在于“人”来理解纪律，认为它的出发点是维护学校正常的教育教学秩序，对损害学校其他成员利益或学校利益、秩序的行为予以强制性的约束、控制，是保证学校工作有序、课堂生活整齐划一的有效手段。这是一种无人性的强制的规训，规训仅仅是对学生的外部控制，永远停留在学生的精神之外，为了达到强制服从的目的，它可以采用控制、惩罚等反道德的手段，因此是一种没有道德的纪律（王庆文，冯建军，2002）。

规训不是纪律。纪律应该建立在人性的基础上，尊重生命的要求。规训是在压抑生命需要的基础上，为了某种外在的利益而对学生进行控制的手段。在这种无人性的规训之中，儿童的个性被压抑，生命的自由被剥夺，学生成为唯唯诺诺的被动的木偶，失去了生命的灵性，变得麻木、迟钝。

一位年轻老师小许描述了他的一次上课经历：

> 学生是五年级的，全班共48位。小许走进教室时，还是下课时间，但学生见他进了教室，就纷纷坐到了自己的位置上。小许见离上课还有好几分钟，就提醒大家到外面玩玩，可只有两三个学生站了起来；再次提醒，又站起了几个，而且只是在过道上走了几步。

上课铃响后，所有的人都坐得极其端正：两手在胸前交叉，双肘稳稳地撑着桌面，腰杆挺着，目光一律正视。小许说："随便点，不要这么端正。"他们没动。又说："来，放松点。"他们依旧。再说："我上课从来不需要正襟危坐，大家怎样舒服就怎样坐，手不一定都那样放。"小许走上前去，拆散了他们交叉着的手。终于，后面的学生也松动了点。于是，开始上课。课上得很拘谨，每次提问，举手的同学寥寥无几，即便点名提问，也是问一句，说一句，不肯多说一个字。奇怪的是，上着上着，他们原先松动的身子，拆散的手，又恢复了原貌。"怎么，大家连坐不好都做不到？我现在不是要大家端坐，而是让大家随便坐。"小许说。有几个学生朝他瞧瞧，用一种疑惑的眼光。也许他们觉得奇怪：上课怎么可以随便坐呢？

课上得不算成功，课堂没有生气，死气沉沉。但班主任说："这个班级一直受到老师们的赞扬，因为他们特别守纪律。"

规训的纪律是外在的，它是对生命自由本性的一种压抑。这种压抑使课堂中的学生没有了创造，没有了想象，没有了激情和个性。但是他们一旦离开了这个压抑的环境，没有了成人的规训，就会表现出一种极端的放肆。我们看到，刚才还在课堂上老老实实的学生，走出了校门，旁若无人地打闹、喧嚣。公交车上，顾不上什么排队，什么先下后上，一个个都成了拼命三郎。学生就像弹簧，压得越低，放开后弹得越高；就像洪水，堵得越狠，决堤后洪水越猛。对待他们的正确方式不是压和堵，而是放和导。所以，我们需要的不是规训，而是人性化的纪律。课堂需要纪律，但纪律不是为了安静的秩序，不是为了维护教师的利益，更不能由此压抑学生的生命需要。"最高的规范就是自由"，苏霍姆林斯基的这句名言告诫我们，纪律必须为生命的自由发展服务。一旦纪律成为摧残生命的"凶器"，就成为必须废除的规训。

（六）生命不能承受病理性教育之重

童年应该是幸福的，尤其是在一个物质丰裕、科技发达的时代，童年更应该是多姿多彩、无忧无虑的，但我们错了。在某电视台做的一档“成长不烦恼”的谈话节目中，接受访谈的小朋友，拿出了自己画的两幅漫画：一幅是几个孩子穿着旧衣服，住着茅草房，他们有的捉蛐蛐，有的下河摸虾，有的上树掏鸟蛋，好不自在快活；另一幅是穿着漂亮衣服的小男孩，坐在宽敞明亮的房间里，趴在豪华的书桌上，面对作业，愁眉不展。孩子给两幅漫画分别起了名字，前者叫“痛苦的时代有幸福的童年”，后者叫“幸福的时代有痛苦的童年”。孩子说：“哪怕我吃得差些，住得简陋些，我也希望过上一个自由自在的童年。”

是的，物质条件好了，但孩子不幸福了。到底是什么原因，值得家庭、社会和学校深深地反思。反思我们的教育，教育生了病，这病折磨着生命，使童年承受了不应有的生命之重。

首先，沉重的学习负担，剥夺了儿童自由活动的时间和空间。学业负担过重，是个老问题，政府在各个时期出台了不少减轻学业负担的相关措施，但收效不大。20 世纪末，一项涉及我国东、西部大、中、小 6 城市的权威调查表明，学业负担过重，有增无减。首先表现在学习时间过长。小学生在校学习时间符合国家规定的“不超过 6 小时”的只有 10.83%，平均在校学习时间超过 7 小时的占调查人数的 89.17%，其中 8 小时和 8 小时以上的还有 49.71%。中学生在校学习时间符合国家规定的“不超过 7 小时”的只有 6.25%，8 小时内的占 33.43%，超过 8 小时的占 59.72%。（顾志跃，1999）[27,41]这只是国家可以控制的在校学习时间，因为中小学生有过多的作业，小学生每天还要有 1.5—2 小时的在家学习时间，中学生则更多。随着年级的增高，这种情况更加严重。

下面这个小学四年级学生的作息时间表，可以充分地说明，他们根本没有时间玩。

起床：6:40—6:50

到校：7:20 前

早读、晨会：7:30—8:20

上午四节课：8:30—11:45

午餐、午休：12:00—13:15，其中 30—40 分钟写作业

下午四节课：13:40—16:50

晚上作业：1—1.5 小时

休息：21:30

在不少家庭，孩子是最早起来的，很晚才休息（小学生通常在晚上 9:00，中学生多在晚上 11:00 左右）。所以，有人说，“上学的孩子是最辛苦的人”。

中小学生不仅周一至周五学习时间过长，而且双休日也被排满。不少学生双休日用于复习功课和做作业的时间，以小学四年级学生为例，平均为 2.5 小时，10% 的学生超过 4 小时。初中二年级学生平均为 4.06 小时，16.73% 的学生超过 6 小时，基本上接近平时在校学习时间。除此之外，城市中小学生一般都参加奥数班、英语班、特长班、双优班、强化班等名目多样的学习班。另一项对上海和广州小学生的调查表明，双休日参加半天学习的学生的比例，一年级为 45%，三年级为 46%，五年级为 35%，参加两个半天学习的学生的比例，一年级为 18%，三年级为 42%，五年级为 54%。在笔者所在的城市，奥数班、英语班十分火爆，几乎每个小学生在双休日和其他假期都参加这类班，以至于本省主管教育的副省长不得不出面要求，坚决制止这种局面，刹住这股风。但也只能管一时，过后一切又恢复了往日的“繁荣”。

学业负担过重，还表现在考试繁多。学生因为惧怕考试，担心成绩不好，受老师和家长的批评，经常处于焦虑之中。据调查，有 48.6% 的小学生认为“考试成绩不好是最可怕的事情”。

因此，沉重的学习负担，使他们的生活处于一种紧张状态，几乎没有

多少学生述说自己的学习快乐或者有一个快乐的童年生活。城市小学生的学习生活，比农村小学生的学习生活更加痛苦，除了作业，唯一的快乐就是电视中的“大风车”。但农村的中学生比城市的中学生更苦，因为他们承担着父母更多的期望，而且生存处境更加不利。

在这种沉重的学习压力下，学生出现心理问题，成了一种普遍的现象，严重者甚至走向了轻生，结束了自己的人生。年幼的生命不堪重压，处在岌岌可危的病态之中。

其次，我们的教育中还存在着大量的不当教育方法、方式，侮辱、诋毁学生的人格和尊严，影响他们生命的健康成长。这种不健康的教育方式有很多，美国得克萨斯大学的奥林奇（C. Orange）博士在《塑造教师：教师如何避免易犯的 25 个错误》中，列举了教师常犯的 25 种错误，包括不当的教育策略、体罚、有意疏远、公开嘲讽、偏袒、生理歧视、人身攻击、不当的师生关系、故意虐待、种族文化歧视、侮辱、错误的指责、性骚扰等（Orange，2002）。上海市一次关于师德状况的调查，也列举了 39 种教师的失范行为，其中居于前列的是：体罚、收礼、罚站、辱骂学生、讽刺挖苦学生、罚抄、歧视差生、对学生漠不关心、训斥学生等。正如奥林奇所说，教师的有些语言和行为能给人脆弱的心灵带来创伤，且这种创伤会伴随人的一生。

笔者也曾在给师范生讲述公共教育学课“教师与学生”的时候，让 180 名大学生回忆自己的中小学时代，记述发生在自己身上的一件或几件事情，说明一个老师优秀或不良的品质，其中 75% 以上的学生选择了写一个他所痛恨的老师，有的学生在文中写道：“以前，总是虚伪地赞美老师，这次我终于可以说实话，来声讨我的‘老师’。我要以此为戒，但愿不要若干年后的教育学作业中有人声讨我。”我们不可以以一件事情否定一个老师，也不能因为有 75% 的学生写“坏老师”，就得出我们教师队伍中有 75% 的教师不好的结论。但它至少反映了我们的教师中有很多都在教育方式上曾经伤害过学生的心灵，这还不足以引起我们的重视吗？我们“培育”灵魂的工程师，何时变成了“摧残”心灵的工程师？

1. 教师体罚或变相体罚对学生生命的伤害

体罚是一种简单、粗暴的方式，它诉诸“武力”，对学生身体造成一定的伤害，同时更对学生造成难以弥补的心灵创伤。正是因为体罚对学生有着较大的伤害，所以，很多国家都废除了体罚。《中华人民共和国教育法》《中华人民共和国教师法》《中华人民共和国未成年人保护法》等都明确规定禁止对学生进行体罚和变相体罚。但体罚学生的事情仍时有发生。安徽某小学的老师强制犯错误的学生用小刀刮自己的脸，辽宁一小学老师命令说脏话的学生到厕所去“吃大粪”。一学期的时间不到，笔者所在的城市媒体就报道了两起事件。一起是教师打学生，致使学生住院数日，除了答应赔偿学生医疗费外，学生家长要求的赔礼道歉教师都不能满足。以下一则事例是刊登在《现代快报》上的：

> 5月21日上午第三节，南京某小学三（2）班上英语课，教英语的王老师检查听写测验订正情况，发现学生小白（化名）没有订正，当时就把他叫到讲台前严厉批评了一顿，并用书打了他头两下。下课后，王老师又命令小组长抽他三个耳光，由于小组长是女生，不好意思动手，他的同学小军（化名）便当着许多同学的面挥手抽了小白三个耳光。当记者见到这位老师时，她解释说，“小白不及时按要求订正，当时我很气愤，就随口说出‘给我抽他三个耳光’，没想到有个顽皮的孩子竟当了真”。

听听这位王老师给记者的一番解释，非常值得深省。她当时就“随口”而说，说明她对惩罚的运用之“熟练”，更说明运用之“频繁”。到最后，体罚学生的错误不在于自己，而在于“那个顽皮的学生太当真”。可以说，体罚的危害在教育中还处在“无意识状态”。经媒体曝光的尚且如此，其他的日常体罚就更可想而知了。在我和一线中小学老师的交流中，相当一部分老师并不否认他们使用过体罚，因为他们说，学生有好有坏，对“君子使用君子的办法，但对小人只能使用小人的办法”。

体罚，用中小学老师的话说，是在“不得已”的时候，或“冲动、失去理智”的时候使用的。但变相体罚，则是他们“深思熟虑”的结果。比较多的，一是心理虐待，或者有意疏远，或者看不顺眼，或者小题大做，或者不正眼看待，不管哪一种，心理虐待都是在心理上孤立学生，冷漠对待，使学生心理饱受重伤；二是安排特定的座位，一个教室常常有着座位分区，成绩差的学生通常被安排坐在后排、偏排或老师“眼皮底下”，甚至有些教室有固定的惩罚座。

2. 病理性语言对学生心灵的伤害

人生活在语言之中，温情的语言是滋润心灵的甘露，但尖酸刻薄、冷嘲热讽的语言是心灵的最大“杀手”，伤及学生的人格尊严。有的老师给学生起绰号，有的老师不顾学生尊严，当众批评甚至羞辱学生，更多的老师经常在上课的过程中流露出看似调侃的语言，实际上已深深伤害了学生。如学生上课没有坐好，老师就说，“你得软骨病了”。学生上课抢先发言，老师就说，“你鸡下颚吃多了”。学生上课没听懂，或问题没回答出来，老师就说，“你的脑子是猪脑子啊”，“是榆木疙瘩、花岗岩脑子”，等等。

老师对学生的精神虐待和讽刺挖苦，不仅使学生产生心理问题，而且会长远地影响学生的性格。正如德莱顿（G. Dryden）和沃斯（J. Vos）在《学习的革命》一书中指出的：

如果一个孩子生活在批评之中，他就学会了谴责；
如果一个孩子生活在敌意之中，他就学会了争斗；
如果一个孩子生活在恐惧之中，他就学会了忧虑；
如果一个孩子生活在怜悯之中，他就学会了自责；
如果一个孩子生活在讽刺之中，他就学会了羞辱；
如果一个孩子生活在嫉妒之中，他就学会了嫉妒；
如果一个孩子生活在耻辱之中，他就学会了负罪感。

人不同于动物。动物没有意识，没有人格，更没有尊严。但人有，而且这是人的生命的根本，是人的深层的“脸面”。一个人可以忍受肉体的折磨和煎熬，但不可忍受人格的侮辱、生命尊严的侵犯。我们的教育要“以人为本”，首先要从尊重学生的人格和尊严做起，给学生创造一个健康、和谐、愉悦、民主、宽松的生命成长空间。

二、反思：对教育现代性的批判

教育的问题如同哈贝马斯（J. Habermas）所说的“灌木丛一样错综复杂，既有社会政治、经济、文化的问题，也有教育自身的制度、内容、形式、方法等问题”，但我们认为，教育中最根本的问题是“如何认识人和对待人的问题”，因为人是教育的永恒主题，是教育理论的全部秘密。有什么样的人性观、儿童观、人学观，就有什么样的教育，就有什么样的教育理论。

人是什么？简单地说，他（她）是一个有血有肉的、活生生的、具体的、完整的、丰富的生命。教育理论以具体的、现实的人为对象，就是要以生命为本，直面人的生命，关怀人的生命，提高人的生命质量。任何偏离生命的教育都不是真正的教育。

上述教育中存在的问题，我以为是对生命的“异化”，是对生命意义的消解，因此也是异化的、非本真的教育。上述六个方面的表现，从生命异化的角度来审视，大体表现为：第一，教育中完整生命的肢解。近代以来，经验科学逐步成熟，实证主义泛滥，科学技术迅速发展，科学理性极度膨胀，而以关注人的精神生活、生存意义等为目的的形而上学和信仰丧失了存在的必要，生命变成了理性的存在，人因此成为“单向度的人”，成为没有信仰、没有人性的技术工具。第二，教育中的生命丧失了它的真正根基——现实生活世界。一方面，科学理性侵袭到教育之中，把教育的生活世界变成纯粹的科学世界、符号世界、书本世界，在这个世界中有的只是毫无人性的知识，儿童在这样的世界中获得的不是生命的发展，而是外在于生命的知识，儿童被淹没在知识的海洋，“以苦作舟”，丧失了生活的意义和生命的乐趣。另一方面，把人当作“神”对待，强调理想的终极性，使教育成为“造神”的，而非“造人”的教育，成为“成圣”的，而非“成人”的教育。这虽然观照了人的价值，但这种价值缺少历史的和现实的根基，依然不是生活本身，如此极端理想的教育同科学世界的教育一样都是脱离现实生活的教育，是异化生命的教育。第三，教育过程中的人，没有被当作人看待、当作生命对待、当作儿童对待。生命特有的自由、灵性和创造被划一的教育制度、刚性的规则，被技术化、程式化的教学，被居于主体和霸权地位的教师所限制、所摧残，教育过程不再是丰富多彩的儿童的生活过程和活动，而成为机械化的大机器生产，制造着一个个分毫不差的“合格产品”。

现代教育对生命的异化，不是偶然的现象，也不是某个人为的现象，而是现代性危机在教育领域的体现。

现代性的理想是伴随着 18 世纪启蒙时代诞生的。走过了中世纪的黑暗，启蒙运动反对神学和宗教，破除迷信，倡导人的自由和解放，确立理性的崇高地位。哈贝马斯把启蒙时代瓦解宗教和形而上学的世界观之后所确立的理性和主体性称为现代性的自我确证（self-reassurance）。近代以来，启蒙运动所确立的“理性”和主体性，经过康德主体性哲学、黑格尔（G. W. F. Hegel）的“绝对理性”的强化，在现代科技发达的社会，人依靠科学征服自然、征服人类自身，人成为新的上帝，“理性”和“主体性”也因此成为现代性的两个核心品质。现代性作为现代社会人的思想、意识和行为态度，它“以理性为基础，以人的主体的自由为标志”（汪行福，2000）[27]。

现代性作为一个新时代的一种普遍态度，“是与当代现实相联系的模式；一种由特定人民所做的志愿的选择；最后，一种思想和感觉的方式，也就是一种行为和举止的方式”（陈嘉明，吴开明，李智 等，2001）[2]，福柯（M. Foucault）把它比作现代社会的精神气质，因此，它具有普遍性，渗透在人们生活的各个方面。

现代性在教育中的体现，异化了人的生命。我们必须批判和反思教育的现代性，超越教育的现代性，为教育寻找其真正的“生命”之根。

（一）实证理性的僭越和价值理性的迷失

理性在西方文明中源远流长。古希腊哲学在“逻各斯”“理念”等概念所展现出来的对世界的普遍认识和对世界秩序的把握中，就体现了理性的精神。近代笛卡儿的“我思故我在”，确立了主客二分的思维方式，牢牢奠定了实证思维的基础，从而成为理性主义哲学的标志性命题。发生在 18 世纪、席卷欧洲的启蒙运动，就是以理性来启蒙，反对宗教教条，破除迷信，展现着人类理性的光辉的一场运动。启蒙运动所展现的理性精神是全面的、普遍的理性。一方面，它包括自由、民主、平等、博爱、人权、正义、理想等形而上学的理念，理性的发展给人生以意义。另一方面，这种普遍的理性还包含对实证科学的向往和追求。启蒙思想家受牛顿科学成就的启示，相信人类在自然科学中找到了理性的典范，相信自然科学的方法是人类获取真理的普遍方法。人们对科学充满着幻想和乐观，科学既是知识合理性的典范，也是推动人类进步的工具。人类自豪地发现，从自己心灵中闪射出来的理性光芒普照万物，使人类成为世界的真正造物主，没有人怀疑理性至高无上的意义。人们对自然科学的乐观和迷信，把它推到带领人们进入“尘世天堂”的新的上帝的位置上，使它成为一种新的宗教。人类对科学的片面、盲目乐观的推崇，为现代性的发展埋下了祸根。

启蒙运动以后，经典物理学的成功，使得实证主义泛滥。实证主义认识事物的方式、方法日益泛化到人类生活的各个领域，取代了形而上学的生活方式，折断了启蒙运动的完整理性的另一个翅膀。科学盛行，对形而上学的哲学提出了威胁和挑战。“科学（物理学）到处都受到顶礼膜拜，而在许多国家，哲学则被挤到大学系统中的一个越来越小的角落。”（华勒斯坦 等，1997）[12] 对此，一些哲学家放弃了哲学对人生意义的追问，跟随自然科学，重新界定他们的研究。胡塞尔指出了当时的情况，所有的严肃的科学，包括哲学，只有一种共同的认识方法，这就是物理学的实证主义方法，“对哲学的所有拯救都依赖于这一点，即：哲学把精密科学作为方法楷模，首先把数学和数学的自然科学作为方法的楷模”（胡塞尔，1986）[25]。

实证主义的泛滥，一方面使人们对科学怀有极大的梦想，把科学理性与人类幸福相等同；另一方面，启蒙精神的实证化，把启蒙理性等同于实证理性、科学理性，从而抹去了人文意义上的价值理性的地位。

然而，科学在给人们带来高度发达的物质财富的同时，并没有构筑一个理想的尘世天堂。20 世纪爆发的两次世界大战以及频繁发生的战争和冲突，人类对自然界的掠夺、破坏，自然界对人类的报复，使理性从积极转化为消极，成为统治人、束缚人的力量，理性自身陷入了困境和危机。同时，人也陷入了迷惑之中，不知道“人是谁”、人活着的意义。于是就有了弗洛姆的 20 世纪“人之死”的感慨。可见，“现代性的历史轨迹是从人类的解放走向自我奴役”（汪行福，2000）[134]。人类在现代性中陷入了深深的危机。

危机是如何发生的？在胡塞尔看来，危机的发生不在于启蒙运动所提倡的理性本身，理性本身是全面的，而在于理性的外部形式之中，“即在它对自然主义与客观主义的偏执之中”（胡塞尔，1988b）[174]，理性变成了单一的实证理性、科学理性。虽然西方有理性主义的传统，但完全剥离人文理性，是发生在科学高度发达的 19 世纪后期。在 19 世纪后半叶，现代人让自己的整个世界观受实证科学支配，并迷惑于实证科学所造就的“繁荣”。这种独特现象意味着，现代人漫不经心地抹去了那些对于真正的人来说至关重要的问题，这个问题就是“探问整个人生有无意义”。所以，胡塞尔认为，欧洲科学的危机，根本是人性的危机，“只见事实的科学造成了只见事实的人”，生命不再具有人文性，不再具有意义，而成为僵化的“干尸”，成为无情感、无人性的“机器”。

在科学理性的僭越中，现代人成为只有“理性”而无“人性”的专家，成为技术的工具。正是在这个意义上，我们说，现代性把科学理性作为唯一的理性，甚至代替了人性，导致了理性自身的危机和片面，人的生命的完整性日益丧失，人的精神世界、价值理性缺失了。至此，启蒙精神走向了反面，走向了启蒙的自我毁灭。正如霍克海默（M. Horkheimer）和阿多诺（T. W. Adorno）所指出的：“那个旨在征服自然和把理性从神话镣铐下解放出来的启蒙运动，由于其自身内在的逻辑而走到了它的反面，成为新的神话。启蒙运动走向自杀的道路，而完全受到启蒙的世界却充满着巨大的不幸。”（霍克海默，阿多诺，1990）[26] 他们认为，启蒙运动的自杀，根本在于，随着现代性的发展，实证理性的僭越，“把理性从形而上学转化为工具理性的合理性”，启蒙精神中蕴含的理想主义的色彩，成为一种与实证主义强调的理性相同的“科学理性”。科学理性在启蒙运动中的作用在于反对宗教和神学，可是，现代性的发展，使科学又成为新的宗教，使人们不得不再次对科学进行反思，这就是霍克海默和阿多诺所说的“启蒙的辩证法”的含义。

可以说，工业革命后，人们对技术日益重视，以至于科学理性一路高歌，在19世纪后期取得了唯我独尊的霸权。正是在科学理性的霸权下，人们日益关注现实的世界、物质的生产和消费，而以关注人的心灵、信仰和人生意义为己任的人文精神日益萎缩。在教育上，表现为科学教育的盛行，人文教育的衰落。教育成为传授科学知识，教授技术、技能，发展人的理性能力的“唯理性教育”，而丧失了对人自身的关怀。科学理性的僭越，破坏了理性发展的全面性，使人丧失了自由，出现了精神的空虚，成为无个性的人。（冯建军，2001a）[25-28]

（二）科学世界的霸权与生活世界的遗忘和殖民化

西方近代哲学是以理性的高歌猛进为时代特征的：从笛卡儿的“我思故我在”，经康德的“理性为自然立法”，最终到黑格尔绝对理性构建起“理性的通天塔”。人类依靠理性战胜自然、征服自然，创造物质财富，显示着人类力量的伟大，但人类在理性的张扬中，忘记了自身，陷入了深深的精神痛苦之中。精神痛苦是西方在现代性发展中的必然特征。

这种精神痛苦的原因是什么？胡塞尔认为，是理性的张扬，科学理性主义使科学被简化为纯粹事实的科学，科学的危机是理性的僭越和价值的丧失，但更根本的是“科学丧失生活的意义”。人活在天地间，在自然中，在社会中，过着丰富而杂乱的生活，人自身在混沌、无序中，实现着生命的自组织，有着虽然原始，但全面而完整的人格。生活世界是我们安身立命的最重要的世界。然而，这种最重要的值得重视的世界，“早在伽利略那里就以数学的方式构成的理念存有的世界开始偷偷摸摸地取代作为唯一实在的，通过知觉实际地被给予的、被经验到并能被经验到的世界，即我们的日常生活世界（unsero alltägliehe Lebenswelt）。伽利略的后继者，近几个世纪以来的物理学家，也都很快继承这种代替”，所以，“自伽利略起，理念化了的自然就开始不知不觉地取代了前科学的直观的自然”。（胡塞尔，1988a）[59] 科学的危机就源于科学世界在自己的建构过程中，取代并遗忘了生活世界。因此胡塞尔开出的走出科学危机、人性危机的良方就是回归生活世界。

科学世界与生活世界既有联系，又有区别。生活世界是人的生存之根、存在之基，在生活世界中，人和世界保持着统一性，世界为人所参与，为人所创造，体现着人的目的、意义和价值，也展示出人在世界中的主体性和自由。所以，胡塞尔说，生活世界是主体的构造，是经验的。世界的意义和世界存有的认定在生活世界中是自我形成的。但生活世界是原初性的、非课题性的，当以“科学客观的态度”来审视生活世界的时候，就形成了科学世界。所以，科学世界来自生活世界，但科学的实证主义方式，排斥个人的主观性，从而使科学世界成为没有人生存其中，没有目的、意义和价值的“死的世界”，造成科学世界与人的分离。近代科学理性的张扬，使存在于科学世界之中的人，丧失了生活的意义，成为理性的奴隶，出现了精神的危机。科学世界本是生活世界的一部分图景，但最后，科学世界却遗忘了生活世界。回归生活世界，就是重建人与世界相统一的，有价值、意义和目的的世界。

胡塞尔在20世纪初率先完成了对理性和科学世界的批判，找到了“理性向生活世界回归”之路，成为20世纪哲学发展的重要转向。海德格尔（M. Heidegger）提出现代性对“存在”的遗忘，因此唤醒人们去寻找“回家之路”，即回归本真的存在。哈贝马斯也批判了本是人与人交往的生活世界，却运用着市场机制和科层化的权力，造成了生活世界的殖民化。生活世界的殖民化是理性化在社会生活中的体现，它以社会体制的出现为标志。虽然说，科层制的出现为现代社会的政治、经济机构提供了有效率的和合乎经济原则的运行模式，这是现代社会理性化表现的高度成就，但另一方面，我们也看到，科层制是由一套规则构成的，任何人身处此架构中，都只能够依从组织的规则活动。在很大程度上，个人的行为是受一个“非个人化”的规则支配的，规则制约着人的自由。哈贝马斯的理想是用令人满意的方式把“生活世界”和“体制”所指的两种理论策略结合起来，所以，他提出了变革科学世界中的工具理性为生活世界中的交往理性，使生活世界恢复人与人之间的交往关系，而不是科学理性中的主体和客体的关系。

从发生学的角度看，教育源于人的生活的需要，原始社会不存在独立的教育形式，教育与生活自然地融为一体，一个人成长不是通过他人来教育的，而是在生活中自我教育的。生活是天然的教育场。但制度化教育产生之后，教育活动日渐复杂，它作为一种独立的形式开始从生活中逐渐分离出来，出现了独特的教育世界。教育世界来自儿童的生活世界，但在科学理性的统治下，一方面，在教育内容的选取上，科学世界独占鳌头，生活世界渐渐消失，教育成为科学理性的教育，成为空洞符号的记忆，呈现出唯科学主义、唯书本世界的倾向；另一方面，教育的活动和教育管理的活动被科学理性所支配，表现出方法和形式的科学化，学校成为一个政治的机关、经济的组织，它追求效率，注重外在的管理，这就是哈贝马斯所说的“生活世界殖民化”在教育管理中的体现，它表现为官僚专制和官僚主义的盛行。在这种教育活动中，“被管理的人们只是那些既无爱也无恨完全地被官僚认定的客观物体。从管理人——官僚的专业工作来说，它不需要什么感情，他必须像他掌握数字或物品那样去管理人们”（车玉玲，2001）[87]。教育生活的殖民化，使师生关系、管理者与被管理者的关系成为支配与被支配、统治与被统治的关系。

在科学理性的主宰下，儿童完整的生活被割裂为两个互不接触的世界：日常生活的世界和教育的世界。在教育世界中，“儿童象一个脱离现实的傀儡一样，从事学习”。在日常生活世界中，“他通过某种违背教育的活动来获得自我满足”。（联合国教科文组织国际教育发展委员会，1996）[12] 前者使得教育本身没有了生活的意义，为教育而教育，为分数而教育，人生为分数、为升学而展开，失去了生活的乐趣，使教育变得苦不堪言。后者使生活失去了教育的意义，生活成为原始的丛林，缺乏教育的引导、筛选和净化。

因此，教育与生活的断裂，是科学世界对生活世界遗忘的反映。20 世纪后期，理性向生活世界的回归，也要求教育走出唯科学世界的误区，关怀生活，融通生活，以生活为根，为生活而教育。此为 21 世纪教育回归生活的必然走势。

（三）实证主义泛滥与科学的知识观

产生于 19 世纪三四十年代的实证主义思潮，是与欧洲近代对自然科学与实证理性的推崇密切相关的。它否定上帝和神学，否定知识的终极性，以实证化的研究方法，把世界当作对象来把握，旨在达到对世界本质的认识。实证主义的认识方式是一种二元对立的对象化思维，在方法上是价值中立的实验－实证，所把握的是关于经验事实的知识。

实证主义的知识是一种现代的科学知识。这种知识具有以下特点。首先，这种知识具有“祛魅性”，是一种实证的知识。实证主义认为，一个命题有无意义、是否科学，取决于命题本身能否得到证实。“任何可设想的科学的陈述，凡是不可能由感性经验来证实或否证的，就把它看作是无意义的不予以承认，凡是能够由感性经验来证实或否证的，就把它看作是有意义的予以承认。”（怀特，1981）[208–209] 所以，实证主义拒斥形而上学，把一切知识建立成为自然科学。其次，实证主义的知识观是一种客体符合论的知识观。认为知识是由客观事物的性质决定的，符合客观事物的，则为真正的知识，否则则是谬误或伪知识。研究就是运用实证的方法，检验一种假设是否与客观事物的属性相符合。知识就是要认识符合客观事物的本质，认识者在认识活动中要排除自己的成见，认识者如同一面镜子，要“如实反映”事物的本身。再次，实证主义的知识具有客观性、普遍性与中立性。所谓客观性，是指知识是对事物本质属性的反映，客观事物是检验知识的唯一标准。所谓普遍性，是因为知识只指向客观事物，不以认识者的主观性为转移，因此知识不夹杂任何个人的见解，它面向任何人都是如此，因此具有普遍性。所谓中立性，是指知识只与客观事物本身有关，与认识者本身的知识、能力、经验等个体因素无关。知识的中立性是实证主义方法的灵魂，也是知识客观性的保证。所以，实证主义的知识观，要求人们在获得知识的过程中摒弃所有个人的主张、见解、经验、情感、常识等，虽然保证了知识的客观和准确，但也使知识走向僵化，成为外在于人的客观存在。对于知识，人不可能“理解”，只有把它作为外在的东西加以“占有”。

长期以来，我们把教学过程当作一个认识的过程，但这一认识的过程与日常生活的认识过程不同，与科学家在研究中的认识过程也不同。教学的认识过程以间接经验（知识）为主，甚至在遗忘了生活的现代教育中，认识间接经验就成为唯一的任务。由于知识本身具有“客观性”“普遍性”“中立性”，是对事物属性和本质的客观反映，它不可能随认识者经验的不同而改变，所以，受教育者认识的目的在于把握事物的本质，获取关于事物本身的客观知识。教育者的任务就是帮助学生理解和掌握这种“客观的”“普遍的”“中立的”知识。教育者和受教育者之间的关系就是知识的授受关系，这一关系的基本特征是讲解，它包括讲解的主体（教师）和耐心倾听的客体（学生）。班级授课制成为扩大教育对象、有效传递知识的教学组织形式；讲授法和谈话法成为知识传递的有效方法，即便是实验法、演示法也失去了探索的内涵，成为验证知识、帮助记忆、理解知识的形式；理论联系实际的原则、直观性原则、巩固性原则、循序渐进原则，这些教学的原则都是用来确保知识被有效传递和掌握的。教学评价检查的东西也是学生对知识的记忆、理解、判断和简单的运用。教学以知识为中介，这本身没有错，问题是以什么样的知识为中介，这是至关重要的问题。实证主义的知识观是一种客观论的知识观，这种知识观不仅扼杀了知识的生命意义，同时也扼杀了受教育者的精神生命。教学的本身完全是一种外在于人的活动，其目的就是掌握一种客观的知识。在这种情况下，儿童只能是被动地吸收，即便我们强调学生的主体地位，强调学生的积极能动性，也改变不了学生在知识学习中的受动性，充其量是以更大的热情，以更强的外在动机去“占有”知识。如此的课堂，不是有生命力的课堂，那些被视为“主体”的学生充其量是在“戴着镣铐跳舞”。

对于这种客观知识论所带来的教学特征，巴西教育家弗莱雷（P. Freire）做了精辟的揭示，他在那本具有“革命性”意义的《被压迫者教育学》中指出：

> 教育就变成了一种存储行为。学生是保管人，教师是储户。教师不是去交流，而是发表公报，让学生耐心地接受、记忆和重复存储材料。这就是“灌输式”的教育概念（“banking” concept of education）。这种教育让学生只能接收、输入并存储知识。……在灌输式教育中，知识是那些自以为知识渊博的人赐予在他们看来一无所知的人的一种恩赐。把他人想像成绝对的无知者，这是压迫意识的一个特征，它否认了教育与知识是探究的过程。（弗莱雷，2001）[25]

总之，教育离不开内容，现代教育离不开现代科学知识。人们对知识观的认识，不仅决定着教什么，而且决定着怎么教。实证主义的知识观因强调知识的客观性而远离了生命的意蕴，它同样使教育活动丧失了生命的意义。所以，呼唤“课堂焕发生命活力”，首先要有知识观的转型。

（四）主体性与教育过程中的主客关系

主体性是现代性的一个重要特征，它反映了人类追求自由的历程。西方的主体性，源于笛卡儿的“我思故我在”的第一原理。从笛卡儿开始，哲学由探讨本体论，转入认识论，揭开了高扬人的主体性的序幕。不过，笛卡儿对主体性的认识一开始就限定于“我”与“在”的主客关系中，这奠定了西方主体性的根基和基调。

主体性是人之为主体的核心品质，简单说，是主体的特性。而主体是相对于客体而言的，主体所面对的是客体，客体不仅包括自然，也包括他人。主体性是主体与客体发生关系时所表现出来的以“我”为中心的能动性、占有性，强调的是主体对客体的认识、征服和占有，把主体自身的意志、力量强加给客体，把客体化为可利用的东西。美国学者多尔迈（F. R. Dallmayr）概括了现代主体性的三个特征：（1）以统治自然为目标的人类中心主义；（2）以自我为中心的占有性个人主义；（3）不包含主体间性的单子式的主体性。（多尔迈，1992）这种主体性以占有性和个人主义为核心，是一种占有性单子式个人主体性。

从现代性的发展来看，个人主体性的萌生，是启蒙精神不可缺少的一维。启蒙运动作为反对宗教神学的一种人类自觉意识的觉醒，个人主体性和科学理性是两个重要的维度，缺少任何一个维度，启蒙就不能使人在一切事情上都有公开运用自己理性的自由。但辩证法就是这样，人们越是追求自己的主体性，就越是发现自己对于物的依赖，人与人的关系越变成对立的关系。因而人的主体性越强，就越陷入主体性的困境之中。建立在主客二分基础上的主体性，必然使人与自然、人与社会、人与他人、人与自身的对立和分离合法化，导致人对自然的无限掠夺和生态危机的出现，导致民族主义、强权政治的发生以及歧视和战争，导致人与人之间的尔虞我诈和诚信危机。人类在追求主体性的同时，走向了反主体性，在追求自由时，最终又陷入了不自由之中。这正如弗兰克（M. Frank）所言：“自启蒙运动始，人的主体性便被精神科学赋予至高无上的地位。启蒙运动最突出的成就之一就是主体性的发扬和宏扬。然而，二百多年来的社会状况和人的实践日益证明，……事实上真正的主体性并不存在，主体始终处在被统治、被禁锢的状态。”（利奥塔　等，1999）[38]

起于启蒙运动的主体性已经走过了它的“黄金期”，从解放人的积极力量变成了控制和异化人的消极的力量。20 世纪以来，主体性日益走向黄昏，后现代哲学家在批判现代性之时，也在做“消解人的主体性”的工作。

我们认为，主体性是一种现代的观念，它以人的力量反映着人的自我解放和对自由的追求，是人走出依附关系的必然。主体性的危机不在于主体性本身的错误，而在于对主体性的不正确理解。所以，走出主体性的危机不是否定主体性，而是改变人的主体意识。多尔迈在《主体性的黄昏》中也指出，“再也没有什么比全盘否定主体性的设想更为糟糕了”。他在反思笛卡儿“思维主体”或“思维实体”的遗产时，借用加塞特（O. Gasset）的话，“假如这个作为现代性根基的主体性观念应该予以取代的话；假如有一种更深刻更确实的观念会使它成为无效的话；那么这将意味着一种新的气候、一个新的时代的开始”。（多尔迈，1992）[1]

胡塞尔晚年致力于解决笛卡儿第一原理中单子式“自我”无法实现沟通的问题。他把先验的自我变成了主体间的自我，世界于是变成了主体间的生活世界，人在主体间的世界中克服了原子式的存在，而走向沟通。海德格尔也指出：“世界向来已经总是我和他人共同分有的世界。此在的世界是共同世界。‘在之中’就是与他人共同存在。”此在本质上是共在。（海德格尔，1987）[146–152] 人在共在的世界中不可能有真正的“独在”。哈贝马斯认为，人作为一种存在的主体性从一产生就是一种主体际性（列文，1997）[134]。20 世纪的西方哲学家把主体间性作为超越和改造主体性的有力武器。

马克思认为，主体是人，客体是自然。在处理人与自然、人与物的关系时，人表现主体性。在社会中，人是社会关系的产物，而非抽象的、孤立的个人存在，所以，在社会中，真正的主体只有在主体间的交往关系中，即主体与主体相互承认和尊重对方的主体身份时才能存在。所以，真正的主体性是一种主体间性，或者内在地包含着主体间性。主体间性是主体性在人与人之间交往关系中的延伸，是人在交往中主体性的表现。主体间性超出了主体与客体关系的模式，进入了主体与主体关系的模式（郭湛，2002）[235–240]。这是一种交往关系，它正确地反映了人与人之间的社会关系，反映了人的“共在”和社会性。

问题是，现代性中的主体性是一种主客关系中的主体性。教育的现代性，也在教育过程中反映着这种主客关系，教育过程是一种“主体 – 客体”

的两极模式，或“主体－中介－客体”的模式，它只承认一个主体，即教育者，教育是教育者作用于受教育者的过程，或者说，以一定的内容为中介对受教育者施加影响的过程，受教育者是教育过程中的客体。教育者和受教育者之间的“交往关系”被变成“对象化关系”。交往关系是一种平等尊重的主－主关系，是主体间的对话、交流，最终达到视域的融合，形成共识。而对象化关系，是一种主客关系，它是指主体把自己的目的、意识、能力等人的本质力量作用于客体对象，以便塑造和改变客体。对象化关系的目的在于反映自己的意志而改变客体，客体是满足主体需求的手段，因此，对象化关系是一种目的－手段的关系。

现代教育中的不尊重儿童生命的表现，根本上源于主－客关系中把受教育者当作客体。受教育者成为教育者根据自己意志塑造的“物”①。教育的过程就成为一种训练和控制的过程，教育者和受教育者之间是一种控制与被控制、压迫和被压迫的关系。这种关系把人变成了物，把有生命的东西当作无生命的东西，通过对生命的完全、绝对的控制，使生命丧失了一个基本的品质——自由。“为了便于统治，压迫者意识想方设法打消人们的探索欲望，抑制人们永不满足的精神，抹杀人们的创造力，而这些正是生命的特征。所以，压迫者意识泯灭生命。”（弗莱雷，2001）[14]

如果说，教育理论的主题是人的话，毫不夸张地说，我们只有在主体间性教育中才找到了真正的人。主体性教育立足于主－客的关系认识人，实际上把人当作“物”来认识，获得的不是人的主体性，而是“物化”的主体性。人是关系中的人，人的世界是交往的世界。人的主体性只有在主体间关系中才能获得属于“人”的特性。立足于主体间性来开展教育才是“人”的教育，着眼于主体间性的教育培养的人，才是真正的人，是社会关系中的主体。也只有立足于主体间性的交往关系，教育者才能把受教育者当作“主体”，当作“人”，当作“一个生命体”看待，教育的过程才能成

① 在日常教学和生活中，我们的教师和家长会强迫学生或惩罚学生做某事，通常的理由是“为你着想，为你好”。其实，真正为儿童好的应该是反映儿童自己的想法和意志。教师、家长把自己的想法强加于儿童，最终是“为自己好”，在儿童身上实现自己的愿望。

为生命的激情对话和心与心的交融，才能使教育过程尊重生命，体现尊严，给个性的发展以充分的空间。

反思教育的现代性，主体教育必然由主体性走向主体间性。

第三章　教育对生命的祈求与追寻

多少世纪以来，教育的车轮在缓慢地移动着。当读着过去年代里所提出的精湛理论而又不见将其实施时，却是令人灰心沮丧的。而另一方面，当我们听到现今教育的低标准，或对新方法的抵制时，我们又能鼓足勇气去读有关他们所处时代的教育和道德状况的见解。

——劳伦斯（E. S. Lawrence）

一、历史的追寻

在与动物相比的意义上，人有人之为人的本质，即双重生命的存在。也正是在这个意义上，教育是人的生命的一种存在形式。这是一种发生学意义上的考察，一定意义上是一种静态考察。对教育与人的生命关系的考察，不应该只止于静态的层面，因为生命是一个历史性存在，是在“时间”之中的那个“存在”，生命哲学家柏格森甚至把时间作为构成生命的本质要素。因此，对教育与生命的关系，还应该立足于历史，做动态的考察。

历史中的生命形态，是与社会生产力、生产方式紧密相连的，是一定社会发展的产物。不同的生命形态在不同时期的哲学当中得到了反映，因为人是哲学的根本和全部秘密，哲学好比一面镜子，照出了人的模样；哲学好像一盏明灯，指明了人走向“人化”的航程。哲学史是人的自我意识的发展史。所以，我们对历史中生命形态的考察，可以借助于哲学史的演变来进行。西方哲学史，粗略地看，可以分五个时期：古希腊罗马哲学、中世纪经院哲学、文艺复兴的人文主义、近代的理性主义、20 世纪的非理性主义。不同的哲学反映了对待生命的不同态度。中世纪把人异化为宗教、上帝的奴隶，近代理性主义把人异化为理性工具，是对生命本性的背离。正是在对生命的背离中，存在着生命的抗争和追求，但生命追求的目标不同。教育作为生命的一种存在方式，与生命的变化相映照。在这个意义上，与其说教育培养了人，不如说是不同时期的生命观或人性观造就了"教育"，教育反过来催生不同的生命。

一部人类文明史就是人不断解放自身、追求自由的历史。一部教育史也是教育对生命不断追寻的历史，这种追寻使人不断走向解放，使教育不断地回归本真。

（一）西方的探索

1. 古希腊罗马教育思想的奠基

人对生命的意识，是人对自我的认识，是指人能够把自己与自然区别开来，当作一个不同于自然的生命体来看待。古希腊智者派创始人普罗泰戈拉第一个表述了他的看法，"人是万物的尺度"。因此，后来有学者说，在人类发展的初级阶段，"其它的民族造就了神、鬼和国王；只有古希腊人造就了人"（劳伦斯，1992）[12]。正因为古希腊哲学确立了人的理念，所以古希腊教育强调对人的尊重，并使其充分发展。他们认为，知识的种子存在于每个人的心灵之中，教师的作用就是帮助学生自己发现真理，教师的任务就是帮助心灵走向光明。所以，苏格拉底提倡运用"产婆术"，柏拉图也认为真正的教育就是将存在于学生身上的潜在能力引发出来，亚里士多德把教育看成一个内在发展的过程，是自我展开和自我实现的过程。教育的过程是一个身心自然运动的过程，他们反对外在的强制。柏拉图指出，"对自由人来说，学习中不能有任何奴役的成分。规定的锻炼对身体无害，但强制的学习是不能记在心里的，所以，要避免强制"（劳伦斯，1992）[8]。顺应儿童好动的天性，他们提出了教育应该以游戏的方式进行。在教育目的上，他们强调心灵的和谐发展，提出了情意教育与理性教育和谐并存，重在发展人的精神世界。在这方面，音乐、艺术、体操等有着重要的作用。亚里士多德在论及体操的目的时说，“最重要的是优雅的魅力，而非野蛮的力量”，体操的目的在于给予一种自由的教育，而不是训练人的体力。

古罗马的教育总体上失落了古希腊开创的生命化教育思想，使教育狭隘到只是造就演说家和“善良”公民的技巧。但古罗马教育中仍有古希腊生命化教育思想闪烁。如普鲁塔克（Plutarch）认为，儿童不是一个需要填满的罐子，而是一个需要点燃的火把，因此，真正的教育不应该是强制的。贾文纳尔（Juvenal）也说道，“给孩子以最大的尊严”。昆体良（Quintilian）也重视游戏在培养学生头脑能动性和发展真实性格中的作用，并提出了通过游戏教育孩子的具体建议。

总之，教育尊重生命的本性，使整个生命得到全面发展，在古希腊罗马的教育思想中得到了初步的阐释，为生命教育理论奠定了基础，也是古希腊罗马人留给西方世界的伟大遗产。

2. 人文主义教育

古希腊虽然基于建立一定的民主政体来考虑人的发展，但由于当时对人本身的科学认识肤浅，把人的发展简单地等同于自然界万事万物的自然秩序，教育就是唤醒沉睡在心灵中的能力，就如同给种子浇水、提供肥料，使它自己发芽、开花、结果，教育的过程是一个自然的过程，这是一种自然的人性观。但中世纪的经院哲学改变了这种人性观。被誉为“基督教思想之父”的奥古斯丁（St. Augustine）认为，上帝造亚当时，亚当是洁白无瑕的，然而亚当滥用了上帝给予的信任，偷吃了禁果，从而堕落了，使人由善走向恶，所以，基督教就创造了两个世界：上帝的善的世界，人的罪恶的世界。人出生就带有“原罪”，人的发展就是要弃恶从善，其实现的途径就是向上帝赎罪。人类的罪恶之源在于欲望，所以人应该放弃一切欲望，过一种禁欲式生活。因此，中世纪把“修道”作为一种有效的教育方式，修道是对身体和精神的一种折磨，主要方法是斋戒和鞭打自己的躯体，以清除邪念，达到清心寡欲的目的。这种情形一直持续到文艺复兴。

文艺复兴结束了神对人的生命长达1000多年的压抑，开启了一个以大写的“人”为特征的时代。它反对对人的奴役，赞扬人的伟大，歌颂人的价值，提倡人的尊严；反对对人的发展的压抑，确立人的主体地位，释放生命本身的活力；反对强制，尊重人的个性，提倡人的自然发展和自由发展；反对禁欲主义，反对为未来的生活牺牲现世的生活，提倡现世的生活和享受。文艺复兴把人彻底地解放出来，用当时流行的一句箴言表达就是：“我是人，人的一切特性我无不具有。”

文艺复兴时期的教育也转换了中世纪的经院教育模式，而走向人文主义教育。人文主义教育者维多里诺、拉伯雷、伊拉斯谟、蒙田等都抨击对儿童的体罚、鞭打和恫吓等，提出积极的、快乐的教育方法。伊拉斯谟把当时的教会学校比作“监狱”“教养院”，是儿童德性和智慧的屠宰场，教育者充当了刽子手。他主张对儿童“首先要爱”，决不能使他们感到畏惧。即便是使用批评、惩罚等消极手段，也要以一个自由人可以接受的方式进行，他说，我们的纪律要是温和的而不是惩罚的，使用惩罚要以尊重学生的方式进行。维多里诺是人文主义教育家中不仅有教育思想，而且有教育实践的教育家。1423年，他应冈查加公爵之聘在曼托瓦（Mantua）创办了一所新式学校，他在这所学校执教长达20多年，直到1446年去世。维多里诺把这所学校命名为“快乐之家”，寓意学校应当是接近自然和充满欢乐的地方。维多里诺说，“在合理的试验之后，他拒绝强迫不愿意学习的人去学习”，因为“苍天没有赐给每个人学习的爱好和能力”。（劳伦斯，1992）[36] 他尊重每个学生的兴趣和特长，经常根据学生的实际需要调整学习科目和教学方法。为了使学生在愉悦中学习，他还提出了上课与游戏应交替进行。伊拉斯谟提倡按照儿童的本性进行教学，他说，“与其它任何生物一样，孩子都擅长真正属于他本性的活动，……因此，要按大自然的规律办事，在学校中消除过重的劳累现象，要尽量使学习能够自由和愉快”（劳伦斯，1992）[45]。拉伯雷在《巨人传》中通过主人公高康大对儿子的教育表达了他的教育思想，高康大对儿子的一个教育准则就是“做你想做的事情”。蒙田也告诫人们：决不要揽起你的孩子天性的责任，让他们凭运气按自然和人类的规律发展吧。人文主义教育学者都强调对儿童天性的尊重，顺应儿童的天性，实施自然的人性化的教育。

人文主义教育反对向上帝赎罪的宗教和神学的教育内容，而强调人文学科的教育。“人文主义”一词就是由“人文学科”演变而来的。15世纪末，意大利的学生用“unmanista”（英语为“humanist”）来称呼教他们古典语言和文学的教师，这些学科用“studia humanitatis”（英语为“the humanisties”，我国译为人文学科）表示。1808年，德国的教育家尼特哈麦在一次辩论中，根据拉丁语词根“humanus”创造出了“humanismus”一词，表示古希腊罗马经典著作在中等教育中的地位和作用。所以，西方学者克利斯特勒（P. O. Kristeller）指出：“人文主义这个词就来自人文主义者和人文学科这两个词，……人文主义者就是讲授人文学科的人，而人文学科这个词则代表了一组学科，它由语法、修辞学、诗学、历史和道德哲学组成。从这一定义中可以明显地看到，文艺复兴时期的人文主义就是上述意义的人文学科的伟大兴起与发展。”（克利斯特勒，1987）[3-4] 人文主义教育把希腊语和古典文学摆在所有学科的首位，视古典文学、哲学等为知识的重要来源，从而打破了拉丁语、经院哲学独占教育的局面。人文主义教育的内容后来演变成为欧洲古典文科教育。

中世纪的教育是一种极端扭曲人性的教育，人天生是有罪的，教育就是向善的化身即宗教、上帝赎罪，因此，人的教育不是展现生命的教育，而成为神学教育、宗教教育。针对扭曲人性的神学教育、宗教教育，人文主义者从人的天性出发，提出了对于健康的、积极的、乐观的人的崇拜，将人的身心或个性的全面发展作为教育的目标。拉伯雷作品《巨人传》的主人公高康大希望儿子成为一个十全十美、毫无缺陷的人，不管在品行、道德、才智方面，还是在丰富的实际知识方面。蒙田反对将心智和体力分离，他强调：“我们所训练的，不是心智，也不是身体，而是一个人，我们决不能把两者分开。”（华东师范大学教育系，杭州大学教育系，1985）[396] 所以，人文主义教育不仅重视人文学科对心智发展的教育价值，而且恢复了在中世纪被忽视和排斥的体育、绘画、诗歌等内容。人文主义教育对人的和谐发展的追求，既源于古希腊罗马的和谐发展思想，又有文艺复兴时代新的内涵。古希腊的和谐发展主要是从建立民主政体的需要出发的，柏拉图在《理想国》中提出了三种人：哲学王、军人、劳动者，他们分别具有“智慧”“勇敢”“节制”的品质。柏拉图认为，理想的国家就是每个人“做他本分的事情”，因此，教育就是发展每个人自身内的各种品质。这种品质不是生命个性的自由展示，而是适应建立民主政体社会的需要，是一种节制的和谐发展。人文主义教育的和谐发展是从人的自然天性出发的，把和谐描绘成身心自然而然的活动状态，所以，人文主义的和谐发展思想与古希腊的和谐发展不同，它是从个人的天性发展需要出发的，适合个人自由意志的、快乐的、自由的和谐发展，具有个人主义、自然主义、自由主义、享乐主义的特征（王天一，方晓东，1996）[169]。

总之，文艺复兴的人文主义，把人从宗教和神学的统治下解放出来，使人回归自然，把人当作生命体看待，高扬人性，肯定人的价值和尊严，倡导积极乐观的人生，反对禁欲主义，肯定现世生活的价值和尘世的享乐。人文主义的教育是对生命的第一次追寻，它强调教育遵循人的天性，促进人的自由和谐发展。

人文主义教育是近代教育的开端，初步形成了近代教育的思想体系。

3. 自然主义教育

14—17 世纪的人文主义教育是反叛中世纪的经院教育而提出的，它代表了新兴资产阶级的利益。17 世纪末 18 世纪初，西方资本主义经济已有了充分发展。随着资产阶级力量的不断壮大，其争取自身解放、获得经济独立的要求便以公开变革社会政治制度的形式表现出来，它也使得在此基础上发展起来的自然主义教育思想登上历史舞台，提倡依据人的自然本性，培养新人，改革社会。

自然主义教育从批判封建专制主义制度入手。卢梭在《爱弥儿》中开宗明义：“出自造物主之手的东西，都是好的，而一到了人的手里，就全变坏了。”（卢梭，1996）[5] 在他看来，人天性善良，但封建主义制度是腐败堕落的，因此，不可能在没落的社会制度中发展人的善良天性。于是，卢梭提出了培养“自然人”的主张，这种“自然人”身体强壮、心智发达、道德纯正、意志坚强、敏于判断。他是一个不依附于任何阶级，具有独立人格的人。卢梭说：“虽然是我想把他培养成一个自然的人，但不能因此就一定要使他成为一个野蛮人，一定要把他赶到森林中去。我的目的是：只要他处在社会生活的漩流中，不至于被种种欲念或人的偏见拖进漩涡里去就行了；只要他能够用他自己的眼睛去看，用他自己的心去想，而且，除了他自己的理智以外，不为任何其他的权威所控制就行了。”（卢梭，1996）[360] 卢梭痛恨封建制度，因此，主张脱离封建制度而培养自然人，来拯救社会，改良社会。卢梭的自然人与人文主义的自然发展不同，它被赋予了社会学的意义。正如马克思在《〈政治经济学批判〉导言》中所指出的：“这种 18 世纪的个人，一方面是封建社会形式解体的产物，另一方面是 16 世纪以来新兴生产力的产物，而在 18 世纪的预言家看来……，这种个人是曾在过去存在过的理想。”（马克思，恩格斯，1972a）[2]

卢梭的“自然人”虽然具有社会意义，但卢梭主张依据人的天性培养自然人，并由此提出了适应儿童天性的自然教育原则。自然主义教育反对封建专制对儿童心灵的残害，关注儿童生命，把儿童当作儿童对待。卢梭认为，儿童首先是人，有人的一般本性，其次，儿童有不同于成人的特性，而且每个阶段、每个儿童又有他特殊的差异。卢梭的这种认识，把一般意义上的人的教育具体化，教育的对象不再是抽象的人，而是活生生的、各具特色的儿童。

卢梭认为，人的天性包括三个方面，自由、理性和善良。自由是人的一切能力中最崇高的能力（卢梭，1962）[135-136]，自由是人的本质，“放弃自己的自由，就是放弃自己做人的资格”（卢梭，2011）[12]。每个人都是自由的主动者。但主动的自由，不等于随心所欲，而是要受到自然的理性的约束，所以，自由的合目的性，必须以遵守自然法则的合规律性为前提，这就是卢梭所说的“人生而自由，但却无往不在枷锁之中”，反映了自由的主动和受动、合目的和合规律的统一。卢梭认为理性是人对感性的材料进行分析、比较、抽象和概括的能力，是上帝赋予了人这种天性。人与动物的不同就在于人具有理性，理性是人的心灵所固有的一种高级的能力，这种能力有利于人的自我实现，人类凭借理性，可以形成复杂的知识和观念，并用以指导自己的行动。人性本善是卢梭关于人性的另一个见解。他说："在人的心灵中根本没有什么生来就有的邪恶"，甚至认为"出自造物主之手的东西，都是好的"。人性之所以善，是因为人有天赋的良心。良心是天赋的趋善避恶的道德本能。在卢梭看来，天性中的三种成分，自由是最根本的，理性和善良都是为了保证自由的实现。自由虽是人类的天性，但主动的自由若不成为放任自流或者盲从冲动，它就需要受到理性的指导。但由于人的理性常受欲望蒙蔽，受私利引诱，因而理性又需要良心。因此，由良心统率理性，再由理性指导自由，从而形成人的善良的天性。从人的天性出发，卢梭主张教育要"以天性为师，而不以人为师"，要人成为"天性所造成的人，而不是人造成的人"。（滕大春，1984）[33] 所以，卢梭认为，在教育的三个来源——自然、人和事物中，必须以自然教育为中心，人的教育和事物的教育必须服从于自然的教育，这样才是和谐发展的教育。

卢梭认为，教育不仅要顺应人的天性，而且要顺应儿童特有的天性。以往的教育可能也注重人，但抽象地在一般意义上谈论人性，有可能模糊成人和儿童的差别，把成人的天性当作儿童的天性，把儿童看作"小大人"，对此，卢梭特别提醒说，"在人生的秩序中，童年有它的地位：应当把成人看作成人，把孩子看作孩子"（卢梭，1996）[74]。他批评当时的教育，"从来没有设身处地地揣摩过孩子的心理，我们不了解他们的思想，我们拿我们的思想当作他们的思想；而且，由于我们始终是按照自己的理解去教育他们，所以，当我们把一系列的真理告诉他们的时候，也跟着在他们的头脑中灌入了许多荒唐和谬误的东西"（卢梭，1996）[221]。儿童由于自身的年龄特点、身心发展的不成熟性而不同于成人。他们有自己特有的看法、想法和情感，如果用成人的看法、思想和情感代替他们的看法、想法和情感，无异于把儿童提升到大人的水平，这是愚蠢的事情。卢梭认为，儿童的教育就要把儿童当作儿童，适应儿童的特点，遵循儿童的自然发展顺序，促进儿童身心自然、自由地发展。他指出："大自然希望儿童在成人之前就要像儿童的样子。如果我们打乱了这个次序，我们就会造就一些早熟的果实，它们长得既不丰满也不甜美，而且很快就会腐烂。”卢梭将成人之前儿童的发展分为四个时期，认为每一个年龄阶段都有它适当的完善程度。0—2 岁是第一个阶段，这一阶段的儿童只有纯粹的感性，他们所感觉出来的只是快乐和幸福。3—12 岁是第二个阶段，在这一阶段，儿童的体力有了发展，但理性处于“睡眠时期”，不能接受理性的教育。他反对在 12 岁以前进行知识教育、书本教育，主张让儿童尽情地享受欢乐的童年，带他们做游戏，使他们快乐，培养他们的童心、童稚、童趣。从 13 岁开始，才到了“工作、教育和学习的时期”。13—15 岁，理性和观念有了发展，可以进行知识的、理性的教育。16—20 岁，随着儿童对道德关系的明辨，可以进行道德教育和宗教教育。卢梭认为，教育的最正确的航向是遵循儿童的自然发展，在儿童发展的阶段中，他提出了儿童发展的顺序依次是体力、感性、理性和道德。教育的每一个阶段，要适应儿童的成熟度，进行相应的教育，不能超前进行。据此，卢梭提出了一个“最重要和最有用的教育法则”，即“不仅不应当争取时间，而且还应该把时间白白地放过去”。他还认为，从出生到 12 岁是人生之中最危险的一段时间，所以，这段时间的教育应当纯粹是消极的，不在于教给儿童以道德和真理，而在于防止污染儿童纯洁无瑕的童心。

以儿童发展为本的教育，就是关注儿童当下的教育。舍弃儿童的现实，追求渺茫的未来，看似为了儿童的发展，实际上牺牲了儿童现实的欢乐，卢梭将之称为“野蛮的教育”。他说：“当我们看到野蛮的教育为了不可靠的将来而牺牲现在，使孩子受各种各样的束缚，它为了替他在遥远的地方准备我认为他永远也享受不到的所谓的幸福，就先把他弄得那么可怜时，我们心里是怎样想法的呢？即使说这种教育在它的目的方面是合理的，然而当我看见那些不幸的孩子被置于不可容忍的束缚之中，硬要他们象服苦役的囚徒似的继续不断地工作，我怎么不感到愤慨，怎能不断定这种做法对他们没有一点好处？欢乐的年岁是在哭泣、惩罚、恐吓和奴役中度过的。你们之所以折磨那可怜的孩子，是为了使他好；可是不知道你们却招来了

死亡，在阴沉的环境中把他夺走了。”（卢梭，1996）[72]

自然主义教育思想提倡教育要顺应自然，培养反封建的“自然人”，主张根据儿童的特性实施教育，在西方教育思想史上产生了巨大而深远的影响。德国教育家巴泽多（J. B. Basedow）1774 年创办泛爱学校，实践卢梭的教育思想，他一改贵族儿童身着绅士服、藤围裙的做法，让儿童穿上适宜活动的简朴服装，还儿童本真、自然、顽皮的面目。在瑞士，裴斯泰洛齐（J. H. Pestalozzi）由于阅读了《爱弥儿》而走上了儿童教育的道路，他深感教育过程中了解儿童天性的重要性，受启于卢梭的自然教育理论，第一个提出了“教育心理学化”的口号，并努力付诸实践。卢梭的自然主义思想对康德产生了巨大的影响，康德甚至因为阅读卢梭的《爱弥儿》而改变了每天极其准确的散步时间，他也因此赋予卢梭的性善论与牛顿的万有引力理论同样高的地位，认为牛顿揭示了自然界的规律，卢梭则揭示了人性的发展规律。自然主义教育思想对 19 世纪末 20 世纪初欧洲的新教育运动和美国的进步主义教育也有很大的影响。杜威在《学校与社会・明日之学校》中阐述了和卢梭的自然主义思想一脉相承的核心理念——“教育即自然发展”。杜威指出，卢梭“关于教育根据受教育者的能力和根据研究儿童的需要以便发现什么是天赋的能力的主张，听起来是现代一切为教育进步所做的努力的基调。……从卢梭那时以来教育改革家们所最强调的种种主张，都源于这个概念”（杜威，1994）[221]。所以，卢梭的自然主义教育理论真正实现了由尊重人权向尊重童权的过渡，开启了儿童研究的大门，吹响了儿童天性解放的历史号角。

4. 狄尔泰的生命哲学和德国文化教育学

历史发展的过程，是不断启蒙、追求文明的过程。这种对文明的追求，在古代就是把人从神权的束缚中解放出来，归还人自身，这时的“人”强调的是他的自然本性。一是符合大自然的顺序，二是符合人自身的天性。因此，启蒙运动以来的教育注重生命的内在要求，表现为人文教育和自然主义教育。但从近代开始，文明与科学紧密相连，文明成为人类利用科学征服世界、改造世界的过程。可以说，欧洲近代是理性主义胜利进军的时代。人类赶跑了“宗教”，又树立了一个新的上帝，这就是人的“理性”。所以，教育在近代也放弃了对生命的追求，18—19 世纪的教育以主知主义的理性教育为主导。它以传授给学生征服、改造自然的知识，发展他们的智力和征服占有能力，把他们培养成为征服人类、征服自然的理性工具为目的。这种理性主义教育倾向，即便在现代社会也有着明显的表现。我们在第二章已经做了深入的分析。

近代社会，尤其是 19 世纪以来科学理性的极度膨胀，遮蔽了人的精神价值和生存的意义，造成了社会与个人、人的生命感性与理性、现实与理想的严重分裂和对立，人的完整性和总体性丧失，人成为“单向度的存在物”，人的精神世界被疏离了。如何才能摆脱这种困境，走出人自身生命的异化？19 世纪末 20 世纪初的哲人们，提出了种种方案，其中根本的精神就是“找回失落的精神世界”，归还生命的完整性。生命哲学就是 19 世纪末反对实证主义和理性主义思潮的产物。

生命哲学是指西方关于人的生命的价值和意义的学说。生命哲学在近代的发展有两个时期（费尔曼，2000）[17–18]，一个是产生于 18 世纪和 19 世纪交替之际的生命哲学，其中的代表有莫里斯（K. F. Morris）（他于 1781 年出版了《生命哲学论文》）和施莱格尔（F. Schlegel）（他于 1827 年发表了《生命哲学讲座》）。这个时期的生命哲学同浪漫主义很接近，是对理性主义的补充。生命哲学的第二个阶段发端于 19 世纪末 20 世纪初，一般被认为是生命哲学的真正开始。不仅因为它比上一个阶段强大并更有影响，而且因为它彻底改造了理性主义，带有鲜明的非理性主义色彩。这个阶段生命哲学在德国的代表人物有狄尔泰（W. Dilthey）、齐美尔（G. Simmel）、奥伊肯（R. Eucken），在法国有柏格森。

生命哲学虽然源于相同的背景，即对理性的反叛，同时关注共同的主题——生命，但对生命的理解不同，导致生命哲学有不同的取向。柏格森把生命理解为与人的机体和生物进化有关，他的生命哲学就带有生物学的倾向。狄尔泰把生命理解为人生和各种文化制度下人的生活体验，他的生命哲学是一种历史 – 文化倾向的生命哲学。尽管这些生命哲学存在着差异，但它们都反对近代以来本质主义、实证主义、普遍主义的“无人”的思维方式，重塑认识论中“人的形象”，强调生命的精神创造和心灵世界的独特性，强调人文科学研究的独特性。

狄尔泰是德国生命哲学的创始人，他的生命哲学学说主要体现在社会历史领域的研究方面。狄尔泰认为，人文世界不同于自然世界。在自然世界，一切都是机械的运作，服从于特定不变的秩序。而人文的世界不是僵死的、机械的世界，是一个自由的和创造的世界，是一个意义的世界。人文世界之所以是自由的、创造的，就在于人文世界是由一种内在的力量——有意识的生命——所驱动，人文世界即是有意识的生命的表达或外化。近代以来的实证主义方法只适合于自然科学研究，因为自然界是无意识的，是外在于人的，主客分离的实证主义方法适合它。但人文的世界是一个意义世界，这种意义的客观性与主体的心灵是一致的，这是与自然世界的根本不同。换言之，自然世界是无生命的世界，人文世界是生命的世界，因此人文科学研究就不能使用实证主义的科学研究方法。与自然科学划界，为人文科学争地盘，成为狄尔泰生命哲学的出发点。狄尔泰花费了毕生的精力，完成了划界的任务，提出了与自然科学不同的人文科学（精神科学）的标准，这就是体验、表达和理解。他说：“只有当体验、表达和理解的网络随处成为一种特有的方法时，我们面前的‘人’才成为精神科学的对象。”（邹进，1992）[28] 生命在“体验、表达和理解”中存在着，因此，只有精神科学才是对生命的解释。

体验作为认识人文世界的方式，与经验的实证方式不同。在经验的方式中，人外在于事物，主体将对象作为一个静止的、与“我”无关的“客体”对待，认识过程中主体与客体是一种二元对立的关系。体验是主体全身心地投入所认识的事物，体验者把被认识的事物当作另一个“你”，认识的过程成为“你”和“我”的对话、交流的过程。体验者与其对象不可分割地融合在一起，达到了主客统一的境界，此时，无客体也无所谓主体。在体验关系中，认识者给认识的对象赋予了生命的内涵，从而使体验的关系成为生活的关系。

狄尔泰体验说的提出，清算了实证主义、理性主义“无人的哲学观”，但体验本身的主观性、个体性和情境性，又容易导致心理主义和历史相对主义。为此，狄尔泰提出了另一个基础，这就是生活的客观性。他说：“除了生活体验之外，对生活的客观性的洞见，构成了精神科学的又一基础。”（邹进，1992）[33]生活既然是客观的，人们对生活的表达虽然有个体的主观性，但又有主体间性，因为生活的客观化给主观的体验圈定了范围。人将自己的体验表达出来，成为人们交流、认识和理解的文本。所以，狄尔泰的表达使体验超越了个体的心理境界，而进入他人，进入社会，进入历史。同时体验也使人不仅生活在当下，也生活在过去中、历史中。“在表达中，过去就是现在。”

个人体验的表达，一旦成为客观的、物质化的文本，虽然是符号化的，但因为内涵有生命的意义，所以文本不同于自然事物，是人文的、意义的世界，对文本只能“理解”，不能“说明”。所谓“理解”，就是“我们理解体验在一个物质符号中的精神现象的活动”，是以自身体验去感悟对象、透视文本的意义。在理解中，被理解的文本不再是一个客观的对象，更像一个对话中的主体，所以，理解的过程是“你”与“我”的对话，是“我”对“你”的意义解释。人透过“理解”，不在于解释对方，而在于以“自己的”方式解释对方，理解的过程也是自我意义的揭示与价值的生成过程。狄尔泰的理解和解释的方法论为当代解释学奠定了基础。

狄尔泰的生命哲学并没有对生命进行刻意的界定，他把生命作为生活过程，认为生命就是历史的生活，人们在生活中、在历史中彰显生命的意义，体味生命的滋味。所以，狄尔泰并没有把澄清生命概念当作自我目标，而是用于奠定精神科学的基础。我们从精神科学的“体验—表达—理解”的方法论中可以看到，狄尔泰把人从“科学”的认识论中解放了出来，使人成为有血有肉的主体，以活生生的状态去感受现实，领悟意义。他批评说，“在洛克、休谟、康德所构造起来的认识主体中，根本没有流着真正的血”（邹进，1992）[32]，是一个干瘪瘪的“知的主体”。狄尔泰理解和体验的方法，使主体连接了情、意，成为一个完整的人。所以，狄尔泰对人的认识，虽然是从批判自然科学的方法论入手，但并没有走向非理性主义的极端，而是关注被忽视的非理性，从而使生命走向完整。所以，狄尔泰虽然是在建构着精神科学，但精神科学是以生命为基础的。他指出，“生命以及生命的体验是对社会—历史世界的理解的生生不息永远流动的源泉；从生命出发，理解渗透着不断更新的深度；只有在对生命和社会的反映里，各种精神科学才获得它们的最高意义，而且是不断增长着的意义”（刘放桐 等，1990）[200]。所以，狄尔泰反对以自然科学的方法研究人文－历史现象，他所建立的精神科学，实际上是“生命的”科学，这就是社会－文化取向的生命哲学的最终思想所在。

以狄尔泰的生命哲学为基础，20 世纪初德国诞生了文化教育学，也称为精神科学教育学。精神科学教育学直指科学的教育学，批判以德国的赫尔巴特（J. F. Herbart）和英国的斯宾塞等为代表的 18 世纪的教育学是“一种热衷于追求抽象的和普遍有效性的理论，肆意强行作用于充满生命意味社会的历史秩序”（邹进，1992）[46]，因此是一种“没有人的教育学”。它把教学的过程当作知识授受的过程，教育者对受教育者进行单向的灌输，受教育者只是对教师所教授的知识进行“无错误的复述”，教学过程不仅只成为知性的获得，而且扼杀了生命的灵性和创造。

尽管狄尔泰给文化教育学奠定了全新的基础，但未对文化教育学的具体理论做进一步的探讨，文化教育学本身在狄尔泰的学生斯普朗格（E. Spranger）那里得以形成。斯普朗格因此成为文化教育学的大师和主要代表。他从生命本身来理解教育，认为教育“是一个人心灵的‘唤醒’”。他批判以往教育培养的人“有悟性，却没有灵魂；有知性，却没有精神；有活动，却没有道德欲望”，是无生命之人。因此，教育要打破知性对人的钳制，把教育的过程变为对文化的摄取和人生的体验过程，通过文化的理解，进而陶冶自己的人格和灵魂，唤醒人的精神和生命的活力，促进生命个体的总体生成，即生命的和谐发展。文化教育学把以往知识授受的过程改变为师生对表达文本的理解过程。理解即移情和体验，是教育者和受教育者共同作为主体的生命间的交流和融合。教育者的任务不在于“给”知识，而在于“唤醒”，唤醒受教育者生命的潜能，把人的创造力量诱导出来，解放人的内部力量。

5. **存在主义教育**

产生于19世纪下半叶并兴盛于20世纪上半叶的存在主义，是一种典型的个人主义哲学。它是19世纪以来的叔本华（A. Schopenhauer）的唯意志主义和狄尔泰、柏格森的生命哲学的延续。所以，有学者也把存在主义归在宽泛意义上的生命哲学之列。① 但存在主义“避免用‘生命’和‘人’这样的表达是因为这些表达掩盖了对有意识的存在的意义这个问题”（费尔曼，2000）[166]。虽然生命哲学也试图把认识建立在人的生存上面，但存在主义认为它们对人的认识还是静态的，把“在者”作为不证自明的前提，没有看到“在者”怎样“在”、如何“在”的问题。实际上对“在者”的研究，代替了“在”的研究。在海德格尔看来，“在”是指存在物的显现、在场，“在者”是指现成、已有的存在物，“在”是“在者”所以可能的基础和先决条件，一切事物首先“在”，然后才能成为现实的、确定的“在者”，“在”较一切“在者”具有优先性。但存在主义又认为，虽然可能有一类事物，但没有普遍的“在”，“在”不是某种抽象和绝对的存在。所以，“在”总是“在者”之“在”，优先于“在者”，“在”具有个体性、情境性、文化性，因而也具有时间性、历史性。所以，存在主义不考察抽象的、一般意义上的人，而考察“在者”存在的方式，从揭示本真的存在出发来研究生命问题，从而在对人、对生命的考察上实现了本体论的转换。

正因为存在主义把本体论建立在对“在”的研究上，“在”是“在者”的具体之“在”，所以，海德格尔把人称为“此在”，“此在”表示了人存在的方式，而且这种存在的方式在时间中显示它的不同。所以，才有存在主义大师海德格尔的《存在与时间》这部巨著。存在主义对生命的研究与以往的理性主义、本质主义、普遍主义不同，它完全转换了思路，因此它的

---

① 中国学者参见刘放桐，等. 现代西方哲学［M］. 北京：人民出版社，1990：195；德国学者费尔曼在《生命哲学》中也把海德格尔的存在哲学看作生命哲学在当代的延续。

很多命题是对以往命题的颠覆。它反对抽象的、普遍的、无人身的生命，即反对“本质先于存在”，倡导“存在先于本质”，“存在就是个人存在”；反对理性，倡导非理性；反对普遍的个人，倡导具体的个人。所以，存在主义所认同的人是具体的、非理性的个人。在它看来，包括人的存在在内的所有的存在都是偶然的。

存在主义在理论渊源上是反对古典的唯物主义和理性派唯心主义的，继承和发展了西方的非理性主义哲学思想。在实践中，它形成于第一次世界大战后不久的德国，在第二次世界大战中盛行于法国，以后又流行于资本主义世界各国。社会根源在于它适合缓和资本主义社会的矛盾、危机以及人摆脱危机的需要。“描述和揭露在充满矛盾和危机的现代社会中人的个性的丧失、人的自由被剥夺、人受物及一切异化力量的支配，论证怎样使人获得真正的自由，摆脱异化的状态，恢复人的个性和尊严，一直被存在主义者当作其哲学的中心问题。”（刘放桐 等，1990）[577]

存在主义没有一个完整的思想体系，甚至被划为存在主义的思想家的观点也有明显的分歧。但作为一种理论上对黑格尔传统本质论哲学的批判，实践上对工业文明中技术理性的非人性化的抗议，他们的观点在大的思想方向上表现出许多共同之处。它们对作为“此在”的“人”，即个体生命强调以下几点。

第一，存在先于本质，存在是偶然的。萨特（J. P. Sartre）的“存在先于本质”被认为是存在主义的第一原理，对这一原理，萨特在《存在主义是一种人道主义》一文中做了解释：“这话的意思就是说，首先是人存在、露面、出场，然后才说明自身。假如说人，在存在主义者看来是不可能给予定义的话，这是因为人之初，是空无所有；只在后来人要变成某种东西，于是人就照自己的意志而造成他自身。所以说，世间并无人类本性，因为世间并无设定人类本性的上帝。人，不仅就是他自己所设想（conceive）的人，而且还只是他投入存在以后，自己所志愿（will）变成的人。”（中国科学院哲学研究所西方哲学史组，1963）[337]存在主义认为，传统的理性哲学一般给“本质”赋予抽象的、普遍的特征，任何事物都有它一类事物的本质，这种“本质先于存在”的情况只适合“物”，对人来说就不适应了。因为物是“死”的，本质是固定不变的，而人是“活的”，生命具有主观性和创造性，所以，人的本质是由自己造就的，是自己对自由、对环境选择的结果，具有偶然性。理性主义由于把人的本质看作先于人的存在，把人的本质普遍化、模式化，等于取消了个人的存在。建立在“第一原理”上的存在主义，把有思想、有感情的、活生生的个人存在作为其思想核心。

第二，主观性。用个人存在代替无人身的理性，其逻辑的必然结果就是强调个人的主观性。“存在就是个人存在，真理就是主观性。”人成为什么，是自己选择的结果；真理也是个人的选择，为我真者即真理，探求真理的目的，不在于寻求唯一的“真”，而在于从中透视自我，反思自我，所谓的“真”是“我”视野中的“真”；在价值领域，存在主义更反对任何绝对的、确定的价值，倡导价值的主观性，倡导价值存在于选择之中。

第三，自由。萨特认为人的自由是绝对的，人在被“抛”到世间的时候，人的本质要靠自己创造，没有上帝、理性来告诉“我”生活的真理、生活的方式，“我”该成为什么样。正如萨特借奥雷斯蒂斯之口对主神雷斯所说：“在你刚把我创造出来的时候，我就再也不是你的了……在天上没有留下任何东西，也没有任何人向我发号施令……但是我必须开辟我自己的道路。”（陈友松，1982）[109] 人的存在就是人的自由。存在主义把自由局限于孤独的个体中，认为个体之外的他人、社会、自然以及关于它们的各种科学理论（如科学和技术）都是对人的存在、人的自由的束缚，是对人的真正的异化。人有自由就在于人有选择行动的权利，行动、价值和真理都是选择的结果。存在主义的绝对自由观，使个人的选择成为最高的价值。

存在主义教育是以存在主义哲学为基础的。如同存在主义从批判传统理性主义哲学开始一样，存在主义教育也从批判传统教育开始。传统教育对于理性、抽象观念和教育效率的强调，使教育无视个人的存在，教育成为社会的代理机构，学校成了一个“加工厂”，学生成了批量生产的“产品”。奈勒（G. F. Kneller）指出存在主义要消灭传统教育的三个核心观念，即“教育从根本上讲是社会的一种代理机构；教育是永恒真理的传递渠道；

教育是使年轻人适合民主社会生活的一种手段”。传统教育以社会为本位，人是社会的人，为社会要求所制约；实证主义的思维方式的泛化，使教育按照一个模式来塑造一批人，“我们的儿童象羊群一样被赶进教育工厂，在那里无视他们独特的个性，而把他们按同一个模样加工和塑造”（陈友松，1982）[119]。这完全抹杀了人的个性，取消了个人的存在。所以，为克服传统教育对个人存在的无视，存在主义提出，“让教育为个人而存在，让教育教会个人像他自己的本性要求他那样的自发而真诚地生活”，把个人还给教育，使教育真正成为个人的存在方式。

对个人的独特性和真正自由的强调成为存在主义教育哲学的核心。因此，它认为教育目的不是成为社会所期望的那样，而是成为自己所愿意（will）的存在。教育纯粹是个人的事情，使每个学生认识到自己的存在，并形成一套不同于他人的独特的生活方式。教师不是真理的化身或一个绝对价值的“法官”，甚至不要带有明显或隐含的动机和目的，学生无须模仿教师的形象，对教师的要求不能亦步亦趋，教育的方法应建立在自由选择的基础上，教材内容、教师的观点等都是学生选择的范围，一个好的学生不是越来越像教师或会重复教材的内容，而是和教师表现出越来越大的差异。差异越大，主观性、创造性越强，说明教育越保持了个人存在。教师的作用不是影响学生，而是在学生需要的时候成为和学生对话的伙伴，最好是学生批判的“敌人”。

尼尔创办的夏山学校是存在主义的教育实践。夏山学校是一所不受约束的学校，让儿童自由是学校的宗旨。为此，学校放弃了一切纪律，一切指导，一切暗示，一切的道德训练，一切的宗教教学。儿童可以从事他们感兴趣的活动，并且是自己“管理”自己。上课是自愿的，可以上，也可以不上。学校没有考试，有时只是为了好玩才布置一次考试。夏山学校是儿童的乐园，它培养了健康而自由的孩子，他们的生活没有被恐惧和仇恨所损害。因为尼尔认为，儿童的职责是过他自己的生活，在生活中获取幸福和自由，舍此都违背了教育的宗旨。

存在主义教育以存在主义哲学非理性的个人的绝对自由为基础，过分强调个体的存在、个人的选择和自由，这是一种极端的个人主义，它不可避免地带来许多弊端。所以，20 世纪 70 年代后存在主义教育思想逐步走向衰落。由于存在主义教育的极端性，它在实践中的影响不是很大，而且充满争议。我们认为，存在主义对传统教育的批判是有力的，但没有开出治病“良方”。

6. 人本主义教育

无论是文化教育学，还是存在主义教育思想，都发生在欧洲的德国和法国，对美国教育的影响并不大。按照美国学者的说法，1900—1970 年，对美国儿童和青少年的学校教育产生重大影响的有五种教育学说，分别是：传统的文科教育、进步教育、学科结构运动、新行为主义、人本主义心理学（梅逊，1984）。从这五种学说的主要内涵可以看出，20 世纪的美国教育是主知和主情的此消彼长。前半世纪注重儿童的经验和需要，以儿童为中心，尤其在进步主义教育运动中达到了高峰。后半世纪开始，由于 50 年代苏联人造卫星上天，美国对教育进行了反思和调整，要素主义开始取代进步主义。要素主义反对以学生为中心，主张课程必须体现学术性、逻辑性、系统性，主张在教学过程中突出严格的认知能力训练。到了 50 年代后半期，结构主义课程改革运动的勃兴，又进一步把主知主义推到了极端。斯金纳的程序教学解决的是学生如何高效地获取知识的问题，而程序的机械性，又把人的灵活思维、创造性、价值、情感扼杀其中。所以，人本主义教育兴起，可以说是对 60 年代以来美国主知主义教育（以布鲁纳的结构主义为代表）和行为主义（以斯金纳的程序教学为代表）的批判。它纠正主知主义对人的情感的忽视，纠正行为主义无视个体的能动性、创造性和个性的差异，着眼于研究人的理智与情感、高级需要和低级需要、本能冲动和价值存在之间的协调和整合问题，通过挖掘出人的潜能，来确立人的价值和尊严，促进人的自我实现。

人本主义教育思潮是以马斯洛（A. H. Maslow）和罗杰斯（C. R. Rogers）等人为代表的人本主义心理学思潮的兴起为先导的。人本主义心理学反对行为主义的经验实证论和古典精神分析的生物决定论，认为它们不是研究完整的人，而是把人肢解后研究其中的一部分，是“非人的心理学”。人本主义心理学主张研究人的整体意识，研究人的尊严和价值，研究人的本性。

人本主义心理学是人本主义教育的直接理论基础。人本主义心理学的主要观点是：(1) 反对行为主义，排斥人的意识的机械的S-R模式，强调心理学要研究人的内在的意识经验，把自我体验作为心理学的研究对象。(2) 人性是心理学研究的核心。在人性问题上，人本主义心理学与存在主义的消极观念不同，它们持一种积极向上的人性观。罗杰斯指出，“我不赞同十分流行的观念，即人基本上是非理性的，假如不加控制，他的冲动将导致他人和自己的毁灭。人的行为是理性的，伴随着美妙的和有条理的复杂性，向着他的机体奋力达到的目标前进”(叶浩生，1998)[568]。(3) 生长和发展是人的本能。马斯洛认为，人有使自己趋向于更健康、更道德、更智慧、更美好和更幸福的自我实现的潜能和需要，这种需要存在于人的机体内，是在人的生物性本能残余的基础上进化的一种新的本能，即“似本能”。罗杰斯也认为，自我实现的倾向是唯一的、根本的人类动机。正如郁金香会本能地逐步生长得茁壮一样，人类也趋向于其生长、完善和实现人的发展的最高境界。(4) 人本主义心理学承认理性的地位，同时又指出情感体验也是人性中的重要内容，从而把生命看作一个整体。罗杰斯认为，教育就是一种整体人的学习，这种学习是“在认知上，在情感和需要上的一种统一性质的学习”(单中惠，1996)[980]。所以，人本主义教育是以“完整的人”的发展为基本的价值取向，在潜能充分发展的基础上，实现丰满的人性。(5) 人性是自主的、自由的，能够进行自我的选择。人本主义心理学家认为，自由、创造是人的一种天性，但这种天性会被社会制度、环境和文化等种种外部条件所限制和阻碍，人必须通过自己的自由选择，突破现实生活中的限制，去发展和完善自我。

基于人本主义心理学的人性观，人本主义教育彻底转换了主知主义教育和行为主义教育的思路，主张建立一种人本主义的教育，“这种教育将更强调人的潜力之发展，尤其是那种成为一个真正的人的潜力；强调理解自己和他人并与他人很好相处；强调满足人的基本需要；强调向自我实现的发展。这种教育将帮助‘人尽其所能成为最好的人’”（戈布尔，1987）[76]。

按照人本主义的人性观，人都有一种趋于健康的积极意愿，一种趋向成长或趋向人的潜能实现的本能，即人的自我实现的本能。因此，人本主义的教育目的在根本上就是引发这些潜能，帮助人达到他能达到的最佳状态，即促进人的自我实现。学校和教育的作用就是提供一个促进自我发展的良好环境。但马斯洛在反思教育时感叹：“我们的传统教育是患有重病的。”他分析了基于行为主义心理学的“联合学习”，认为联合学习是有用的，但只对于学习那些没有根本意义的事情或学习那些最终可以调换的方法、手段是有用的，特别是在技术化社会中，对于学习某种技能，它是重要的。但对于人的自我发展和自我完成，成长为“丰满的人”来说，联合学习就无效了。他还批评了教育中的唯知主义倾向，认为现代的学校教育主要是让学生获得工业社会所需要的知识，因此，教师关心的是用尽可能少的时间、费用和人力，来灌输最大数量的知识给最大数量的学生，而不问为什么要教这些知识，它对人的自我实现有什么价值。学生的学习出于一种外在的刺激或激励，他们在课堂上以使教师满意从而得到奖励为不言自明的目标，对分数和考试做出反应，最终目的是“赚取学位”。学生在学校里投资一定量的小时数（称为学分）以便机械般地获得他的学位。学校里所教授的一切都以学分的形式标明它的“现金价值”。如果一门课程不是教师指定的，不能获取学分，就是不去读它的最好理由。如果一个人在高年级中断学习，没能获得最终的学位，在此之前的学习会被人指责为浪费了时间。在这里，学习本身的价值，对促进人的自我实现的价值已经完全被抛弃了。

马斯洛认为，行为主义的学习是一种外在的学习。外在学习所达到的目标是外在于人自身的。人本主义的教育是一种“内在的教育”“内在的学习”。在这种教育中，将不再有学分、学位、必修课，一个人可以学习他想学习的任何东西，学习对他来说，不是强制的，而是自愿的。“理想的学校将是一种教育的隐退，使你能试着发现你自己；发现你喜欢什么，需要什么；你善于做什么，不善于做什么。”换言之，理想的学校的“主要目标将是自我同一性的发现，同时也是使命的发现”。所谓“自我同一性的发现”，

“意思是说找出你的真实愿望和特征是什么，并生活在一种方式中使它们能表现出来”。“使命的发现”就是“一个人的命运和归宿的发现”，就是要发现生命中值得为之终身奋斗的事业。（马斯洛，1987a）[183-184] 学校应该帮助学生观察他们自身的内部，并从自知中发现自我的同一性和一个人所钟情和倾心的事业。为此，教师要放弃讲课者、强化者和老板的角色模式，而成为“辅导者”或“教师是承受型的而非干扰的”，帮助学生理解他是什么样的人，适合做什么，根据他的性状和他自己的才能，充分激发他的潜能，满足心理需要，达到他能达到的最高发展状态，即自我实现的境界。

罗杰斯和马斯洛一样，认为人有自我完善和自我实现的潜能，教育的根本作用就是帮助人实现这些潜能。为了达到这一目的，罗杰斯把“以病人为中心的心理疗法”运用到教育之中，提出了“以学生为中心的教学”或“非指导性教学”的教学模式。

罗杰斯认为，心理咨询的目的是解放被咨询者成长的力量，因此以病人为中心的治疗法就是要提供一种气氛以解放病人，使他能够自由地实现他的自我。为了造就这种气氛，治疗者必须同病人保持一种可以信任的、可靠的和前后一致的关系。他必须设身处地地理解病人，深入病人的内心深处，接受病人的内心情感和态度。为此，罗杰斯对咨询者提出了要求：治疗者的真诚、坦率或和谐一致；对病人的感情和个人的意义具有一种敏感的、设身处地的理解；对病人做出热情的、可接受的评价；以及在这个积极的关系方面不受任何的牵制。（梅逊，1984）[235-236] 所以，罗杰斯认为，心理治疗不是一种去解决别人问题的技术，而应该是一种对治疗的态度，它关心的是如何去理解人与人之间的经验结构。因此，“治疗的本质是一种两个人的会晤”。在这种会晤中，他们彼此倾心交流，治疗者鼓励病人自由地表达自己的思想，在病人陈述的过程中，治疗者要不断地接受、认识和澄清病人的情绪、态度，但不能替病人做出决定，不能以自己负有的责任和拥有的权力去压抑他。

罗杰斯也反对行为主义的学习，他在1969年出版的《学习的自由》一书中表达了他“自由学习”的思想，并认为“当前教育的趋向背离了自由”。教育不是限制，不是告知，而是帮助学生进行选择，发现“自我”。他把“以病人为中心”的心理疗法引入教学之中。他说：“如果我信任病人，那么为什么我不能信任学生呢？”所以，他把治疗者与病人的关系转移为教师和学生的关系，认为教师对学生应当有真诚、真实的态度，教师应像治疗者对病人一样对学生产生同情式理解，教师要尊重学生，以积极的态度欣赏学生，这就是罗杰斯强调的“非指导性教学”成功的条件：真诚＋同情＋无条件的积极关怀＝成功。

总之，人本主义教育强调对“自我”的正确认识并充分实现每个人的潜能，它体现为教育对完整生命的复归，对个体自由的诉求，对生命个性的呼唤。但人本主义过分强调自我和自我实现，过分强调个体的体验和自由，而忘记了“只有在集体中，个人才能获得全面发展其才能的手段，也就是说，只有在集体中才可能有个人的自由”（马克思，恩格斯，1960）[84]。过分强调“自我”，不光是人本主义教育的问题，也成为近代以来生命教育的共同倾向。其实，这不是教育的问题，而是近代“以物的依赖性为基础的人的独立性”的表现，是近现代社会中的“单子式主体”的表现。今天这种单子式主体已经走向黄昏，代之以人与人、人与自然、人与社会和谐共存中的主体间性，这是教育中生命发展的归宿（冯建军，2001b）。

（二）中国的探索

与西方机械的、主客分离的思维方式不同，中国表现出一种有机的、整体的思维方式；与西方的理性主义不同，中国文化更偏重人文，但这种人文以伦理为核心，关注肯定人类文化秩序上人的理想人格，重群体轻个体。所以，与西方“个人主义”的文化不同，中国文化总体上表现为一种“社会主义”的整体文化。换言之，西方文化偏个人本位，中国文化偏社会本位。就教育对生命的关注而言，中国传统教育不及西方。因为关注生命，关注主体，关注自由，这虽然是教育所致力达成的，但与社会制度有关。

中国长期以来的封建宗法制度及其影响，无疑压制着个体的生命。教育不可能变革社会制度，所以中国教育压抑生命，也就不可避免了。

先秦时期，诸子并起，百家争鸣，奠定了中国文化的基础。在这段群雄争起的多元文化中，影响最大的是儒家和道家文化。“儒道两家相比，儒显道隐，故在场面上道家远不如儒家有名气。”（牟钟鉴，1992）[7]尤其是儒家文化经过汉代董仲舒的改造，成为一种官方的哲学，所以，中国的正统文化以儒家文化为本。但确切地说，儒家文化经董仲舒的改造后性质已发生变化。严元章在《中国教育思想源流》中分析道：

> 儒家从人出发，讲究“人道”，就人事论人事；在人与人之间，互相尊重，互相照顾，休戚相关，合情合理。这可说是儒家礼教的精神所在。阴阳家（指董仲舒——引者注）走远了一步，也就是走错了一步，却从“天”出发，讲究“天道”，就天象论人事。……在人与人之间，倾向于一面倒的唯我独尊，高高在上，自私自利，不合情理。这可说是阴阳家礼教的基本意识。由此，可见儒家的礼教是良性的，阴阳家的礼教却是恶性的。（严元章，1993）[12]

如此看来，我们只能把吃人的封建礼教归算到董仲舒改造后的神学化的儒家思想体系，而不能归到先秦的儒家思想之中。

西方社会自工业革命发生以来，科学理性和实证主义的思维方式掩盖了生命的完整和自由，所以，西方近代出现的精神科学、存在主义、现象学、人本主义心理学都是和理性主义的斗争。中国的文化传统以人文伦理为主，缺乏科学文化传统，所以，中国近代的发展是同封建伦理的斗争，是一个不断争取“解放”、实现“自我”的过程，到现在这一斗争还没有完成。当然，如同西方社会有古希腊思想家和卢梭的浪漫自然主义对生命的祈求一样，中国的教育在董仲舒以前的儒家思想和以潜隐的方式存在的道家思想中也都表现出对生命的极大关注。

1. 中国古代关注生命的教育思想

(1) 儒家的社会人本主义：孔子的“启发式教学”和孟子“性善论”的“内发”教学观

儒家的教育具有两面性。一方面，儒家学派，从孔子到荀子，都是在肯定人类文化秩序的基础上来论述教育问题的，他们所关注的是作为群体人类的秩序规范与作为个体人性的相互适应。因此，他们致力于培养的是巩固和维护封建宗法道统、政治道统的“明人伦”的君子、圣人。如“仁”是儒家尤其是孔子强调的“君子”“圣人”的核心品质。什么是“仁”？孔子回答樊迟曰：“爱人。”（《论语·颜渊》）仁是在五伦关系中所表现出来的“为他人”而非“为自己”的品质。怎么达到“仁”？孔子说：“克己复礼为仁。一日克己复礼，天下归仁焉。”（《论语·颜渊》）要致“仁”，必须“克己”，即约束自己，克制自我去遵从、躬行“礼”的规范，不能任凭自然自我、自由自主去发展“独立人格”。所以，儒家约束、否定主体自我内在的价值，规训个体服从于群体的外在价值，其教育目标明显具有“非自我”的特征。正如有学者在比较儒道两家之后所言，道家重“天道”，儒家重“人道”，但儒家的人道是“群体性的、社会整体性的、舍异求其同的人本”（杨启亮，1996）[121]。儒家教育在目标上并不培养具有主体性的个体生命，而是将鲜活的生命置于僵死的规范之中，使之失去了“自我”。

另一方面，从教学活动来考察，儒家的一些教学方法，如“学思结合”“因材施教”“启发式教学”等是主体教育的成功实践，以至于在今天仍不失其积极的意义。这似乎陷入了一种悖论。培养服从规范的、无“自我”的君子、圣人，为什么不是采用灌输、压制的办法，而采用了启发式的方法呢？其实，不足为怪。只因为古代实行个别教学，缺乏基本的学习内容，又无制度化的限制。所以，古代的教学不在于“教”，而在于“学”。“教”是近代随着班级授课制的出现而流行的。在古代个别教学的情况下，启发式教学以及因材施教是不得已而为，别无选择。[①]

在西方古希腊有苏格拉底的“产婆术”，在中国古代有孔子的“启发式教学”，二者看来相似，实则有异。苏格拉底的“产婆术”与孔子的“启发式”都是以师徒问对为基本教学方式，不过，仔细分辨可以看出问对的主体不同，“产婆术”以先生问、弟子答为主，目的是使那些自以为知的弟子“知其不知”；“启发式”以弟子问、先生答为主。孔子不是任何时候都回答，他把握的时机是“不愤不启，不悱不发”。“愤”“悱”作为人的心理的两种状态，朱熹在《论语集注》中的解释是“愤者，心求通而未得之意；悱者，口欲言而未能之貌”。比较二者，孔子的“启发式”把主动权教给弟子，似乎比苏格拉底的“产婆术”更能调动学生的主体性。是否如此，还需进一步考察。就问的内容而言，苏格拉底偏重于“知”，即便是问“美德”和“正义”，也在于美德的定义以及探索定义的思维路径。孔子偏重于“行”，注重“仁”在不同弟子身上的落实和体现。苏格拉底的问是从“特殊”到“一般”，孔子的问是从“一般”到“特殊”，无论弟子问何，孔子虽然体现因材施教，但大方向或原则是不变的，“以不变应万变”，是孔子“启发式”的深层实质。所以，孔子凭借“约而达，微而臧，罕譬而喻”（《礼记·学记》）的言语，使弟子“悦而诚服”（《孟子·公孙丑章句上》），从而使弟子“继其志”（《礼记·学记》）。杨启亮教授识破了儒家教学活动注重主体性发挥给后人造成的迷惑。他指出：

> 儒家的“自我”是有严格框限的，主动性或创造性、内省思悟或存疑问难，都只能在求统一的和谐整体的思维方式、只能遵循不能“有疑”的规范体系的限定之中才被认可。实际上，儒家所展开的人格“过程”是要人以主体自我的“形式”去实现非主体自我或虚假的主体自我的目标，这个过程是主体自我价值的社会化过程，

---

① 班级授课制中集体教学要实行启发式教学和因材施教，实属不易。所以我们看到，今日启发式原则几乎人人皆知，但大大小小的课堂依然是启发式教学力反的“满堂灌”。这不能责怪教师观念落后，罪魁祸首是班级授课制。

也是社会价值的主体自我化过程，但却不是自然主体自我价值的自主实现的过程。（杨启亮，1996）[123]

可见，孔子的“启发式教学”表面看来体现学生主体性，毕竟因为时代的局限，不可能有高扬人的主体性的社会条件。所以，它只能是利用启发式教学注入其特定的社会规范。儒家强调“修身”，但修身的目的不在于生命发展的要求，不在于自身，而是在于“齐家、治国、平天下”，“修身”成为一种工具，同时受“齐家”“治国”“平天下”的制约。

在人性上，孔子认为，“性相近，习相远”。孔子之后，儒家发生了分化，产生了以孟子为代表的性善论和以荀子为代表的性恶论①。孟子曰：“人性之善也，犹水之就下也。人无有不善，水无有不下。”（《孟子·告子上》）他还提出了人性善中所包括的“恻隐之心”“羞恶之心”“恭敬之心”“是非之心”。他说：

恻隐之心，仁也；羞恶之心，义也；恭敬之心，礼也；是非之心，智也。仁义礼智，非由外铄我也，我固有之也。（《孟子·告子上》）

成“仁”的过程就是仁的先天善性的扩展和自我实现的过程。教育在于遵循人性的自然发展，为其提供有利的外在条件，唤醒人对自己善良本性的自觉。所以，《中庸》指出，“天命之谓性，率性之谓道，修道之谓教”。性善论的人性观，带来的是“内发”的教育观。内发的教育观，注重人的内在发展需要，关注生命的自然成长。

汉代董仲舒对原始的儒家思想进行了改造，他通过对“天”的神学化，

① 荀子认为，“人之性恶，其善者伪也”。在成人之道上，他更重视社会规范对人性的约束，人在社会规范的约束下生活，处处遵循社会规范的要求，压制自己“恶”的本性。性恶论的人性观，导致的是教育的“外烁观”，教育的作用在于“化性起伪”。在这种教育观中，人是被塑造的对象，谈不上生命个体的自由发展。所以，这里不论及儒家的性恶论。

确立了“天”的至高地位。他说，“道之大原出于天，天不变，道亦不变”。他又通过“天人感应”“阳尊阴卑”理论对人类社会的“三纲五常”等封建政治伦理思想进行了神秘的论证，他说：

> 阳贵而阴贱，天之制也。
>
> 君臣、父子、夫妇之义，皆取诸阴阳之道。君为阳，臣为阴；父为阳，子为阴；夫为阳，妻为阴。
>
> 王道之三纲，可求于天。(《春秋繁露》)

经董仲舒论证的“三纲”，即“君为臣纲，父为子纲，夫为妻纲”，成为中国长期的封建宗法社会吃人的伦理道德。在“三纲”之中虽然没有论及师生，不过按照董仲舒的理论可以推论师生关系中师为阳，生为阴，师尊生卑。若按照“三纲”的说法，似乎也可以说成“师为生纲”。因此，儒家思想到了董仲舒这里，已不是孔孟之儒了，教学中亦无启发而言，更无师徒的平等对话。《汉书》记载了董仲舒的教学方式：“下帷讲诵，弟子传以久次相授业，或莫见其面。”“进退容止，非礼不行，学士皆师尊之。”(《汉书·董仲舒传》) 董仲舒对教育的解释是，“上之化下，下之从上，犹泥之在钧，唯甄者之所为；犹金之在熔，唯冶者之所铸”(董仲舒《对策一》)。这种观点也反映在许慎的《说文解字》中“教”的解释中——“教，上所施，下所效也”。儒家的思想发展至此，已经失去了对个体生命发展的意义的关注，相反倒成为扼杀个体生命的工具。

(2) 道家的自然人本主义：“自然无为”的教育思想

如果说儒家是社会整体的人本主义，道家则是自然的人本主义。儒家通过伦常礼教来规定生命的内涵。如孔子把人规定在“仁”，仁是人的本质，教育就是要培养以“仁”的本质所规定的人。道家认为，生命的本质不是外在的规定，而在于他的自然本性，教育就是把生命置于自然背景下，使其自然本性自由发展。这就是道家的“自然无为”之教育。

道家的教育思想，类似于西方教育中卢梭的自然主义教育思想，二者都是反对教育对生命的异化而倡导教育要“返璞归真”。卢梭反对没落的封建社会对人的“污染”，使自然人到了人间就变坏，教育最好的途径就是“回归自然”。老子也从批判儒家伦理道德入手，他说：“上德不德，是以有德；下德不失德，是以无德。上德无为而无以为，下德无为而有以为。上仁为之而无以为，上义为之而有以为。上礼为之而莫之应，则攘臂而扔之。故失道而后德，失德而后仁，失仁而后义，失义而后礼。”（《老子》第三十八章）他认为，儒家由道而礼的过程是人的朴素本性逐步对象化的过程，也使人越来越远离本性之“道”，使人的本然之性被异化为统治者实施统治的强制性工具和手段。正是在否定儒家教育的意义上，老子说，“绝圣弃智，民利百倍”，“绝学无忧”，“为学日益，为道日损”，这些都是道家对儒家教育的批判，而绝非道家对教育的一般否定，更不是道家不要教育。

在中国哲学史上，道家是自然主义的代表。道家哲学的本体论就是“道法自然”的思想。老子说，“人法地，地法天，天法道，道法自然”（《老子》第二十五章）。“道”是宇宙万物的终极和本原，以自然为法则。这里的“道”有两层意思。第一，把“道”作为一种实体。道“先天地生”，“可以为天下母亲”，是“有物混成”。老子把“道”作为宇宙的原初状态，所以，有“道生一，一生二，二生三，三生万物”。“天”“地”“人”都由“道”而出。第二，把“道”作为“顺其自然”。也就是说“道”作为宇宙的最高法则是自然而然、自然无为的。老子说，“辅万物之自然而弗敢为”（《老子》第六十四章），“道”是万物所遵循的自然，不要人为限制。

道家思想不仅把人置于自然背景中理解，将人视为“道”之人，生活于宇宙之人，凸显人的自然本性，把“赤子”和“婴儿”作为人生的理想状态，而且主张“道常无为，而无不为”。只有在无为中，才能无所不为。这里，老子从论述自然之道出发，提出了政治和教育的依据，即“处无为之事”“行不言之教”。

老子在政治上否定法家依靠严刑峻法的政治。他说：“民不畏死，奈何以死惧之？”刑罚依靠的是暴力，其以人畏惧死亡为前提，若民不怕死，使司杀者无可奈何，而且使司杀者自伤其身，故惩罚不足以治理天下。而对儒家用以规范人的礼教呢？老子说，“夫礼者，忠信之薄，而乱之首”。礼是社会混乱之源。因为没有混乱就没有礼教的存在，礼教恰因混乱而生。老子提出的解决方法是顺其自然而不妄为，“无为而治”。当然无为不是无所事事，而是通过顺其自然的“无为”而“自化”。老子说，“道常无为而无不为。侯王若能守之，万物将自化”。当然，老子追求的“小国寡民”的无知无欲、安适自足的生活不足取，但他“无为而自治”的思想，实际上反映了对人格的尊重，这是具有积极意义的。

道家以“无为”精神建构起来的政治伦理观，潜隐着与儒家约束性文化不同的、尊重自我主体内在价值的教育方法论，这就是老子所言的“圣人处无为之事，行不言之教”（《老子》第二章）。陈鼓应先生在《老子注译及评介》中解释，“不言”指“不发号施令，不用政令”。“不言之教”指“非形式条规的督教，而为潜移默化的引导”。也就是不用外在的规范进行约束性的教化，而是以与道相统一的“上德”的自然流露，顺应自然本性的发展而进行潜移默化的影响。即所谓的“上德不德”和“上德无为而无以为”。所以，对道家的“行不言之教”不能理解为“身教”重于“言教”的榜样示范，它实际上是从“道”出发，强调教育要遵循人的自然发展，不要人为强制。道家的“自然无为”思想，颇为当代西方人本主义教育家罗杰斯、马斯洛所推崇。罗杰斯在著述中多次引用老子的观点，以老子的思想印证自己的观点，他说：“不去干扰存在物的自然生长规律，他不把自己的意志强加于他人，但他能促使‘万物自化’。通过自身的谐和，他引导万物趋向谐和，他使它们自由地表现自己的本性，自由地趋向自己的归宿，他把它们固有的‘道’释放出来。”（杨启亮，1996）[120] 马斯洛也曾以打破控制和禁戒力量，释放自然的真实等观点表达了与道家类似的思想。（杨启亮，1996）[121]

从道家对仁义礼之异化的超越看，它构建了政治和教育的理想境界。这种境界追求天人合一、人道合一、复归自然，追求个人精神的绝对自由，凸显生命自由发展的本性，表现出对主体性的肯定和对人的个性的张扬。对追求生命的自由和谐发展来说，道家是超越儒家的。但道家思想把本原的“道”作为根本，建立其哲学、政治和教育的思想，完全否定现实社会生活对人的制约作用，显得过于理想化而失去了现实基础，所以，道家的思想对现实的政治和教育没有产生直接的影响。加之，汉代以后，“罢黜百家，独尊儒术”的文教政策的实施，道家思想的盛况也就结束了，在以后虽有所流变，但都不是正统的道家思想了，可谓“秦汉之后无纯道”。

(3) 自然人本主义教育思想的流变

道家的自然人本主义思想经历了汉初黄老之学和汉末的道教之后，在魏晋玄学中又出现。如何宴、王弼之“贵无”，阮籍、嵇康之自然论，向秀、郭象的“独化论”，都颇得老子的风格和神韵。

虽然纯真的道家思想消失了，但道家遵循人的自然发展的思想在唐代的柳宗元与明朝的王守仁和李贽的教育思想中得以保留和继承。

柳宗元接受儒家“唯上智与下愚不移”的思想，把人分为三个层次。他说：“若然者，圣自圣，贤自贤，众人自众人，咸任其意，又何以作言语立道理，千百年天下传道之？”（《柳宗元集》卷三十三《与杨诲之第二书》）在他看来，人与人之间有着差异，“圣自圣，贤自贤，众人自众人”，不过教育要实现培养“贤者”的目的，只能选择“有贤人之资”的“中人以上的人”进行。柳宗元以一篇《种树郭橐驼传》为比喻，阐述了他遵循儿童自然发展的思想。郭橐驼是位种树老人，他种的树不仅棵棵能活，而且都长得茂盛，这其中的奥秘是“能顺木之天，以致其性焉尔。凡植木之性，其本欲舒，其培欲平，其土欲故，其筑欲密。既然已，勿动勿虑，去不复顾。其莳也若子，其置也若弃，则其天者全而其性得矣”（《柳宗元集》卷十七《种树郭橐驼传》）。这段话虽不直接论述教育，但柳宗元借种树说明了一个与教育相通的道理，只有顺应儿童的自然天性，使儿童的个性自由发展的教育，才是好的教育，他反对教育者拔苗助长，把成人的意志强加于儿童，使之“弯之曲之”，虽然成人言之爱儿童，实际违背了儿童本真的天性，破坏了儿童的自然发展。就像大树，只有“顺木之性”，才能枝繁叶茂。

明代王守仁也主张，教育必须顺应儿童的性情。他批判传统教育的致命弱点就是不顾儿童的身心特点，把他们当作小大人，同时对儿童的教育方法也是“鞭挞绳缚，若待拘囚”。王守仁说：“大抵童子之情，乐嬉游而惮拘检，如草木之始萌芽，舒畅之则条达，摧挠之则衰痿。”（《训蒙大意示教读刘伯颂等》）他以草木来比喻儿童的性情，草木开始萌生，顺应它自然成长，则会茂盛，但若人为地摧残它，就会枯萎。儿童的天性就是爱游戏，厌恶拘束，教育同样要顺应儿童的这个特点，使他们“趋向鼓舞”“中心喜悦”，这样儿童自然就能不断地长进，好比时雨春风滋润草木一样，生机盎然。要遵循儿童发展顺序，就必须考虑儿童的接受能力所达到的程度，他提出“随人分限所及”，量力施教。他以小树的栽培作比喻，“若些小萌芽，有一桶水在，尽要倾上，便侵坏它”。同样，如果不顾儿童的实际能力，把大量高深的知识灌输给他们，就像一桶水倾注在幼芽上把它浸坏一样，对儿童毫无益处。李贽批判儒家“纲常”“人伦”残害人的童心，要求教育要充分顺应人的个性，“愿作圣则师圣，圣愿作佛则宗佛”，随儿童资性所为，尊重儿童的自由选择。

2. 中国近代关注生命的教育思想

孙中山领导的近代资产阶级革命，提出了民族、民权、民生的三民主义革命纲领，并推翻了封建制度，这从根本上为教育发展人的主体性、关注自我和生命提供了保证。近代教育史上力主个体生命自由发展的教育家，突出的有蔡元培、陶行知、陈鹤琴。

蔡元培主张通过自由个性的教育，培养“完整的人格”。他说，“教育是帮助被教育的人，给他能发展自己的能力，完成他的人格，于人类文化上能尽一分子的责任；不是把被教育的人，造成一种特别器具，给抱有他种目的的人去应用”（蔡元培，1984a）[177]。蔡元培从受教育的人出发，把促进他们人格的完善作为教育的目的，批判专制的教育“循政府之方针以标准教育，常为纯粹之隶属政治者”（蔡元培，1984b）[130]。在他看来，隶属政治的教育要制造一种特别的群性，群性因讲求划一，讲求服从，而抹杀了人的个性，这实与教育的宗旨相背，这就是蔡元培提出“教育独立议”的根本所在。不过，蔡元培的“教育独立议”只是一种纠偏，是对专制教育的反对，并非他又走向一个极端。他说，“盖群性与个性的发展，相反而适以相成，是今日完全之人格，亦即新教育之标准也”。但必须明确的是，此一“群性”非彼一专制时代的“群性”，而是一种立宪时代的“群性”，他又进一步地指出，“立宪的国家，一方面认个人有思想、言论、集会之自由，是为个性的发展；一方面有纳税、当兵之义务，对于国家而非对于君主，是为群性的发展”（蔡元培，1984c）[260-261]。所以，蔡元培不是脱离政治追求教育的独立，他只是反对专制的政治、政党对教育的规训和对个性的摧残，试图把二者协调起来，促进它们和谐发展。所以，蔡元培提出的“五育”中，军国民教育、实利主义教育、公民道德教育隶属于政治者，世界观教育和美感教育超轶乎政治者。不过，他对属于政治者的教育也赋予了追求生命自由的内涵。比如，他在《对于新教育之意见》中，肯定“军国民主义为体育”。他说，“体育者，循生理上自然发达之趋势，而以有规则之人工补助之，使不致有所偏倚”。公民的道德教育不是封建社会的“三纲五常”，而是“法兰西革命”所标志的“自由、平等、博爱”。蔡元培还提出了以美育取代宗教，把人的精神解放出来。为了达到培养和谐人格的目的，在教育方法上，蔡元培主张尊重思想自由，顺应个性发展。他说：“教育者，与其守成法，毋宁尚自然；与其求划一，毋宁展个性。”（蔡元培，1984c）[174] 他的这种追求个性自由的思想，不仅用在了教学上，也用在了自己的办学实践上。在任北京大学校长、主持北京大学改革期间，他把“思想自由，兼容并包”作为北京大学的办学方针。进步派、保守派，只要自成一说，“虽彼此相反，而悉听其自由发展”。

20 世纪初西方的教育理论深受杜威实用主义影响，出现了新教育运动。1917 年，作为杜威的学生，陶行知留美归来，他考察中国的教育现状，认为是活生生的“吃人”的教育：

> 教学生自己吃自己。他教学生死读书，读死书；他消灭学生的生活力，创造力；他不教学生动手，用脑。在课堂里，只许听教师讲，不许问。好一点的，在课堂里允许问了，但不许他到大社会

里、大自然界里去活动。从小学到大学，十六年的教育一受下来，便等于一个吸了鸦片烟的烟虫；肩不能挑，手不能提，面黄肌瘦，弱不禁风。再加以要经过那些月考、学期考、毕业考、会考、升学考等考试，到了一个大学毕业出来，足也瘫了，手也瘫了，脑子也用坏了，身体的健康也没有了，大学毕业，就进棺材。这叫做读书死。这就是教育学生自己吃自己。

教学生吃别人。传统教育，他教人劳心而不劳力，他不教劳力者劳心。他更说："劳心者治人，劳力者治于人"，说得更明白一点，他就是教人升官发财。发谁的财呢？就是发农人、工人的财，因为只有农人、工人才是最大多数的生产者。他们吃农人、工人血汗，生产品使农人、工人自己不够吃，就叫做吃人的教育。（陶行知，1985a）[733–734]

陶行知批判中国教育脱离生活，他在借鉴和扬弃他的老师杜威的教育思想后，提出了生活教育的理论，包括"生活即教育""社会即学校""教学做合一"。他认为，杜威站在学校的背景中批判教育脱离生活，学校脱离社会，提出"教育即生活""学校即社会"，这好像使学生接触了生活，其实就如同在鸟笼里仅仅放了几个树枝，终究改变不了鸟笼的事实。陶行知主张把笼中的小鸟放到天空中去，使之能任意翱翔。所以，他把杜威的命题翻个跟头，提出"生活即教育""社会即学校"，在社会生活中、在自然中实施教育。人生不是为教育而生活，而是为生活而教育。为生活需要而办教育，教育与生活是分不开的，生活本身具有教育意义，而且生活决定着教育。教育本身不应脱离生活而存在，教育就应该是生活的教育。对于生活教育，他做了精辟的概括。他说，"从定义上说，生活教育是给生活以教育，用生活来教育，为生活向前向上的需要而教育"（陶行知，1985b）[476–477]，"生活教育是生活所原有，生活所自营，生活所必需的教育"（陶行知，1985a）[633]。陶行知不仅主张把生活当作教育的内容，发挥生活的教育意义，而且认为要使学生在生活中成为生活的主体。他还注重教育方法的变革。在方法上，他批判传统教育所使用的“教授法”。“五四”时期，他就提出要将“教授法”改为“教学法”，他说，“先生的责任不在教，而在教学，在教学生学”，主张“教学合一”。后来，他又深化自己的认识，进一步主张“事怎样做就怎样学，怎样学就怎样教；教的法子要根据学的法子，学的法子要根据做的法子”。“做”成为教学过程中统一教与学的核心，他进而提出“教学做合一”。陶行知的三个命题虽然在出发点上与杜威不同，但在教育过程中所体现出来的精神与杜威关注儿童、把儿童作为教育的中心并无二致，所以它体现了儿童的主体性，体现了对儿童生命自由发展的尊重。

陶行知之后，陈鹤琴又提出了“活教育”理论。1939 年陈鹤琴在《小学教师》发刊词中重申陶行知十年前对中国传统“死教育”的批判，提出了相对的“活教育”思想。他说：

> “教死书，死教书，教书死。读死书，死读书，读书死。”这两句话，是陶行知先生在 10 年前描写中国教育腐化的情形。这种死气沉沉的教育，到今天恐怕还是如此，或许更糟糕一些。我们应当怎样使这种腐化的教育，变成前进的、自动的、活泼的、有生气的教育？我们怎样使教师：教活书，活教书，教书活？我们怎样使儿童：读活书，活读书，读书活？这个问题，实在很重要！这个使命，实在很重大！（陈鹤琴，1991）[314]

他批判“死教育”的目的就是“读书做官”，主张“活教育的目的就是做人，做中国人，做现代中国人”。针对“死教育”，教学生死读书，脱离生活，过于迷信书本知识的弊端，陈鹤琴提出了“大自然，大社会都是活教材”的课程观。他认为，儿童的知识一定由经验而得来，脱离实践和生活，获得的知识是“伪知识”，真正的知识是自己探讨和发现的，就如同不能在陆地上学游泳一样，知识必须通过活动来获得，因此，陈鹤琴在教学方法上提出了“做中教，做中学，做中求进步”。他还批判传统教育把书本知识割裂的“分科教学”，主张以活动单元或活动中心编制“整体课程”，这就是陈鹤琴的“五指活动”课程方案。陈鹤琴说，他之所以把课程方案称为“五指活动”，是因为他提出的五种活动正像一只手的五个指头，各个指头相互联结构成一个整体。这五项活动是儿童健康活动、儿童社会活动、儿童科学活动、儿童艺术活动、儿童文学活动。陈鹤琴的“五指活动”课程方案，不仅反映了儿童的完整生活，而且突出了儿童，突出了儿童在活动过程中的主体地位。这一思想对我国幼儿教育产生了重大的影响，开创了我国幼儿教育关注生命的新局面。

应该指出的是，近代的五四新文化运动，是诉诸民众的以现代化为主旨的真正的启蒙运动，它反对封建专制和传统文化，大力提倡人的自由、平等，发展人的个性，是一场启发人的主体性、呼唤个体生命发展的运动。在新文化运动中，出现了一批资产阶级民主教育家，他们留学欧美，受欧美教育思想的影响，反对中国传统的教育，创造理想的教育，蔡元培、陶行知、陈鹤琴就是他们当中的代表。但这场短暂的“人的启蒙运动”很快被中国的抗日救亡运动所取代。因为中国人首先要生存，要有生存的主权。只有从制度上确立国家的主权，才能保证教育中中国人的主体地位。

二、时代的呼唤

（一）时代发展对生命的定位

马克思说：“任何人类历史的第一个前提无疑是有生命的个人的存在。”（马克思，恩格斯，1960）[23] 人是以个体的生命形式存在于历史之中的。但马克思又讲到，人是一个类存在物，人的本质是人与人之间交往的社会关系的总和。人的本性的生成过程，就是个体和类的特性在人身上从对抗到统一的过程。这个过程反映了类本质的生成和发展，也反映了人的本质的类特性的展开。马克思的下面一段精辟论述，清晰地展现了这一过程。正确地理解、把握这段论述，有助于我们明了人类或人性的发展方向。

> 人的依赖关系（起初完全是自然发生的），是最初的社会形态，在这种形态下，人的生产能力只是在狭窄的范围内和孤立的地点上发展着。以物的依赖性为基础的人的独立性，是第二大形态，在这种形态下，才形成普遍的社会物质交换，全面的关系，多方面的需求以及全面的能力的体系。建立在个人全面发展和他们共同的社会生产能力成为他们的社会财富这一基础上的自由个性，是第三个阶段。第二个阶段为第三个阶段创造条件。（马克思，恩格斯，1979b）104

通过引述马克思的这一段话，可以认为人类的发展要经过三种基本形态：第一是以人的依赖关系为基础的群体本位形态；第二是以物的依赖性为基础的人的独立性的个人本位形态；第三是建立在全面发展基础上的自由个性的类本位形态。从人所展现的主体形态来说，也可以把这三种形态看作群体主体、个人主体和自觉的类主体的依次发展阶段。推动这一发展的根本动力是生产力的变化导致的社会结构的变迁。

原初的人类社会，包括从原始社会到资本主义以前的各个阶段，属于自然经济的社会。由于生产力不发达，在这一漫长的阶段，人对自然的征服能力有限，个人为谋求生存不得不依赖集体的力量面对大自然。生产力的贫乏，使人不能脱离群体而生存，随之又造成交往的不发达，个人的交往只能局限于狭隘的血缘或地域关系之中。所以，前资本主义社会中，人类只能以群体本位的形态存在，通过血缘或地域的自然纽带结合成一个群体。在这个群体中，个人不具有独立性，而是完全依附于群体的，其生命活动不是由个人主宰的，而是受集群主体的支配。正如马克思所指出的："我们越往前追溯历史，个人，从而也是进行生产的个人，就越表现为不独立，从属于一个较大的整体。"（马克思，恩格斯，1979b）21 个体在自然群体或权利阶梯中获得自身的规定性，个体不可能有自己生命自由的展现。

以英国工业革命为发端，引起世界范围内政治、经济、文化一系列变化的现代化进程，是人类历史的最重要的转折。科学技术的运用，生产力的发展，必然要突破人与人之间的依附状态，步入“个体本位”的状态。这一阶段是与资本主义相对应的市场经济阶段。生产力的发达，使人改造自然的能力增强，社会产品出现了剩余，使人能够脱离由自然纽带联结的群体而存在，这就打破了自然经济条件下人对狭隘群体的完全依附关系，为个人建立了全面的交往关系。市场经济、商品交换、自由贸易，为个人的全面交往提供了条件。因此，现代化的过程是人走向独立的过程。而这种人的独立是借助物质的力量实现的，科学技术的进步、资本主义商品经济的发展使人类从最初的自然依附关系和阶级社会的等级依附关系中解脱出来，人类摆脱了自然生产的状态，不可逆转地以人的方式生存，直接以人性逻辑构筑人类文明。现代化打破了在自然血缘、亲缘、地域关系基础上的传统社会结构和与之相适应的意识形态，形成了与社会化、组织化、机械化大生产相适应的经济体系，构筑新的上层建筑和意识形态的基础，以能力本位取代了传统社会的世袭制、等级制，民主和法制观念成为现代化过程中社会政治关系的表达。个人及其个性不再是上帝眼中的罪孽和受审对象，不再是封建专制下的异己和不稳定因素，不再是小农经济状态下雷同的又互不相干的“马铃薯”。在现代化的过程中，人权、人的尊严、人的价值获得了合法性，人的主体性、个体性、理性得以伸张，使人不仅为自然立法，而且为自己立法，使人类在征服自然的同时，也把目光指向了人类自组织自控制的社会系统。人成为征服自然的主体，也成为社会系统中进行价值选择和经济、政治、道德、法律行为的自觉主体。理性成为现代文明建构的基本原则、价值观念体系的核心，成为人类对自然、社会和自身认识的基本方法论原则。

在这种环境下，孕育出来的人只能是“以物的依赖性为基础的个人主体”，他凭借的手段是人的理性，而且随着现代化过程中科技的高速发展和运用，这种理性成为生命的唯一。所以，这种个人主体具有双重性质，首先他摧毁了原来的自然共同体和人身依附的等级从属关系，凭借着日益增强的技术理性和手段，摆脱了人的自然生产状态和自给自足的自然经济，使人获得了独立性；但是，另一方面，这种独立性又建立在“以物的依赖性为基础”之上，实际上，使人的独立性转化为物的独立性。所以，马克思才说，在资本主义社会中，“资本具有独立性和个性，而活动着的人却没有独立性和个性”（马克思，恩格斯，1972b）[287]。而且，现代化的过程只关心技术的发展和使用，而忽视了“为何而用”。技术在运用中，不仅征服了自然，带来了自然对人的报复，而且和政治结合在一起，技术理性已变成了政治理性（马尔库塞，1988）[7]，执行着意识形态的功能，实现对社会的统治，为不合理的社会提供了合法化的基础。所以，技术理性具有双刃性，既使人类摆脱了自然的束缚和宗教的压制，给人类带来了幸福，但同时，又成为“新的宗教”，异化着人。正如现象学家伽达默尔（H. G. Gadamer）所说，“二十世纪是第一个以技术起决定作用的方式重新确定的时代，并且开始使技术知识从掌握自然力量扩转为掌握社会生活。所有这一切都是成熟的标志，或者也可以说，是我们文明危机的标志”（伽达默尔，1988）[63]。所以，在现代化的过程中，由自然经济过渡到商品经济，使人由依附状态转化到“个体本位”，这是历史的进步。个人本位过度地依赖物质的力量，沉迷于技术理性，导致这种进步以人的全面异化和自然界的全面危机为代价。

按照马克思的认识，以物的依赖性为基础的个人本位的社会形态，只是走向“自由人格”联合体这一更高形态的准备阶段。随着在全球一体化基础上全人类意识的逐步形成，随着可持续发展成为国际社会的共识，人与人、人与自然、人与自身都会由个体本位的对立走向本质的统一，人要超越狭隘的个体意识，独立的、自由的个体意识在全面发展的基础上将被逐步明晰化的类意识整合，现代人将自觉地把生命的本质定位于类生命。类生命不同于没有人的个性的群体主体，而是将“小我”纳入“大我”之中，在“大我”中显示独特的个人及其个性。所以，类本位社会形态下的生命，扬弃了群体本位和个人本位的极端，同时吸收了它们的合理内核，既具有主体间的聚合性、整体性，又具有个体的独立性，它体现了类性、社会性和个体性的和谐统一。

现代化的进程已经到了反思个人主体、走向类主体的阶段。这从全球一体化、“地球村”的形成，人们对全球问题的关注和忧思，对人类中心论的批判和可持续发展观念的提出，日益流行、普及的“世界公民”“文化平均值”“通约性”“多元文化”等可见一斑。我们今天对生命的认识必须超越古代社会生命的自然性或群体性，超越把生命归结为天道或神道、从自然界或宗教角度提升人的生命意识的做法；超越近代社会现代化过程中对单子式个体的张扬，超越生命对物的依赖性。我们应在类本位中认识个体的生命，他既不依附于他人，也不依附于物，他是一个独立的生命体。但个体的存在是主体间的存在，个人表现出的不是主体性而是主体间性。在类本位中理解的生命，“是人和自然界之间、人和人之间的矛盾的真正解决，是存在和本质、对象化和自我确证、自由和必然、个体和类之间的斗争的真正解决”（马克思，恩格斯，1979a）[120]。

（二）当代中国社会变革中个体生命的凸显

数千年的封建宗法统治，造成中国从未形成具有独立人格的个人主体。处于主导、正统地位的儒家思想，一贯强调个人服从社会的整体价值观，孔子主张“无我”“毋我”，宋儒程朱主张“存天理，灭人欲”，以泯灭个体的追求、维护社会的整体有序结构。这种泯灭个人的传统儒家文化与小农经济、封建宗法制度互为表里，塑造了中国人封闭、保守的心态，甚至成为一种民族的劣根性。

尽管近代也有一批启蒙思想家，以及五四运动，都反对封建专制，推崇民主、自由和自我，试图唤醒民众，但由于生产方式落后，这些先进的理念缺乏应有的经济基础和政治基础，加之，这一启蒙的进程常常被战火所打断，未能发挥其应有的重要作用。所以，中国现代化过程中对个体生命的关注蹉跎已久，但始终浮泛表面，缺乏根基。思想启蒙成为启蒙者自身的启蒙，无法得到广大民众的响应，启蒙思想“曲高和寡”，仅仅成为思想家的理想抒发和终极追求。

1978 年以后，发生在中国大地上的改革开放，是中国社会的根本转型。从中国历史发展长河来看，它标志着中国终于迈进现代化正轨，由传统社会向工商文明为基础的现代社会全面转型（杨岚，张维真，2002）[88]。此后20年，中国社会的政治、经济、文化结构发生了深刻的变化，与之相适应，个体的发展也冲破禁区，步入了高扬个人主体性、关心和尊重个体生命、追求自由和民主的阶段。

改革开放后，经济、政治和文化生活领域的巨大变化，带来了个体生存方式的变革，使我们经历了一场真正的“人性革命”，个体的成长从此有了坚实的社会根基，而不再是一个“乌托邦”的美好设想。

在经济领域，以公有制为主体、多种所有制经济共同发展，打破了单一的公有制，承认了个体私营企业、三资企业的合法地位，国有企业的改制、发展股份制企业等都扩大了个人在经济发展中的利益，调动了他们的积极性。农村实行了家庭联产承包责任制，农民有了生产自主权。同时，改革中迅猛健康发展的乡镇企业，使农民走出了几千年来自给自足的小农经济，走向工业、商业，大批的农民成为乡镇企业的工人、集贸市场的商贩、服务业的主力军。农民的“出走”，大大改变了他们的思想观念。靠天、靠地、靠“要”、靠政府划拨的思想已经不复存在。他们走出去，发挥自己的能量，在各自的领域大显身手，显示了新时期的独立自主精神。在城市，企业、事业单位的改革就是要使市民从计划经济的束缚中解放出来，发挥他们的能动性和创造性。但我们已经看到，习惯计划经济体制的工厂和工人，似乎没有像农民那么快地适应市场经济体制。农民走出了家门到城市打工、发展乡镇企业，凡是经济建设需要的，他们都努力创造条件尝试。但城市工人则不然，他们离开单位下岗后，似乎表现得不知所措，十分茫然。一方面城市需要大量的就业人员，一方面存在大量的失业工人，显示了他们的被动，再就业陷入了困境。不过这是习惯计划经济体制的工人必然要经历的阵痛，相信经过短暂的阵痛后，工人在市场经济中的积极性同样会发挥出来。经济领域的改革，从计划经济到市场经济，给人的生活方式带来的最大变革是，每个人不再是计划经济中的一颗螺丝钉，不再是受他人支配的工具。在市场经济中生活，每个人都“当家作主”，成为经济生活中的主体。所以，市场经济解放了人，解放了个体的活力，为个体提供了广阔的成长空间。市场经济不仅需要个体具有独立自主的人格、积极主动的意向，而且需要个体在积极主动的交往中，体现出良好的道德素养和法律意识，体现人与人之间的真诚和合作。因为市场经济是一种开放的经济，它是人与人之间的商品交往的形式，在交往中平等、诚信显得尤为重要。今日的市场经济体制本身正在走向完善，同时，发展经济的要素也从物力资本转向人力资本，依赖于劳动力数量和物质资源的外延扩大再生产逐渐退居次要地位，知识经济时代已经到来。按照经济合作与发展组织（OECD）的说法，知识经济是指“建立在知识和信息的生产、分配和使用基础上的经济”。知识经济作为市场经济在当代的新形式，从根本上改变工业革命以来所形成的以现代工业为主体的经济结构模式，代之而起的是以信息技术、新材料、新能源和生物工程为支柱的知识性产业。知识性产业成为经济发展的支柱，必然把人的创新素质作为经济发展的支点和动力。如果说中国 20 世纪 80 年代的市场经济解放了人，使人成为主体，有了自我，可以支配自己的劳动和财富，那么知识经济将从深层更进一步挖掘人的潜力，发挥人的创新精神，以知识主宰市场经济，引领市场的发展，真正成为市场经济的主体。

经济基础的根本性变化必然导致和要求上层建筑发生相应的变化。改革开放后，政治的中心转向为经济建设服务、为发展生产力服务。与之相适应，在体制上，实行机构改革，党政分开，政企分开，政府部门不参与经济领域竞争，政府机构的职能也开始由管辖、管理转变为服务。这种机构的改革，不仅是政府机构的设置有了变化，更重要的是政府直接管理企事业单位的功能有了根本的改变，企业自主性、社会自主性开始形成（宁骚，2002）[128]。政府机构实行国家公务员制，精简机构，实行人员分流，从社会公开选拔领导干部，既增加了政治的透明度，又有力地冲击了传统的官本位思想，强化了能力本位的观念，人才意识凸显出来。在制度建设上，从传统伦理本位的“人治”转向理性的“法治”，各项民主制度逐渐健全。当代的中国人正在抛弃“顺民”“法盲”的帽子，越来越强调对“民主”和“法治”的尊重，越来越强调个体对政治生活的参与力度和质量，人民的法律意识和维权意识已经形成，民主选举、公开竞争、价格听证会、社区或村民自治等已经成为人民政治生活的重要组成部分。这些民主制度的建设，既对政府形成了有力的监督制约，遏止腐败的滋生，又使在市场经济中萌生的独立、自主、自由、平等、民主、法治等观念在政治生活中得以体现，在政治参与中得以运用，使个人的意志、尊严和独立的价值得到重视。

从改革开放前的封闭的计划经济到今天市场经济的逐步完善，文化思想领域也经历了阵痛式的变革。真理标准的大讨论，使人们摆脱了长期以来的教条式马克思主义的束缚。20 世纪 80 年代的改革由“拨乱反正”而最终迈入以工业化和商品经济为基线的现代化建设轨道，思想文化领域也经历了类似的历程，从对教条式马克思主义的反思和对马克思主义的正本清源，到对国外思想的大规模引介，社会科学、文学艺术出现了繁荣景象，这是思想解放取得的初步胜利。进入 90 年代后，随着社会主义市场经济体制的逐步完善，中国现代化进程的全球背景和世界意义进一步凸显，因此，中国当代的文化从思想解放进入了“重构”阶段，在中国这种特殊的背景（前现代、现代和后现代同时出现）中寻求独特的文化精神和文化模式。

在思想文化领域的反思与重构中，突出的表现是人文精神的讨论和人学的兴起。尽管学界对人学与哲学的关系还存在着争论，但没有人否认当代的文学、哲学的研究重心转向了人。在当代，哲学表现为人学，文学也表现为人学，整个社会科学都出现了面向人的转向，追寻人的主体性，这反映了人的生命意识的觉醒。

与传统农业社会自然主义和经验主义的文化模式相比，现代工业文明和市场经济催生了新的文化模式或文化精神，它以现代性为基本要素[①]，以科学理性和人本精神为主要内涵，突出地表现为理性的、科学的文化模式，主体性的、创造性的文化模式，法治型的、契约型的文化模式，以适应现

① 对现代性，后现代主义有不同的观点。我认为，现代性虽然表现出技术异化和绝对的个体主体性，但在现代化的建设过程中不能因此而抛弃主体性和技术理性，而要修正和完善现代性。后现代并不是要创造一种新的文化精神，而是完善现代性。后现代不是现代化的结束，而是其走向成熟的标志。

代工业社会的理性主义，市场经济的主体性和平等性，政治的民主性、法治性，知识经济的创造性。

当代中国的文化发展，除了面对国内市场经济和民主政治的背景外，还需要面对社会发展的两个整体背景，这就是全球化和信息化。全球化的过程使文化的交流、整合成为必然，一种超越民族的世界文化开始生成，如当前出现的国际社会的共同宣言和纲领都是其表现。但全球文化的出现只表明人类在一些共同问题上达成了共识，而非消灭民族的、地域的文化。与传统社会不同的是，全球化将打破文化局域发展的封闭、保守状态，在面向世界文化的开放与交流中，一方面促进世界文化的形成，另一方面，使民族的文化得到修正和完善，创造适合全球化时代的富有民族和地域特色的本土文化，所以，全球化和多元化是并行不悖的。对于一个民族来说，全球化的过程更是突出一个民族的主体性和创造性的过程，“今后，一个民族最大的光荣是在全球价值的形成中增大自己的份额”（俞可平，黄卫平，1998）[15]。信息化是文化传播的平台，借助于大众传媒，尤其是现代的网络技术，信息可以瞬间在全球传播。信息社会将不容许任何一个信息长期占领社会的信息空间，主导信息的霸权和统治将被终结，信息的传播越来越“大众化”和“个人化”，这意味着信息社会将实现信息的真正多元，使每个人成为多元信息的选择主体。文化发展的这两个时代背景，无疑也推动着主体的文化精神的形成和实现。

改革开放以来，中国社会在经济领域、政治领域和思想文化领域发生的变革，根本上改变了人在社会生活中的地位和生存方式。人的发展从“依附性人格”走向“独立性人格”。社会生活中的“以人为本”，个人生活中对自我的关注，表明康德“人是目的”的理想在今天正在变为现实。

但必须指出的是，中国是一个后发型的现代化国家，中国的社会发展与西方先发型现代化国家相比，存在着一个相当大的时代落差。在西方社会以历时态的形式所经历的社会变迁，在中国却重叠和积压成一个共时态的存在形式。当前，处于现代化转型时期的中国社会正以浓缩的方式集中地反映出西方社会几个世纪以来的历史进程中人类发展状况的演化，本是历史演化中的渐进的矛盾，在当代中国集中凸显出来。一方面是，我们要走出漫长的农业文明自在自发文化模式的影响，消除封建宗法统治的遗毒，而呼唤和发展个人的主体性；另一方面是，我们又不得不承受同时代的发达国家所产生的“示范效应”，面临着人们对工业文明中个人主体性膨胀的批判。

从马克思提出的人类发展的“三个阶段”看，当代中国人的发展正处在这种困境的选择中。一方面，当代中国人处在从“群体依赖性”向“个体独立性”转变的历史时代，这是历时态的转变；另一方面，以西方现代文明为典型形式的人类文明已经走过“群体依赖性”和“个体独立性”的历史阶段，处于从“个体独立性”向以主体间性为基本特征的“类主体”转变之中。当我们启蒙个人主体性时，西方社会正在消解个人主体性；当我们高扬个人主体性时，又不得不与人类社会一道吞噬工业文明酿成的苦果。当前，我们既要考虑到我国历史传统所造成的无“个人”之现实，又要面对西方强大的反个人主体性思潮的冲击，以主体性的黄昏为参照。为此，培育和发展个人的主体性，当前应确立两方面的任务：一是成为工业文明和市场经济所需的个人理性主体的催生剂；二是努力成为现代个人理性主体的占有性个人主义和纯粹技术理性之弊端的解毒剂。我们不能一味地发展个人的占有性主体性，而重复西方社会发展的老路，必须未雨绸缪，防患于未然，及早地用类观念和全球意识去引导规范个人主体性的发展，使中国民众在当代社会转型中成为自由、自觉、理性的现代主体，而又不要由于个体主体性的过分发达而使自己陷入异化和物化之中。

（三）改革开放以来教育理论对人的关注

儒家文化使传统的中国教育本来就具有浓厚的社会本位特色，但这种社会本位在十年“文化大革命”期间极端化为“政治本位”。“教育是上层建筑”，是改革开放前对教育的唯一“正确”的定位。当代教育的探索是从对“文化大革命”中教育的反思开始的，而且逐步深入。改革开放以来，关于教育与人的关系的探讨，我认为有三个标志性阶段。

1. 人是教育的出发点，教育是人的教育

党的十一届三中全会后，我们开始了一场关于教育本质的大讨论。这场讨论缘于经济学家于光远对“教育是上层建筑”观点的发难。1978 年《学术研究》第 3 期发表了于光远的《重视培养人的研究》，文中写道：“现在流行着一个观点，认为教育完全是上层建筑，这是不完全确切的”，教育虽然包含有某些上层建筑的东西，但整个说来，“不能说教育就是上层建筑”。自此以后，关于教育本质的讨论激烈展开了。在这场讨论中，虽然前期出现了“上层建筑说”“生产力说”“双重属性说”等，但在 20 世纪 80 年代中后期“教育是培养人的活动”“教育是人类自身的再生产”等观点逐渐取得了主导地位。这是对教育本质认识的突破性进展，它实现了教育本质的真正回归。

在这种初步认识的基础上，《教育研究》1989 年第 8 期发表了叶澜教授的《试论当代中国教育价值取向之偏差》和扈中平教授的《人是教育的出发点》。叶文对新中国成立后党的一些教育方针政策做了分析，认为折射出来的是社会本位的价值取向，教育往往被当作社会的工具，对这一取向，作者认为偏离了教育的本质。这篇文章从批判当代教育的价值取向着眼，从侧面揭示教育当以人为本、追寻人的发展。扈中平的文章则正面阐述了教育以人为本的含义和理由。扈文指出，培养人是教育的根本职能，是教育的本质所在，这决定了人的问题是教育的中心问题，决定了人是教育的最根本的着眼点；教育的直接目的是满足人自身生存和发展的需要，促进人的自由、全面发展是教育的最高目的。这就是扈文对“人是教育的出发点”内涵的揭示。人是教育的出发点，并不是简单地重复“教育是培养人的活动”的教育本质的人本取向，它更重要的是揭示了在人与社会的关系中，人处于最基本地位，人的发展是社会发展的最终决定力量，人是社会的创造者，而不是社会的工具。人是教育的出发点，不仅揭示了教育的人本性质，而且说明了人是社会与教育发生联系的中介。人是教育的出发点，在本质上是坚持一种人本主义的教育价值观。为了避免人们把这一人本主义的取向与唯心主义的抽象人性论相混淆，扈文还花了大量的篇幅说明，这里的“人”是社会的人，坚持以人为教育的出发点并不意味着教育可以脱离社会而存在。

在“人是教育的出发点”的基础上，有论者批判了教育把人培养成劳动力的观点，认为与人的发展相比，劳动只是手段，生存和发展是人的劳动的最终目的。若把教育仅仅看作劳动力的教育，那就是手段的教育、工具的教育，而不是目的的教育、人的教育。人是目的，教育的目的是人，教育应该是人的教育。（孙喜亭，1989）

2. 主体教育理论研究和实践的蓬勃开展

如果说20世纪90年代以来教育理论研究还有热点的话，那就是主体教育。主体教育是“人是教育的出发点”这一命题的逻辑延伸。固然，之前的认识冲破了长期以来把教育归为社会某一属性的误区，把教育的本质还给了人，但紧接着还有一个对“人”的认识问题。人是社会人、自然人、工具人还是精神人，都要根据时代做出历史的选择。马克思在一般意义上说，“主体是人，客体是自然”。这是就人摆脱了愚昧，具备认识和改造自然的能力后，人与自然的关系中所表现出来的特征而言的。奴隶社会中的一个奴隶，尽管他在奴隶主面前不自由，没有自己的一点点自主性、能动性，但并不等于在独立的生产劳动过程中面对自然他不是主体。所以，马克思在人与自然的关系中讲的“主体是人”，并不能涵盖人在一切关系，包括人与自然、人与社会、人与自身的关系中“人是主体”。人是主体，不仅是自然的主体，而且是社会的主体、自我的主体。只有当“人是主体”这一命题成立后，“人是教育的出发点，教育是人的教育”才能成立，我们也才能合理地提出“主体教育”的纲领。

20世纪80年代，改革开放政策的施行、社会主义市场经济的发育和民主政治的推行，使“人是主体”成为可能。随之，主体性不仅成为文学、哲学关注的焦点，而且成为“以促进人的发展为使命”的教育学的时代主题。有学者高度评价了主体性教育，称它为“中国近20年来广为流行的声势浩大的教育改革运动。这场改革运动是伴随着中国改革开放展开的。它既是思想的，也是实践的。作为思想改革运动，……这是一场史无前例的教育思想启蒙。这场启蒙使教育理论工作者和教育实践工作者普遍确立了学生为本或学生为主体的教育观念，把学生作为主体进行教育已经蔚然成风；作为一场教育实践改革运动，它主要表现为人本教育理念在教育实践中生根、开花”（黄葳，2002）。我认为，这种评价一点都不为过。

教育理论界对主体和主体性的关注大体分为三个阶段：教育主客体关系的探讨、主体性教育理论与实践的兴盛、主体间性教育的初现。

主体教育的讨论并非缘于对主体性的关注，而是起始于一个古老的话题：教育过程中师生的关系问题。针对传统教育的“教师中心”和现代教育的“儿童中心”的批判，顾明远先生在 20 世纪 80 年代初就提出了“学生是教育的客体，又是教育的主体”的命题，在承认儿童作为受教育的客体时，旨在突出儿童的主体地位。这一命题提出后，曾导致 20 世纪 80 年代中期对师生在教育过程中关系的热烈讨论，先后出现了“教师主体说”“学生主体说”“双主体说”“复合主体说”“主体主导说”“主体移心说”“主客体关系的双重结构说”等。[①] 从总体上看，这些讨论主要是在教学论范围内进行的，局限于教学过程中师生关系的处理。这一讨论的后期，已经有学者拓宽了视野，在教育基本理论的层次上或在本体论上思考“学生是教育的主体”的命题（王道俊，郭文安，1989），这就是“主体教育”提出的前奏。

学生是教育过程的主体，这只是实施主体教育的手段，不等同于主体教育或主体性教育。主体性教育的出现最初是对哲学领域主体性讨论的演绎。哲学领域对主体性的讨论在 20 世纪 80 年代末已经相对成熟[②]，教育学研究引进哲学对主体性的认识成果，讨论教育中的主体性和如何培养学生的主体性问题。

哲学界讨论认为，主体性是主体的根本特性，是在具体的、历史的社

① 关于这些观点的详细论述，可查阅具体的文章。关于这些观点的综述可以参看冯建军，等. 现代教育原理［M］. 南京：南京师范大学出版社，2001：46—48.

② 20 世纪 80 年代中期主体性的讨论在哲学界达到高潮，80 年代末渐趋成熟，90 年代上升为人学的建构。

会关系中从事实际活动的人，即现实活动的人的根本特性。主体性不是人的一般属性，而是人性的核心内容，是人性的精华。从关系规定来看，主体是对象性活动的承担者、发动者，客体是对象性活动的对象、受动者。主体人通过对象性活动，建立和确定同客体的关系。主体与客体是相互规定而存在的，不是预先给定的，是在活动中相互形成和建构起来的。与这种主客体关系相对应，主体性就是指作为主体的人在对象性活动中，在与客体的相互作用中表现出来的功能特性。由于主客体关系主要有人与自然的关系、人与社会的关系、人与人自身的关系，因此，主体性就具体表现为人改造、规范、支配和利用自然的主体性，人改造、规范、支配、选择和超越社会的主体性，人支配和表现自身的主体性。综合来看，主体性就是作为现实活动主体的人为达到为我的目的而在对象性活动中表现出来的把握、改造、规范、支配客体和表现自身的能动性。

根据对主体性的这种认识，教育理论界批判现行教育“无”主体或“反”主体，提出了“主体教育理论是一种教育哲学思想”（王道俊，郭文安，1992），或者更加明确地提出“教育主体哲学”（王策三，1994），确立主体教育作为一种指导思想，全面地改革教育工作。以此思路，王道俊、郭文安先生把教育的主体性分解为三个方面：学生的主体性；教育活动的主体性；教育系统的主体性（王道俊，郭文安，1989；王道俊，郭文安，1992）。王策三先生也认为教育的主体性表现在三个方面：主动适应社会；培养主体性的人；坚持教育自身的规律和价值。这两种提法异曲同工，都是分别把教育作为培养人的活动，作为一个相对独立的系统，作为一种社会现象来考察它们在不同层面、不同角度的主体性。对于这三种不同层面的主体性，研究最多、产生影响最大的是学生的主体性。

学生的主体性有什么表现？不同的论者提出了他们的观点。有论者认为主体性包括选择性、自主性、能动性和创造性，有的主张包括独立性、主动性和创造性，有的主张包括自主性、能动性和超越性。有学者还将主体性的二级指标进行分解，提出更具体的三级目标和教学行为目标，在教学中实验和推广。如北京师范大学教育系和河南安阳人民大道小学合作开展的“小学生主体性发展实验”（北京师范大学教育系、河南安阳人民大道小学联合实验组，1994），提出小学生的主体性包括独立性、主动性和创造性。其中独立性是对自我的认识和实现自我的不断完善，其发展的目标可以分解为自尊自信、自我调控、独立判断决断、自觉自立四个方面；主动性是对现实的选择，适应外界的能动性，其发展目标可以分解为成就动机、竞争意识、兴趣和求知欲、主动参与、社会适应五个方面；创造性是对现实的超越，其发展目标包括创新意识、创新思维能力、动手实践能力三个方面。华中师范大学教育系与湖北荆门象山小学所进行的“学生主体性素质的构建实验”，提出了主体性的五个二级指标：自主性、自律性、适应性、创造性、效率感，并具体分解了这五个方面，提出了更详细的17个三级指标。

主体性教育研究前期重在批判传统教育的无主体，树立主体性教育的理念，探讨教育过程中学生主体性的表现；后期的研究重在探讨怎样培养学生的主体性，使主体性教育从宏观走进了微观，从理论探讨走进了实践改革。在理论上，主体性教育具体到教育过程的各个环节，深入系统地探讨了主体性课程的设计、主体性教学的策略、主体性德育的模式和主体性教育管理等几个方面，并就这些方面开展教育实验和改革，使主体性教育不只成为理念，而且开始深入到实践领域。一时间，以主体性为基础或直接以主体性教育命名的教育实验改革如雨后春笋，破土而出。其中比较典型的有1992年起北京师范大学教育系和安阳人民大道小学合作开展的“小学生主体性发展实验”，以及以此研究为基础，北京师范大学裴娣娜教授主持的在天津、深圳等地中小学广泛开展的教育实验；华中师范大学教育系在湖北荆门象山小学所开展的“学生主体性素质的构建实验”；北京市“提高中学生学习质量联合革新计划”即JIP主体教育实验研究；等等。世纪之交，中国大地上开展了空前的基础教育课程改革，对课程改革而言，学习方式的转变是重点，学习方式的转变就是要改变“过于强调接受学习、死记硬背、机械训练的现状，倡导学生主动参与、乐于探究、勤于动手”，新课程把“自主学习、合作学习、探究学习”作为主要的学习方式，这就把主体性教育的理念全面深入地贯彻到实践之中。

在主体性教育实践方兴未艾之际，一些敏锐的理论工作者又把目光转向了主体间性与主体间性教育的研究。主体性是主体在对象化活动中所表现出来的功能态势，主体在把自己作为主体之时，把对象作为客体占有、利用，客体成为主体实现自身目的的手段，所以，主体性究其实质是一种占有性的单子式个人主体性。西方文明中孕育出的就是这种单子式的主体，西方社会发展过程中出现的人类中心论对自然的破坏，出现的强权政治和民族主义以及导致的战争，出现的自私自利、尔虞我诈以及个体自身的异化分裂，都可视为主体性过分发展的结果。所以，西方学者发出了“主体性的黄昏”（多尔迈，1992）的呼喊，主体性的黄昏并非消灭主体性，而是走向“后个体”的主体间性。主体间性是在作为人与人之间的相互作用、相互沟通、相互影响、相互交流的关系中体现出的内在属性，是两个或两个以上主体的关系。它超出了主体与客体的关系模式而进入到主体与主体关系的模式。从实质上讲，它是人的主体性的扩展，其本质仍是主体性的一种表现。有学者认为，主体性是生产活动中处理人与自然关系时所表现出来的特性，它不适合处理人与人之间的社会关系，社会关系从根本上应该是一种平等的交往关系，而不是一种占有和被占有的主客关系。所以，对人与人之间而言，真正的主体只有在主体间的交往关系中，即主体与主体相互承认和尊重对方的主体身份时才能存在（郭湛，2002）[253]。哲学上对主体间性（inter-subjectivity，也译主体际、主体际性、交互主体性）的研究，以苏州大学的任平教授为代表，他融合中西哲学、马克思主义哲学，提出了交往实践唯物主义，出版了53万字的巨著《交往实践与主体际》。中国人民大学郭湛教授的《主体性哲学：人的存在及其意义》，把主体间性作为主体性在主体间的延伸，也做了专章论述。西方哲学中现象学、西方马克思主义和后现代思潮对主体间性都有着很深入的研究，但它们都是基于建构自己的理论而提出的。

目前对主体间性教育的研究可以说刚刚起步，系统的研究也只有本人的专著《当代主体教育论》。它把主体间性作为类主体的一个基本特性，探讨了主体间性的生成机制，提出了交往的教育过程观（冯建军，2001a；冯建军，2001b）。当然，其他一些学者可能没有使用这一术语，但已经涉及这样一个主题，如鲁洁教授发表的《走向世界历史的人：论人的转型与教育》《关系中的人：当代道德教育的一种人学探寻》，朱家存发表的《宽容：主体性教育的又一目标》等。在教育实践中，正在进行的基础教育课程改革提出的合作的学习方式，“交往”“对话”的教学方式，表明主体间性教育的实践也已经开始。但它们局限于操作、技术层面，缺少为什么如此的本体论思考。

3. 教育对个体生命的关注

在西方，生命哲学或生命教育一定意义上是非理性主义的代名词。生命哲学的代表人物、法国哲学家柏格森认为，生命是一种冲动、一种向上的冲动，生命的本质是创造。生命的特性在于它的时间性，生命是绵延的，是不可分割的时间，不能完全依靠理智来把握，而要靠直觉。生命哲学的思想影响了存在主义和现象学，强调个体的体验和情感。因此，西方的生命哲学是针对实证主义和理性主义的反叛而提出的，关注人的非理性因素。以此为基础的精神教育科学，也是以一些非理性的范畴，如体验、意义、陶冶、唤醒、理解等来认识和规定教育的。

国内的教育研究在20世纪90年代末期开始关注个体的生命，客观上缘于主体教育的深入人心。“让学生真正成为教育的主体”，在课堂中激励和引发学生的主体性，成为理论研究者和实践工作者的共识。《教育研究》1997年第7期发表了叶澜教授的《让课堂焕发出生命活力：论中小学教学改革的深化》，这篇几乎是理论研究者和中小学一线教师耳熟能详的文章，从生命的动态生成的角度，给主体教育做了新的阐释。该文指出，把丰富复杂、变动不居的课堂教学过程简括为“特殊的认识活动”，把它从整体的生命活动中抽象、隔离出来，是传统课堂教学观的最根本缺陷。突破“特殊认识活动”的传统框架，必须从更高的层次——生命的层次，用动态生成的观念，重新全面地认识课堂教学，构建新的课堂教学观，这包括：（1）使课堂教学成为师生人生中一段重要的生命经历，是他们生命的有意义的构成部分；(2) 课堂教学在目标上应该关注生命的全面发展，即认知和情感的协调发展；(3) 课堂教学蕴含着极大的生命活力，因此课堂教学的过程不应该机械地设计，而应具有生成性。在一定程度上，我们可以说，正是叶澜教授的这篇文章揭开了国内教育研究关注学生生命意识、主体体验的序幕。

如果说叶澜教授的这篇文章还更多局限于课堂教学的操作层面的话，那么，她在随后出版的高等学校教材《教育理论与学校实践》一书中，就把“生命作为教育的基础”，在本体论上阐发了生命对教育的基础性价值：生命的价值是教育的基础性价值；生命的精神能量是教育转换的基础性构成；生命体的积极投入是学校教育成效的基础性保证。(叶澜，郑金洲，卜玉华，2000) [137-140]

主体性尽管是人作为主体的核心品质，但主体性不等于完整的人。主体性只是人的发展的形式性质，即作为主体的自主发展、自由发展，它只解决了怎样发展的问题。但发展什么内容，发展的结果又如何，这是主体教育所无法把握的。在生命教育看来，生命不仅是自由的，而且是完整的、富有个性的，因此，教育关注人的生命，或者说教育以促进生命发展为根本，就是要促进生命的和谐发展，促进生命的自主成长，促进生命创造性地富有个性地发展。主体教育只能算作实施生命教育的一种形式。

在迄今为止不多的研究生命教育的文献中，哲学家黄克剑的认识最为根本和深入。他认为，教育有三件事情要做：授受知识、开启智慧、点化或润泽生命。这三件事情是相互贯通的，既逐层递进，又相互制约。他说，“知识”处在教育的边缘，它的内在根据可寻索到“智慧”；“智慧”的运作必在一定的价值向度上，而价值取向何以如此或如彼确定却可能追溯到生命的本真，所以，点化或润泽生命是教育所有的深层命意。为此，他提出教育当是生命化的教育，它向着人的生命本真的回归。本真的生命如何存在？生命化的教育又如何表征？他提出了三个重要的范畴，姑且可以看作生命化教育的三个向度：“自由”“觉”“成全”。卢梭说得好，人生而自由却无时不在枷锁之中，自由不是随心所欲或为所欲为，个人只有在他的价值抉择体现了人的本然而应然的生命祈求时，其生命状态才可称得上是“自由”，所以，自由来自对可能生活的向往、对现实生活的超越。“觉”是生命的灵犀所在，与“悟”通，是对生命价值追求的一种感悟。教育所致力的生命之“觉”，大体有人文本体之“觉”，生命个性之“觉”，灵思创发之“觉”。“成全”准确地说是受教育者自我的“成全”，它一方面表现为教育要顺其自然，另一方面又表现为从自然中引发出应然，这种引发既不悖于自然，却又是对局守于原初天性的那种自然的一种超越。黄克剑先生的认识是从生命视角对教育的一种新的规定。

上述论者把生命等同于完整的人来理解，生命不仅包括自然的肉体生命，也包括精神的智慧生命、价值生命和社会生命。但也有学者对生命的理解仅限定于自然生命，他们有感于越来越多的青少年的自杀、杀人和吸毒、暴力等现象，呼吁人们珍惜生命，关爱生命，尊重生命，体验生命，提升生命的意义。这是对生命教育的另一种理解。中国台湾和香港所开展的生命教育就是这种类型，这种类型在消极层面上是教育学生不自杀，也不杀他人；在积极层面上尊重自己的生命，也尊重他人的生命。

此外，也有论者就生命的某个侧面，如生命的情感、体验，从批判传统和现行教育对其的忽视，谈及它在教育中的意义。也有论者就某一教育活动，提出了如何关怀生命的意识。如生命美育、生命德育和教学中的生命体验等。

从这些文献看，生命教育的研究已经开始，但系统的深入的研究还没有出现，更没有转化为教育实践。我以为，人是教育的对象，教育成为生命的教育，才算真正找到了教育的归宿，生命的教育才真正是教育的真谛所在。本研究立足于马克思主义的双重生命观，研究教育如何基于生命、关注生命、提升生命的质量，使教育成为体验生命、成全生命、放飞生命的事业，使儿童在教育中自由展现生命的活力，使教育成为他们达成幸福的手段，成为他们生命中的一种享受。

第四章　教育的生命品性

> 教育具有鲜明的生命性，在一定意义上，教育是直面人的生命、通过人的生命，为了人的生命质量的提高而进行的社会活动，是以人为本的社会中最体现生命关怀的一种事业。
>
> ——叶澜

我们时常批判教育的工具论，批判它把教育当作社会的工具，忘记了教育的根本。因此，我们提出了“教育当以人为本”。这一思想无疑是正确的，但是，我们在理解教育如何“以人为本”上，又犯了同样的工具论的错误。我们习惯于把个体当作教育的对象，教育的直接目的就是指向个体生命的发展，为个体生命发展服务，塑造一个“新”的生命个体。这同样是一种工具论的思想。只不过教育服务的对象从社会转移到个体，但没有改变教育作为工具服务的本质。教育以人为本，以个体生命为本。“本”为“根”所在，“本”为“根本”，生命和教育是“血脉相连”，本是一家，教育因生命而发生，因提升人的生命价值和创造人的精神生命而发展。同样，生命因教育而延续，使人的生命在自然性的基础上不断增加精神的生命、文化的生命、社会的生命和智慧的生命。教育是生命的主要存在形式，而且随着社会和人类的发展，生命对教育的依赖、对教育的需求日益增多、广泛和深刻。生命与教育“天然的血缘”，使我们似乎可以大胆地提出一个假设：教育即生命。教育的进行意味着生命的展开和成长，教育没有外在的目的，教育的直接目的就是生命。因此，说“教育”就是说“生命”。我们长期以来教育的社会观，淡化了对教育生命本质的认识，致使教育成为社会的教育、国家的教育，成为培养人力的教育，培养社会工具的教育，唯独不是生命的教育。教育疏离生命，也因此走向异化。生命对教育而言，不是外在的发展对象，而是教育的内在构成，因此才成为教育的品性。教育除了生命，还能有什么呢！

一、教育在个体生命发展中的价值

（一）个体生命发展的含义

个体的生命发展，我们通常以“人的发展”来标示。其实，人的发展至少可以有两种释义：第一种是把它与物种发展史联系起来，将它看成人类在地球上出现的过程，用以与其他生物的产生过程相比较。如法国的思想家莫兰的《迷失的范式：人性研究》就是对人的进化史的考察。他的研究指出，生命出现在 25 亿年之前，先后经过了脊椎动物、爬行动物和哺乳动物的历史，1000 万年前才有类人猿的出现。狒狒、猕猴、黑猩猩是“我们的低等兄弟”。人的进化真正开始是从原人（Hominiens）到智人（Homo Sapiens）的转变，智人的历史只有 5 万—10 万年。从原人到智人的转变，大脑结构的变化起着根本的作用，在促进大脑机能的发展上，文化起着决定性的作用，“文化构成了一个对所有在脑的复杂化的方向上发生的生物突变给予优待的机构”（莫兰，1999）[65–66]。因此，文化成为人的本性，在发生学上文化创造了人，“人是通过自然形成的文化生物，因为他是通过文化形成的自然生物”（莫兰，1999）[74]。当然，在人作为物种的进化中，文化的发展起了决定性的作用，但我们不能据此就说，教育就起了多大的作用。因为教育是人类社会的特有产物，在形成人类之前的进化过程中没有教育的出现。所以，本书考察“教育与生命发展”“教育与人的发展”的关系，不取发生学意义上的人种的发展含义。

教育活动的对象是人，它面对的是个体，所以，教育与人的关系，考察的是教育与个体发展的关系。个体是以活生生的生命形态存在的，生命存在于个体之中。说个体就是说具体的生命，而不是我们长期以来谈论的抽象的人、人的本质。所以，人的发展的第二种解释是把它与个体的发展联系起来。

发展既是一种状态，又是一个过程，作为状态是个体生命发展的阶段性完成，作为过程是对已经完成的发展状态的不断否定和超越，追求新的发展。对发展而言，状态是相对的，运动是绝对的。因此，对个体生命的发展，我们也可以从静止的状态和运动的状态两个方面来考察它的含义。

在静态上看，个体的生命是一个有机的整体，具有复杂的生命结构，所以，对生命结构的分析，首先树立复杂性的观点，任何的分析都不是一种割裂，生命不是多种成分的“拼凑”，而是它们的交互渗透、融合。个体的生命究竟包括哪些方面？不同的研究略有差异，但也基本一致。如哲学研究把人性分为自然性和社会性两大方面，自然性是指基于生命有机体的器官及其机能先天的发展所表现出来的一种遗传和本能。社会性是人在后天的社会环境中所形成的各种能力与特性。自然性不一定只是生理机能的发展，而且包括心理的成熟和人的天性。本研究在与物种生命比较的基础上提出人的“双重生命”，即种生命和类生命。种生命是人作为物种与动物共有的生理生命，类生命是人区别于动物的特有的意识生命、文化生命和社会生命，属于后天的精神层面的发展。人们一般都认同个体生命包括身体和心理两大部分。

个体的生命首先是个体的有机体，他有血有肉，机体中进行着生命所不可缺少的新陈代谢。他有大脑和神经，才能进行思维。所以，生理是生命的基础，生命首先是一种生物性存在，脱离此，谈论生命的意义追求，谈论人的生命体验，谈论人的自我意识，无异于拽着人的头发离开地球，这往往是西方生命哲学家常犯的一个错误。心理学的研究已经表明，任何心理机能的出现都有其生理的基础，脑是心理的器官，心理是脑的机能。关于人的生理结构，由生理学、解剖学、遗传学等其他学科所研究。生理的研究不仅仅局限于身体的解剖构成，而且日益深入微观的基因研究、心理发生机制的研究。

人不仅是个躯体，人之所以为人，更在于躯体内部所发生的心理活动，构成人的心理结构。“现代心理学的一种流行观点把人的心理看作复杂的系统。”（黄希庭，1991）[1]这个复杂的系统有共性的心理过程，但这个共性的过程发生在每个个体身上，又形成了个性心理的结构。

人的心理过程发生在每个个体身上，都是相同的，包括认识（认知）、情绪和意志三个方面。认识过程是通过对事物的感知，获取知识经验和加工、运用知识经验的过程。情绪过程是伴随着认识过程发生的，人对自己所认识的事物、所做的事情的态度体验。意志过程是为了实现有目的的认识过程，不断地排除困难和障碍，克服自己的消极情绪，将认识坚持到底的心理过程。认识、情绪和意志过程简称为知、情、意，是任何心理过程都避免不了的三种成分。一个人在社会活动中，会表现出相对稳定的心理状态，这些心理状态长期积淀，又会转化为稳定的心理特征。心理特征总是以个人特点的形态而固定下来的，成为一个人总的精神面貌。个性结构又可以划分为三个主要的子系统：个性心理特征、个性心理倾向性和自我意识。个性心理特征是知、情、意在个体身上的综合反映，它标示着人的精神面貌的类型差异，表现为每个个体独特的能力、气质和性格类型。个性心理倾向性是个体活动的动力系统，它决定着个体对事物的选择和发展方向，包括需要、动机和价值观。自我意识是个体对自己的知觉和反思，它在认识、情感和意志过程中分别表现为自我认识、自我体验和自我控制。

以上所谈到的共性的心理过程和体现在个体身上的个性心理特征，都是局限在意识的范围内，其实，人的心理现象，除了意识，还有无意识和前意识。当然，人与其他生物的不同，就在于人的意识与自我意识，这已经成为人的生命的独特体现。马克思在谈到人与动物的区别时指出，人能够把自己的生命活动变成自己的意志和意识的对象，有意识是人区别于动物的本质之一。生命哲学家柏格森把意识视为生命进化的“动力原则”。莫兰也肯定了意识在智人出现中的决定作用。意识在人的心理结构中占据主导地位，但并不是唯一地位。人的心理结构，根据意识水平，可以表现为无意识（或称潜意识）、前意识和意识。意识是对自己的身心状态和外部环境、事物的综合觉察和认识，具有明确的目的性和能动性。无意识（或潜意识）是弗洛伊德理论的一个核心概念，它是指潜隐在意识层面之下，不能清晰知觉的情感、欲望等，它对人的心理活动产生影响。此外，还有介于意识和无意识之间的前意识。前意识是指瞬间未被意识到可以自动做出的反应，但这种反应不是无意识，而是很快可以意识到的。弗洛伊德在无意识的基础上，提出了人格的三重结构，即本我、自我和超我。其中本我就是最原始的无意识结构，是人格形成的基础。自我和超我都是意识对本我的约束。

虽然我们在研究时，可以对人的心理进行条块分割，但实际发生的心理，或者更广泛地说，人的身心的生命都是以整合的状态存在的。生命的生理机能是心理活动的基础，对心理的发生具有不可缺失的意义。心理结构也是一个有机的整体，包括意识的、无意识的和前意识的，包括共同的心理过程和个性心理特征。这只是从静态的角度看，个体的生命是身与心交织的复杂结构和系统。

从动态的角度看，生命具有非终极性，“生命的特性永远处于实现之中，决不会完全实现”，“在生命进化的前方，未来的大门一直敞开着，生命的进化实质上是起始运动永不停息的创造”。（李文阁，王金宝，1998）[113]柏格森的观点说明了生命生生不息变化的特性。但应该看到，生命的变化不是无休止的，死亡是生命的终结，这正如叔本华所说，一切生的目标就是死亡。死亡是必然的，是任何人都躲避不了的。人真正的存在是“向死存在”。所以，在动态意义上，个体的发展是从生命的孕育和形成到生命死亡、终结的不断变化的全过程，是“随时间的推进在人身上发生的变化”（中央教育科学研究所比较教育研究室，1989）[2]。发展等同于变化，个体在生命的有限期内，不断地变化，不断地发展，发展贯穿生命的全程。

综合关于个体发展的静态和动态的解释，我们认为，个体生命的发展是指个体从生命开始到生命结束过程中生理、心理及其身心整体所发生的一系列变化。它是把个体发展的潜在力量变成现实个性的过程。发展在方向上既有积极的生长，也有消极的衰退；在形式上，既有自觉、自为的发展，也有自发的、强制的变化。在生命发展的历程中，发展既有连续性又有阶段性，在阶段中显示着发展的年龄特征。

（二）个体生命发展的特点

人的发展有的是自发的，有的是自觉的。换言之，有的方面是人的身心成熟的自然表现和本能、天性，有的是在后天的社会影响下，通过实践活动所生成的。

人有与生俱来的遗传素质，也有与生俱来的本能和天性。天性是人身上的自然性、宇宙性，它是自然意志、世界意志、宇宙意志。天性是与生俱来的，不是后天发展的，更不是教育影响的结果。人的天性是不能改变的，对待天性，我们只能顺应之，敬畏之。成熟是后天发展的，但它不受环境的影响。西方学者比（H. L. Bee）指出，“成熟指人本身按照内在的变化规律并接受被认为可能是遗传密码一部分的所谓‘指令’（instructions），在身材、体形和技能方面所发生的变化。……单纯的身体成熟发展是不依靠练习或训练的”（中央教育科学研究所比较教育研究室，1989）[36]。天性、成熟是不需要外力推动的，外在的环境和教育不在于改变天性和成熟的逻辑顺序和进程，而在于不违背天性，不违背人的自然发展的顺序。教育应当尊重人的天性，遵循成熟发展的顺序。本能、天性和成熟也是人的身心后天发展的基础，是人的成长的内部依据。

以下我们讨论的人的发展的特点，是撇开本能、天性和自然成熟后，需要外力推动的发展。外力的推动怎样转变为个体生命的内在发展？这是一个什么样的过程？存在着怎样的发展机制？对这些问题的探讨和回答，体现了人的个体生命发展的特殊性。

1. 自然生命是人的发展的前提和基础

马克思唯物主义在谈到人的本质时，首先肯定“人直接地是自然存在物”（马克思，恩格斯，1979a）[167]，这是唯物主义与唯心主义在人的本质认识上的一大区别。人首先是一个生物性存在，生物体本身即自然生命，是人赖以生存之本。人与其他动物一样，具有自然的生命体，遵循生命发展中新陈代谢的一般规律，有着自然的成熟和本能。但“人又是人的自然存在物”。人的自然性，与其他动物也有着不同。这表现在：其一是人具有与动物不同的高级神经系统、大脑、双手和语言，其二是人的生理机能发展的软弱性和未完成性。前者使人的心理发展具有高级性，动物也有心理，但人因为有发达的大脑和语言，使人的心理产生质的飞跃。后者意味着人具有巨大的可改变性，使人的发展具有可能性和必要性。

自然生命对个体发展的影响主要通过遗传和成熟两个途径。遗传素质是从父母基因中继承下来的解剖生理特征，它是原生性的生物因素，因此也是生命发展的最原始的驱动力。人的任何发展都要基于遗传所提供的生理前提，而遗传仅仅是一个前提，没有它不行，有了它也并不能保证获得良好的发展。成熟也是由一系列遗传因子控制的。成熟本身既是个体生命发展的一部分，又作为自然生命制约着身心发展的进程和阶段，使不同阶段的人的发展表现出较大的差异。与自然生命相关的、本身构成生命发展的还有本能和天性。

2. 发展是个体生命对环境资源的占有和利用

人类和个体的生存发展都离不开整个的客观世界，人生存于世界之中，人的生存受到世界的制约。整个有机的客观世界成为制约人的发展的外部条件。这种外部条件不是生命可以选择和可以抛弃的，而是生命必须适应的。适应包括两个环节：消极的适应和积极的适应。“有生命材料要使环境变得有利，它除了先使自己消极适应环境之外，别无他途。要指挥运动，必先从适应它入手。生命是从迂回屈就开始的。”“积极适应就是从环境影响中吸取可以据为己有的益处。……大自然……往往开始于消极适应，而后来，她才会建立起一种积极反应的机制。”（柏格森，2000）[62]个体在适应环境的过程中，通过对环境资源的开发、占有、利用、消化和吸收，实现内在生命和外在自然力的能量转换，使异己的力量自我化，实现人的生成和壮大。

作为人的发展资源的环境，应该是完整统一的，它包括生活世界和科学世界，这是人的两个生长家园。按照胡塞尔的说法，生活世界是一个始终被给予的、始终在先存在的世界，它是一个混沌体，具有非反思性、非课题性和直观性。说得直白点，生活世界就是我们赖以生存的现实而又具体的生活环境，因此，也可以称为日常生活。人类及其个体的任何活动的发生都要借助于一定的时空，也即借助于生活的世界，所以，“每个目的都以生活世界为前提，就连那种企图在科学真实性中认识生活世界的普遍目的也以生活世界为前提”（倪梁康，1994）[131]。因此，生活世界又是奠基性的世界。人离开了生活世界，不可能存在，更不可能发展。生活世界的奠基性还表现在它是科学世界的基础。科学世界是对生活世界的课题化探讨、一种反思和抽象。生活世界是原初自明性的，是非课题性的世界。但科学世界是从生活世界中分离出来的对生活世界的反思和探讨，这种反思和探讨有两种方式：一种是以科学态度为出发点，一种是以哲学态度为出发点。所以，科学世界是一种精神文化的世界，它由科学和人文所构成。科学世界是人的理性进修，是人发展的“第二家园”。一个人不可能脱离生活世界，但可以脱离科学世界。教育就是要立足于生活世界，提升科学世界在人的发展中的分量，促进人的有效发展。

3. 个体生命的发展通过活动来实现

个体先天的自然生命和外部的环境资源，是影响个体生命发展的可能性因素，为生命的发展提供着支撑。个体的自然生命和外部的环境因素，只有通过活动的结合，才能将外部的资源因素转化为个体生命发展需要的能量，所以，活动是内因和外因对个体身心发展综合作用的汇合点，也是推动个体发展的直接的、现实的力量。人是实践的主体，没有个体的积极参与和实践，个体的发展是无法实现的。

按照个体活动的水平，活动可以分为三个层次：最基础的是生理水平上的个体生命活动，第二层次是心理水平上的个体生命活动，第三层次是社会实践水平上的个体生命活动。（叶澜，1991）[226–230]三种不同水平的生命活动在实际发生时是交融一体的，人的生理活动和心理活动渗透在一切社会活动之中，社会实践活动以外显的方式表现出来。实践活动通过主体的客体化和客体的主体化这种双向环节，实现着人与环境资源之间物质、信息、能量的交换，它不仅使人的智慧和力量体现在对外部世界的改造上、对物质和精神财富的创造上（主体的客体化），而且使外部世界的能量转化为个体发展的力量，使人的智慧和能力在实践中得到发展（客体主体化）。所以，实践活动在改变外部的自然时，也改变了人自身。人正是在实践活动中，通过环境中所蕴藏的能量的双向转化，实现着人自身的发展。

活动不仅使人自身得到了发展，而且人自身发展的动力也源于活动，是人自己的活动促成了人的发展。

以上三点，实际上是我们对影响个体生命发展因素的探讨。接下来，我们探讨个体自身生命发展的特点。

4. 个体生命的意识性和发展的能动性

动物的生命具有先在性、单一性和绝对性。动物的生命虽有发展和变化，但不过是其本能的展开，动物的命运由自然和它的本能所控制。人则不一样。人的生命发展是通过活动自我控制的，生命具有生成性。之所以人与动物生命发展有如此的区别，根本在于人有意识。人的意识和自我意识已经成为人的生命的特殊存在，体现出高于其他生命存在的复杂性。对此，正如马克思所说，“动物和它的生命活动是直接同一的。动物不把自己同自己的生命活动区别开来。它就是这种生命活动。人则使自己的生命活动本身变成自己意志和意识的对象。他的生命活动是有意识的”（马克思，恩格斯，1979a）[93]。人的意识和自我意识，使人能够支配自己的生命，从而走出本能的钳制，成为能够支配自己生命活动的主人。

人的发展所面临的资源是繁多和复杂的，行为的有意识性使人的每一次行为都要面对多种可能，因而都必须有所选择，人对外部世界的能动性就表现为能够进行自主选择。人的意识还表现为自我意识。所谓自我意识，是个体对自己行为及其结果在自我认知和反思的基础上，不断提出新的发展目标和新的努力方向，实现自己的理想自我。人一旦有了明确的自我意识，他就具有了把握自己人生发展的能力，就有可能按照理想的自我，规划自己的未来，为未来创造条件，实现自身的价值。这是人的能动性的最高体现。

人是有意识的，意识使人走出本能的枷锁，发挥自主能动性。因此，人又是能动的存在物，人是自我的主人，人创造了自己，是自我生成的。

5. 个体生命发展的否定性统一和超越

生命哲学家柏格森认为，人的生命是一种冲动、趋向和力量，而“一种趋向只有在没有受到另一种趋向的阻碍时，才会完全达到其最初的指向”(柏格森，2000)[18]。然而，在人生成的过程中，相反的互相抵抗的力量却始终存在：精神与物质、自由与规范、有限与无限、理想与现实、现在与未来、生与死……。人的生成永远处在一个二律背反之中，处在不断的生成之中。人没有一个固定的永恒的本质，这就是存在主义哲学家反对对人用“是什么”来提问，而改用“人怎样存在”来提问的原因。人作为一种存在，在时间中延续着自己，这意味着有生命力的人不是一成不变的既成之物，而是一种不断创造着、生成着的存在。孔子提出的“吾十有五，而志于学，三十而立，四十而不惑，五十而知天命，六十而耳顺，七十而从心所欲，不逾矩”(《论语·为政》)，就是对人的生命生成的感性描述。

发展就在生成中体现，生成的过程是一个矛盾统一的过程。人借助于实践活动，对外部环境资源进行开发、利用、占有，进而消化和吸收，将其内化为生命的力量，表现为生命力量的增强和对生命的肯定，这是生命的一种当下存在状态。然而，人是一个未来的存在，对未来的向往和追求的“乌托邦”精神，也是生命的本质所在。所以，人必须从“确定的存在”(雅斯贝尔斯语)的桎梏中解放出来，走向新的存在。这一过程就是理想的自我对当下自我的否定。人总是不满意当下的、现实的我，努力追求理想的我，通过自我否定，体现自我的自由意志，创造自己的本质，生成新的自我。正如海德格尔所说的，“人是其所不是”，又“不是其所是”。“是”与“不是”、“不是”与“是”的相互转化和矛盾运动，昭示着生命的发展不仅创造着自我、确定着自我，又不可逆转地否定着自我、毁灭着自我，这种变化就是超越。超越是人的生命发展的动力，是每一个灵魂深处永远跳跃着的不灭的火花。正是超越使得人生活在现实之中，然而又不满足于停留于此，在超越中实现着理想的追求。

（三）学校教育在个体生命发展中的独特价值

教育有广义和狭义的区别。广义的教育是指对人的发展产生影响的所有事物的总和，实际上是人生于世所经历的所有生活。从这个意义上说，教育是生命存在的载体，没有人能够脱离生活而存在，教育也因此构成生命的存在形式。人的生活最低级的要求是保全生命，进而更高的追求是提升生命的意义和质量，如同心理学家马斯洛所提出的从低级的生理需要到自我实现的需要一样。生活就是个体生命对人、对事、对自然、对社会的经历和体验，生活的过程就是生命发展的过程。在这个意义上，讨论教育即是讨论生活，如杜威提出教育即生活、教育即生长的命题。

在广义上讨论教育对生命发展的价值，等于讨论生活，这不足以凸显教育作为一种专门活动的特殊价值。所以，我们这里着重要讨论的是狭义的学校教育。

可以肯定，一个没有受过学校教育的人，不能说他的生命没有得到发展。对这些人来说，虽然他们没有受到学校教育，但他们在日常生活、生产中受到了质朴的、自发的生活教育。既然如此，不得不使我们发问：不受学校教育也能得到发展，那么，为什么还要上学呢？学校教育有什么必要呢？换言之，学校教育对个体生命的发展有什么独特的价值呢？

从前面的分析我们可以看出，影响人的发展的要素有三个：人、环境和实践活动。在实践活动中人与环境相互作用，进而生成了人自身，促进了人的发展。学校教育是有目的地设计的上述三个因素的特殊综合，它是一种包括特殊个体和特殊环境的特殊活动，其特殊性表现如下。

教师和学生是学校教育中的特殊主体。教师闻道在先，术业有专攻，掌握教育教学的规律，了解儿童身心发展的特点，在教育过程中具有明确的教育责任，代表一定社会的要求，有目的地引导学生的发展。学生是处于人生发展的某一阶段、身心需要得到扶持和发展的人，他们有明确的发展要求和学习愿望，期望得到教师的指导。师生在教育过程中组成多重的、独特的关系，并在学校活动中发生着交互影响。

学校教育是一种特殊的环境影响，它是按照发展人的身心的特殊需要而组织起来的。教育作为一种影响因素，源于文化。尽管文化是教育影响的源泉，但事实上，各种文化成分在构成教育影响时都是经过选择与提炼的，这种经过选择和提炼的文化以系统化的方式影响受教育者。教育影响的特殊性就在于：（1）它能对各种文化因素加以选择和控制，撷取其中符合社会需求和适合教育过程的文化因素，排除那些不符合需要的文化因素；（2）这种影响是由教师引导的，是有目的、有意识地进行的；（3）这种影响是有组织的、系统化的，它符合儿童的身心发展规律，因此易于为他们所吸收和内化。所以，学校的教育影响与自发的教育影响不同，它是本着为学生发展服务的目的而进行有意识的选择和设计的，其最大的特点是蕴藏着富有生命气息的个体发展需要的资源。

学校教育是一种特殊的实践活动。教育影响只是一种外因，它要通过各种活动才能反映到人的头脑中，形成人的各种认知特征和个性心理特征。学校所进行的教育教学活动，是在人为设置的特殊环境中进行的，具有明确的目的性；同时，这些活动又是在教师的组织与指导下进行的，它可以通过有效的活动方式大大缩短反应的过程。青少年学生以学习为主要任务，学校精心设计了有利于学生发展的各种活动，教育者通过指导活动，影响着受教育者的发展。

教育活动的主体有着明确的意识和责任，具有学习和发展的强烈愿望；教育影响同自发的环境影响相比，是一种特殊的生命发展资源，饱含生命发展的价值；同一般的活动（认识活动、实践活动、交往活动）相比，教育活动又是教育者精心设计的特殊活动，它既反映着教育者的指导作用，又符合儿童生命发展的规律。教育作为三个独特要素的综合，决定了它对生命的发展具有独特的优化价值。这就如同一块贫瘠荒芜的土地也可以生长出庄稼一样，但它生长出的庄稼一定是矮小的。但同样是这块土地，经过辛勤的耕耘，锄草、施肥，土地会变得肥沃，一定会结出又大又好的果实。教育就是经过开垦的土地。它目的的明确性、内容的简约性、方式的引导性、环境的特殊性、活动的自主性，能自觉有效地促进人的发展。因此，教育就是促进生命自觉和有效发展的途径。这就是教育的独特价值。

我们说，正常人缺少学校教育可以得到发展，但决不会以有效的方式得到完满的发展。没有教育，生命可以得到发展。有了教育，生命可以得到更好的发展。所以，学校教育虽不是生命发展的必要条件，但它是充分条件。与一般的发展资源相比，它是经过有意识的筛选的，经过与儿童身心发展水平相应的改造，反映了儿童发展需要的人类文化的基础性构成。这些资源在教育者的指导下，通过有目的的教育、教学活动，可以对个体生命的发展起到强化和加速的作用。

学校教育对个体生命发展的独特价值表现在以下几个方面。

第一，引导生命发展的方向。生命从层次上还可以分为两类，一类是天性，一类是可塑造的发展。天性不可以改变，但可以抑制。对于天性的性质，一直有善恶之争，这实际上是一个价值判断，都无足够的证据来证明。我认为，对人的天性的性质，不可一概而论。有的天性可能是善的，如怜悯和同情，但有的天性，如懒惰、放纵就很难说是善的。有的天性，如自由，是善是恶，就看它如何表现，表现在哪些方面。所以，对于善的天性或天性之善的表现，教育首先要保护它们，顺应它们，敬畏它们，不断地创造条件，使它们得到舒展。但对于有的天性，如荀子所认为的，若顺人性之自然而不加以裁制则会流于恶。所以对恶的天性或天性之恶的表现，必须予以遏制。教育作为一种使人向善的活动[①]，能够有效地遏止人性中的恶，杜绝恶的表现。关于这一点，弗洛伊德的本我、自我和超我的关系就是很好的说明。弗洛伊德认为，本我是处于人性最底层的无意识本能，

① 在东汉许慎的《说文解字》中，“教”是中性词，指“上所施，下所效”的一种活动。按照这个解释，“教唆”也是一种“教”，但“教唆”不是“教育”。因为“育”是一个规范词，是一个带有倾向性的褒义词，“育”在《说文解字》中解释为“养子使作善”。所以，“教育”作为合成词，“教”是手段，“育”是目的。只有服务于善之“教”，才是“教育”。

它就像“一口充满沸腾刺激的大锅”，它不知道价值判断，是不好的、邪恶的、不道德的，它遵循“快乐原则”行事，寻求本能的释放。自我是人的意识结构中的组成部分，它代表着理性，按照现实原则对本我进行控制。弗洛伊德比喻说，本我像匹马，自我犹如骑手，通常骑手控制着马行进的方向。超我是从自我中分化出来行使监督职能的，它按照至善的原则，监督自我去限制本我的本能冲动。超我的监督是由良心来保证的。教育如同自我和超我一样，行使着对本我、本性的控制和监督功能。

教育对生命的引领作用，主要表现在对后天发展方向的定位。人是未完成的，具有极大的可塑性。如果任其发展，就像荒山上的树丛，杂乱无章，东倒西歪，最终也成不了参天大树。人如何发展，教育承担着引领生命航向的作用。因为教育是一种有目的的培养人的活动，培养什么样的人，决定着个体生命发展的方向。这个方向既取决于个人，也取决于社会。作为社会的分子或细胞，个人的发展要符合社会的需要，或者说要反映社会发展对人的要求，同时，这一要求又不违背人的天性，不违背个体身心发展的特质，反映个体的发展意向，所以，人的发展方向既要合目的（社会的目的和个人的意向），又要合规律（社会的规律和个体的发展特质），教育就在于为个体生命的发展确立合适的方向。

对于生命的两个层次，天赋的人性是本，人出生之后产生的是末。所以，教育对生命负有保护和开发的双重责任。保护是开发的前提，在尊重人的天性之基础上，进行适度开发，坚决反对以毁灭天性为代价的过度开发。

第二，提供生命发展的动力。人的生命发展是个持续不断的过程。在这个过程中，最初的发展主要是人的先天因素（自然生命）与环境资源相互作用的结果，而后，这一结果就构成新一阶段个体发展的影响因素，成为影响人的发展的重要动力资源。所以，个体发展到一定阶段，起作用的不再是自然生命所提供的遗传素质和身心成熟，而是个体后天在该阶段所达到的发展水平。这包括两个方面的因素：一是个体知识、经验的积累水平和结构，智慧、情感、意志、行为的发展水平；二是个体自我意识和主体性的发展水平。前者影响到个体对发展资源的选择，选择的范围、方式、吸收理解的程度。具有不同知识经验的人，他对外部世界的选择都带有个性化的内涵，对同一事物的理解都有自己的个性特征，正所谓“有一千个读者就有一千个哈姆雷特”。知识经验的质量和数量还是制约个体进一步发展的因素。知识经验丰富的人，他的发展就会有一个宽广的视野和坚实的基础，显然有利于他的发展；反之，知识经验贫乏，就不利于他的发展。但个体生命的发展不只是表现为知识的增加、智力的发展、人格的成熟，更重要的是还应当表现为建立在这种发展基础上的“发展动因”的发展，这是发展的根本。这一直接的发展动因就是自我意识和主体性的增强。当人的发展水平达到较清晰的自我意识和达到自我控制的水平时，人能有目的地、自觉地影响自己的发展（叶澜，1991）[217]，这种自觉的追求，是人的主体性在影响人的发展方面的高度体现。主体性的增强，使发展不为外力所迫，成为一种内在的要求、内在的需要，成为主体自身的建构过程。

因此，发展不只是先天的自然生命与环境资源在实践中相互作用生成的产物，而且是自我选择、自我建构的结果。教育作为专门的育人活动，无疑对知识经验的获得、自我意识的培养和主体性的激发，即对人的整体发展水平的提升承担着主要的责任。21 世纪的基础教育应把每个学生潜能的开发、健康个性的发展、为适应未来社会的发展变化所必需的自我教育、终身学习的愿望和能力的初步形成作为重要的任务，它更重视赋予学生学习的兴趣和乐趣、学会学习的能力以及对知识的好奇心，为每个受教育者奠定生存的基础、做人的基础、做事的基础和终身学习的基础，即为他们奠定终身持续发展的基础。

第三，唤醒生命发展的意识，挖掘生命潜能的力量。人的未特定化，表明了个体自身的发展蕴藏着无限的潜能。潜能是发展的前提，动物的生命是完善的，它只能有本能和天性的出现，没有潜能，也谈不上发展。人的发展过程，一定意义上，就是潜能的不断开发。潜能如同地下丰富的石油资源，没有开采，石油不可能自然流出，需要工人师傅钻开一口井，石油才会喷薄而出。对人的发展来说，这口井就是意识。柏格森在考察生命进化时指出，“处在生命源头的正是意识（或者说是超意识）。……意识就是一种对创造的需要，它只有在可能进行创造的地方，才对其自身显示出来。当生命被注定为自动机能（无意识机能）的时候，意识就处于睡眠状态；而一旦恢复了选择的可能性，意识便苏醒了”（柏格森，2000）[222]。动物为本能所控制，不存在意识。“在人身上，并且只有在人身上，意识才使自身获得了自由。”（柏格森，2000）[224] 所以，意识照亮了人与世界间巨大的缺口，照亮了人的无意识领域，将生命复杂性推向了新的高度，不断地将人的潜能开掘出来。我们在生活中也可以看到，自我意识强的人，进取心就强，能够焕发出令他自己都惊讶的潜能。尤其是危急时刻，人的潜能的发挥能达到极致。就如柏格森给出的一个比喻，意识或许只是微弱的烛光，但这烛光可能燃成熊熊的烈火，使生命呈现出迷人的神奇。

认识到意识对潜能开掘，进而对人的发展的重要意义，教育就必须着眼于意识的唤醒。长期以来，中国的教育观过分强调外在的影响和要求，较为忽视人的内心世界、自我意识的唤醒，使个体生命的发展失去了自主的力量和可能。存在主义教育思潮和文化教育学给我们以深刻的启迪。存在主义教育思潮的代表、德国的教育家雅斯贝尔斯认为，教育的根本原则，是通过文化的传授导向人的灵魂觉醒之本原和根基，而不是导向由原初派生出来的东西和平庸的知识。所以，他说，真正的教育绝不许死记硬背，不是理智知识和认知的堆积，而是“人的灵魂的教育”，“教育活动关注的是，人的潜力如何最大限度地调动起来并加以实现，以及人的内部灵性与可能性如何充分生成”。（雅斯贝尔斯，1991）[4] 文化教育学更是力主教育是人格心灵的唤醒。斯普朗格指出，教育绝非单纯的文化传递，教育之为教育，正因为它是人格心灵的“唤醒”，这是教育的核心所在。教育的最终目的不是传授和接纳已有的东西，而是从人生命深处唤起他沉睡的自我意识，将人的创造力、生命感、价值感唤醒。意识与自我意识是生命之灵魂，是人自主发展的力量，因此，关注生命的教育必须唤醒人的生命意识。

第四，张扬生命的个性。世间没有两片完全相同的树叶，也没有两个完全相同的个人，即便是孪生兄弟，不同的环境、不同的活动、不同的人生经历，也会使他们成为不同的人。这种常识性的认识表明，每个人都具有独特的个性，不管愿意不愿意，个性都属于每个个体生命。所以，在通俗意义上讲，个性是人性在个体身上的具体反映或表现，它是个体在身心方面，包括知情意方面所形成的稳定特征。

对于每一个生命个体而言，整体上都具有独特的心理特征，即个性。但这并不意味着，在社会化的过程中，只强化和突出单子式的“个”性，而忽视了每个人除了个性还有共性的一面。共性和个性如同硬币的双面，同时存在于每个个体的生命之中。没有共同性，这个人就不是社会的人，丧失了社会性，他就不可能存在；同样，没有个性，他就不可能成为他自己。过分地强调自己的独特性，甚至按照自己的意志肆意妄为，这是不健康的个性，是不合群的个性，教育要警惕和避免这种个性的发生。教育要培养的个性，必须是正常的、健康的个性。所谓正常的个性，不仅是和社会性协调的个性，而且是个人身心协调发展的个性，是在全面发展基础上的个性。个性发展不仅和全面发展不矛盾，而且是统一的。德智体全面发展具体到每个人身上，不可能是划一的、平均的发展，它必然表现出客观的差异，所以，全面发展的实质就是个性的发展。教育培养全面发展的人，就是要培养有个性的人。

个性的差异客观存在，教育首先不是“打造”或“培养”个性，而是要尊重个性，给个性一个施展和张扬的空间和机会。在目前班级集体教学的状况下，提供适合个性差异的个性教育还不可能完全实现，但可以给学生创设宽松的环境，使他们在学习内容、学习方式、学习进度的选择上，多一点自由的空间，少一点划一的要求，使个性得到表现和发展。

一言以蔽之，教育的价值就在于为生命发展奠基。教育的过程就是生命不断积淀和否定、不断发展的过程。不断地受教育就是为了不断地发展。生命在发展中形成，也在教育中生成。

教育生命价值的实现是有条件的，这就是要树立生命化的教育观。

二、教育的生命本质

“教育即生命”是一种价值表述。现实中的教育并非如此。它不仅不是生命化的，而恰恰是反生命的，甚至是摧残生命的。我们需要在反思非生命化教育的基础上，确立生命化的教育观，实现教育“轴心”的根本转换。

（一）“工具性教育”质疑

自从人类社会产生了教育，“教育是为了什么”“人受教育是为了什么”等就成了不可回避的问题。近代以来，西方教育思想史上一直存有社会本位与个人本位的争论，这种争论大抵与时代背景有关。撇开时代背景的差异，抽象地谈论是为了“人”，还是为了“社会”，是毫无意义的。

我们这个时代的教育到底为了什么？其实，这个非常理论化的问题，可以变换一下提问方式，问地方的官员：“为什么要大力发展教育事业？”他们几乎会众口一词，“为了促进经济建设”，因此，“科教兴 ×”成为各级政府部门流行的造句方式。再问一下家长：“送孩子上学的目的是什么？”“为什么让孩子上学？”“跳龙门”“找好工作”“赚大钱”“过舒适的生活”就是他们的真实想法。一旦孩子升学无望，意味着龙门跳不过，工作找不到，大钱赚不到，也就与学校提前“拜拜”了，辍学的根源不正在此吗？[①] 大凡教过学的老师，都会无数次地被学生质疑：“学这些东西有什么用？”“有用”成为人们衡量教育的唯一标准。正因为教育对国家、对社会、对个人有用，教育才被人重视，教育的地位也提高了，从被纯粹视为消费事业到成为新的经济增长点、个人投资的热点，教育因此从社会的边缘被置入了社会的中心，以至于今日“百年大计，教育为本”，成为教育“有用”的极致表达。

在“有用”的价值天平上，今天的教育已经彻底沦为“工具性教育”。

---

① 也有些学生因为家庭贫困而失学，但对于真正品学兼优、升学有望的学生，中国的父母即便是“砸锅卖铁，讨饭吃”，也要供孩子上学，这是中国民众的心理。真正失学的儿童，家庭贫困是其一，但更深层的原因是升学无望。

诗人艾略特对现代教育的评说一针见血："个人要求更多的教育，不是为了智慧，而是为了维持下去，国家要求更多的教育，是为了要胜过其他国家，一个阶层要求更多的教育，是为了要胜过其他阶层，或者至少不被其他阶层所胜过，因此教育一方面同技术效力相联系，另一方面同国家地位的提高相联系……要不是教育意味着更多的金钱，或更大的支配人的权力或更高的社会地位，或至少一份稳当而体面的工作，那么费心获得教育的人便会寥寥无几了。"（金生鈜，1997）[25]

工具性教育把教育作为社会发展的工具，包括政治斗争的工具、经济发展的工具和文化传承的工具，它看到的只是教育的外在价值，看到教育如何适应社会的要求，为它服务，唯独看不到教育本身的价值，教育对发展人自身的价值，教育在提升人性方面的价值。在现代，教育的地位提升了，国家和人们重视教育了。但重视的是教育的什么呢？"被重视的只是教育的工具价值、被提高的只是教育的工具性作用、被看好的只是教育所带来的经济效益及个人社会地位的彰显。除此之外，教育便没有了立足之地，没有了任何发言权，没有了立论依据。"（郝德永，2002）[265] 教育"傍着大款"，提高了身价，实际上是丧失了自身。教育从此没有了自我、自主、自尊、自信与灵魂，它只有"被利用的价值"，它也拼命地追求这种价值。因此，教育就成了"救火车""突击队"，哪里有困难、有问题，哪里就有教育。"文化大革命"中，教育就是为政治服务，变成了政治工具。党的十一届三中全会以后，随着党的工作重点转移到经济建设上来，教育为经济建设服务的呼声甚高，学校的基础性专业不办了，出现了大量的市场急需的专业，"培养市场急需的人才""产销对路"等商业用语成了办教育的指导思想，一切都是把人训练成工具，让他发挥立竿见影的功效。甚至遇到计划生育、环境污染等问题，教育还能帮一把，发挥控制人口增长、改善生态环境、促进可持续发展的功能。教育的这种工具化倾向，不为中国所独有，整个世界都是如此。澳大利亚学者康内尔（W. F. Connell）在《二十世纪世界教育史》中，回顾 20 世纪世界教育的特点，首先提到的就是教育的政治化。

工具性教育把为社会服务作为自己的价值和追求，以至于迷失了自己。20世纪70年代末在我国开展的教育本质大讨论，人们首先想到的教育不是教育，而是生产力、上层建筑。尽管后来也有人提出教育是培养人的活动，但这种声音似乎很微弱。今天，虽然人们不再把教育简单地归结为生产力、上层建筑，但教育与社会的被动适应这一观念，仍占有相当大的市场。教育尾随着社会，社会的要求成为教育发展的唯一动力。对此，日本学者池田大作认为，“现代教育陷入了功利主义，这是可悲的事情。这种风气带来了两个弊病，一个是学问成了政治和经济的工具，失掉了本来应有的主动性，因而也失去了尊严性。另一个是认为唯有实利的知识和技术才有价值，所以做这种学问的人都成了知识和技术的奴隶。由此产生的结果是人类尊严的丧失”（池田大作，汤因比，1985）[61]。总之，工具论的逻辑和实践、外在适应论的标准和机制造成了今天教育的堕落。

学校作为执行教育的机构，在工具性教育思想指导下，也偏离了自己的固有职能，出现了学校繁荣、教育衰败、学校游离于教育之外的倾向。“学校是繁荣了，但教育的前途未卜，多数人感到茫然。”（筑波大学教育学研究会，1986）[230]学校教育中出现了越来越多的非教育职能，而逐渐淡忘了它固有的个体发展职能。

工具性教育还有另一种表现，就是把人培养成工具。只有人成为工具了，才能发挥教育迎合“时尚”的外在工具价值。工具性教育为把人培养成为政治、经济需要的工具，往往以社会的需求来压制个性的发展，片面强调个体的社会化过程，而不言及个体的个性化过程，把个人培养成没有个性的社会需要的螺丝钉。螺丝钉没有任何的能动性和自主性，更没有独特的个性，它必须绝对地服从整架“机器”的运转。当今的工具性教育，产生于工业社会这个大背景下。工业社会是一个技术的社会，所以，工具性教育又表现出唯理性的特征。唯理性教育，只把人作为技术的工具来培养，“今天，我们却不问怎样使一个孩子成为一个完整的人；而是问我们应当教他什么技术，使他成为只关心生产物质财富的世界中的一颗光滑耐用的齿轮牙”（劳伦斯，1992）[IX]。这种功利主义表现为教育“教”人去追逐、适应、改造外部世界，“教”人掌握“何以为生”的知识与本领，放弃了“为何而生”的思考。教育不是“使人之为人”的教育，而是“使人之为物”的教育。这种教育越发展，偏差越扩大，使得现代人在今天错误的教育熏陶下，变得越来越不像一个“人”。教育应该是“成人化”的过程，而工具性教育不以成“人”为终极目的，只是从技术功效的层次，把人变为物，人的本体性的存在价值全被抹杀，只求其是否有用，把是否能满足社会的需要作为教育的最终目的。“人们似乎也心甘情愿地让人把自己和自己的孩子作为东西，作为工具，作为机器去塑造、去加工、去利用。对物质的疯狂追求和拜金主义使得人们把一切与赚钱无关的事物视为‘无用’而弃之如屣。……人们不仅失去了个性，也正在失去人性，成为被同样本能主宰的两足动物。”（张汝伦，1999）[105] 这是教育最大的悲哀和堕落。

当然，我们不否认，教育是一种社会现象，也可以说是社会的一个系统或组成部分，教育有促进政治、经济发展，服务于社会的功能，但必须清楚的是：功能不等于本质，功能反映的是“教育有什么用”，本质标示的是“教育是什么”。很多的事物，如贸易、战争等，对社会发展都有作用，但它们并不是教育，所以，服务于社会并不是教育的本质。这是其一。其二，服务于社会的功能，严格地说，并非“教育”的功能，而是教育功能的结果的衍生，是教育功能结果的释放。“教育”作为一种活动，培养人是它唯一的功能。所谓“教育的社会功能”也只能通过培养的人参与社会政治、经济活动而表现出来。

（二）教育“轴心”的转换

当我们私下里问学生“你为什么读书”的时候，很少有人说，“为中华之崛起而读书”“为中华民族的复兴而读书”“为全人类的解放而读书”。很多人都表达了一个相同的认识，“为追求个人的自由和幸福而读书”，甚至更为庸俗的“为赚大钱娶美女而读书”。但如果遇到了比较正规的场合，如考试、发言，同样对这个问题，得到的回答可能就会颠倒，几乎是人人表决心，为社会、为国家、为人类，恨不得为整个宇宙而读书。为什么会出现如此怪诞的现象，出现口是心非、表里不一呢？我认为，这反映了中国教育一个根本的问题，倡导的是教育的“社会本位”观。

社会本位观认为，社会的价值大于个人的价值，任何个体都是社会的个体，离开了社会就没有个体的存在。教育及其培养的人都要反映社会的要求，如果其价值不能在社会中得以体现，为社会所认可，这样的教育，培养这样的人，有什么价值呢！这就是工具论的根本。

当然，今天在理论界已经很少有人把社会与个人对立起来，持纯粹的社会本位观念，但从社会的角度看待教育，这种观念并没有被触动和改变，甚至成为教育理论中的一大教条。我们习惯于用“人是社会的人，社会是人的社会”这一命题把人和社会、个体的发展和社会的要求统一起来，从而避免社会本位和个人本位的争论，还美其名曰“这是马克思主义辩证法的体现”。其实，真正的马克思主义“辩证法”从来都不是“变戏法”①，它都要指出辩证过程的主要矛盾是什么，发展的动力是什么。

马克思主义认为，人是社会的主体，社会是个人活动借以实现的关系形式，即人的共同体。社会的发展属于人的发展的条件性因素，社会发展的目的和根本是人的发展。②这就是马克思指出的“历史不过是追求着自己目的的人的活动而已”（马克思，恩格斯，1957）[118-119]的含义。马克思对社会发展的考察，就是以人的发展为标准，同时也把人的解放和个性的自由发展作为社会发展的终极追求。因此，在马克思主义看来，社会的发展史就是人的发展史，人的发展史归根结底就是个体发展的历史，“而不管他们是否意识到这一点”。

虽然个体总是社会性的，但教育并非一种服务于社会的工具，而是一种服务于人的发展的活动。社会只是人的发展必要的境域和手段，人的生活质量和生命质量的提升才是人的存在和发展的目的。因此，“为了社会”

---

① 这种打着马克思主义辩证法招牌的“变戏法”在教育学中随处可见，如教育学中的“……相统一”，“……相结合”，都是如此。

② 关于这一观点的详细论述，可参见冯建军，等．现代教育原理［M］．南京：南京师范大学出版社，2001：421—427.

的教育倒置了教育目的和手段，把人本身当作工具服务于社会，这恰是马克思所批判的。为了人的教育，是为了生活的教育。“虽然一个好的社会与好的生活往往是一致的，但好的社会并不是好生活的目的，相反，好生活必定是好社会的目的”。为了社会而生活，就会以社会的观点和要求去规训与限制人的生活，生活就会变得麻木或虚伪，而且个体终将不幸福。“尽管生活总是需要社会这一形式，但却不是为了服务于社会。恰恰相反，社会必须服务于生活。为社会而进行社会活动是背叛生活的不幸行为。”（赵汀阳，1994）[9]同样，为社会的教育，实际上把人培养成为社会需要的附庸和工具，不是促进人的自由发展，反而是压制人的自由发展，使人成为社会的标准件、螺丝钉。

由此可见，由社会的角度看教育和由人的角度看教育颇为不同，而且将导致不同的结果。反思工具性教育，澄清社会和人、生活的关系，需要我们在教育的出发点上实现“轴心”的根本转换：从为了社会到为了人。

转换轴心，对教育从外部的认识——政治、经济的工具，转换为培养人的活动，是一大进步。但即便是“培养人的活动”也需要稍加反思。先前的不少研究业已指出：“培养”和“教育”是同义反复。按照《现代汉语词典》的解释，“培养”是“按照一定目的长期地教育和训练使成长”。用“培养”来定义“教育”犯了逻辑中的“循环定义”的错误；“培养人”并非教育的特质。可以说，教育是培养人的主要途径，但不是唯一途径。政治活动、生产劳动、科学研究等都是培养人的重要途径。除此之外，我们更想说的是，“培养说”隐含着把“教育”和“人的发展”二分，教育是为人的发展服务的，同样体现的是工具论的观念。“培养说”的主体不是个人，而是社会的意志和要求，教师作为社会意志的体现者，对受教育者进行“塑造”，直至符合社会的要求，所以，培养的是社会的“工具人”。鉴于前面我们对个体发展的分析，我们更愿意以体现个人主体性的“个体发展观”来看待教育的本质，把教育视为“人有目的的自我建构的实践活动”。

教育作为人的发展的建构活动，建构什么呢？西方教育史上卢梭的

“自然人”、涂尔干（E. Durkheim）的“社会人”、康德的“精神人格”、斯宾塞的“完美生活的预备”、我国改革开放后不同时期强调的“知识”“智力和能力”“情感和人格”“全面的素质”等，都在探讨。我们认为，这些观点既对又不完全对。说它们对，是因为它们是人的发展的某一方面或与人的发展密切相关；说它们不完全对，因为它们各自都代表不了人的发展，有的只是发展的外在工具。一旦把知识、能力、分数、升学作为教育的追求，教育就不再是给生命以自由和幸福的教育，而是违反生命的本性、讨伐生命的教育。人的发展来自个体生命的冲动，来自生命的内在逻辑。教育促进人的发展，就是要建构个体完整的生命，而不是生命中的某一“器官”。所以，教育的轴心从为了社会转换为为了人之后，还必须进而明确为“人的生命”。以此，我们大胆提出“教育即生命”的观点。

（三）教育即生命

如果是站在实体的、静态的角度看，教育是一种社会现象，是一种活动。生命是一个个活生生的生物体。如此，教育只能是教育，生命只能是生命，不可能“教育即生命”。但如果站在动态的过程来审视，教育的目的或者说教育的追求就是人的生命发展，人的生命的延续和发展需要教育，教育成为生命存在的形式，成为生命的一种内在品性，成为生命自身的需要。如同教育人类学家所说，教育唯一地属于人，教育和生命内在地融合在一起，这表现在教育的起点、过程和结果之中。

1. 教育是生命的需要，教育是儿童成长甚至生存的一种形式

弗洛姆说，人就本能而言，是自然界最软弱的，这种软弱是人类学所称谓的“人的未特定化”。这种未特定化，一是打开了生命与自然界之间进行能量、信息交换的“缺口”，使人的生命具有了可塑性，从而使发展成为可能；二是未特定化的存在使生命具有了童年期，童年期是儿童待发展的时期，它的存在是教育发生的生物学前提，因而也是教育发生的本体论秘密，为教育的出现提出了必要性。

人的生命不仅是自然的，而且是社会的、文化的。人的本能之发展和成熟只是人的自然生命。生命体要成为人，生命就必须经过“第二次出生”。第二次出生是在第一次肉体生命的基础上，文化、智慧、道德、人格等的发展。而这些精神方面的发展，不是生理遗传所能实现的，它只能通过“社会遗传”，教育是社会遗传的最有效途径。①

从完整生命发展的角度看，人的未完成的自然生命和人的精神文化生命都呼唤着教育，因此，教育是人的生命需要。康德和其他人类学家以“人是需要教育的动物”“人只有受过教育才能够成为人”表达同样的认识。但他们的认识，把生命对教育的需要置于被动的境地，实际上，生命是主动需要教育的，教育已经成为生命存在的支柱，生命也一刻离不开教育。从生命对教育的主动态势来讲，我们更赞同杜威的“教育即生长”的观点。“新教育同生长的原则协调一致，……要想使学校的工作有一个新的方向，就需要这种理论”（杜威，1991）[257]，“学校教育的价值、它的标准，就看它创造继续生长的愿望到什么程度，看它为实现这种愿望提供方法到什么程度”（杜威，1990）[57]。

在广泛的意义上，从发生学的视角看，教育是生命发展的需要，教育因此也成为生命的存在形式。但就学校教育来看，学校教育是儿童成长的保证。生命的成长不是本能力量的释放，而是人与环境相互作用的结果，因此，个体的成长必须寻求一种可以有效利用的资源，这就是文化。人作为精神性的存在离开了文化，就不成为人。狼孩的例子就是有力的证明。教育就是要通过文化的传递功能，将文化遗传给年青一代，使他们自由地生成，并启迪其自由的天性。因此，雅斯贝尔斯把“现存世界的全部文化”作为“导向人的灵魂觉醒之本原和根基”（雅斯贝尔斯，1991）[3]，通过教育的文化授受，把文化看作生命发展的有价值的资源，滋生智慧，孕育精神、人格，提升生命的意义和价值。

---

① “社会遗传”中的“遗传”只是一种借指，而非实指。社会遗传的方式总体表现为某种活动所带来的文化传播和交流，比如说，商业贸易、战争等都可以传播文化，但教育是有效的文化传递方式。

2. 教育保护儿童的天性，遵循生命发展的内在逻辑

教育的出发点是人的生命，是生活中的具体的、丰富的、充满活力的生命个体。教育要达到促进儿童发展之目的，首先的一个前提是遵循儿童生命发展的内在逻辑，若教育违背或外在于儿童的发展顺序、特性，不仅不能促进他的发展，反而还会贻害生命的发展，出现反生命的现象。

个体生命发展的内在逻辑是什么？它有哪些特性？一般的教育学都提到“身心发展的顺序性、阶段性、不平衡性、互补性、差异性等”，这里不再一一阐述。以下只想重点阐述教育必须遵循生命发展的自然顺序，同时又促进生命的发展，确立教育在成熟和发展中的必要张力。

关于教育要遵循儿童的发展，历史上早有所认识。前期的认识都是基于常识，通过和大自然的类比得出的。16 世纪的神父克利索托姆（Chrysotom）就认识到教育必须适合儿童的理解能力。他说，“拉着孩子的手走路，就要放慢到孩子走路的速度；在教学中，必须象保姆用小匙喂孩子吃饭一样，要慢慢地，甚至是一点一点地传授知识。如果对孩子来个倾盆大雨，一次喂一大堆东西，那就会白白费力，而且阻碍其理解”（劳伦斯，1992）[90]。夸美纽斯的《大教学论》，运用农业的譬喻，认为我们的身上自然地存在着学问、德行与虔信的种子，教师就是园丁，在学生的思想上耕耘播种，小心地浇灌上帝的花木，使他们发展和成长。他最后总结的一个教育原则是“教导的严谨秩序应当以自然为借鉴，并且必须是不受任何阻碍的”（夸美纽斯，1984）[79]。夸氏提出教育的自然性原则之后，得到了卢梭、裴斯泰洛齐、福禄贝尔等教育家的积极响应。卢梭把教育的来源分为三个方面：“受之于自然”“受之于人”“受之于事物”。“才能和器官的内在的发展，是自然的教育；别人教我们如何利用这种发展，是人的教育；我们对影响我们的事物获得良好的经验，是事物的教育。”自然的教育完全是我们无法决定的，事物的教育只是在有些方面才能由我们决定，只有人的教育才是我们能够真正地加以控制的。每一个人都是由这三种教育培养起来的，三种教育在每个人身上和谐进行，他所受的教育才是良好的教育。若三种教育出现了冲突，“我们就要使其他两种教育配合我们无法控制的那种教育”。(卢梭，1996) [5–8] 卢梭的认识比夸美纽斯推进了一步，他不再仅仅使用比喻，而认识到教育必须遵循生命的、人性的自然。

后期的研究在心理学和生理学方面着力探讨了生命发展的关键期和成熟对生命的影响。弗黎兹（D. Frelizi）从事动物特别是低等无脊椎动物的个体发育研究，他根据自己的实验和观察，把发展的敏感期或者敏感年龄的概念引入科学。弗黎兹发现，动物在个体发育的某个时期会对某种类型的环境影响特别敏感，他认为这一时期就是发展的关键期。当这一时期结束后或者尚未到来之前，对这一年龄期发展的方向及进程起重大作用的那些影响可能会失去作用甚至会起到相反的作用。他举例说，在个体特定的发育期内，用蜂王浆喂养蜜蜂，这只蜜蜂就会成为蜂王。但若贻误了这一发育期，则同样的喂养不会产生相应的效果，而且在其他时期这样的喂养还会产生相反的效果。据此，他提出：“对动物的发育方向有决定意义的独特的环境影响，只有在一定的发育时刻才能产生积极的效应，早于或者迟于这一时刻，这些影响将都是盲目和徒劳的。”(余震球，1994) [380–381]

苏联心理学家维果茨基将弗黎兹对动物个体发育领域的研究移植到人的发展，特别是儿童的发展与教育中。他认为，“任何的教学都存在最佳的，也是最有利的时期，这是基本原理之一。对这个时期任何向上或向下的偏离，即过早或过迟实施教学的时期，从发展的观点看，总是有害的，对儿童的智力发展产生不良的影响”。对儿童的教育，成熟是前提，不仅过早的教育，即超越儿童的身心成熟程度的教育是不适合的，而且落后于儿童发展期的教育也是不合适的，如让一个儿童 3 岁学说话，事实上，这个 3 岁儿童比 1 岁半儿童学说话还要困难，学习的时间也要长得多，而且不能达到后者的效果。这说明落后于敏感期的教学，在儿童的发展中也起不到它在敏感期所能起到的作用。

心理学的同卵双生子实验也说明了成熟对教育的制约作用。这个实验是：双生子之一的甲在 46 周时开始训练学爬特制小梯，每日 10 分钟，训练 6 周。双生子之一的乙比甲晚 6 周开始训练，即第 53 周开始接受同样的训练，2 周后其爬梯子的速度就赶上甲的水平。说明甲在 46 周训练时成熟度未到，训练少有成效。实验表明，教育受个体身心发展水平，受个体成熟程度的制约，已有的发展水平影响着学习的效果和速度。因此，教育必须以一定的身心发展水平为前提，否则，脱离儿童心理发展水平的教育，不仅徒劳无功，而且得不偿失。不过，该实验以此强调成熟对教育的绝对决定作用是我们所不赞成的。

上述思想，无论是基于自然的类比，还是生物学、心理学的科学研究，都说明了教育要尾随生命发展，生命的成熟是教育进行的前提，敏感期是教育成功的关键，教育要抓住生命发育中的敏感期，适时而教。但也有学者反对教育尾随发展，提出了“加速发展”的主张，布鲁纳就是他们中的代表。他认为教育并不一定要依据已有的发展水平，“任何学科的基本原理都可以用某种形式教给任何年龄的任何人”（布鲁纳，1982）[32]。以布鲁纳的这一思想为指导，赞可夫提出了“高速度”“高难度”“理论知识起主导作用”的教学原则。

这一争论本身，不得不使我们思考教学和发展之间是什么关系。如若教学尾随发展，走在发展之后，听任成熟的摆布，那教育的任务又是什么呢？既然身心发展已经成熟，又为何需要教育呢？教育走在发展的前面，引导人的发展，这固然是教育的任务，但超前到多大程度才是最合适的呢？我认为，维果茨基的观点较好地解答了教育如何面对成熟和发展之间的关系。维果茨基指出，教学必须符合儿童年龄特征，必须以儿童一定的成熟作为基础。但是当我们试图确定发展与教学的关系时，至少要确定儿童的两种发展水平。第一种水平是指儿童到今天为止已经达到的水平，即儿童在独立活动中所能达到的解决问题的水平；第二种水平是指那些现在仍处于形成状态的、刚刚发展的势头，即儿童在成人的帮助下借助成人的指导所能达到的解决问题的水平。传统的教育学正是以儿童现有的发展水平为依据，定向于儿童能够独立做到的一切，这只能是教育教学的最低界限。维果茨基针对传统教育学的这种最低界限，提出了“最近发展区”概念。他认为，教育学不应当以儿童发展的昨天，而应当以儿童发展的明天作为方向，教学必须走在发展的前面，促进学生的发展，这样的教学才是好的教学。教学要创造“最近发展区”，并落实于“最近发展区”，所以，“对于一切教学、教育过程最富有实质意义的，还是那些正处于成熟期而在施行教学时刻尚未完全成熟的过程”。（余震球，1994）[382]

3．教育的目的就在于生命的不断成长

杜威在《我的教育信条》的开篇写道：“一切教育都是通过个人参与人类的社会意识而进行的。这个过程几乎是在出生时就在无意识中开始了。它不断地发展个人的能力，薰染他的意识，形成他的习惯，锻炼他的思想，并激发他的感情和情绪。由于这种不知不觉的教育，个人便渐渐分享人类曾经积累下来的智慧和道德的财富。他就成为一个固有文化资本的继承者。世界上最形式的、最专门的教育确是不能离开这个普遍的过程。教育只能按照某种特定的方向，把这个过程组织起来或者区分出来。”（杜威，1981）[1]在这里，实际上杜威把教育分为两类。一类是在和别人的共同生活中得到的教育，这是一种自然发生的、无意识的教育，说它是教育，其实就是生活，生活本身具有教育的作用。在生活中，人的能力、意识、习惯、思想、情感等不断得到发展，发展是生活过程的必然。所以，生长就是生活的特征。另一类教育则是“最形式的、最专门的教育”，即正规的学校教育，虽然和一般的生活中的教育有着区别，但它“不能离开这个普遍的过程”，即促进人的成长和发展这一点。所以，无论是宽泛的生活，还是狭义的学校教育，生长是其必然的结果，这一结果不是外加的，而是内在的，是生活和教育本身具有的东西。杜威因此认为，生长是生活的特征，教育就是不断生长，“生长和教育完全是一体的”（杜威，1981）[333]。

从目的论的角度来考察教育，教育面对个体的生命存在，教育目的只能着眼于个体的生命，而不是着眼于社会等外在于人的事物，不能牺牲个体生命的发展而迎合社会的要求，也不能以人的当下的发展或现实的生活而追求渺茫的未来。从教育的目的看，教育即促进人的生长，生长既是状态，更是过程。一种生长状态的实现，意味着另一个生长过程的开始，生长是持续的。在这个意义上，教育即生长，教育的过程就是一个持续不断的生长过程，在教育过程的每一个阶段都以增加生长的能力为其目的。这正如杜威所说的，“教育就是不断生长，在它自身以外，没有别的目的”（杜威，1990）[57]，“学校教育的目的在于通过组织保证生长的各种力量，以保证教育得以继续进行”（杜威，1990）[55]。

从生长的角度来审视生命，生命不仅是个体身心发展状况的静态表征，而且是个体身心发展的变化。身心发展没有变化，生命行将是行尸走肉，也意味着生命的终结。所以，生长不仅是生活的特征，更是生命的特征。生活只是生命的一种生存场域，生命在生活中生长。生命无一时、无一刻、无一处不在生长之中。可以说，生长即是生命，生命即是生长。至此，我们可以完成一个等量交换和替代：“教育即生长”，“生长即生命”，故“教育即生命”。

“教育即生命”是对教育本质的一种新认识，它不仅实现了工具式教育轴心的转换，而且深化和明确了“教育以人为本”的真正内涵，因此，它表达的是“本真教育”的本质。我们必须从以前对教育社会性过分强调的误区中走出来，回归其生命的本性。在起点上，直面人的生命；在过程中，通过人的生命，遵循生命的本性；在结果上，促进生命的成长，追寻生命的意义和价值，提高生命的质量。直面生命是前提，循于生命是保证，达于生命是目的，教育只有三者协调一致，才能实现其生命的本质。

教育即生命，是对教育本质的一种认识。这种教育是区别于以往的“社会的教育”“物的教育”“工具的教育”，甚至抽象的“人的教育”，而是一种生命化的教育。

三、生命化教育的特征

什么是生命化教育？简单地说就是化育人的生命的教育。它基于人的生命，通过人的生命，促进生命的发展，提升生命的质量。生命是教育之本，是教育的内核，是教育安身立命的依据。教育的神圣和崇高，就在于它和生命联系在一起。教育只有从生命出发，用知识孕育生命、润泽生命，才能达于自身。所以，生命化教育，不是标新立异的一种教育形式，而是教育“返回到人生的亲切处寻找它的元始命意”（喻立森，2001）[总序1]，教育本来就应该是一种生命化的、化育生命的活动，在“教育”一词之前加上“生命化”本是多余，但在今日教育被技术化、理性化、功利主义彻底异化的情况下，原先的多余显得尤为必要。我们期待着生命化教育变成明日的现实。

（一）敬畏生命

生命是教育之本，是教育存在的根本性依据，离开了生命，再发达、再繁荣、再重要的教育，都因为失去了根本，而丧失教育的本真。今日的工具性教育，就是在追求提高其在政治、经济发展中的地位之时，越来越忘记了自己，失去了其内在的生命品性和逻辑。

生命化的教育，敬畏生命显然是其第一要义。

生命是人的一种生存、活着的状态。人的生存、活着首先不是“死”了，“死”是生命的结束。人不同于动物，就在于人活着是有意义的，动物为活着而活着，无理想，无追求，只有本能的满足，但人是意识的动物，为意义而存在。生命的两重性，前者是后者的前提和基础，没有生命的存在，谈不上生命的意义。我们反对脱离生命空谈意义，反对以生命的牺牲为代价，而赞叹“死的光荣”。如果说人生而无追求，无理想，只能算是苟且生存的话，那么无肉体生命的存在，连生存都谈不上，更谈不上对生命意义的领悟和追求。所以，关注生命，首先要珍惜生命，其次再谈生命的意义。

1. 珍视生命、保护生命

笔者曾经读到一篇文章，记述了国外某小学发生火灾，许多学生从火海中逃出来，但老师发现少了两个学生，于是命令所有的学生到火场外去寻找他们。但一位来自中国的同学却认为，他们两个一定在火海中没有出来，于是没有向老师报告，就奋不顾身地冲进火海。我们的“小英雄”不幸遇难，而他要救的那两个小朋友早就顺利逃生。更令人不可思议的是，就这个在我们看来“真正”的英雄，学校竟没有“表扬”，更谈不上“追认”什么了，反而校方因为没有教好救人的学生如何逃生而受到地方当局的处罚。这一做法值得我们深思。

中国的教育习惯于教人学习“黄继光堵枪眼”“董存瑞炸碉堡”“刘胡兰面对敌人铡刀临危不惧”的英雄壮举，我们也习惯以“生的伟大，死的光荣”为勉励，在面临危险时，把珍爱生命的人称为“逃兵”，称为“懦夫”，受到人们的鄙夷。人们似乎都在质问：其他人都死了，你为什么不死？活着好像是一种罪过，可谓“死的伟大，生的可耻”。我们经常接受的是“一不怕苦，二不怕死”的教育，在教育活动中进行的是“一怕不苦，二怕不死”的训练。这种文化、这种教育所蕴含的价值是“生命是无足轻重的”。我们所拥有的生命不属于我们自己，它就像银行的活期存款，为着某种外在的价值，随时提取，随时奉献。即使是对于一个没有能力保护自己的儿童，我们的教育也要求他为国家利益恪守职责。这种对生命置若罔闻，甚至践踏生命的教育太值得我们反思了。《北京市小学生日常行为规范》就曾将沿用多年的“遇到坏人坏事要主动报告、敢于斗争”中的“敢于斗争”去掉，实在是一个可喜的变化。有的地方和学校也把“敢于斗争”改为“机智斗争”，告诉学生遇到火灾要及时拨打火警电话，遇到坏人要机智逃离，求助警察叔叔或报警等。这反映了我们开始理智地对待生命，学会尊重生命、保护生命。我以为，生命化教育首先是珍惜生命的教育。

珍惜生命首先是保护生命。孩子在成长过程中会面临各种成长的考验，有些考验甚至是灾难性的。尽管学生面对的绝大多数考验不是直接来源于教师，但作为学生成长的守护者，教师既要关注学生自身精神发展的规律，又要教给学生各种生存的知识、方法和面对各种生存危机的处理办法、逃生的本领，提高他们的自我保护意识和能力，防止任何可能的伤害事件发生。据有关部门统计，造成少年儿童意外死亡的有 8 大类伤害：卫生、中毒、交通事故、抢劫绑架、触电、溺水、烧伤、窒息。在 0—14 岁儿童中，居首位的伤害是溺水，占 39.4%，交通意外居后，我国每年死于交通事故的少年儿童约有 8000 人。[①] 所以，学校必须开展生命安全教育，包括饮食安全、运动安全、交通安全、用电安全、突发事件应急自救等。

珍视生命不仅包括维护自己的生命，还要熟悉与他人相处的法则，学会尊重，学会关爱，学会宽容，学会共同生活。人是一种群性的动物，个人必然处在关系之中，生命的存在也只有在相互关爱中才有可能，也只有在爱他人中，自己的生命才能获得真正的提升。所以生命的教育，必须开展人际交往的教育，一方面使学生掌握交往的规则，学会与人沟通，与人和平相处；另一方面，培养学生的人文关怀、社会关怀，使学生学会接纳他人，欣赏他人，与他人、与世界共融共在。生活中很多残害生命的事件，都是由于交往不当而引发的。所以，生命的教育要让学生成为自我尊重也尊重他人的人，既肯定自我，又成全他人，修己而善群，和谐共荣，交互辉映。

人不仅生活在人之中，还生活在自然之中、宇宙之中，所以，生命教育还可以从尊重自我、尊重他人，扩展到人与社会、人与自然、人与宇宙的关系之中，学会尊重差异，敬畏自然，胸怀社会，最终实现“美美与共，天下大同”和“天人合一”的理想境界。

2. 体悟价值和智慧人生

生命不仅在于生物体的“活着”，更在于必须活出意义和价值，所以，生命化教育的目标，基础层面是教人珍爱生命，更高的层次则在于教人体悟人生的意义，追求人生的理想。只有实现了这一目标，才能使生物学层面上的个体生命真正转化为文化学层面上的独立的、有尊严的、自由的价值主体，即成为大写的“人”。否则，缺失生命的意义，人只能混同动物，苟且偷生。

教人体悟生命意义的教育，是生命热爱的进一步升华。只有深刻认识到生命的意义，才会有对生命的炽烈追求，活出人生的滋味和精彩。当今社会，青少年学生深受功利主义的影响，越来越成为“无根之人”，心灵枯

---

① 见 2003 年 4 月 1 日《中国少年报》，第 2 版。

竭，思维定势，人生态度世俗化，行为方式畸形，使生命的诗意尽失。呼唤一种“立人”“成人”的生命化教育，乃是现代教育之急。

生命化的教育是追问生命意义的教育。人活着究竟为了什么？人的追求是什么？哲学家冯友兰将人生划分为四个境界：自然境界、功利境界、道德境界与天地境界。美学家宗白华说人生有六个境界：功利境界、伦理境界、政治境界、学术境界、艺术境界和宗教境界。心理学家马斯洛把人的需要划分为五个层次：生理的需要、安全的需要、爱和归属的需要、尊重的需要和自我实现的需要。尽管分类存在着差异，但他们都把超越生理的、物质的、功利的和政治的境界而向道德的、艺术的、宗教的境界攀升，实现人生的自我价值，作为人之为人的精神标识。对现代人而言，解放自己的心灵，摆脱对物质和金钱的欲望，融入自然，融入宇宙，与万物对话、交流，悲天悯人，培养博大而深沉的情怀，确认良知对人类的重要作用，无疑是生命意义的首选价值（夏中义，2002）[导言2]。所以，追问生命意义的教育，是一种唤醒心灵和充实心灵的教育，是一种价值生命的教育。

生命化教育是知识、智慧和人格教育的统一。人是一种文化的存在，生命不可能离开文化而生长，因此，生命化教育必须以知识为依载。但知识只是人的生命的营养素。哲学家黄克剑先生说，“生命化教育把知识归结于创造性的智慧，把智慧归结于时时处在价值抉择中的人的灵动的生命”（喻立森，2001）[总序2]，“知识若没有智慧烛照其中，即使再多，也只是外在的牵累；智慧若没有生命隐帅其间，那或可动人的智慧却也不过是飘忽不定的鬼火萤照”（黄克剑，2012）。所以，生命化教育要授受知识，开启智慧，但最终要归结为对生命的点化和润泽。

在珍视生命的基础上，教育要点化和润泽价值和智慧的人生。黄先生用极其哲学化的术语，将其归结为“觉”。觉是生命的灵犀所在，它牵动着生命的整体，使生命从其对自身之自然、本然的回眸中意识到生命所当趋之应然。他说，“生命化教育的归趣，倘一言以蔽之，亦可谓‘觉’境的求达”。他将“觉”分为生命本体之“觉”，学以致道之“觉”，智思创发之“觉”。（喻立森，2001）[总序3]“觉”的境界的到达，将知识、智慧融入生命意义之中，构成完满的人格。人格乃人之资格，生命的核心。关注生命根本地在于培养完满的人格，而不是技术社会的“单向度的人”。

（二）解放儿童

教育敬畏生命，首先要解放儿童，因为儿童总在成人的阴影下生活，被成人视为“弱势群体”，也多在成人的控制之中。杜威曾经批判传统的教育重心在教师、在教材，唯独不在儿童，因此，进步主义教育运动就是一场解放儿童的运动。

所谓解放儿童，就是要在教育中树立正确的儿童观，一方面把儿童当“人”看，教育过程中尊重人的特性；另一方面，把儿童当“儿童”看待，承认童年生活的独特价值，让他们的生活充满童真、童趣和童稚。

自由是人的天性。人类发展的历史就是追求自由的历史，个体的发展也是不断摆脱枷锁，寻求一种自由。所以，卢梭说，人是自由的主动者，自由是人的一切能力中最崇高的能力（卢梭，1962）[135−136]，“放弃自己的自由，就是放弃自己做人的资格”（卢梭，2011）[12]。这点与马克思的“自由自觉的活动是人的类本质”的思想相一致。心理学的实验也表明，把一个人关在一个封闭的空间，剥夺他的行动自由，无论给他提供其他多么好的物质条件，都会使人难以忍受折磨。

自由在哲学上具有丰富的含义，可以有很多方面的体现，但对每个人来说，自由的最低层次就是“动”。试想，把一个人捆起来，他不能动了，还有自由吗？所以，如同日本教育家小原国芳所言，“动”是儿童的本性。可是，我们的教育把本该是充满灵动的生命、生气勃勃的课堂弄得死气沉沉，我们的课堂似乎不是为了学生，而是为了一个“纪律”，为了一个“安静的秩序”。

中国的课堂少不了纪律。有学者一度认为，纪律是课堂的法宝。那么，我们的课堂有哪些纪律呢？

上课时专心听讲，双手放在背后，身体坐端正，除了老师规定的动作，如举手发言、拿书、写字外，其余动作都是多余的。别人讲话不能插嘴，不举手不能发言，举手时一律把肘关节搁在桌子上，不能举得太高……。随便进入哪一个中小学课堂，都可见到如此的情况。

日本受中国传统文化的影响，同中国一样重视集体教育，但他们在课堂上却没有我们这样的纪律。以下是一个留日中国学者的感受：

> 当我第一次进入他们的那种气氛自由的课堂时，我的第一个念头就是，这样的课堂在中国绝对是一个没有纪律的课堂。在课堂上，学生们不仅两手自由摆放，两脚随便活动，而且可以离开自己的座位与同学讨论，没有喧闹声，但是他们有激烈的讨论声，有时还伴有表达喜悦、遗憾或沮丧的动作与声音。偶尔看到坐在最后一排的一个同学站起来跳跃几下，教师并不批评他。当某个学生的发言被讨论声淹没的时候，教师只是轻声地提醒其他学生尊重别人的发言，或在课后了解情况。

很显然，我们的课堂纪律是严格的，日本的课堂纪律是松散的。但从这种“松散的课堂”中走出的学生，离开了课堂，走在校园内，走在大街上，没有“解放”之后的狂乱，依然如同在课堂中那么自然。在公共汽车站台上，他们自觉地排队上车，而不是如同拼命三郎般地往里挤。但这后一种情况，恰恰在我们依靠严明纪律培养的学生身上出现了，这似乎是一个极大的讽刺。其实，事情也并不奇怪，这就像弹簧，压得越低，释放后蹦得就越高。

所以，任何的教育家都反对外在的强制和约束。柏拉图在《理想国》中告诫我们：“对自由人来说，学习中不能有任何奴役的成分。规定的锻炼对身体无害，但强制的学习是不能记在心里的，所以，要避免强制。”（劳伦斯，1992）[8]近代教育家蒙台梭利（M. Montessori）把教育对儿童的约束比喻为“像用针把蝴蝶钉住一样，被牢牢地缚在他的桌子上，伸展着贫瘠的和已获得无意义知识的无用翅膀”。因此她反对这种情况，倡导儿童的自由活动。“科学教育学的基本原则必须是‘学生的自由’——这种自由将能允许发展每个儿童本性的自发表现。”（劳伦斯，1992）[286]我国现代教育家陶行知针对教育对儿童创造力的压制，提出了“敲碎儿童地狱”的“六大解放”。第一，解放小孩子的眼睛，打碎他戴的有色眼镜，教他们看事实。第二，解放小孩子的头脑。他说传统的教育就像裹脚布，裹脚布限制脚的自然生长，把它裹成三寸金莲，我们的教育就是层层裹着儿童的头脑，因此，必须撕掉精神的裹头布，“奉头脑做司令”，解放儿童的创造力。第三，解放小孩子的双手，使他们动手探索，“在做中学”。第四，解放小孩子的嘴，使他们敢问、敢言说自我。第五，解放小孩子的空间，让教育融入生活之中。他形象地举例说，“从前的学校完全是一只鸟笼，改良的学校是放大的鸟笼。要把小孩子从鸟笼中解放出来，放大的鸟笼比鸟笼大些，有一棵树，有假山，有猴子陪着玩，但仍然是个放大的鸟笼，不是鸟的世界。鸟的世界是森林，是海阔天空”。所以，就像要把鸟放归大自然一样，陶行知要把儿童从书本、课堂和学校的狭小天地中解放出来，放飞到大自然、大社会中去寻觅丰富的食粮。第六，解放小孩子的时间，把“赶考”的时间赶跑，使他们有空去思考、去观察自然和社会，还有空玩玩，体验人生的乐趣。

今天解放儿童的任务依然艰巨。我们的儿童为了“升学”，仍然在承受着沉重的知识学习负担。一些地方和学校不顾上级的三令五申，仍然将大量的作业、各种各样的练习铺天盖地地压向学生；不少家长望子成龙，除了让学生完成沉重的作业外，还给孩子请家教、开小灶，学生被迫参加各种各样的“兴趣班”，其实“兴趣班”早已失去了孩子的兴趣，有的只是家长对“兴趣班”结果的“兴趣”。儿童在课堂内外被弄得苦不堪言，没有了自由活动和自己的爱好。所以，今天的解放儿童，首先要把儿童从沉重的负担中解放出来。其次，要把儿童从规训的课堂中解放出来，使他们能说、能笑、能思、能动，达到了陶先生的“六大解放”就是充满生机和活力的课堂。当然，课堂中的对儿童的解放，“说”“笑”“动”只是浅层次的，深层次的在于“赋予儿童精神发展的自主权”。当然，解放课堂，并不是否定纪律、不要约束，没有无限度的自由。纪律是为儿童的发展服务的，我们反对的是无视儿童、压抑儿童成长的外在纪律。“教育上的重大问题之一就是如何把服从必要的约束与孩子的自由发挥的能力结合起来”，教育要让儿童“习惯于一种对他自由的约束，同时，又指导他正确地使用自己的自由。做不到这点，教育便成为一种机械的教育，并且在孩子结束自己的教育时，他不可能恰当地使用自己的自由”，“完全满足孩子意愿的教育是糟糕的教育，完全与孩子意愿和希望背道而驰的教育只能使孩子受到违心的教育”。（劳伦斯，1992）[154] 最后，解放儿童，还要使儿童从成人的“阴影”中走出来，把儿童当作儿童。西方教育家从亚里士多德开始，经夸美纽斯，到卢梭、裴斯泰洛齐、福禄贝尔以及现代教育家杜威，一贯主张尊重儿童，尊重他们身心发展的自然。卢梭就说：“在人生的秩序中，童年有它的地位：应当把成人看作成人，把孩子看作孩子。”（卢梭，1996）[74]“大自然希望儿童在成人以前就要象儿童的样子。如果我们打乱了这个次序，我们就会造成一些早熟的果实，它们长得既不丰满也不甜美，而且很快就会腐烂……。儿童是有他特有的看法、想法和感情的；如果想用我们的看法、想法和感情去代替他们的看法、想法和感情，那简直是最愚蠢的事情。”（卢梭，1996）[91] 日本教育家小原国芳也认为，按照“成人”的方式来约束儿童，是对儿童的最大犯罪，是对人性的最大犯罪。如果一个人没有经过儿童时代，没有天真烂漫的童年生活，他就没有一个完整的人生，便不能完成人的生活。“实际上只有在真正伟大丰富多彩的儿童生活中生活过的孩子，才能很快成为真正的大人。”（小原国芳，1993a）[351] 儿童就是儿童，他不是成人的预备，也不是成人的缩影，更不是成人的工具。成人和儿童都是具有独立人格的人，但成人与儿童具有不同的生活和特征。教育以儿童为对象，就要反映儿童的特征和需要，不是把成人意志强加给儿童。正视我们的教育，我们的老师、我们的家长都怀着“为了你（学生、孩子）好”的关切，给儿童套上层层枷锁，剥夺了儿童的自由，儿童难道幸福吗？在升学考试的竞争中，儿童是在以牺牲今天的幸福，来换取明日的幸福。让儿童从成人的阴影下走出来，从成人的霸权、控制中解放出来，从师本走向生本，把儿童当作主体，当作人，当作儿童，实乃教育改革的当务之急。

（三）融入生活

生活是个平常而又复杂的概念，它有多个方面，不仅有我们所正在经历的现实生活，而且有我们理想中的可能生活；不仅有吃喝拉撒的平凡的日常生活，而且有从事各种各样工作的非日常生活。但无论哪种生活形态，生活都是人的生命的存在形式，人在生活中形成和发展。汉语中的“生活”就是“生存、活着”。英语中的名词“life”，在牛津词典中解释为“state of existence as a human being”（作为人的生存状态）。“life”既可译作“生活”，又可译作“生命”。动词“live”，意为“to be alive”（生存、活着），“pass one’s life in a specified way”（以特殊方式过活），“enjoy life intensely”（享受人生），“live”既可译作“生活”，也可译作“实践、经历”。所以，生活就是一个有生命的东西在一个环境里生生不已的活动。人在生活中舒展着自己的生命，体验着自己的生存状态，享受着生命的快活和生活的乐趣。说生活就是说人，说具有灵动生命的主体人。在这个意义上，梁漱溟先生把生活等同于生命。他说：“生命与生活，在我说实际上是纯然一回事；……一为表体，一为表用而已，‘生’与‘活’二字，意义相同，生即活，活亦即生。唯‘活’与‘动’则有别。……所谓‘生活’者，就是自动的意思。”“生命是什么？就是活的延续。”（梁漱溟，1994）[263]生活就是生命的亲历性和实践性，是生命的一种自主、自由的伸展，它张扬着生命的个性，体现着生命的灵性和律动。套用海德格尔的一句名言，“生命诗意地栖居在生活中”。因此，生活既是目的，又是手段。作为目的，生活就是生命；作为手段，生活是教育的营养，而且这种营养具有本原性。

关注学生个体生命自由成长的生命化教育，必须在生活世界中进行。因为生活的世界，是生命存活的世界，是生命求得意义和价值的世界。个体生命的发展不在抽象的科学世界，而在富有人性的完整生活世界；真实生活是儿童精神世界的诞生地，是儿童生命力量得到滋养和壮大的沃土，是儿童人格发展取之不尽用之不竭的源泉。可是，教育发展到今天，进入一个封闭的制度化的体系之中，经常遗忘生活，远离真实的生活尤其是儿童的真实生活，片面地用成人迷恋并津津乐道的科学技术、工具理性或所谓“高雅”“文明”的书本文化来支撑儿童诗意栖居、野性盎然的生命世界，甚至诱惑儿童也早早地、不合时宜地进入成人的那个世界，扭曲着儿童的天性。这样的悲剧或闹剧在今天的教育中还时时发生着。

其实，早在18世纪卢梭就已经敲响了文明（尤其是城市文明）教育的警钟。他是理性的启蒙者，却又是最早对理性提出质疑和持保留态度的人。他批评文明教育，特别是城市化的文明教育遮蔽了人类的自然状态。城市教育过于理性化、人为化，因而是反自然的。因此，他主张教育要返回到大自然中去，返回到乡村世界中去。在那儿，儿童过着真实、素朴的田野生活，阅读着自然这部大书，从中汲取着发展自己的感觉能力、探究欲望、审美情趣、热爱生命和劳作等身心品质的最佳滋养。如果说，卢梭批评文明教育的着眼点在于鼓吹他的自然主义教育主张，那么，20世纪最重要的教育家杜威则通过对文明教育的反思突出了社会生活教育的重要性。他最振聋发聩的教育命题就是“教育即生活”。他认为，传统教育以教育是未来的“准备”为价值取向，实际上割裂了教育与儿童生活、自然生活以及社会生活的内在联系，更使儿童被迫与那些不相干的僵死概念打交道，而牺牲其天性，这无异于扼杀儿童的生活和生长，只有使儿童返回到切合他自己天性的生活中去，才会为儿童建造“教育上的天国”。卢梭和杜威否定学校教育的特殊性，让教育完全回归生活，甚至回归到荒野中的自然生活，无疑是不可取的，但他们对教育脱离生活的批评无疑又是中肯的。不过现代文明教育并没有聆听、接受他们的教诲和警告，沉溺于科技化、理性化、抽象化甚至虚拟化的境域中，在脱离儿童生活、自然生活和社会生活的道路上越走越远。这不能不令人深思！

生命化教育就是要克服这些弊端，引领儿童回归生活，走向大地，体验温情，开发生活世界的资源，激活和伸展儿童原发性的生命力量。只有融入生活的教育，才是真正的生命化教育。

生命化教育融入生活，首先要确立“为生活的教育”目的观。生活是生命之根。关注生命的教育，必须是“入根”的教育，是一种服务于人的生活建构的活动。为生活的教育，并不是如同斯宾塞所言的“为未来生活做准备”。“为未来生活做准备”的教育，一方面放弃了现实的生活，甚至以牺牲现实生活的幸福来追求未来的生活；二是放弃了儿童的生活，追求成人的生活，甚至以成人生活要求儿童的生活，使儿童丧失了自己的生活。“为生活的教育”，是基于生活的教育，把生活作为教育的目的，作为教育的归宿。它一方面正视儿童的现实生活，另一方面又追求一种可能的生活，把生活当作一种连续的过程，教育内含于生活之中，引导儿童从当下的现实生活逐渐走向未来的可能生活。现实的教育脱离生活。所谓脱离生活，就是把教育当作教育，把生活当作生活，儿童今天受教育是为了明日的生活。所以，不仅现实教育中无生活，而且把教育之外的生活也变成“为教育的生活”。对儿童来说，他的整个生活以教育为轴心，围绕着知识、分数转，分数成为学生的命根。为教育的生活，对于儿童来说是枯燥乏味的甚至厌恶的生活。学生为了“分数”的命根，不堪重负，忍受痛苦，甚至有的选择了放弃生命。“为生活的教育”，是在生活中进行的教育，把儿童的教育当作生活，尽显生活内容的广泛和丰富，尽显生活的自由、自主和创造。因此，为生活的教育是以人为本的教育，它把儿童的世界还给儿童，使学校成为儿童真正生活的场所，使儿童在快乐的童年生活中获得有益于身心和谐发展的经验，在生活中促进人的身心和谐发展。

其次，教育要回归生活，实现和生活的整合。无论是杜威的“教育即生活”，还是陶行知的“生活即教育”，都是针对教育脱离社会生活、脱离儿童的生活的弊端提出的，也是针对教育没能融入儿童的生活的弊端提出的。杜威旨在把“教育作为生活的过程”，强调教育的生活意义；陶行知则认为单纯地在教育中“引进”生活，如同鸟笼中放几个树枝，终究不是鸟的天堂，要克服教育与生活之分离，就要在生活中进行教育，发挥生活的教育作用。他将“生活教育”的命题表述为“生活的教育”(education of life)、“用生活来教育”(education by life)、“为生活而教育”(education for life)。当然，无论是简单地把教育等同于生活，还是把生活视为教育，都抹杀了教育的特殊性，在今天都是不足取的。但教育与生活血脉相连，教育是特殊的生活，生活是广义的教育；生活提供着教育的养料，教育又是为了生活，创造着生活。教育不能离开它的“生活之家”。“没有生活做中心的教育是死教育。没有生活做中心的学校是死学校。没有生活做中心的书本是死书本。在死教育、死学校、死书本里鬼混的人是死人。”（陶行知，1996）[150] 生命离开了生活不复存在，因此教育离开了生活，也无法培育“有生命的人”。

杜威和陶行知早年批判的教育与生活相脱离，今日不仅依然存在，而且有过之而无不及。“由于‘学校是传授知识的专门场所’传统的固有观念的影响，‘考试—分数—升学’的被扭曲、被阉割了的教育目标，使教育空间变得那样狭小。现在的校园的高墙，以至是教室低矮的门窗阻隔了儿童与社会、与大自然的相通。”（李吉林，1996）[360] 的确，这样的教学已经完全失去了生命的活力，闭门造车，与世隔绝，孤芳自赏，为令人窒息的阴霾所笼罩。学生面对的是枯燥的概念、灰色的理论、僵死的符号、狭小的课堂。他们完整而圆融的生命世界因为课堂（乃至于学校）与自然、与社会、与生活的剥离而遭到了无情的肢解。

生活与教育的脱离是双向的，一方面教育脱离了生活，缺乏生活的韵味；另一方面，生活也脱离了教育，缺乏教育的意义。所以，教育和生活的整合也必须是双向的。“儿童的人格不能分裂成为两个互不接触的世界——在一个世界里，儿童象一个脱离现实的傀儡一样，从事学习；而在另一个世界里，他通过某种违背教育的活动来获得自我满足。”（联合国教科文组织国际教育发展委员会，1996）[12]

从教育的角度看，要与生活相整合，最重要的是课程要统整学生的生活世界与科学世界。工业社会中，技术理性居于支配地位，反映在课程上，科学世界也对课程体系、课程内容起着主宰作用。科学课程的地位上升，人文学科地位下降。现象学大师胡塞尔在《欧洲科学危机和超验现象学》中指出，现代科学出现了危机，其危机就在于只见事实的科学造成了只见事实的人，它拒绝整个人生有无意义，从而使科学失去了意义和价值世界。导致危机的根源是科学世界在建构过程中，偷偷地取代并遗忘了生活世界。

生活世界是自然科学被遗忘了的意义的基础。现代的教育不仅在科学世界中遗忘了人的存在和意义，而且人文社会科学课程也受科学理性的支配，以“科学”的方式实施教学，寻求标准化的答案，从而使人文社会科学也丧失了人文的意义。例如，“雪融化了变成什么？”一位同学说“变成了春天”。多么富有诗意的答案，竟被老师无情地判断为错误，因为标准答案是“雪化了变成水”。所以，科学世界与生活世界的割裂，导致了学校教育知识的非人性化现象。因此，生命化的教育，不否认科学世界的价值，但科学世界必须向生活世界回归，将科学世界与生活世界统整起来①。

生活要与教育相整合，必须重构生活世界。教育面对复杂混乱的社会生活，要提炼生活的教育意义，就不能不对社会生活进行改造，这就要求作为生活的教育给予儿童的是一种经过教育本身简化、净化、改造的社会生活，对日常的生活世界进行批判性重构，创造一种教育性生活。所以，杜威说：“学校作为一种制度应当简化现实的社会生活；不应当象过去那样把它缩小成一种社会雏形。”（杜威，1994）[6]

（四）充满人文关怀

生命化的教育是有“人”的教育，它把人当作主体，当作有血有肉的鲜活生命。因此，生命化教育的过程是生命与生命的交流，它不同于传统教育无视人的生命存在，把人当作“物”的训练过程。教育不同于训练，“训练是一种心灵隔离的活动”，“教育则是人与人精神相契合”，“人对人的主体间灵肉交流活动”。（雅斯贝尔斯，1991）[2-3]因此，生命化的教育诉诸人与人的交往，“人与人的交往是双方（我与你）的对话与敞亮”，在对话中，唤醒灵魂，激发生命的潜能。

教育交往的过程就是诉诸对话，通过理解而实现精神世界的共享。交往的教育过程包括对话、理解和共享三个阶段。前者是后者的基础，后者

---

① 关于建立科学世界与生活世界整合的课程观，可参见冯建军. 当代主体教育论［M］. 南京：江苏教育出版社，2001：332—349.

是前者的结果。

对话。对话不同于独白，它是两个以上主体的语言交流活动，但并不是任何的语言交流都是对话。弗洛姆在《占有或存在》中举了这样一个例子：我们假定一次两个男人之间的标准聊天，其中 A 所有的观点是 X，B 所有的观点是 Y，各人又多少知道一些对方的看法，但双方却都坚持自己的看法。因为对他们来说，重要的是，要拿出较好的即中肯的论据来捍卫他们各自的立场。他们谁也没想过要改变自己的观点；再不然就是期待对方去这样做。这样的交谈不是对话。真正决定一种交谈是否是对话的，是一种民主的意识，是一种致力于相互理解、相互合作、共生和共存，致力于和睦相处和共同创造的精神的意识，这是一种对话意识（滕守尧，1997）[177]。鉴于教师中心主义的盛行，对话意识的形成，关键在于教育者观念的转变。教师不能总以师者的姿态对学生耳提面命，在对话中，学生是平等的伙伴，而不是灌输的对象。教师是平等中的首席者，教师在交往过程中要有一定的预见性和引导性，教师的作用表现在对教育资料的选择加工以及对所选择的教育内容进行“激活”，使它为学生所喜闻乐见，诱导学生参与其中，共同塑造一个“教育文本”，学生通过对这一文本的内化而促进自我的建构和自主的发展。

理解。对话的过程就是一个不断理解的过程，这种理解不仅是师生之间的理解，它更多的是指学生对符号文本的理解。师生之间的理解要依靠对话，在对话中通过移情体验，在“你”中发现“我”。对符号文本的理解，不是了解“该符号是什么”，而是指向符号和话语的意义。符号化的文本，不是纯粹的符号及其组成，它保持了主体的灵魂和生命体的复杂意义和信息，因此，理解的对象也不再是某种符号传达的内容或某种特定的作者在某个情景下表达的东西，而是一个有能力的言说者在用语言诉说。对文本的理解，不是“死读书”的过程，也不是掌握局部的某一知识点，而是我与他人的情感、意识、人格力量的沟通。文本的理解也是“我”与“你”的对话。

共享。教育主体间通过平等的对话和相互的融入，生成了主体间性。

主体间性有两个方面：主体间的互识和主体间的共识。互识表明交往中的差异性，共识表明交往中的统一性。交往的过程不是为了达到某种共识而泯灭个性的过程，相反，真正的交往是以人格平等、互相尊重为基础的主体间关系。在这里，一切等级压制、思想强迫、话语霸权、人格歧视……都让位于平等的对话、投入的理解和真诚的合作；渗透在这种自由交往中的是真正的个性，交往的空间是一个充满自由、民主和活力的公共领域。因此，交往式教育所实现的不是去复述一个标准答案，而是学生富有创造性的思想的生成。它关注的是“人的潜力如何最大限度地调动起来并加以实现，以及人的内部灵性与可能性如何充分生成”（雅斯贝尔斯，1991）[2–3]。

以往的教育太看重生命以外的东西，忽视了生命的需要，忽视了生命的激情和冲动，淡漠了对人的心灵和智慧的开发，对人的情感和人格的陶冶，使人成为被功利所驱动的“工具”，放弃了对生命的感悟、对幸福的追求。因此，它是一种用机械的、冷冰冰的、僵死的方式去进行的“训练”和“控制”。生命化的教育在“我”与“你”的精神相遇中，唤醒着生命的潜能，实现着人性的复归。因此，生命化的教育是充满人文关怀的教育，它把尊重和爱贯穿其中。

“一个真正意义上的人，必须是一个有情感的人。”（丹森，1989）[序言5] 生命化的教育，不仅是知识的传授，更是情感的交流，而且情感的交流是理智活动的中介。儿童的一切活动——无论是认知活动、道德活动，还是审美活动，都维系于情感的驱动。例如在认知活动中，一旦儿童的认知活动能伴随情感，那他们对客观世界的认识会更为丰富，更为深刻，也更为主动。这正如列宁所说，没有情感，就不可能有对真理的追求。儿童的道德活动亦复如此。道德情感不仅是品德的重要组成部分，而且是儿童思想意识、道德行为强有力的发动者和鼓舞者，儿童的道德行为都是以道德情感为驱动的。因而，道德教育必须“动之以情”。至于审美活动，则更离不开情感的驱动。“没有情感的审美活动是不存在的。因此，诱发学生的审美动因，是审美教育成败的关键。既然审美活动是以情感为核心的心理活动，那么，诱发其动因，就要从诱发学生的情感着手。”（李吉林，1988）[128] 总之，要全面推动儿童的生命活动，就必须激活、释放蕴藏在儿童身上取之不竭的情感能量。传统的教学只能传递“情感的知识”，无法培育人的情感，情感的培养只能通过情感自身来实施。

生命化的教育过程是人与人之间情感交流的过程。这样的过程需要教育者尊重、激励、体验和宽容每个生命个体，使教育过程充满温馨和阳光。

“教育的秘密是尊重学生”，这是美国教育家爱默生的名言。学生无论年龄的大小、知识的多寡，作为一个人，他都有自己的完整生命、独特的人格和自己的生活。生命化的教育是教师和学生的交往，这种交往的前提就是要建立民主、和谐、平等的师生关系，尊重学生的人格，尊重学生的情感，保护学生的自尊心。自尊是无价的，一个人可能什么都没有，但会拥有完全的自尊。自尊又是最敏感的、脆弱的，极容易受到伤害，所以，苏霍姆林斯基把自尊心比作荷叶上的露珠，需要精心的呵护。

激励是生命飞扬的翅膀。生命具有原始的冲动力，是激情飞扬的。但我们的教育总是以近乎完美的标准苛求学生，批评、挑刺、淡漠对生命激情的需要，折断了生命飞扬的翅膀。下面这则事例，足以给我们启发。

> 一个小女孩初学小提琴，琴声如同拉大锯，父母埋怨难听，孩子一气之下跑到幽静的树林中学习练琴。突然，她听到一位老人的赞许。老人说：“我的耳朵聋了，什么也听不见，只感觉你拉得不错！”小女孩受到了鼓励，于是每天到树林里为老人拉琴。每奏完一曲，老人都鼓励说：“谢谢，拉得真不错。”
>
> 终于，家长惊异地发现了女儿优美的琴声，不知道为什么进步如此之快。这时，女孩道出了其中的原委。后来才知道，林中的老人不仅不是聋子，而且是著名的器乐教授。我们由衷地赞美老人的良苦用心。

激励是生命的翅膀，生命在激励中飞扬。教育的责任就在于激发和激励生命当中的内在力量，树立“我能行”的“赏识教育”观。即便是批评，也要讲究批评的艺术，要在真诚的批评中给学生一种“爬起来”的自信和勇气。像对待敌人一样对待孩子，那样的教师绝不是好教师。

体验是进入生命的唯一通道。精神科学教育学的鼻祖狄尔泰首次对“经验”和“体验”做出了划界。经验是一种主体与对象分离的方式，它是一种认识自然界的方式。体验是主体和对象的融合，主体全身心地进入对象之中，它是一种认识人的精神世界的方式。生命化教育作为理解生命意义的精神活动，它必须通过心灵体验而达到人的心灵相通。没有心灵的体验，精神世界就会变得贫瘠乏味，精神家园就会荒芜。从这个意义上说，体验是生命成长不可或缺的独特感受。教育就在于开发丰富的课程资源，在自然界中，在社会中，在人类的文明中，与自然、与社会、与文化接近，去体验人与自然、人与社会、人与文明的关系。在人与人之间，进行换位思考，体验他们的生命。体验使我们融入其中，感受生命的艰辛和欢愉。只有体验的东西，才能内在于生命之中，融为生命的一部分。因此，没有体验就没有教育，就没有生命的成长。

“宽容是生命的一种香味”，是一种美德。生命化的教育是基于人与人之间的对话和交往，在这种对话和交往关系中，个人放弃了单子式的占有性主体性而走向主体间性。主体间的关系使人与人之间结成了“我”与“你”的真诚的平等互动关系，它既承认个体的独立地位，同时也承认他人的独立地位。渗透在这种主体间关系中的，正是真正的宽容意识与宽容精神。宽容“是一种对于‘不守成规’的观念和行为的容忍精神”（贺来，2001）[2]。生命化的教育鼓励激情，鼓励求异，鼓励创新，它倡导生命在创造中涌现，反对以固定的答案、僵死的规范禁锢生命的自由延伸。因此，对待学生，教师必须有一种宽容之心和深厚的仁爱。在课堂上，即便是一个教师认为毫无价值的发言，也蕴藏着学生思考的艰辛，不要轻易地否定。对于一个“怪异”的答案，教师也首先要倾听完毕，或许智慧就在其中。英国的著名思想家密尔（J. S. Mill）说得好，“对于异于寻常的个人，不应该阻止他们，而应该鼓励他们与众人在行为上有所不同。……一个社会中所见到的不守常规，是与它所有的创造力、思想活力及道义上的勇气成正比的”。如果说知性创造的多元，教师容易宽容，但道德上的宽容则不容易做到。现实中学生确实存在着各种各样的问题、苦闷和彷徨，甚至是错误，但在人生观、世界观、价值观正在形成的时期，出现这些问题，都是很正常的。动物在“试误”中学习，人虽有理智，但在学习中不可能完全避免错误，有时不知道“什么是错的”，就无法知道“什么是对的”。甚至可以说，人生没有犯过错误，那是没有完整体验的人生。列宁说，“青少年犯错误，连上帝都会原谅”。生活中面对学生的过失，我们应给他们的不是过多的责备、训斥，而是因势利导，让他们的心灵经历震撼和洗涤。宽容如同一缕阳光、一丝春雨、一片冰心、一剂良药，传递着教师的温情和爱的期待。有时，宽容引起的道德震撼比惩罚更强烈。生命的成长需要宽容，宽容是生命的一种美德。

总之，教育必须建立一个宽松的人文环境，营造一个师生平等交往的自由氛围，使教育淋漓地展现人性的魅力和对生命的挚爱！

四、关怀生命的教育研究

教育本是直面生命、关怀生命的活动，教育学本应该是“为人”“立人”“成人”的学问。然而教育学知识常常忘记、过滤掉“具体的丰富的个人”。有关“教育与人”的研究，或从社会学关注人的某一社会特性，或从心理学关注某一人格特点，这都是对生命的一种抽离式的肢解，面对的不是整全的、丰富的、独立的、富有活力的生命。概言之，传统的教育学知识缺乏生命的关怀。教育走向生命，必然要求教育研究走出生命的空白，走入生命的体验。

生命化的教育，呼唤生命化的教育研究。

（一）质疑实证主义的教育研究范式

自从 1623 年培根把“教育学”作为知识传授的附属事情列入“科

学”分类之后，教育学便踏上了对“科学性”的苦苦追求之路（冯建军，1995）。然而，教育学不仅今天没有成为真正公认的“科学”[①]，反而其科学性的追求本身，也成为被质疑的对象。可以说，教育学在科学性的追求之中，因没有找准门路，反贻误了自身。

1806年赫尔巴特《普通教育学》的出版，不仅标志着独立的教育学的诞生，而且揭开了探索教育学科学化的序幕。其思路是：以实践哲学（伦理学）和心理学为基础，前者指明教育的目的，后者指明途径、手段以及对教育成就的障碍。赫尔巴特建立教育科学的这种尝试，也只能是“一种虔诚的愿望而已”，因为他试图从心理学直接引申出教育理论来，但这种心理学原理，只不过是他的形而上学的补充，而非建立在实验基础上的科学心理学。所以，他试图以“心理教育学”建立教育科学的尝试是不成功的。

近代科学的发展秉承笛卡儿的“我思故我在”，不断高扬人类的理性文化，科学的统治地位日渐突出。19世纪以降，随着伽利略与牛顿的科学观察、实验分析方法的广泛运用，实验研究已成为科学研究的主要方法，并以绝对的优势压倒了哲学思辨方法。19世纪中叶，孔德以自然科学为基础，创立了实证主义哲学，并将实证主义方法论运用到社会学研究中，开启了社会科学中实证主义研究的典范。自此，实证主义认识论、方法论对哲学和社会科学领域产生了强烈的冲击。各种社会科学甚至人文科学都纷纷告别思辨的哲学研究转向实证的科学研究，以自然科学的观察、实验为方法，探索现象背后的本质，追求精确性的标准、内涵和体系，试图在经验发现的基础上建构“实在性”的学科知识框架。孔德认为，一门学科的建立要经过神学阶段、形而上学阶段和实证阶段，只有在实证阶段，这个学科才走向成熟。他说，实证阶段，“作为我们智慧成熟标志的根本革命，主要是在于处处以单纯的规律探求、即研究被观察现象之间存在的恒定关

① “‘教育学’是一种次等学科（subdiscipline），把其他‘真正’的学科共冶一炉，所以在其他严谨的学术同侪眼中，根本不屑一顾。在讨论学科问题的真正学术著作当中，你不会找到‘教育学’这一项目。”参见华勒斯坦，等．学科·知识·权力［M］．刘健芝，等译．北京：生活·读书·新知三联书店，1999：43.

系，来代替无法认识的本义的起因”（孔德，1996）[10]。

正是在这种实证主义认识论和方法论的强烈进攻下，19世纪下半叶，教育学科学化的呼声也日益强烈。于是出现了把自然科学日益成熟的实证主义研究范式运用于教育研究的尝试。率先尝试的是英国教育家斯宾塞。斯宾塞是孔德之后实证主义哲学的集大成者。在他1861年出版的《什么知识最有价值》中，他以一种实证的精神批判了教育中存在的“虚饰大于实用”的现象，主张学习实用的“科学”课程，并以人类活动的重要程度组织安排课程。20世纪初，受实证主义和实验心理学的影响，出现了拉伊（W. A. Lay）和梅伊曼（E. Meumann）的实验教育学。拉伊在《实验教育学》一书中认为，旧教育学以知觉、内省的方法和别人的观察为依据阐明教育现象，这是很不够的。实验教育学将广泛采用观察、统计和实验等方法来补充旧教育学的思辨方法，使教育学的研究更趋精密化，使其成为一门严密的、系统的科学教育学，以取代超经验的思辨的理论教育学。梅伊曼区分了教育研究中的事实与价值，认为实验教育学研究的是“事实”，主要记载和说明教育现象“是什么”的问题，与一般的经验科学等同，“价值”则为系统教育学所研究。他在《实验教育学讲义》一书中，批判了以往的教育学充满了各种概念和规范，认为教育学只有通过实验研究才能获得关于教育目的、教育手段和方法等方面的正确、可靠认识，从而主张教育学建立在实证研究的基础上。实验教育学实际上把教育学当作实验心理学的应用，研究的基本原则是“实验”和“观察”，研究的结果是形成“教育技术”和“操作模型”。

这种以追求自然科学化为特征、以应用为目的的研究范式提出后，得到了广泛的认同和支持。以此为开端，法国比奈（A. Binet）和西蒙（T. Simon）发动了智力测验运动①，桑代克（E. L. Thorndike）创立了教育心理学。他们在运用实验方法的同时，都批判过去流行的哲学思辨的方法，认

① 著名的科学史学家贝尔纳甚至认为，“教育学具有科学气味并成为一门真正的科学，是由于智力测验引进到教育学中了”。转引自张诗亚，王伟廉．教育科学学初探：教育科学的反思［M］．成都：四川教育出版社，1990：141.

为科学研究只有实证－实验才能保证。正是一大批学者投身于教育实验、教育测量，才使得传统的哲学－思辨的理论教育学改变为科学的教育学。1921 年，德国的教育家克里兹施玛尔撰文《哲学教育学的终结》，宣判哲学－思辨教育学的死刑。20 世纪 20 年代，描述统计也完善地建立起来，30 年代，推论统计和多元数据分析也很快地发展起来，这一阶段的教育研究完全被自然科学的研究范式所控制，成为实证主义研究范式的全盛期。

实证主义研究范式认为，在本体论上，现象与本质是分离的，现象是客观存在的，不受主观价值因素的影响，各种现象，作为事实，可做抽离式研究。在认识论上，实证主义研究范式表现出客体中心论或机械的反映论，认为认识就是对客体直观的、机械的"镜式"反映，反映是"全景式"的，而不是"视角主义"的。它强调客观事实独立于认识主体之外，主体、客体是两个截然分开的实体，主体可以通过对一定工具的操作而获得对客体的认识。在对客体的认识上，实证主义认为，现象必须是可以被经验地感知的，一切概念必须还原为直接的经验，理论的真理性必须由经验来检验。事实与价值是相互独立的，不能相互渗透。实证主义遵循自然科学的思路，认为事物内部存在着普遍的因果关系。对事物的研究就是要寻求这些因果关系，以建立规律性的知识体系。同时，实证主义探求事物的本质，认为本质是一事物成为该事物的根本，本质是唯一的，科学研究的任务就是透过现象揭示事物的唯一本质。因此，实证主义和本质主义是相通的。实证主义在方法论上，则设定方法可以独立于对象，不论是对自然现象，还是对人文、社会现象，方法都具有普适性。同时认定，只有观察、实验、调查、测量等实证的方法才是"科学的"，因而也是唯一的。

实证主义在教育研究中的假设有以下四点。

（1）教育活动的客观性、必然性和普遍性，是实证主义研究范式合理性的前提。教育首先是一种客观存在，它虽然是教育者和受教育者有意识的活动，但受一定的社会政治经济和受教育者身心发展特点所制约，表现出普遍性，这就要求教育研究必须依靠科学的方法论，研究教育活动中普遍的规律和共同使用的操作技术、方法和模式。

（2）实证主义的研究范式是以自然科学的方法和程序，尤其以量化方法来处理教育现象。教育研究的量化过程与自然科学的程序基本一致，一般有三个步骤：一是以观察、调查、实验等为手段，收集可信度较高的研究数据；二是依据所获得的数据资料，对假设进行检验；三是根据假设检验的结果，提出并构建新的理论。

（3）坚持教育研究中的价值中立。实证主义认为，在研究过程中，必须排除先入为主的判断或已有的价值取向，只对客观事物进行“纯客观”的描述，只有这样才能不偏不倚地揭示事实（或变量）之间的关系。

（4）教育研究的任务是建立教育科学。教育科学把教育当作客观事实来考察，回答教育“是什么”，通过调查、归纳、实验、统计等方法，形成规律性知识。因此，教育科学对教育活动只具有解释和说明的性质，不具有规范、指导的功能。教育科学倡导一种工具理性观，教育理论是对客观教育活动的解释，教育实践是理论的技术运用而已。

到20世纪中后期，可以说，实证主义的教育研究大获全胜。哲学的价值问题，往往被视为“假”问题，因其研究无法“证实”或“证伪”而被排斥在科学研究之外。在一个追求“科学”的时代，或者说是达到“科学迷信”的时代，哲学思辨的教育理论研究无有藏身之地。

其实，从赫尔巴特建立科学教育学之日起，对教育学的科学化的怀疑就没有中断，只是20世纪中期以前，抵挡不过科学化的强大攻势。从根本上怀疑以自然科学的范式研究教育科学的可能的人，首推德国教育家施莱尔马赫（F. D. E. Schleiermacher）。施莱尔马赫否认教育学具有科学的普遍性。他说：“教育学者，是将教育之推究的原则应用于实地上者，一方是受儿童的状态与后来的生活所限制，故非一定的。在此种心理的历史的条件之不定中，实无普遍的教育学成立之可能。”（雷通群，1935）[290] 另外，教育，尤其是教育目的，受历史条件制约，不可能存在普遍妥当的教育目的。这种否认教育科学之可能的论调，后来引起了狄尔泰的“教育学之普遍性否认论”。狄尔泰不仅从“普遍妥当地规定教育目的是不可能的”这一论点出发，否认普遍妥当的教育学的可能性，也从根本上怀疑自然科学的研究方法运用于社会现象研究的可能性，发动了一场声势浩大的科学研究和人文研究之争。

19 世纪中叶以后，面对自然科学的成功，人们把实证主义的研究范式当作唯一正确的范式，实证主义成为科学研究的普遍法则，使人文社会科学丧失了它的独立性。在这种背景下，狄尔泰、文德尔班（W. Windelband）和李凯尔特（H. Rickert）等一批有影响的社会科学家开始和自然科学斗争，为人文科学[①]争取独立的地位。他们认为人文科学与自然科学有着巨大的差异。自然科学研究自然界，自然是僵死的、无意识的；而人文科学研究人、人与人的关系及人的创造物。自然科学研究自然界物体之间必然的因果关系，排除偶然性和意义；人文科学面对的是含有意义关系的事物、人有意识的活动，它无法排除偶然性、意义和价值。所以，狄尔泰指出人文科学不能“套用”和“移植”自然科学的方法论，“我们不能只是靠着把自然科学家们的研究方法直接移植到我们人文社会科学的领域中来，这丝毫也不表明我们就成为大科学家的真正门人。我们必须使自己的知识适应于我们的研究对象的本性，只有以此为基点，才是科学家们对待他们的研究对象的方式”（邹进，1992）[26]。在自然科学中，研究者与研究对象的关系是人与物的关系，只能“说明”，不能沟通，而在人文科学中，则是人与人之间的关系，能沟通，只有通过体验和理解才能认识。这样，“理解”构成了不同于自然科学“说明”的人文科学独特的方法论的核心。他对人文科学研究方法论的定位是：人文科学依赖于体验、表达和理解的关系；只有当体验、表达和理解结合起来成为一种特有的方法时，我们面前的“人”才能成为精神科学的对象。如果以自然科学的实证范式研究人文科学，就会压倒对人的关心，掩盖人文科学对人的生活意义和价值的本真阐明。

狄尔泰为人文科学的地位据理力争，点明了人文科学不同于自然科学的独特的研究对象和方法，维护了人文科学的独特性和主体性。自此，德

---

① 人文科学和精神科学在狄尔泰那里是同义的。德文的“geisteswissenschaften”（精神科学），在英语中有两种译法，一是“sciences of spirit”（精神科学），一是“human sciences”（人文科学）。

国的一批教育学家如诺尔（H. Nohl）、斯普朗格、福利特纳（W. Flitner）、李特（T. Litt）坚持了狄尔泰以人文科学建设教育学的路线，创建了独具特色的精神科学教育学（也称“文化教育学”）。

不过精神科学教育学和经验教育科学的争论，并没有停止。1966 年，布雷岑卡（W. Brezinka）发表了《科学教育学的危机在新近出版的教科书中的表现》，再次拉开了大论战的序幕。布雷岑卡站在严格的经验科学的立场上，对传统的教育学（包括精神科学教育学）做了全面的审视，认为传统的教育学没有区分事实与价值、陈述与要求、知识和决定，把应然状态当作实然状态，冒充科学的教育学的内容，其实不过是未予检验的主观信念和假设。精神科学教育学的第三代代表人物博尔诺夫（O. F. Bollnow）应对了这场争论，他再次为人文科学正名，并重申人文科学在当代以物质利益驱动的社会中的重要性。他认为，经验的教育科学研究，以自然科学的精确性、以纯然客观的态度对待教育的做法，忽视了人的内心世界的复杂性，没有看到人不同于物的能动性和主动性。这种不从“总体的人”出发的实证的研究，无异于以一种僵化的尺度去测量充满生命活力的对象，无异于以鱼在岸上存活的时间去衡量鱼的生命力（邹进，1992）[160–163]。这就是胡塞尔所强调的科学的危机，隐含在深层的是人性的危机。科学遮蔽了生活的意义、生命的价值。经验的教育科学呈现了教育的过去和现在的事实及特征，它只是设计出僵化的、控制性的操作策略与模式，却不能指明教育更深刻的内在价值、应然性依据和人文关怀。

如果说由狄尔泰发起的人文科学和自然科学之争是抗击自然科学研究范式对人文科学的侵袭，为人文科学争取合法的地位的话，他并没有否定实证主义研究的合理性。但 20 世纪后期日渐凸显的反本质主义（anti-essentialism），从根本上解构了实证主义的思维。实证主义是就方法而言的，从结果来说，它是一种本质主义（essentialism）。本质主义认为，本质是属于“物自体”的，“物自体”是客观的、不变的，本质就是对客观事物属性的反映，是否符合实体的特性，成为衡量是否揭示本质的“试金石”。科学研究的任务就是拨开事物的表面，揭示事物唯一的本质。本质是唯一的，它是对实体属性的“正确”表述，因此，只有反映事物本质的知识（概念、命题、理论体系）才是“真理”，其他都不是反映客观实在因而都是“伪知识”、“偏见”甚至“谬误”。反本质主义从根本上动摇甚至否定了本质主义的立场、观点和方法论信念。本质主义坚信，本质所反映的事物或实体是真实的、永恒的，它是本质赖以存在的本体。反本质主义者萨特认为，对物来说，比如说桌子，存在着本质，而且时间上本质先于存在。但对人来说，就不是这样。“首先是人存在、露面、出场，后来才说明自身。……这是因为人之初，是空无所有；只在后来人要变成某种东西，于是人就照自己的意志而造成他自身。所以说，世间并无人类本性，因为世间并无设定人类本性的上帝。人，不仅就是他自己所设想（conceive）的人，而且还只是他投入存在以后，自己所志愿（will）变成的人。”（中国科学院哲学研究所西方哲学史组，1963）[337] 萨特虽没有否认人的本质，但他认为，人的本质是生成的，是人自己选择造就的，不是固定的。因此，本质主义的那种实体有一固定本质的说法不适合人，对人来说“存在先于本质”，而不是“本质先于存在”。如果说萨特的反本质主义还算温和的话，则尼采的态度是坚决的。他说：“物——也就是原子——是不起任何作用的。因为，原子根本就不存在——因果性概念根本没用。”“要解释因果性，这乃是幻想……‘物’乃是自身结果的综合物，是利用印象概念概括出来的。”（尼采，1991）[524] 在尼采看来，那些被认为是“自在之物”的实体，实际上并不“自在”，而是人类的感官或理智“命名”后强加给事物的，它对于人类来说，是依附性的，而非独立的。韦伯（M. Weber）也说，任何的事物都处在流动之中，都与特定的文化背景相联系，都是一个“历史个别”的领域，对此，“仅就它应该探讨的问题的确定的、客观上有效的和系统固定的意义上而言，其本身都会是无意义的”（韦伯，1992）[80]。在反本质主义看来，既然作为本质存在基础的实体或自在之物的存在都是“人为的”，因此，也不存在一个永恒的、唯一的本质。

在我们看来，本质主义和反本质主义分歧的焦点，就在于是怎样认识“人及其能动性”在事物和对事物本质的反映中的作用。本质主义认为，事物是客观的，本质是绝对的、唯一的，一种认识是否揭示了事物的本质就在于这种认识是否与事物的本性相符合。本质主义对“本质”的认识在于“物自身”，而不在于“人及其主观能动性”。所以，在本质主义者眼中，“有一千个读者只有一个真正的哈姆雷特”。它无视个体生命的存在和价值，把富有活力的生命规训在“物自体”的特性之中，使之变得干瘪，甚至化为“僵尸”。反本质主义认为，事物的特性是人赋予的，世界是属人的世界，它不是封闭、自足的原子、实在或实体的集合。“通过各种符号表达出来的知识并不是对实体世界本质关系的表述或转述，只不过是人类根据自己的趣味、需要、利益与能力，对关系世界的一种尝试性解释；……任何解释都不是终极性的、绝对的，而是猜测性的和相对的。”（石中英，2004）所以，反本质主义关涉人的生命，是生命创造了世界，也在创造着丰富的思想。在反本质主义者眼中，“有一千个读者就有一千个哈姆雷特”，他们都以自己的生命热情孕育了一个自己心中的哈姆雷特，无所谓谁的是“真”的，谁的是“假”的，“真理”和“谬误”在这里不复存在。

反本质主义的思想给我们以极大的启示。生命是教育的根本所在，教育离开了生命就不成为教育。实证主义的方法论和本质主义的认识论路线，在为教育寻求通用的、普遍的、绝对的本质和规律的时候，在为教育确定精确的量化指标、机械化程序、控制化操作策略的时候，在把教育学建构成为一门精确的、严密的实证科学的时候，教育学也丧失了“教育的本真”，它已不再是“教育之学”。教育学必须成为关怀生命的学问，教育研究就必须体验生命的存在。这是生命化教育研究所实现的又一个“轴心”的转换。

（二）关怀生命的教育研究：理解的人文科学研究范式

我们把对“人文科学”与“自然科学”的区分归功于狄尔泰。对狄尔泰来说，人文科学所包含的主题就是由“geist”——理性、思想、意识、价值、感觉、感情、行为和目的等所描绘的人的世界，因此，从研究对象上分，自然科学研究“自然的物体”、“自然的事件”和“物体的存在形式”，而人文科学则研究人的生活世界（life-world）、精神。狄尔泰认为，自然界是一个“死”的世界，是一个不会“自生意义”的世界，因此，我们可以在自然界之外来“说明”它。但对精神世界、生活世界就不同了，因为它是一个意义的世界，我们必须进入被研究的对象之中，和其发生互动关系，体验其意义。所以，狄尔泰说，我们可以解释自然，但我们必须去理解人类的生活世界。

狄尔泰打出的“我们对自然进行说明，而对精神生活进行理解”的旗帜，奠定了理解作为人文科学方法论的根基。到后期，随着胡塞尔现象学的形成，经海德格尔、伽达默尔进一步的扬弃，理解不仅被当作一种思维方式，而且被提升到本体论的高度，被看作人的一种存在方式，“理解”不只是对文本的理解，而是具有普遍性。20世纪中叶，理解的解释学作为一种认识论和方法论的哲学基础，逐渐为人们所接受，成为一门显学。解释学认为，说明（erkären）是自然科学的致知方法，理解（verstehen）是历史科学的致知方法。自然科学以“说明”的方法获取事物的原因（cause），人文科学以“理解”的方法揭示生活的意义（meaning）。“理解”成为解释学的核心方法。理解不是对客观知识的说明，而是人生经验的表达方式，它卷入了人的情感、态度和体验，把握生命表现中的意义，是人与人、人与自我、人与文本之间的沟通、交流、对话。

理解的研究范式是相对于实证主义研究范式而产生和确立的，它继承了精神科学的传统，以解释学、现象学为哲学基础。与实证主义相反，在本体论上，理解的研究范式否定世界的所谓“客观性”，反对实证主义的还原论，反对对人及其生活化整为零的肢解，而强调一种整体观和相互联系的观点。它假定人的行为是一种有意义的行为，研究不是只看行为的表现，而要揭示行为背后的意义，形成共识性的理解，而不是揭示行为发生的刺激－反应关系。在认识论上，理解的研究范式认为研究主体与客体分离是不可能的，主客体的关系是一个互为主体、相互渗透的过程，主体对客体的认识实际上是主体和客体在互动的关系中对客体的重新解读和建构。因此，在方法论上，它特别强调研究者深入现场，在尽可能自然的环境下和被研究者一起生活，了解他们所关心的问题，倾听他们的心声；同时，对他们自己所使用的方法进行深刻的反省，注意自己和被研究者的关系对研究的影响；然后在这一基础上对被研究者的意义解释系统进行再现和建构，走向相互理解的“主体间性”。

在教育研究中，20世纪20年代以后，以斯普朗格、李特、福利特纳、博尔诺夫为代表的文化教育学派，继承了狄尔泰人文科学的思想，他们反对那种不顾人“这个整体事实”而进行的实证主义研究，认为这是脱离了生活的真义，是对人文科学精神的背离，主张从人的历史和存在分析入手，去对人的精神、心灵等内在世界加以体验、理解和诠释。自此，教育研究真正找到了研究“教育”和“教育世界”的恰切方法。如果说狄尔泰开创的精神科学教育学的理解的研究范式，在20世纪中期以前还不足以抵抗实证主义的强大惯性，不足以主导教育研究潮流的话，20世纪后半期就不同了。“20世纪70年代以来，西方教育科学领域发生了重要的‘范式转换’：开始由探究普适性的教育规律转向寻求情境化的教育意义。”（范梅南，2003）[1] 加拿大学者范梅南（M. van Manen）认为，教育学是一种人文科学，教育学研究必须成为一种解释现象学的研究。他指出，现象学研究“是对生活体验的研究”，“是对我们生活经验的意义的描述”，“是一种周全反思的积极实践”，“是一种对人类生存意义的探寻”，“是一种诗化活动”。（范梅南，2003）[11–16] 因此，教育研究就是对教育生活体验的研究，以期揭示教育活动和行为的意义，改进我们的教育实践，提升我们的教育思想，增加我们的教育智慧。

理解的人文科学的研究范式在教育研究中的基本假设包括五点。

（1）教育活动是人有目的、有意识的人为活动，具有主观性和价值性。而且，教育活动因主观价值和客观条件不同而千差万别，难以重复，具有情境性和复杂性。因此，实证主义追求客观化和普遍化的研究范式难以把握教育活动。教育的对象不是无生命的物质世界，而是具有无限发展潜力的人，教育活动是人的自为活动，因而教育的世界是主观的世界、人文的世界、意义的世界。教育研究的任务就是要揭示世界中的意义，通过体验、表达、理解这种“解释学的循环”把生命推向更丰富、更深刻的发展阶段。

（2）理解的研究范式反对实证主义研究把整体的教育现象加以肢解、分析，而把教育作为一个整体看待，把教育现象中人的行为和事件同所处的各种关系结合起来加以考察，直接面对生活体验本身。因此，生活体验是教育研究的出发点和归宿。

（3）理解的研究范式所关注的通常是学校内部微观环境中的问题，是教育情境中的特殊性，研究者本人常常作为研究的工具，发挥研究者的“前见”在研究中的作用。在研究过程中，研究者带着自己的“前见”积极参与其中，与被研究者和文本积极进行对话、交流，形成研究者的阐释意图与研究对象之间的循环互动，追求研究者对研究对象的“理解”和意义的建构，达到研究者和被研究者之间的“视域融合”，形成新的交融的视域。

（4）教育研究的主题不在于外显的教育行为和现象，而在于教育行为所蕴含的生命意义，重视被研究者的生活史和环境对它的影响，重视教育行为的个体性和情境性。正如狄尔泰所指出的，研究历史、文化、个人思想的起点，不是法则、规律，或者哲学上的先验命题，而是从个人和具体的事件开始，逐渐过渡到社会整体的理解。所以，理解的研究范式是不同于哲学思辨研究自上而下的研究，它是一种自下而上的研究。它不同于实证主义冷冰冰的“纯客观研究”，而是一种充满“人情味”的研究。

（5）教育研究的目的，不只是要从客观量化的研究中来了解事实，它更重要的在于了解和解释这些事实背后的意义，以此作为批判、改进和超越不合理的教育实践的基础。

（三）关怀生命的教育研究方法

理解的研究范式是人文科学研究的指导思想和方法论，在这种思想指导下的研究，都可以归为质化研究（qualitative research，也有人译作“质的研究”）。质化研究不是一种具体的研究方法，而是体现人文精神的一套研究方法体系。所以有学者比喻说，“质化研究像一把大伞”，“像一棵大树”，下面有各种各样的研究类型，包括观察研究、实地研究、访谈研究、内容分析研究、人种学研究、民族志研究、生活史研究、口述史研究、传记研究、常人方法学研究、现象学、解释学、解构主义、后结构主义、女性主义等。（陈向明，2000）[6] 这些具体的研究方法可以说各不相同，但都反映了质化研究的共同特质：自然主义的探究、整体意义的探究、深描式的探究、体验式的探究、情境式的探究、"平民性"的探究、生命化的探究和自下而上的"扎根"研究。

质化研究的种类尽管纷繁复杂，但真正形成操作体系的，对教育研究产生重大影响的研究方法主要有：人种志研究（ethnography study）、叙事研究（narrative study）、传记研究（biography study）、扎根理论研究（grounded theory study）、解释现象学研究（hermeneutics phenomenological study）、行动研究（action study）、个案研究（case study）。

1. 人种志研究法

人种志研究又译"民族志研究""俗民志研究"等，源于人类学的研究。作为人类学的研究方法，它主要是依据特定的文化模式对个体或群体的行为进行描述和解释，它强调从被研究者所经历的文化视角对其心理行为现象进行仔细的描述和解释。它是质化研究中发展最快，也最为成熟的一种方法。早期的人种志研究发源于西方发达国家的学者对"别的"（other）种族的原始文化所产生的兴趣。后来，人种志研究转向关注人的日常生活，不再着眼于研究内容的"猎奇""新异""原始""弱势"，而是关注普通人、普通人的生活世界及他们建构的生活意义。

人种志研究的核心是田野研究，包括参与性观察（participant observation）与深度访谈（in-depth-interviewing），在此基础上，对收集的资料做出符合当事人情况的"公正、客观"的描述。在人种志研究中，研究者一般是以一个学习者而不是权威者的身份进入现场，他必须把自己置入被观察者的角色，在特定的情境中体验他们的思想、情感和行为，并忠实地记录下所有有关的信息。研究需要一个持续的过程，长时间地[①]与被研究者保持密切的交往，因为研究受文化情境的制约，研究者需要细心地捕捉文化观念和微妙的文化差异，需要学习对资料收集有重大作用的当地的语言、民俗，需要取得被研究者的信任并与其进行感情上的沟通。为了理解被观察者行为的文化意义，在观察时要配以深度访谈探明被研究者的所思、所想、价值观念和情感感受，探明行为背后的文化意义，这是人种志研究的主旨所在。沃尔科特就此提出“人种学是一种文化描述学”的观点，认为人种志就是要力图对人们之间的社会沟通性质做出准确描述和解释的一种描述性工作。吉尔林认为，描述应该包括行为和意义两个方面，既要看到场合中的行为，又要能够从被观察者身上引申出形成和构造行为的意义结构。研究者对研究资料的概括必须从被研究者的角度切入，进行连贯的、整体的概括，这种概括是在悬置先知、先见、偏见的现象学括号下，进行的无结构的整理、归纳。人种志的研究事先没有理论假设，反对研究者自身的价值前见的涉入，也反对过早地给出结论，研究的结论是随着研究过程的延续不断逼近的过程。

著名人类学家马林诺夫斯基（B. K. Malinowski）提出了人种志研究的五点基本要求：（1）与研究对象同住；（2）学习他们的语言，和他们交谈；（3）参与他们的日常生活；（4）观察他们所能见到的一切；（5）整体地分析他们所观察到的情况，“如实”进行描述。（冯增俊，2001）[93]所以，人种志研究是一种自然主义的、观察性的、描述性的、情境性的、开放的和深层次的研究方法。

2. 叙事研究法

法国结构主义叙事学家热奈特（G. Gennette）认为，“叙事”有三种所指：一是指讲述一个事件或一系列事件的口头话语或说明一个事件的文本、实物材料，即叙事话语；二是指叙事话语中讲述的真实或虚构的事件；三是指某人讲述某事的行为。所以叙事是一个整体的过程，是叙事者讲述自己

---

① 人类学研究中似乎有个约定俗成的说法，田野研究的时间一般不能少于1年。

故事的行为，陈述叙事材料是叙事的核心。据此，叙事研究就是运用或分析叙事材料的研究，叙事材料是研究的对象，但叙事研究并非分析材料的形式，而是分析事件或行为的意义。

叙事研究是一种关切生命的研究，因为它是对自我的一种认识和反思。因为对生命意义的体验，研究者外在的观察是无法真正达到目的的。“如果回顾我们以往的行为和展望我们对未来的生活期望，我们可以发现本真的自我。因为这是把各种事件联系的过程，是对叙事本身进行认知结构化的过程，也是对叙事进行意义阐释的过程。自我是一个故事性的概念，我们的存在方式就表现在故事之中。”（Polkinghorne，1991）所以，人们在历史和现实的故事中成长，在故事的讲述中体验着自我，通过故事的研究揭示着自我和生命的意义。

叙事研究虽然面对个体，但它的研究对象不是个体，而是个体所叙述的材料，所以，叙事研究虽然面对的只是一个或几个对象，但它的材料是丰富的。被研究者可以从多角度、多方面、多事件来反映自己的内心生活。叙事研究的目的不在于客观地记录研究对象的故事，而在于对故事的阐释，阐释故事对被研究者的生活意味着什么。因此，叙事研究的过程是研究者与被研究者的一种心灵的沟通、交流的过程，同时也是对叙事进行假设或理论解释的过程，是对叙事材料进行意义建构的过程。叙事研究在结论的提出上，也反对先在的假设，其研究的具体方向和假设产生于材料的叙事分析过程中，而且研究的结论只反映个体独特的经验和意义，反映个体是如何建构其意义的，不具有普遍的推广价值，不足以作为提出理论的依据，但它可以丰富或修改已有的理论。

叙事研究在教育中的运用主要是教师职业的叙事研究，它通过教师对某些教学事件、教学生活和日常生活的讲述，发掘内隐于这些事件、行为背后的意义、教育思想和理念。所以，教师的叙事研究可以反思教师的教育理念，改进教师的教育教学实践，同时，也使研究回到了鲜活的教育现实之中，使研究融入了实践的滋养。

3. 传记研究法

传记研究是利用档案、个人生活资料、访谈等手段，通过对个人关键性生活经历的描述，揭示个体生活的意义。它主要分为个人传记、自传记、生活史、口述史四种类型。传记研究要求研究者广泛掌握个人生活的不同阶段和在不同场合的学习、工作、生活、闲暇的种种生活资料和书面的文本资料，然后通过访谈他人或自我叙事以及其他的途径，将收集的材料置入被研究者的历史之中，将其情境化、具体化，然后以不同阶段的典型故事为主，对材料进行重新组织。最后，研究者将故事放到广阔的时代背景和个体生活情境中，来解释故事的生活意义。传记研究资料有访谈资料和被研究者的档案资料、作品、媒介资料等，其中访谈最为重要，它可以是对被研究者的直接访谈，也可以是对相关人员的访谈。访谈中，研究者要对研究对象的生活史比较熟悉，以便于不断地提出问题，刺激他的回忆。传记研究强调资料的翔实性、客观性和丰富性，受现代解释学的影响，传记研究不仅要求研究者“记录”和“复原”被研究者的人生故事和历程，而且强调故事意义解释的创造性，发掘故事背后的深层内涵。所以，现代传记研究认为，研究者的传记表达是对被研究者的生活经历的重新体验和创造性的意义阐释（秦金亮，2000）[12]。

4. 扎根理论研究法

扎根理论是质化研究中理论建构的一种方法，是由格拉瑟（B. Glaser）和斯特劳斯（A. Strauss）于1967年提出的。质化研究反对先在的理论假设，主张在资料的收集、整理中归纳出概念和命题，然后上升到理论。质的研究所提出的理论不是宏大的理论，不是研究者自己设定的假设的演绎推理，而是基于对资料的归纳、分析和概括，所以，这种理论是自下而上不断提炼的结果，是置于充足的经验资料的基础上的，所以是“扎根”的理论。扎根理论认为，只有从资料中产生的理论才是真实的，才能够用来指导人们的生活，才具有生命力。

扎根理论的研究一般经过资料的收集、本土概念的发现和理论的建构三个环节。扎根理论研究要求研究者深入特定情境中，通过收集20—30个访谈对象的有关资料，使资料达到饱和度（即再继续增加资料也不会有新的发现，新增资料成为无意义的重复），然后对混乱、繁杂的资料进行登录、编码。资料登录和编码是扎根理论研究的关键。它包括三个级别的编码：一级编码是开放式登录，要求研究者以开放的心态，搁置一切前见，将所有的资料按本身所呈现的状态进行登录。在一级登录的过程中发现类属概念，即围绕资料的主题分类登录。二级编码是关联式登录，其任务是发现和建立类属之间的各种联系，形成一个命题链。即发现哪些类属是相关的，它们说明了一个问题或相连的几个问题。三级编码是核心式登录，是指在相关的类属中发现一个统领性的"核心类属"，核心类属如同渔网的拉线，可以将其他命题联串成一个整体，组成一个矩阵。所以，资料经过开放式登录和关联式登录形成了命题链，经过核心式登录，再对各命题建立条件性矩阵，这就形成了一个完整反映资料的扎根理论。

当然通过扎根理论研究所建构的理论与传统的理论不大相同。传统的理论是宏大的，具有普遍的解释意义，扎根理论是对特定的现象本身及其内在联系的探究，注重人的实践理性和实践知识，因而其理论具有一定的特殊性和实践性。

5. 解释现象学研究法

现象学和解释学已经深深改变了传统的实证科学的认识，成为人文科学研究的纲领。在人文科学中，区分现象学和解释学是可能的，但在描述和解释的意义上，现象学描述一个人如何指向生活体验，解释学描述一个人如何解释生活"文本"，现象学和解释学是密切相连的，甚至"这两个词通常可以互换"（范梅南，2003）[32]。生活体验是现象学的出发点，现象学研究的目的就在于获得对我们日常生活体验的本性或意义更深刻的理解。所以，范梅南说，一篇成功的现象学描述是对生活世界某些方面的恰当的阐述，它和我们的生活体验产生共鸣，它会让我们频频点头，因为我们发现所描述的体验我们曾经拥有过或可能拥有。

解释现象学是从对文本意义的解释、理解中探寻生活经验的意义。这首先是对生活经验（现象）的描述性研究，并试图挖掘生活经验的意义来丰富生活经验本身，因此，是现象学的；它对生活经验进行表达并对文本进行解释性研究，并以此来探寻生活经验中的意义，因此又是解释学的。

范梅南在他的《生活体验研究——人文科学视野中的教育学》一书中把解释现象学作为人文科学研究的重要方法，并做了全面的阐述。他提出解释现象学研究的六种研究活动，即六个研究步骤。

（1）在选题上，指向人的生活经验。现象学研究不是一种异己的研究，它总是直指一个人的生活经验，每一项现象学研究都是由直指生活本质的关注所驱动。

（2）生活经验的调查。包括收集他人亲身体验的生活的描述，自己撰写生活体验的描述，访谈个人的生活故事，观察生活中的逸事，以及收集他人的传记、日记、札记等。

（3）反思揭示现象特点的根本主题。包括在资料的分析编码中寻求主题和追寻主题意义。

（4）写作。现象学的研究总是对生活经验的描述或一种意义表达，这种表达就是一种写作行为。现象学的写作承认语言的局限性，允许沉默，它把逸闻趣事或故事作为常用的修辞手段。

（5）保持一种强烈的指向关系。现象学研究要求研究者对被观察的生活经验赋予高度的、强烈的指向，使研究成为富有评判性的行动研究。

（6）通过考虑部分和整体的关系来协调整个研究。现象学研究不是局部分解式研究，它强调研究的整体性和意义的关联性。所以，在局部的研究中，一定要回过头来，看看整体，看看上下文以及每一部分需要如何服务于整体。

最后还有其他的两类方法：行动研究法和个案研究法。相比前面介绍的五类方法，目前国内对这两类方法的了解和使用也比较多，在此，就不一一介绍了。

第五章　生命化教育的建构

教育应当促进每个人的全面发展，即身心、智力、敏感性、审美意识、个人责任感、精神价值等方面的发展。应该使每个人尤其借助于青年时代所受的教育，能够形成一种独立自主的、富有批判精神的思想意识，以及培养自己的判断能力，以便由他自己确定在人生的各种不同的情况下他认为应该做的事情。

——联合国教科文组织国际21世纪教育委员会

生命化教育是面对生命，遵循生命的特性，全面提升生命质量和品位的教育。所以，建构生命化教育，必须以生命的本体构成和生命的特性为依据。它是依据于生命的特性，同时又为了生命品质发展的活动。

生命是一个复杂的系统，是由相互联系的要素所组成的一种生物体的特殊存在形式。生命哲学对生命的认识总是和非理性主义联系在一起的，这对于纠正理性主义对生命的遮蔽无疑是积极的，但对生命的分析是不全面的。这里我们从马克思主义的实践－生存观出发，完整地、动态地、辩证地认识生命的本性——生命发展范围的完整性、生命发展形式的自由性、生命发展结果的独特性，从而构建立体的生命化教育体系。

一、全人的教育内容

（一）生命之三维

生命首先是一个自然的物质存在，这一物质存在虽然与动物所共有，但这是人存在的物质基础，脱离了此，就没有人的存在，而只能异化为想象中的“上帝”和“神灵”。人首先是个肉身，这是最基本的。但人又不只是肉身，因为他有思想，他的生命还体现在意义上，这就是马克思所说的“人能够有意识支配自己的生命活动”——生命是一个精神性存在，这样的精神既包括真理，又包含激情、直觉、意志、信念，是认知与情感、理性与非理性的统一。但人的“精神”并不是自发地从人的肉体生命中产生出来的，它之所以对人的肉体生命具有某种超越，是因为它是在人的社会性生产和交往活动中，作为自然与文化、个体与族类的矛盾关系的交叉而出现的。精神生命的出现离不开社会活动和社会交往，换言之，生命不是单个人的抽象物，而是社会关系的总和。人是社会的人，人的生命还是一个社会生命。因此，在静态上看本体生命的存在，人实际上有三重生命：一是自然生理性的肉体生命；二是关联而又超越自然生理特性的精神生命；三是关联人的肉体和精神而又赋予某种客观普遍性的社会生命。精神生命作为一个“中介”，将肉体的自然生命和社会生命紧密地连接在一起（张曙光，2001）[199]。人就是由三重生命构成的具体而完整的生命存在①，人的这三重生命是一个互为前提、互为因果、循环往复的生命流程，实现着人与自然、人与自我、人与社会的交换和协调。

1. 自然生命

面对一个具体的、现实的人，我们首先注意到的是个体的生理肉体生命。自然的生理性的肉体生命是人存在的物质载体和本能性的存在方式，

---

① 这里将人的生命分成自然生命、精神生命与社会生命，与本书第一章提出的“人是种生命与类生命的双重存在”并不矛盾，因为自然生命本身就是种生命，精神生命和社会生命属于类生命。在本书中，类生命的概念比较宽泛，它不仅就生命本体的构成而言，而且包含生命的形式、生命发展的特性。所以，这里没有使用第一章对生命的分类方法。

是最基本的生命尺度。作为肉体的生命，人是一个自然的存在物，但人又是人的特殊的自然存在物。人的自然的生理性生命不仅在遗传上具有动物所不具有的未特定化的特点，而且不只是动物般的肉体、自然自在的顺序发展和本能冲动的任意释放。人的自然生命中如果没有意识的萌生、精神的贯注，就不成其为人的生命。而人对生理性肉体生命的物性、本能性的超越是经过自我意识、凭借内在精神的提升而完成的。所以，人的生理性生命并不完全是一个自在的自然的存在，已经打上了精神的烙印，他能够意识到肉体生命的存在，并能够对自身生命的存在和发展做出自主的选择。人是自在之有，但更是自为之有。人是一种有意识的、有思想的动物，因此摆脱了动物的本能之态，并不固定在动物直接去实现的苟且偷生、自我保存之中，人的生命在支配自己、超越自己中实现。

2. 精神生命

意识性使人的生命扬弃了动物自在的本能，成为自为的精神存在。“精神”英文用“spirit”，法文用“esprit”，德文用“geist”表示，与人的身体（body）相对，是一种与“观念”“意识”“思维”“理性”“灵魂”等相一致的概念。精神可以在多个层面来探讨。比如从类的角度看，精神主要表现为与物质世界相对的人类的精神世界；从团体的角度看，精神主要表现为团体的共同信念和凝聚力，称为团体精神（包括国家精神、民族精神）；从个体的角度看，精神主要指个体独特的内心世界，是个人存在的深层尺度。精神固然有多个层次，但精神的最终落脚点或归宿应该是个体的精神生活。对于个体的精神表现，罗素（B. A. W. Russell）有过这样的解释，“精神——常识可以这样讲——是由做出或遇到各种不同事情的人们身上表现出来的。从认识或知觉方面讲，他们有知觉、回忆、想象、抽象和推理的活动；从心理情绪方面讲，他们有快乐的感觉和痛苦的感觉，他们还有情意和欲望；从意愿方面讲，他们可照自己的意愿去做一件事情或者照自己的意愿不做一件事情。所有这些现象都可以划入‘精神’的事件范围之内”（罗素，1997）[31]。罗素这里所讲到的个体精神，主要包括三个方面，即认知的、情感的和意志的。蒂利希也在同样的意义上，使用着“精神生命”的概念。

他说："作为精神而完成的生命，既包容着真理，又包容着激情；既包容着屈服，又包容着里比多；既包容着正义，又包容着强力意志。"（何光沪，1999）[1188]人正因为有精神的存在，才超越了动物的本能，而获得了自由。因此，哲学家把精神生命看作人的本质，甚至否认自然的生理生命的存在。海德格尔就认为，"世界总是精神性的世界。动物没有世界，也没有周围世界的环境"（海德格尔，1996）[45]。精神是人不同于动物的所在。赫舍尔（A. J. Heschel）也认为精神的缺失就是人性的缺失。他说："我们所面临的最可怕的前景是，这个地球将住满一种'存在物'——虽然从生物学上说，他们属于人类，但缺少从精神上把人同其它生物区别开来的性质。"（赫舍尔，1994）[27]我们认为，生命是一个有机联系的复杂体，强调人的精神性，并不能如同宗教的传统和中世纪的神学一般否定人的自然生命的存在，相反，人的精神生命是基于自然的生命而发生的。

3. 社会生命

人总是处于"社会关系"之中，并承担一定的社会角色，人的社会性存在方式既关联于人的内在意识，又有超越人的内在意识的感性对象性、客观普遍性。忽视人的生命及其生活的社会性，看不到社会存在、社会生命对人的自然和精神生命的某种决定作用，就不可能正确地认识自然生命的本能冲动和释放，不可能正确地认识人的自由。不考虑人的社会性及其与他人的关系，单纯地强调精神生命的自由，就会破坏人与人的协调关系，最终使每个人都走向不自由。所以，对体现精神生命之本的自由而言，只能是关系中的相对自由，自由是与控制及秩序同在的。民主是社会人自由的保障。只有从个人领域进入公共领域，在民主的空间和公正的制度指导下，人才能从一个自然的生物人、个体人变成社会人、契约人，人才能通过自己的社会"角色"以及相应的权利和义务，意识到自己的社会存在、社会生命，从而开掘、充实和引领自己的精神生命和自然肉体生命。

自然生命、精神生命和社会生命是生命整体的三维，其中每一维都是全息的，它们相互关联、相互影响、相互包容和嵌套、相互融通，共同构成人的完满的生命。这是就人的生命本身所做的全景式素描。

（二）教育学视野中的完整生命

在教育学意义上，教育要促进人的全面发展，就是要培育完满的生命，强调生命各方面品质的协调发展。人的发展总是内在于矛盾之中，把握矛盾之中的必要张力，是认识人的全面发展的关键。

1. 物质生活和精神生活的关系

人既要活着、生存，又要活得有意义，他既是世俗的物的存在，又是高贵的精神存在。因此，物质生活和精神生活是完整的人生存的两个层面。没有物质生活，就没有人的生存，更谈不上人的精神发展；没有精神生活，只追求物质生活的满足，人就如同动物一般，变得极为庸俗。因此，作为人的生存即物质生活与精神生活的统一体，物质生活与精神生活就是相互依存和相互贯通的。人要成为人，其物质生活必然通向精神生活，与精神生活相联系，才是人的物质生活。换言之，人的物质生活必然赋有精神的意蕴。精神生活必然又是以物质生活为前提，并且引导着物质生活的发展。人生活在物质与精神之中，缺少任何一方，都不是人的生活。

然而，同样作为生命体，在与动物的比较中，人的生命存在，往往强调心对身、灵对肉的主导和统摄作用，并推崇人的精神生命，甚至为此轻视、否定人的肉体生命以及基于肉体生命的感性的世俗生活。宗教就把人设想为“由一种惟有信仰才能领悟的超验的精神力量所创造。人生的一切主要兴趣都集中在他与这种精神力量的关系之上”（奥伊肯，1997）[5]。西方生命哲学从叔本华的“生命意志”、尼采的“权力意志”到柏格森的“生命冲动”、狄尔泰的“生命体验”，都把精神作为生命的唯一，而否认人的物性存在。固然，精神可以实现对物质的超越，在一个更高的境界审视物、驾驭物、处理物，使精神在对物的把握中显示出人的高贵，人的生存要追求崇高和完美，但并不是要以排斥人的世俗的物质生活或牺牲人的自然生命为代价去换取崇高和意义。这是我们在理论上必须正视的一个问题。

理论上，我们以泯灭物质生活而追求崇高的精神生活。但现实却恰恰相反，在一个功利主义盛行的时代，随着物质文明的高度发展，人的精神向度却在不断地丧失。“大众在生理感官上的沉迷轻而易举地取代了纯粹精神的运思。英雄神话已不再诱人，人们很轻松地从种种沉重‘历史’与‘传统’中走出来，生活于现实的平面之上；大众与文化艺术的差距迅速拉平，人们生活在时尚的刺激与满足之中，卡拉 OK 式的后工业技术完全可以使人们在给定的想像力空间尽情陶醉、自娱自乐并找到‘令人眩晕’的‘艺术’感，而艺术的那些内在规定（诸如美感、共同感、批判意识、精神内涵以及必备的教化功能）统统沦为次级问题”（邹诗鹏，2002）[137]，人成了弗洛姆所说的“贪婪的消费者”，成了“物品的奴仆”。人的道德水平下降，精神空虚，享乐主义、玩世不恭、嬉皮士、性自由、吸毒、暴力、自杀在日益蔓延和扩大。因此，精神和灵魂的自卫与拯救是当代教育面临的重大问题。美国学者呼吁，要学校成为“唤醒精神”的场所，成为“灵魂的学校”，学校教育的目的就是让孩子去发现深层的精神价值（王坤庆，2002b）[226]。

2. 科学精神、道德精神和审美精神的关系

人生活在关系之中，这种关系包括人与自然的关系、人与社会的关系、人与自我的关系。人作为有意识的精神存在，在处理这三种关系时，相应地在人身上体现出三类精神：科学精神、道德精神、审美精神。同样作为精神性的存在，这三者不是截然分开的，它们在人身上具有共通性。科学精神主要表现的是人类对外部客观事物特性的认识和活动的合规律性，道德精神主要表现的是活动主体自身的价值追求、目的意向和人类活动的合目的性，而审美精神体现的则是人的活动合规律性与合目的性的统一和人类无限的创造性。因此说，审美精神是科学精神与道德精神的最终旨归，是科学精神与道德精神的高级发展阶段，科学精神、道德精神只有渗透着审美精神或者说只有发展为审美精神，才能成为一种至真至善至美、自由解放的精神境界。科学精神、道德精神和审美精神共同构成了人的精神生命。人类活动的真、善、美三种尺度的统一，使人类走向自由。

科学精神在人与周围世界的关系中产生，它表现为以下三个层次：认“真”、辨“真”、求“真”。认“真”即遵循客体的尺度来认识和把握客观事实和真理，这是科学精神的第一要义。但是，“真”作为一种科学的尺度，它是不以人的意志为转移的，所以，人若为“真”所钳制，就可能成为科学和技术的工具，比如说人类若以自身发明的原子弹等核武器来毁灭人类自身，“人性就变成了技术的牺牲品”，生存的意义就被遗忘。所以说，人类在认“真”的基础上还必须要能辨“真”，即辨别出符合人类利益、合乎人性发展的真理，这是科学精神的第二要义。同时，真理作为事物的本质，往往隐藏于复杂的现象背后，不会自动地呈现出来，所以，人们必须有探索的热情和勇气，即求“真”的精神，这是科学精神的第三要义。科学精神的三层含义层层推进，共同构成科学精神的整体。当科学精神发展到第三层含义时，实质上已经达到了人类活动合规律性与合目的性的统一，生命价值中的“真”表现出的不再只是一种知识、一种能力，而更是一种智慧和主观精神的表现。

道德精神在人与人的关系中产生。长期以来，我们把“道德”与“伦理”混为一谈，至少是没有做本质的区分。其实，老子早就认识到了这两个层次的本质差异，所以，他主张遵从道的生活，而反对遵从礼教的生活。老子认为，“道”是存在的方式，“德”是存在方式之目的性，道德是一个存在论的概念，表明生活本意的性质，它不同于伦理，伦理表明的是社会规范的性质。但这样说，并非道德与伦理没有干系。“确立伦理规范只是依照道德要求的技术性处理”，“伦理规范如果是有意义的，当且仅当存在着道德”。(赵汀阳，1994) [17] 所以，伦理必须要符合道德的意义，否则就是反道德的。道德是主体根据自己的需要，在自己的活动中所遵循的一种求善性的价值尺度。道德着眼于价值生命中的善来理解，价值生命中理解的善是广义的善，即自由主体对活动客体的一种价值规定，是对客体合目的性的规定。它反映的是人性的一种追求，是人为满足自身需要而创造的用以认识、肯定、发展和完善自身的手段。生命中的求善性，反映了人性的追求，是人为满足自身的需要而创造出来用以认识、肯定、发展和完善自己的手段，求“善”，意味着人性的进步和完善。所以个体视道德为一种内在的需求而不仅仅是外在的规范，道德在本质上已经成为一个高度自主、自觉、自为的人的领域，是人的主体性得以深刻展示的领域。此时，道德主体具有了自律和超越的道德人格，即能够进行“自我立法”和能够积极理解、选择、追求、创造某种合乎人性的道德价值。

马克思对美的认识是基于自由而提出的。自由体现在活动、劳动中。但个体的活动，只有在具备了真、善、美三种尺度后，才能成为一种自由的活动。美是真的超越和善的升华，是真和善的统一，美的王国就是自由的王国。在个体的活动具备了外在尺度（真）和内在尺度（善）之后，就能够“按照美的规律来塑造”世界。基于自由来认识审美精神，审美精神是一种人的自我实现基础上的科学精神和道德精神的发展必然，是真善美高度融合统一基础上的自由解放的人生态度和生命状态，是建立在自由自觉基础上的“游戏”状态。审美精神作为真善美高度融合统一基础上的自由解放的人生态度和生命状态，必然要求人能达到与自然、社会、人自身内在的和谐。因此，审美精神是科学精神和道德精神的升华和完美结合，审美的王国是自由的王国，生命中的审美精神是人的精神生命的自由和谐，是一种至真至善至美的完满人格。

真、善、美或科学精神、道德精神和审美精神共同构成了人完整的精神生命。然而，一方面在人完整的三重生命之中，精神生命时常被忽视，人们或为了物欲的满足，或为了充当社会的工具，放弃了安心立命的精神；另一方面在精神生命的三个尺度中，我们又偏移于科学知识或者说科学精神，放弃了道德精神和审美精神的追求。“在文明人那里，随着知识的不断增长和积累，一切都颠倒过来了。认识、知识成了第一性的东西，欲求和意志则成了认识的奴仆。”（俞吾金，1988）[15]

3. 理性与非理性（认知与情感）的关系

对于生命的本质，理性主义和非理性主义有着截然不同的认识。理性主义把理性作为人的本质。理性的自我是一个人真正的自我。亚里士多德就认为人身上有三种灵魂：植物性的营养灵魂、动物性的感觉灵魂以及人所独有的理性灵魂，其中理性灵魂是人格中的最高部分，是人所独有的。康德也认为，人有双重性：一是作为自然的存在物，人受必然的因果规则所限制；二是作为理性的存在物，他是自由的，他为自己立法。在康德看来，人的本质就在于后者。黑格尔把理性的地位推到了顶峰，他指出："理性是世界的灵魂，理性居住在世界中，理性构成世界的内在的、固有的、深邃的本性，或者说，理性是世界的共性。"（黑格尔，1980）[80]在理性与非理性的关系上，理性主义坚持理性对非理性的情感、意志的支配地位，而且相信人的理性能力是无限的，理性是人类生活的福祉。

非理性主义批判理性主义对理性的无限推崇，看到理性的有限性。叔本华指出："人类虽有好多地方只有借助于理性和方法上的深思熟虑才能完成，但也有好些事情，不应用理性反而可以完成得更好些。"（叔本华，1982）[100]对生命的认识就是如此。他把意志看作高于理性的生命本原，把理性视为意志的工具。生命哲学的代表人物柏格森也认为，理性只能处理非生物，一旦触及生物或人，理性就一筹莫展。理性的特征是不理解生命的本质（柏格森，1989）[129]，因为理性根本是一种"主客二分"的思维方式，理性的认识要基于对事物的分解。但生命的本质是时间的绵延，是自我的生成。在理性主义看来，事物存在有普遍的本质，而且"本质先于存在"。但作为非理性主义重要思潮的存在主义认为，人的存在是有限的、具体的、多样的、偶然的、虚无的，而且"存在先于本质"，人首先诞生、出场，然后才有人的本质的显现。因此，理性的普遍性不适宜把握生命的特性。总之，非理性主义批判理性主义把生命的本质归结为理性，认为人的本质在于非理性的生命意志、权力意志、生命冲动等当中，人无普遍的本质，而是时间性的偶然存在。

把理性和非理性对立起来，无论是理性主义把理性视为人的本质，还是非理性主义把非理性视为人的本质，显然都是值得商榷的。其实，在柏格森那里，已经放弃了二者的对立。柏格森认为，直觉和理性（知性）既相互对立，又相互补充，没有理性，直觉只能停留于本能形式和模糊状态。因此，柏格森憎恶的是所谓"一只眼的理性"，坚持的是包括直觉或想象力在内的完整理性的重要性（李文阁，王金宝，1998）[166-171]。19世纪以前的理性主义也认为，理性与道德、价值是融为一体的。尽管如此，他们还坚持理性或非理性的优先性，坚持一方对另一方的支配或从属。

我们今天认识生命的本质，既不只在于理性上，也不只在于非理性的情感、意志上，理性与非理性也不存在谁价值优先的问题，而都是生命发展中不可缺少的部分。撇开非理性的本能冲动，非理性主要指人的情绪、情感。理性主要指人对外部事物的认知。生理心理学的研究表明，认知和情感是大脑不同部位的功能。人的情感在大脑的机能定位是皮质下结构，基底神经节、下丘脑、网状结构、边缘系统等是情感发生的重要部位；人的认知则主要受大脑皮质中的新皮质的影响。从发生学上看，新皮质是后天进化的产物，主司情感的大脑部位还更为原始，这说明，情绪的出现比理智、认知要早。但长期以来，哲学家把人当作理性的动物，把情绪、情感视为干扰因素、“叛乱因子”，加以压制，充其量是把情感作为手段，利用积极的情感促进认知的发展。其实，情感是人的心理发展中和认知同样重要的一个方面。心理学家用两个交叉的梯子比喻二者的关系。“一个梯子代表认知行为和认知目标，另一个梯子代表情感行为和情感目标。这两个梯子的构造，使一个梯子的每一级正好在另一个梯子每一级的中间。通过交替地攀登这两个梯子——从这个梯子上的一级踏到另一个梯子上够得上的一级——就有可能达到某些复杂的目的。”（克拉斯沃尔，布卢姆 等，1989）[64]在人的心理发展中，认知和情感不是分离的，而是交叉整合的，“情感不是仅仅从情感自身中得到发展，它要融认知于己身。只有这样，人的情感才能从原初的本能性情绪提升为社会化了的、‘有知识的情感’，情感发展的真正内涵是情感的理智化、道德化和审美化。认知的发展决不是信息量的堆积，认知成果只有融入情感领域，才能被内化为‘人的’东西；不与情感融合的信息永远只呆在人之外，成不了人的素质，信息再多也不意味着认知的发展”（朱小蔓，2000a）[167-168]。

4. 个体与群体（社会）的关系

个体与群体，或者说个体与社会的关系，是人生存的一对内在矛盾。一般地说，任何抽象的、孤立的个人都是不可能存在的，人都是生活在某一群体、某一社会之中。但反过来说，正是人与人的共同生活、共同交往，才组成了群体，形成了社会。社会是人与人交往的产物，社会的维系，必然要有一定的规则，生活在社会中的个体，也必须学习、遵循这些规则，才能适应社会的要求。所以，社会是人创造的，但一旦创造了社会，社会本身就会制约个体的发展，个体就必须约束他的自由天性而社会化，使自然的个体成为社会的个体。但个体的发展，最终还是要打破社会性的约束，追求个体的个性化。社会化和个体化在交互矛盾中，推动个体生命的发展，完成生命的循环、更替。

无论是历史地看人类的进化，还是现实地考察人的发展，都反映着个体与群体、社会的内在矛盾。苏联学者科恩从人类进化的角度，提出了个人发展的三个阶段：从“自然个体”到“社会个体”，再到“独立个体”。(科恩，1986) [58, 73] “自然个体”存在于人类进化的初期，没有出现人类的固定群体，更谈不上有规范群体的规则，“自然个体”的行为取决于自然素质与生命活动条件的偶然结合。“社会个体”出现于人类正式组织的形成过程中，他是一定社会共同性、群体性、集团性的人格化。“社会个体”的行为除受个体自然生命要求的驱使外，还取决于社会环境以及个体和群体其他成员的关系。“独立个体”，即具有独立的自我意识、主观选择能力、独特个性的人，这种人的行为除了受自然生命的驱使、社会规范的约束外，更多地受个人独立意识的调节，他是对“自然个体”“社会个体”的超越。马克思提出的人类发展的三个阶段，从依附性个人，到以物的依赖性为基础的个体的独立性，最终到“自由个性”，也反映了社会及其成员关系对人的发展的制约，以及人的独立意识对社会的超越。

正确地认识个体和社会之间的关系，使我们看到了历史上“个体本位”和“社会本位”的偏差。“个体本位”和“社会本位”把个体与社会对立起来，抽象地、孤立地强调一方的价值，割裂了二者的矛盾关系。生活在现实中的人集社会性与个性于一身，无法分割。一个人存在于社会中，既是社会的人，又是他自己。作为社会人，他必须适应社会生活的要求，具有社会性，包括内化社会政治经济的要求，掌握人类的社会文化经验；同时，作为他自身，必须反映其内在的独特性，包括独立的自我意识、自我选择和独特的个性，反映个体的主体性。社会性表现为人对社会的适应，反映了人的发展与社会要求的一致性；个性表现为人对社会的超越，反映了人的发展对社会要求的反思，以及在此基础上个体自我发展的理想。适应和超越虽然是紧密相连的，但适应是基础，超越则是根本。仅有适应，没有超越，人的精神发展只能停留在现实水平，不可能实现对环境的改造和对自身的改造，个人也丧失了独立批判的精神以及创造的能力，社会也失去了前进的动力。个体要成为一个主体，而不是一个社会的工具，就必须在适应的基础上学会超越，在社会性的基础上发展自己的独特个性。

社会性与个体性必须内在地统一于一个人的内在素质中，舍弃任何一方都可能导致问题。过去很长时间，我们忽视人的个性，过分强调人的社会性，把人培养成听话、驯服的社会工具，在提倡"以人为本"、凸显人的主体性的今天，这种观点受到了批判，但我们今天对主体性、对个性的张扬又不能走向另一个极端。哈贝马斯指出，个体的存在本质上是一个社会的成就，因为"这种存在的主体性从一产生就已经是一种主体际性"（列文，1997）[134]。个人的主体性不是单子式的，只能在人与人之间的交往社会中显现。所以，人的主体性实际上是一种主体间性，既要考虑到自我，又要考虑到他人。个人主体性的发挥、个性的张扬以遵循共同的群体规范为基础，否则不可能有个人主体性和个性的健康发展。

5. 现实与未来、实然与应然的关系

柏格森的生命哲学把生命的本质看作时间的绵延，人从"过去"走来，生活在"现实"之中，但他要走向"未来"。在生命的三个时态中，未来是最重要的，"思考着未来，生活在未来，这乃是人的本性的一个必要成分"（卡西尔，1985）[68]。就个体生命发展而言，只有"现实"和"未来"，"现实"转化为"历史"，"历史"就失去了对个体的发展价值。"现实"对于我们的意义就在于它不断地提供"未来"发展的营养和动力。一方面在形式上，"现实"退却了，变成了"历史"的外壳，没有了价值；另一方面，"现实"却滋润着"未来"、壮大了"未来"，人的生命秉承"现实"而发展，不可能有脱离"现实"的"未来"。

“现实”规定了人“是什么”，而“未来”规定了人“应该是什么”。现实的规定，不是人所“应是”，而未来的向往，又不是人的“所是”。人在“现实”与“未来”、“是”与“不是”间周旋，“是其所不是，不是其所是”，人的追求永远是“不是”——“不是所应是”，但人的现实规定，人又永远不满足——“是其所不是”。人总是生活在不满足之中，追求着自己的所“是”，这就是生命中的超越性。

教育学在处理人的发展的“现实”与“未来”的关系上，常常把二者割裂开来。斯宾塞主张“教育为未来完满生活做准备”，是一种教育目的的“未来主义”取向。他所强调的预备是成人生活的职责和权利，把儿童看作成人的预备或候补，儿童的生活本身没有自己的价值，它的价值只体现为成人生活的工具。卢梭和杜威都对“预备说”展开过批判，主张教育要从儿童当前的现实生活出发，肯定儿童生活的价值，认为教育就是生活的过程，而不是生活的预备。这可以看作教育目的中的“现实主义”取向。卢梭反对轻视儿童的现实生活、幻想为遥远的未来做准备的做法。他充分肯定童年生活的价值，“在人生的秩序中，童年有它的地位；应当把成人看作成人，把孩子看作孩子”（卢梭，1985）[67]。他批评了打着“为了儿童的美好未来”的幌子而牺牲儿童现在的做法，他说，这种教育使“欢乐的年岁在哭泣、惩罚、恐吓和奴役中度过”，嘴上高喊为了孩子的幸福，“可是不知道你们却招来了死亡，在阴沉的环境中把他夺走”。（卢梭，1985）[66]杜威也批判为了儿童的未来而牺牲现在的做法，硬要天真活泼的儿童依附或者屈从于各种遥远的渺茫的外在目的，儿童既不理解它，也不喜欢它，就无疑把他们捆在对他们毫无实际意义的链条上去折磨他们。他认为，教育没有外在的目的，不断地成长就是它的目的。“如果教育是生长，这种教育必须循序渐进地实现现在的可能性，从而使个人更适合于应付后来的要求。生长并不是有空的时候能够完成的东西；生长是不断地通向未来。”（杜威，1990）[60]可见，杜威并不否定教育为未来的发展做准备，但他认为这是一个连续的过程，不能牺牲现在的生活，或割裂与现实生活的联系。

教育在处理人的现实性与未来性的关系上，必须着眼于现实，但要面向未来。我国学者鲁洁教授的这段话对此问题的阐述似乎恰到好处，她指出：“教育赋予人以现实的规定性，是为了否定这种规定性……。一切现实的规定性只能是规定人的现在，而不是要去决定他的未来。理想的教育并不是要以各种现实的规定性去束缚人、限制人，而是要使人从现实看到各种发展的可能性，并善于将可能性转化为现实性；它要使人树立起发展与超越现实的理想，并善于把理想赋之予现实。”（鲁洁，1996）这说明了人要追求精神的崇高，但这种崇高不能脱离现实。只有适应现实、内化现实的规定性，才有追求崇高的可能。

从上面的论述可以看出，现实中的人既是生物的，又是精神的；既是世俗的、现实的，又是崇高的、可能的；既是个体的，又是社会的。单纯地追求崇高，或单纯地把人塑造成工具，满足现实的要求，或者是单纯追求真、善、美的任何一方，都是单面的人或残缺的人，都非全人。完整的生命是生物和精神、个体和社会、真善美或知情意、崇高和世俗的完美结合。

为了造就全人，在教育中，必须坚持身体与精神的平衡、人格与学养的平衡、认知与情感的平衡、个体与群体的平衡，一句话，就是自然生命、精神生命和社会生命的平衡，以人生的美满圆融为目的，在实际生活中去实现天人物我的和谐。

（三）自然生命的教育

教育以人的发展为己任，而人的心智、道德、人格的发展必须建立在自然生命的基础上，是自然生命的延伸和提升，所以，教育活动绝不能无视人的自然的生理生命的发展。

人的自然生命与动物的自然生命不同。动物的自然生命是本能的活动，是不可教的。但人不是这样，对人的自然生命而言：一是具有未特性化和开放性，为后天的发展留有充分的空间；二是人的意识使人能够自主支配自己的生命活动，能够对自身生命的存在方式和发展道路做出自主的选择。因此，人的自然生命是可教的。

但是自然生命毕竟属于生理的范畴，它的发展更多地遵循生物规律，而不是教育规律。自然生命的存在发展更多受到的是生理和遗传的影响，如人的生老病死是生物发展的规律，而不是教育所能主宰的。教育虽然不能主宰生命的发展和成熟规律，但可以遵循这一规律，利用这一规律。所以，教育对自然生命的发展，与其说是“开发”，不如说更多的是“保护”。“‘自然’自己所作为的比我们指导它去作为的不但好得多，而且精确得多。”（单中惠，1996）[186]

自然生命中的“自然性”，不单指人所具有的动物性，还指人所具有的其生命存在和发展所必需的天性。天性包括生命的本能、无意识和意识的先天形式。人的天性是自然的意志在生命中的体现，是生命的自然造化，是人的生物性中所蕴含的“潜能”的流露。人的天性是生命进化的结果，天性的改良只有通过自然自身漫长的进化才能进行。所以，不是说天性不可改变，生物的进化本身表明天性的变化，但这种变化不是短期的教育所能为。一定意义上，可以说，天性不可教。对天性，只能是“守护”，而不是“开发”。因此，教育对于天性应当保持敬畏，教育应该首先尊重儿童的天性。（刘晓东，2003）扩而大之，对于整个自然生命也是如此，自然生命的发展和成熟首先不是“教”的结果，而是自然发展的结果。对于自然生命，不是首先要改变它，而是要顺从它，保护它，顺其自然就是最好的发展。人为地改变自然发展的路径，不仅无助于生命的发展，反而是对生命的摧残。教育应当遵循生命的发展规律，尊重儿童的天性，舒展儿童的天性。

自然生命的教育首先是遵循儿童的天性，在此基础上做好身心的养护工作。身心的养护，是指教育要保护儿童身心不受到伤害。康德曾将养护看作儿童教育的主要内容，他在《论教育》中指出，所谓养护，乃是父母必须对自己的孩子细心照料和关注，以防他们以某种有害于自身的方式运用其力量。由于儿童的天性或者说自然成熟使然，教育不需要变革儿童的发展，只需要不违背儿童的发展规律，不阻止儿童的自然发展，为儿童天性或生命的自然成熟创造一个良好的环境。例如，对儿童智力的过度开发、拔苗助长就是违背儿童的身心发展规律的，是对生命的摧残。自然生命的发展，更多地受生命自身的发展规律所支配，对于它们，教育最好是“无为”。“无为”是无所为而为，就是顺其自然。

当然，生命在于运动。体育是生命其他方面发展的基础。体育的目的本在于强其筋骨，延长寿命，促进身心的和谐发展。不过，现在的体育变了味。体育也深深地打上了“应试教育”的痕迹。一方面，中小学平日不重视体育，甚至到高年级需要冲刺升学时干脆取消体育课，很多同学也把上体育课看成是浪费宝贵的学习时间，很多家长觉得体育课上不上无所谓（请大家比较一下，假如说一节语文课、数学课不上，那就截然不同了，更不要说长期不上了）。但另一方面，学校和家长也有重视体育的时候。对学校来说，是参加各种不同级别类别的体育比赛时，学校看重的不是体育本身，而是锦旗、奖章、纪录和奖杯。还有一些家长，一旦发现孩子成绩不好，升学希望渺茫，则把目光转向体育，试图通过体育找到升学的捷径或为孩子的未来找个出路。体育的工具化颠倒了体育的目的和手段之间的关系，正在使体育走向与生命的对立。

体育本是身体的需要，为身心所为，但体育却走上了折磨身心的道路。在古希腊时期，斯巴达是最重视体育的，但斯巴达人的体育既不注重发展身体的健康，也不注重人体的和谐美，而一味强调军事体育，对儿童进行残酷的训练，培养他们成为强悍的、服从的、没有感情的斗士。他们把鼓励斗殴作为训练的方式和使身体强健的方式，鞭挞是他们常用的方法，这种非人的体格训练，虽然训练出了优秀的战士，用来防御和增强斯巴达的势力，在其他希腊城邦失掉独立地位时，斯巴达是不可征服的；但从对促进个体自由和谐发展的贡献来衡量，斯巴达的教育则是一个很不幸的失败。（佛罗斯特，1987）[52–53] 基督教相信人的肉体是有罪的，肉体有太多的物欲和色欲，因此，体育就在于“洁身”，通过严酷的训练，实行禁欲主义，摆脱动物灵魂与肉体结合所产生的欲望。大概是受这种影响太深的缘故吧，至今一些学校仍把体育作为惩罚学生的手段。例如，学生违反了课堂纪律或者和同学产生了摩擦，被罚在操场上跑几圈，或做俯卧撑多少个。

竞技体育在学校体育中也不值得提倡和推广。日本教育家小原国芳在其“全人教育”思想中非常看重体育，但他却“坚决反对一味计较胜负，唯奖品是图以及将体育演戏化”，他甚至对奥林匹克竞赛都颇有微词。他说：“我对奥林匹克的评价远不如捷克斯洛伐克的‘神鹰运动’。”（小原国芳，1993b）[33] 因为竞技体育的出发点不在于身体或身心的发展，而是为了外在于身心的利益。今天，体育越来越肩负着外在于生命的重任，为国家的政治、经济，为他人的观赏，为个人的金钱、利益，置身心于不顾，运动员为了提高运动成绩，甚至不惜以摧残自己的身心为代价。政治化的体育、经济化的体育越来越丧失了体育的真义，体育外在于生命，使身心对立，摧残生命。

体育的真义在育“体”，“体”即“身”，“身”为“心”之基，所以，体育则由“体”及“心”，渗透在整个生命之中，是身心统一的教育。体育不只是强身健体，同时也要体现在人的心理方面。身心的协调，使“体”不仅成为肉身之体，还要成为智慧之体、道德之体、审美之体。只有这样，人的身体才与动物有了实质性的区别。

日本爱知教育大学体育社会学家影山健先生反对现代体育的身心对立观，他将现代“体育”一词的英文“sport”反写，提出了他的“trops”理论，他之所以要把“sport”一词反写，就是要明确反对体育的“专门化”“管理化”“权力化”。他的“trops”理论认为，身体活动并不要求什么固定的姿势，它的内容多种多样，形式不拘一格；运动应该提倡自己考虑、自己决定、自己行动；体育就是维护人的权益的新的生活方式，如同《体育运动国际宪章》给“体育”的定位：确信有效地行使人权的基本条件之一是每个人都能自由地发展和保持他或她的身体、心智和道德的力量；因而任何人参加体育运动的机会都应得到保证和保障。

所以，现代的体育颠倒了目的和手段的关系，走出体育的误区，必须实现从“手段论”体育向“目的论”体育的转变。（刘次林，1999）[147-148] 体育的目标在于身体的自我满足，在于身体的自由舒展，在于使身心得到愉悦，而不在于运动的知识、技能及运动项目的“高精尖”，不在于运动员的成绩和他们对生理负荷的最大承受力，因为这些是对自由生命的折磨和摧残。体育的目的就是以练“体”带动全部身心的和谐发展。它重视人对于运动项目的自主选择、运动过程中学生情意目标的实现和运动对人的品行和能力的提高。为了外在的利益，而利用“体育”，我们不否定其存在的积极价值，但它与“致力于身心和谐”的体育是背道而驰的，不妨把它称为“运动”[①]，而不要玷污或者误解了“体育”的圣洁。奥林匹克运动发起人顾拜旦不朽的《体育颂》传递着体育的真义。“啊，体育，你就是乐趣！想起你，内心充满欢喜，血液循环加剧，思路更加开阔，条理更加清晰。你可使忧伤的人散心解闷，你可使快乐的人生活更加甜蜜。”

（四）精神生命的教育

精神生命是超越自然生命的内在生命，表现为个体的完美人格。在精神人格中，“真”注重的是人的科学精神；“善”注重的是人的道德精神；“美”注重的是人的审美精神；真善美在人格中有所偏重，但又相互渗透，使人格表现为真善美的统一。精神生命的教育就是旨在培养真善美完满人格的教育，它是生命教育视野中的智育、德育和美育的统一。

1. 生命智育

长期以来，人们一直把智育理解为知识的传递和智力的发展，而且把知识局限于陈述性的事实知识，把智力局限在认知或理智方面，从而大大窄化了对智育的理解。生命智育认为，智育就是借助对外部客观事物的认识（认识“真理”），进而发展学生探索“真理”的智慧、辨别“真理”的情感，促进生命发展的活动。它包括三个层次：知识的学习、智慧的发展和生命的点化。

人的发展无疑要借助于知识，这是“人的文化特性”的必然要求。脱

---

① 我以为，“体育”和“运动”是有区别的，尽管体育要借助于运动，但运动并不等同于体育。我们的一些比赛，最好称为“运动项目比赛”，如“足球赛”“排球赛”“乒乓球赛”，而不要称之为“体育比赛”；我们为了成绩而举办的一些比赛，称为“运动会”，而不是“体育盛会”。运动包括竞技比赛，但竞技比赛不是体育。

离了知识，人与动物没有差异。所以，知识的学习是生命成长的必需，也是人认识客观事物的捷径。我们不否认知识学习在智育中的地位，甚至是首要地位，但我们必须要彻底转换客观主义的知识观。客观主义认为，知识是客观的，脱离个人的价值偏见而存在，因此，知识成为外在于生命的公共知识。现代知识观认为，知识是个体对外部事物的主观建构，它随个体的经验而异，知识必须是个人的知识，才可能成为生命中的一部分。心理学家梅耶（R. E. Mayer）提出了语义知识（指个人关于世界的知识），不仅使客观的知识转化为个人知识，而且提出了“程序性知识”和“策略性知识”。程序性知识是用于情境的算法或一套步骤；策略性知识是如何学习、记忆或解决问题的一般方法。二者的提出，使知识与智力由原先的分离走向融合。知识的掌握不是智力发展的基础，知识掌握的本身就是智慧的发展。由公共知识到个人的语义知识、程序性知识、策略性知识，知识从而走进了个人的生命，知识的掌握也由外在的被动授受转向主动的建构学习。

知识学习是智育的首要目标，但不是唯一的目标。知识在今天这样一个资讯发达的社会，其本体价值在降低，其工具价值在日益提高。换句话来说，知识学习的目的不在为知识而知识，知识应该为人的发展奠定基础。

知识必须转化为智慧，才显示出它的价值。也只有在智慧的引导下，才可能有真正意义上的心智活动。知识若不转化为智慧，知识越多越是身心发展的沉重负担。杜威曾经指出，教育活动要区分两种人：一种是“拥有许多知识的人”（a person of much information），另一种是“睿智的人”（an informed person）。前者拥有一大堆“间接知识”或“外在的公共经验”，这些知识非但无助于其经验、智慧的增长，反而有可能阻滞生命的灵性与智慧的闪现。后者是机智的、消息灵通的，并善于处理他所遇到的各种问题。教育活动的目的应该是培养“睿智的人”。新的知识观的提出，把智慧技能（程序性知识和策略性知识）纳入知识的范畴，初步改变了知识与智慧分离的状况。但必须指出的是，我们对智慧的理解必须超越逻辑思维和传统理性主义的狭隘智慧观，认识到非逻辑的直觉、想象、灵感的重要性，树立全方位、多层次的智慧观。

有人对我国的课堂教学提出质疑：为什么只教“学答”而不教“学问”？考试内容为什么用“答”代替“问”？考试标准为什么是有“答”的标准而无“问”的标准？教学为什么不引发学生“问”的兴趣，教给学生“问”的方法？这些质疑一针见血，揭露了课堂教学的最大的问题是教学生“掌握知识”，而缺乏“智慧的启迪”。中国教育的弊症，我认为就在于教得使学生没有了问题，全都懂了。哈佛大学的一句名言就是“The one real object of education is to have a man in the condition of continually asking questions”（教育的目标就是使学生始终处于问题之中），所以，使学生经历探索问题的过程，培养学生探索问题的热情、意识和批判的、怀疑的能力，显得尤为重要。中国传统教育的优势——扎实的基础知识、基本技能、读写算的能力——恰好是可以被计算机所代替的；我们的缺失，却恰恰是现代社会的要求。联合国教科文组织站在时代的高度指出，“科学训练和培养科学精神看来乃是当代任何教育体系的主要目的之一”（联合国教科文组织国际教育发展委员会，1996）[186]，对我国教育而言更是如此。

人们对智能的理解，今天也在发生变化。传统哲学认为，人是理智的动物，情感是理智的干扰、骚乱因素，理智和情感无疑存在着某种不可调和之处。理智可以被看作对自发冲动的抑制，或者是被视为思想的苍白无力的外壳，把所有热情和人性冷藏起来。近代的哲学家斯宾诺莎（B. Spinoza）反对把情感和认知对立起来，他认为理智活动是由情感支撑的。尼采也看到了情感的这种支撑力量。马克思也认为，没有情感就没有对真理的追求。情感不再是理智的敌人，理智的进行需要情感的发动和支持，情感也影响着理智的加工。这些论述，无疑给情感赢得了一定的地位，但这种地位是有限的，是服务于理智的，是为了更好地发挥理智的作用或者促进理智的发展，而把情感作为手段而已。哈佛大学心理学家加德纳（H. Gardner）的“多元智能理论”大大拓展了智能的内涵，将触觉伸向人的情感层面。今天人们已经把情感纳入理智的结构之中，把它与认知相并列。国内情感教育的研究专家朱小蔓教授指出，人类的智能并不主要是，更不唯一是逻辑－理智能力。由情感或主要由情感在其中表现突出价值的智能不仅客观存在，而且有着重要的社会文化价值。（朱小蔓，1993）[43]换言之，在智能结构中，情感不仅存在，而且具有促进、调节认知的价值。智能的结构包括情感思维活动形式与情感方面的能力；智能不仅用于科学的目的，更用于人生的把握；从潜能到现实的智能必须有情感的参与和支持（朱小蔓，1993）[44]。认知不只是停留在知道客观事物“是什么”，更重要的是将知识内化到自身的生命、个性之中，只有成为主体自身的价值、态度、信念、思维的知识，才是主体的真知识。

情感与认知的关系几乎经过了180°的大转弯，从理智排斥情感到情感作为手段服务于认知，最后到把情感看作理智的重要组成部分，而且对认知来说似乎更具有根本性。面对如此的转换，我们也必须在新的智育观中，将培育情感作为智育的一项根本任务。“我们确信一个人对某种价值的认同、遵循，乃至于形成人格，虽然需要以一定的认知为条件，但根本上是一个人的情感变化、发展，包括内在情感品质与外在情感能力提升和增长的过程”，因此，“关注人的情感发展是教育中一个本源性、根基性的问题”。（朱小蔓，梅仲荪，1998）[6]

情感被纳入智能结构，情感与认知不是并行的，而是交叉融合的。认知有情感的参与，不仅使认知充满了灵性和激情，而且只有如此，才能使知识转化为生命中的组织部分，成为内在于生命的真知识，而不是贴在身上的标签。只有如此，才能够真正理解爱因斯坦所说的“当一个人所学的知识都忘完后，剩下的东西才是教育”的真正内涵。当然，情感因为理智的引导，也克服了原始的情绪冲动，变得更富有理智，从而也由低级的情绪提升为高级的理智的社会化情感。情感在教育中由“丑小鸭”变成了“白天鹅”。

智慧表明人的聪明程度，有智慧的人无疑是聪明的人。但这一聪明要正确地发挥作用，它需要正确的价值引导。否则，极有可能的是，人类在利用自己的聪明才智毁灭着人类，个体在利用着自己的聪明伤害着他人。一位后来当了中学校长的纳粹集中营的幸存者，写给每位老师的这封信，发人深思。

> 亲爱的老师，我是集中营的生还者。我亲眼看到人类所不应当见到的情景：毒气室由学有专长的工程师建造；儿童由学识渊博的医生毒死；幼儿被训练有素的护士杀害；妇女和婴儿被受过高中或大学教育的人们枪杀。看到这一切，我怀疑：教育究竟是为了什么？我的请求是：请你帮助学生成为具有人性的人。你们的努力绝不应当被用于制造学识渊博的怪物、多才多艺的变态狂、受过高等教育的屠夫。只有在能使我们的孩子具有人性的情况下，读写算的能力才有其价值。（郝德永，2002）[321]

说得多好啊，要使我们的学生不成为“学识渊博的怪物、多才多艺的变态狂、受过高等教育的屠夫”，我们的教育必须将他们的知识、智慧加以正确的引导，融入生命之中。所以，智育的三重任务——学习知识、形成智慧、点化生命，层层递进，前者只有转化或融入后者，才有其价值和意义。

2. 生命德育

长期以来我们把道德作为调节人与人之间、人与社会之间关系的行为规范，作为社会的一种意识形态，因而把道德混同于政治伦理，使之成为凌驾于个人之上的外在统治力量。建立在这种道德观下的道德教育，特别强调个人从属于集体、从属于社会、从属于国家，否定个人在道德领域的主体性。道德教育主要是以一致的道德秩序和道德准则来规范人的日常生活行为，所尊奉的是政治伦理，推行道德一体化秩序的道德约束，是以纪律为形式的强制的训诫、评价和奖惩，体现为一种道德的管制，从而有意或无意地遏制个人的道德主体性。道德教育潜在的意图就是压制人的主体性的发展，使之归顺于社会的要求，从而形成全社会步调一致的完美的秩序。

这种道德教育压制人的道德发展，不能真正地培养道德。因为，一方面，强制地灌输道德规范，忽视或无视个体生活的权利、人性的尊严与道德选择的自由，只能使个体在道德的重负下，遵从道德，伪饰道德，表现为言行不一、口是心非，而无法达到个体对德性的内在追求；另一方面，道德的外在命令取消了个人对道德的自主选择和判断，因而无法体验自主的道德行为的责任感，也就不可能自觉地完成道德义务。其实，这已不是“教育视野”中的道德教育，而是“政治视野”中的一种严厉的道德控制。

西方思想家早已指出，“适合于人的道德应该建立在人性上”，“道德一旦变成一种强制约束力量，那就是它的耻辱而不是它的本质”。马克思也指出，道德不同于宗教，“道德的基础是人类精神的自律，而宗教的基础则是人类精神的他律”（马克思，恩格斯，1972c）[119]。建立在人性基础上的自律的道德教育，是人以自身的至善和幸福为目的的道德选择。所以，反思今天的道德教育，我们必须对“道德”进行正本清源，还道德以人本性，在此基础上，确立以人为目的、尊重人的道德选择的自主性、发展人的主体道德人格的主体道德教育。

道德与法律、伦理不同。法律是一种强制性规范，它体现统治阶级的意志，是由国家政权保证执行的。法律规范并不关心主体是否心甘情愿地遵循这些规范的要求，只要违法，不管违法者服不服，都必须接受法律的惩罚。伦理与法律相比，虽缺乏一种“最后的制裁力量”，但作为一种社会舆论，同样是外在于人的，在极端的情况下，人们可以无视这种舆论力量的存在而自行其是。道德与伦理不同，伦理从社会性的角度加以把握，但道德则必须落实到个人的精神世界。道德是伦理的个人化，伦理是道德的社会化。美国著名道德哲学家弗兰克纳（W. K. Frankena）指出，“从道德上讲，任何道德原则都要求社会本身尊重个人的自律和自由，一般地说，道德要求社会公正地对待个人；并且不要忘记，道德的产生是有助于个人的好的生活，……但不是说人是为了体现道德而生存”（弗兰克纳，1987）[247]。相反，道德是为人而存在的。道德是人的道德，人是道德的主体。道德没有主体的参与，就不是道德；即便有了主体，如果主体不敬仰和服膺道德，也同样没有道德。

人是道德的主体，道德为人的需要而产生。道德对个人来说，是人自身的创造物。人类发生史的考察表明，道德最初并不是一部分人发明出来控制另一部分人的工具。道德产生于人们共同的特殊的人类需要并满足这种特殊的需要——即调节和确定人们之间各种关系的需要以及个人自我确证、自我肯定和自我发展的需要。道德作为人探索、认识、肯定和发展自己的一种特殊形式，体现着人的主体性。道德是主体人在自身需要的推动下自己创造的。道德包含着人的追求活动，而且道德规范本身也是反映和体现人的发展需要和意向的东西。人创造道德并不仅仅是为了约束自己，而且是为了确证、肯定和发展自己。道德有约束性，但道德对于人不仅仅是约束，而更重要的是激励。激励是积极的，约束是消极的；激励是本质性的，约束是从属性的。道德不是社会对付个人的工具，而是在个人与社会之间造成一种特殊的关系，这种关系不是压制人的，相反，它保证个人获得肯定和发展自身的条件。所以，道德在本质上是一个高度自主的人的领域。

人是道德的主体，人的主体性是一切道德活动的内在依据，人的主体性在道德活动中的展开和具体化，构成人作为道德主体的主体性。它包括如下几种。

（1）为“我”性

道德活动不同于物质生产中的对象化活动，对象化活动反映的是主体对客体的改造；道德反映人与人之间的一种协调关系，源于主体间的交往。利益是人们交往的根本动因，马克思说，“正确理解的个人利益，是整个道德的基础”（马克思，恩格斯，1957）[166]。因为“在任何情况下，个人总是‘从自己出发的’”（马克思，恩格斯，1960）[514]，在人与人的关系中表现为一种“为我关系”。但在交往中双方的“个人中心”或“为我性”，只能表现为“互利”。互利是人们相互交往的真正动因。互利的前提是保持利益的个人性。利己或自利，可以说是人的本性和本能，也是个人参与交往的动机所在。利己只是一个客观事实，它本身没有道德和不道德之分，关键是看如何达到利己的手段。如果是损人利己，当然是不道德的；但如果是互利中的合理利己，谈不上不道德。相反，假如说道德完全是为了他人，对此一人来说，可能是道德的，但客观上出让了一个人的利益，而让彼一人占有了不该属于他的利益，因而不利于道德生活的正常化。过去，我们把“毫不利己，专门利人”的“无私奉献”作为道德的核心，既不符合社会主义社会发展的现实，也不符合人的道德行为的真正动因，还不利于社会交往中的公正。所以，道德归根结底是发端于个人利益的，它是个人在交往中为了自身利益而与他人形成的一种“默契”。正如卢梭把自爱看作道德的源头，他说，“只要把自爱之心扩大到爱别人，我们就可以把自爱变成美德，这种美德，在任何一个人心中都是可以找到它的根底”（卢梭，1999）[356]。

（2）内在超越性

道德活动的超越性来自道德的内在本性。道德作为人类的一种精神活动，它反映的不是“实是”，而是“应是”。它不是人们现实行为的写照，而是把这种现实行为放到可能的、应是的、理想的世界中加以审视，用应是、理想的标准对它做出善恶的评价，以此来引导人的行为。这种应是与实是、理想与现实的矛盾运动，构成了人类的道德活动，也反映了人的精神世界的应然超越实然的内在超越性。正是人的内在超越性，不断推动着人类向至善方向发展，也使每个个体不断地自我完善，自我升华。（鲁洁，2000a）[190]这种升华和超越，正是道德活动的内在本质要求。所以，道德的活动和道德教育，不是道德知识的学习、掌握，也不是道德行为的训练、养成，而是深深触及、扎根人的心灵的活动。道德活动是人对应是的一种理想性选择，是人在发展中的主体性的表现，不同的选择反映出道德主体的不同道德境界和旨趣层次。

（3）自由意志性

道德作为一种实践理性，其核心便是自由。道德自由作为一种意志自由，与其他领域的自由相比，更受内心的约束，是自主自律的自由。黑格尔就认为，道德就是“主观意志的法”，法是自由意志的体现。康德也认为，人的善良意志就是道德，换句话说，道德就是意志自律，就是保持善良意志。道德自由是通过道德主体运用意志而使道德意识诉诸道德行为而实现的，道德意志对于实现道德行为、履行道德义务非常重要。道德法则必须通过自由意志才能内化为人性的善，才能使道德认识转化为道德现实，才能使道德法则得以真正地履行。所以，意志自由是道德活动启发人的德性，把德性变成道德行为的中介。

人是道德的主体，道德是人的生命展现的形式，因此，道德教育应该是生命的教育，是尊重生命的特性、提升生命善的价值的过程。

反思我国的道德教育，著名德育专家鲁洁教授指出，迄今为止，传统的道德教育模式仍然是我国道德教育的主流，这种模式把道德教育的过程仅仅看作对学生施加外部影响的过程，而且施加的影响又主要是既定的道德规范，强调的是学生符合规范的行为习惯的养成。因此，传统的德育模式形成了德育理论和实践的“人学空场”。主要表现在：在道德教育价值的认识上，过分强调其规范－约束的外在价值，忽视其生命发展的内在价值；在道德教育的目标上，无视个人的道德需要，道德要求剥离了个人的需要和利益，成为一种空洞的、抽象的口号，丧失了它应有的感染力和号召力；把德育的过程等同于知识的认知过程，强调对道德规范的灌输，忽视了人的情感体验和主体的道德参与；把道德教育知识化、学科化，忽视了与生活的联系以及日常生活的德育价值。

反思我国的道德教育现状，必须使道德教育返璞归真，实现生命的回归，这乃是我国道德教育走出困境的根本所在。

生命的道德教育是“有我”的道德教育。马克思早就说过，人类社会的历史是以个人的存在为前提的。但工具论的道德教育，把人看作社会的工具，泯灭了个人的存在，恰恰违背了马克思的这一思想。在工具论道德教育看来，对待个人与社会、个人利益和集体利益、私与公的关系，是道德教育的根本，也是衡量一个人的行为是否道德的关键。这种道德教育以社会或集体的利益为名，向受教育者灌输着“无我”“灭私”的思想，道德教育的榜样是“大公无私”的崇高形象。“‘无我’道德教育其实就是以‘无私’的为‘人民’的名义抑制自我的道德权利与责任，服从‘人民’的道德，形成社会中全体人民的道德一致。至于个体道德的自主、自由，生命价值的尊严，自我利益的正当性等等，则奉道德之名进行抑制和铲除。”（金生鈜，2003）[325] 生命德育认为，道德的特性之一就是“为我性”，任何一种道德学说，不管它的内部说服力或外部权威如何，如果不在人的道德本性中找到自己的牢固支点，都将是苍白无力的学说（索洛维约夫，1992）[338–352]。道德教育首先是关注“个人”的道德教育，脱离了个人谈集体、社会，必然是虚假的、抽象的。所以，刘次林博士在《幸福教育论》中反复论证的两个命题就是：修德不是为了别人，而是为了自己；德行不是自我牺牲，而是自我实现（刘次林，1999）[154–178]。正确地认识马克思主义所理解的“个人”不是孤立的个人主义。个人既是一个实体，更是一种关系的存在。个人存在于他人的关系之中，他人的存在是“我”存在的条件，个人的发展只有在与他人的关系中才能实现。所以，为了个人，必然要有利于与己相关的那些人，这些人当然是自己首属群体生活中的人，包括自己的亲人、同学、同事等。此时的“私”已经不是“自私”，“我”已经不是“小我”而是扩展的“大我”。“大我”与“我”的生活直接相关，而不是空洞的、异己的。苏霍姆林斯基教导他的学生“爱你的妈妈”，而不是空洞地爱祖国、爱人民，因为他深深地认识到，“宗教式的弃绝私利和盲目的舍己精神是跟共产主义道德格格不入的”（苏霍姆林斯基，1984）[49]。所以，道德教育的为“我”，是肯定“私”，但又超越“自私”，发展“一种健康的自私、一种伟大的自尊和一种不愿作无谓牺牲的倾向”（马斯洛，1987b）[109]。我们的道德教育的失误就在于不承认“我”的价值，把“自我”当作道德“恶”的根源，加以消灭，所以，导致道德教育教人说假话，而不是表达真实的内心。其实，为“己”不是不道德的，“损人利己”才是不道德的；“私”不是不道德的，“损公肥私”“假公济私”才是不道德的。我们的道德教育必须改变谈“己”色变，谈“私”色变，生命的道德教育不仅不回避“私己”的问题，而且认为，“私己”是道德教育的首先追求。

生命的道德教育是主体的道德教育。传统的道德教育是“美德袋”式的，在教育方式、方法上强调灌输，用指令式、强令式纠错的教育方式压服学生，以学生是否服从来判定学生达到水准的高低。因此，道德水平最高的学生往往是最无个性、最听话的学生。灌输式的道德教育是以不道德的方式来压制生命的自由，不仅是不道德的，而且不符合道德的本性。道德的特性在于自由，道德的成长不是外部施加影响或驯服的结果，道德的成长是生命的一种自我超越，因此，生命的道德教育不仅注重提高生命善的价值，而且注重以自由的方式、以道德生命的舒展方式实施道德教育。这就是主体道德教育的真谛所在。让道德的生命自由成长，可以说，道德教育的重点不再是“教”，而转向了“学”。一定意义上说，道德不是教师“教”的结果，而是学生选择、体验、践行的结果。

生命的道德教育是情感的道德教育。我们通常认为，品德由知、情、意、行构成，其中知是基础，行是关键，情和意只是在从知转化为行的过程中，起到催化剂的作用。杜威曾做过两类知识的区分，一类是“关于道德的知识”，一类是由道德知识形成的道德观念。前者仅仅是一种公共的伦理，外在于个体的生命；后者因为情感的加入，而融入生命，道德的知识才真正地对人的品德发生作用，转化为道德信念。一个人可以背诵“道德知识”，也可以假装“道德行为”（这在日常生活中比比皆是），但道德情感是掩饰不了的。因为只有情感是真正属于个体的，它是内在的、独特的，是人类真实意向的表达。道德知识要由“外”转向“内”，必须融入道德情感，才会成为人的道德生命的组成部分。所以，朱小蔓教授认为，“动情是德育的关键”（朱小蔓，2000b）[16]。她认为，道德学习不同于知识学习，知识学习是主－客关系，而道德学习则是主－主关系，它是基于人与人之间的理解，基于对主体间关系的体验。鲁洁教授把“人与人之间的理解”作为道德教育的基础（鲁洁，2000b）[226]，也是基于对情感在道德和道德教育中根本性的认识，是对认知性德育模式的超越。生命道德教育坚持情为关键，“没有情感，道德就会变成枯燥无味的空话，只能培养出伪君子”（苏霍姆林斯基语），融入了情感的道德认知，通过道德践行，最终发展成为道德信念。只有道德信念是衡量一个人的精神风貌及其品行中思想和行为一致、言论和行动一致的主要标志。

生命的道德教育是生活的道德教育。关注学生道德生命自由成长的道德学习，必须在生活中进行。生活的世界是生命存活的世界，是生命求得意义和价值的世界。个体生命的发展不在抽象的科学世界，而在富有人性的完整生活世界；个体的道德，作为生命的灵魂和核心，不在于道德的知识和技能，而在于情感的生成和心灵的感应，感应只发生在真实生活和具体情境中，所以，个体道德生命的发展是生活和道德的结合点。道德教育与生活的内在联系，要求道德教育表现出生活的特性。这包括：第一，道德教育是一种生活。一方面，生活被赋予道德教育的意义，是道德生命成长的田园；另一方面，道德教育具有生活的意义，道德教育是生活中道德目的的体现，它塑造的是道德的生活。生命的道德教育，旨在对生命中善和幸福的追求，这种追求的过程，就是生命展现的过程，即是生活的过程。第二，道德教育为了生活。道德教育为了生活，并不是如同斯宾塞所言的“为生活做准备”，生活是一个过程，既具有现实性，又具有超越性，道德教育就是要引导儿童从当下的现实生活逐渐走向未来的可能生活，这个过程是善的价值的充盈过程。因此，道德教育为了生活，也就是为了人的生命的发展。第三，道德教育在生活中。不仅道德教育是一种特殊的道德生活，而且道德教育要植根于生活之中，直面生活的问题，而不是隔离生活，在知识的“真空”中进行（冯建军，2002b）。

3. 生命美育

美育即为审“美”的教育。“审”是动词，即“仔细观察”“细究”；“美”是名词，对于“美”是什么，现代美育的奠基人席勒指出，“美对我们是一种对象，因为思索是我们感受到美的条件。但是，美同时又是我们主体的一种状态，情感是我们获得美的观念的条件。美是形式，我们可以观照它，同时美又是生命，因为我们可以感知它”（席勒，1984）[130]。长期以来，我们只是把“美”当作对象，视为事物的一种属性，因此，不少研究者把美育界定为“认识美、感受美、欣赏美、创造美的教育”，美育的目的是培养学生审视自然、社会、艺术美的观念和意识，教给学生审美的技能和方法，发展学生创造和表现美的能力。这当然没有错，但仅仅局限于此，就丢失了美育最根本的东西——生命的存在。正如席勒所言，美既是对象，同时“又是我们的人格状态”。我们可以评价一个事物美与不美，但这种评价既与事物的特性有关，更是我们的主观体验，是以我们的审美标准对事物进行判断而产生的审美体验。美是客观与主观的统一，是合规律和合目的的统一，但根本的是在规律允许或不违背规律的前提下，是人的一种内在需要的反映。因此，我们可以说，人类审美活动是人的生命的需要，审美追求是人对生命的追求，审美体验是人对生命的体验，审美享受是人对生命的享受。一句话，审美活动是自由地展开人的生命的活动。

审美活动既然是自由地展开人的生命的活动，那么通过审美活动所实施的审美教育，就应当是对人的这种生命活动所实施的教育，即对人的生命的教育。只有把审美作为一个与人的生存与发展，与个体的生命活动直接关联的范畴来理解，才可能真正揭示美育的应有之意，回归美育的本质。

因此，生命是美以及美的生存的本质，美育根本上应该是生命美育。“美育所关注的是人的生存与发展，它以人的需要与能力可以而且应该得到全面发展为信念，其基本的价值在于：满足和提高人的审美需要，提高人的精神能力，使个体获得感性和理性的平衡协调发展，使人的审美生活成为可能。它的价值取向首先在于人自身，在于人的生存发展的充分可能与完满。”（杜卫，2000）[8-9] 杜卫对美育的这一定位，正确地反映了美育的生命本质。

生命美育，作为现代美育的形态，首先是一种感性的美育。美育虽然本质上都是为了完满生命的发展，但不同的历史阶段强调的重点不同。“美学是作为有关肉体的话语而诞生的。”（伊格尔顿，1997）[1] 肉体有着放纵和自由的冲动，古代的美育观强调对这种冲动的约束，美育被列入道德教化的范畴，强调感性活动的理性化。现代美育不再强调感性活动的理性化，而是强调理性活动的感性化。因为西方文明的现代性进程是以理性为核心的，它压制了人的感性活动，把情感作为理性的敌人加以灭绝，它肢解了感性与理性、肉体与精神的完美和谐。席勒的现代美育思想的提出，针对的就是这种理性对感性的压制。它致力于通过更高的审美教育来恢复被教养破坏了的人的天性的完整性。梁启超也指出，“审美本能，是我们人人都有的。但感觉器官不常用或不会用，久而久之麻木了。……美术的功用，在把这种麻木状态恢复过来，令没趣变为有趣”（梁启超，1981）[423]。所以，在一个理性的时代，纠正理性对感性冲动的压制，为了人格的和谐发展，现代的美育似应定位为感性的教育：保持人的感性的自发性，保持生命的冲动与原创力，重视生命非理性的感知、想象、情感、直觉乃至无意识的培养。当然，美育强调感性的释放，并非停留在简单的本能的感性发泄上，要使人健康地、文明地释放自己的感性力量，教育必须对基于生理本能的感性进行引导和升华，摆脱其生理本能的约束，把感性由兽性的发泄提升到人性的水平。这就是美育的感性教育与感性发泄的不同。

实际上，现代美育强调生命的感性培养，只是一种纠偏的需要。美育的终极目标不在于理性，也不在于感性，而在于感性与理性的和谐统一。古代美育偏重于对人的感性的理性化，是因为理智没有支配感性，相反生命更多的是自然本性的流露。现代美育则更强调理性的感性化，释放生命被理性压抑的情感和能量。实际上没有理智约束的感性，是原始的粗野；同样，没有感性冲动的理性，生命表现出疲软和乖戾。席勒说，“我们的时代应该通过美从这种双重的混乱①中恢复原状”。美的修养能够同时对付这两个相反的缺点，使两种对立的特性——感性与理性在人身上统一起来。

生命美育是一种以情感为中介的创造教育。美育不是“说”的教育，而是“做”和“表现”的教育。杜卫在《美育论》中指出，审美表现包括情感释放与创造形式两个相关联的方面，对于这一点我是同意的。但他又同时认为，审美表现是以创造形式为中介的情感释放和升华，把审美表现的核心定位在情感的释放，这是我不大赞同的。马克思在指出人类活动的两个尺度——外在的“真”的尺度和内在的“善”的尺度后，进一步指出“人也按照美的规律来塑造”。可见，美归根结底在于创造，这种创造是基于情感支持的创造。费尔巴哈在《基督教的本质》中说：“如果你毫无音乐欣赏能力，那末，即使是最优美的音乐，你也只把它当作耳边呼呼的风声，只当作足下潺潺的溪声。当音调吸引住你的时候，其实究竟是什么东

① 粗野、疲软和乖戾。——引者注

西吸引住你呢？你在音调中究竟听到些什么呢？除了你自己的心的声音以外，还会是什么呢？”（费尔巴哈，1984）[38]固然听到的仍然是声音，但这种声音是美妙的音乐而不是噪音，就在于情感的支持。所以，审美活动的过程，也是一个情感活动的过程，没有情感的释放便没有审美表现，也没有审美创造的动力和审美愉悦的获得。美育是为了创造美，但这种创造不是基于知识、技法、逻辑的创造，而是基于情感释放的创造。情感是美育实施的前提。所以，美育是以美的巨大召唤力、感染力来教育人、影响人的，它以情动人，以情感人，以情化人。美育的力量取决于情感的力量，美育的效果取决于以情感人的效果。说得直白点，没有情感，就没有美育。

生命美育是超越和自由的教育。美固然可以带来一种愉悦的情感体验，但若把美局限于产生一种肯定性的情感关系来理解，显然没有抓到根本。从马克思关于美的论述可以看到，美是真和善的统一，是合目的和合规律的统一。因此，“美是自由的形式”（李泽厚），“美是自由的形象”（蒋孔阳），“美是自由的象征”（高尔泰），美学家的这些结论都表明了美是对主体自由的肯定，美体现了自由的本质。自由是一种创造，自由是一种超越。美育在最高层次上就是要造就一种自由的审美世界，这种审美世界超越了物质世界的实在性，超越了既定的世俗规范，是一种澄明透彻的心境。用庄子的话就是“无我”“虚静”；用禅宗的话就是“空灵”“透彻”；用王国维的话就是“无我之境”。这种“无我”，不是没有“我”的存在，而是超越了“为物所役”的“我”，排除了外在的功利性；超越了不自由心境的“我”，排除了杂乱无序的精神状态。这种“无我之境”是另一种超越“现实我”的“有我之境”，是情感的、精神的、本真的心灵境界。“审美超越在本质上是心灵的超越，审美的人生意义与价值根本上都源于心灵的超凡脱俗，自由自在。”（杜卫，2000）[35]美育不仅要传授认识、欣赏和创造美的知识、技能，发展人的审美能力，培养人的审美情趣和审美意识，更在于造就一种审美的自由人格，使人达成一种审美的境界，这才是生命美育的根本。

（五）社会生命的教育

自古希腊亚里士多德以来，西方人本教育家一直把身心的和谐发展或者真善美的完满人格作为全人的标志。对此，持社会本位倾向的教育家涂尔干提出批判，追求个体精神的和谐发展，在一定程度上是不可少的，也是令人向往的，但却是不能实现的。因为它与人们同样遵循的另一个行动准则有矛盾，这个行动准则就是，人的一生必须献身于某一项特定而有限的任务。每一种任务都有其特定的角色要求，教育就是培养适应这种角色的人，“适应整个社会在总体上对儿童的要求，并适应儿童将来所处的特定环境的要求”（涂尔干，1989）[9]，所以，教育就在于使年青一代系统地社会化，培养“社会我”就是教育的目的。撇开涂尔干社会本位的倾向不论，单看他对精神人格与社会生命的认识，无疑是正确的。所以，完整的生命不仅仅在于要有健康的身体、有道德、有智慧、有丰富的情感需求和审美意识，而且还在于他有适应社会生活和创造物质财富的本领。如果一个人四体不勤，五谷不分，不适应社会的要求，不会生产和创造物质财富，即便是其他方面十分富足，他的生命也不会有全面的发展，其生存也不会完满、幸福。

所以，日本教育家小原国芳在论及全人时，除了强调真、善、美、圣对生命的绝对价值外，还提及健和富对生命发展的手段价值，因此他的全人教育，不仅包括发展精神人格的真的教育、善的教育、美的教育、宗教教育，还包括健的教育和富的教育。联合国教科文组织对教育目的的认识也从培养体力、智力、情绪和伦理各方面综合发展的完人（联合国教科文组织国际教育发展委员会，1996）[195]，转变为提出教育的“四大支柱”——学会认知、学会做事、学会共同生活、学会生存（联合国教科文组织国际21世纪教育委员会，1996）[75-88]，把“学会做事、学会共同生活、学会生存”作为教育的目的，这一转变也反映了对完人的认识走出了精神生命的误区，开始把社会生命纳入其中。所以，全面的生命教育不可忽视社会生命的教育。当然，教育促进人格的完善是根本性的，社会生命是精神生命在社会领域和应用层面的延伸。前者体现了教育的人本性或人文性，后者体现了教育的工具性。我们既不能以教育的工具性来代替或者排斥人本性，也不应该以人本性诋毁工具性。教育既引导人思考“为何而生”的意义，又不能放弃教人“何以为生”的本领。人文教育的缺失恰恰就在于强调教育的生命本性或人文性，否定了教育的工具性。

社会生命的教育，实质上是使个体社会化的过程。个体的社会化是指个体适应社会的要求，通过与社会环境的相互作用，由一个自然人、精神人转化为一个能适应一定的社会规范要求，参与社会生活，履行一定角色行为的社会人的过程。社会化的内容或构成，有狭义和广义之分。狭义的个体社会化，仅是指个体获得某种社会的价值、规则、态度和信念。广义的个体社会化，不仅包括引导儿童掌握和内化这些社会价值、规范、态度、信念，同时也包括使个体获得一定的职业知识和技能，掌握谋生的本领，创造社会的财富。所以，社会生命的教育，是使人成为社会人的教育，成为一个家庭和社会的成员、成为一个公民和生产者的教育。它包括社会化的教育、共同生活的教育、生存的教育等。

社会化的教育。生命不是孤立的、单个的存在，生命存在于关系之中，是一种关系性存在。个体的生存与幸福必须遵循人与人之间为维持和谐共存而达成的协议、所订立的规则，这是成为社会人的前提。所以，社会化的教育就是使个体接受社群（包括社会、国家、集体等）的规范，促进个体思想意识的社会化，个体能力发展的社会化，个体行为的社会化，个体职业角色、身分的社会化。个体的社会化与个体精神人格的发展必须协调起来，这正如杜威所说，“如果从儿童身上舍去社会的因素，我们便只剩下一个抽象的东西；如果我们从社会方面舍去个人的因素，我们便只剩下一个死板的，没有生命力的集体。因此，教育必须从心理学上探索儿童的能量、兴趣与习惯开始。……这些能力、兴趣和习惯必须不断地加以阐明——我们必须明白它们的意义是什么，必须用和它们相对应的社会用语来加以解释——用它们在社会服务中能做些什么的用语来加以解释”（杜威，1994）[5]。所以，杜威倡导儿童的自由发展，但他与自然人本主义教育家不同，他重视社会化对儿童发展的制约和引导作用。这在他为芝加哥实验学校所起草的《组织计划》中得到了进一步明确，“一切教育的根本问题在于协调心理（个人）的因素和社会的因素。……这种协调要求儿童能够表现自己，但必须按照实现社会的目的表现自己”（梅休 等，1991）[译者前言3]。只有把人的精神人格社会化，把精神生命与社会生命统一起来，个体才会成为一个现实的生命体，而不是一个抽象的人。

共同生活的教育。人生活在关系之中，工业文明发展起来的“为我”的这种单子式的主体性，必然带来人与人、人与自然之间的冲突。“人类历史始终是一部冲突史。但是，一些新的因素，特别是人类在 20 世纪期间创造的奇特的自毁能力，正在增加冲突的危险。……迄今，教育未能为改变这种状况做多少事。”（联合国教科文组织国际 21 世纪教育委员会，1996）[82]因此，在反思的基础上，国际 21 世纪教育委员会向联合国教科文组织提交的报告《教育——财富蕴藏其中》把学会共同生活、学会与他人一起生活作为 21 世纪教育的目标之一，并认为这种学习可能是今日教育中的重大问题之一。他们设计了使人们通过扩大对其他人及其文化和精神价值的认识，来增进理解、避免冲突，或者以和平的方式解决冲突的教育策略：首先是教学生懂得人类的、民族的多样性，同时还要教他们认识所有人之间具有相似性并且是相互依存的，通过这种教育，使他们发现他人，尊重他人，理解和宽容他人的独特和差异；然后是为人们设计共同的奋斗目标，开展共同的项目，组织共同的活动，传授合作和避免冲突的方法，增进对他人的了解和对相互依存问题的认识，培养对弱势人群的关爱、社会责任感和人道主义精神。

生存的教育。教育既具有个体发展的功能，又具有个体谋生的功能。教育的个体发展功能着眼于人的自身发展的需要，促进人的身心和谐发展，是成“人”的教育。教育的个体谋生功能，着眼于社会生产和生活对人的知识、技能的要求，是成“才”的教育，是“人力”的教育。当然，教育的最终目的是成“人”，但成“才”是成“人”的必要环节，同时，成“人”必须通过成“才”表现出来。我们否定教育的极端功利主义，以牺牲个体生命的发展为代价而追求成“才”（“应试教育”就是典型），但并不否定在身心和谐发展基础上的成“才”教育。个体生存需要要求教育必须传授“何以为生”的知识、技能和本领，使人“学会生存”。英国教育家斯宾塞曾经将“个人完满生活的准备”作为教育的目的，认为“为我们的生活做准备是教育应尽的职责”。他按照重要的程度把人类的活动分为五类：直接有助于自我保全的活动，获得生活必需品而间接有助于保全自己的活动，目的在于抚养和教育子女的活动，与维持正常的社会和政治关系有关的活动，在生活中的闲暇时间用于满足爱好和情感的各类活动。教育为完满生活做准备，就需要准备直接自我保全的教育，准备间接自我保全的教育，准备做父母的教育，准备做公民的教育，准备生活中各项文化活动的教育。只有进行了这些方面的教育，个体才能从“精神人”成为一个现实的家庭成员、社会公民、父母、生产者、生活的享用者，承担他们的责任，过上健康、文明、幸福的生活。

小原国芳提到的“富的教育”，也属于生存教育的范畴。他说，“守着父母的金库，坐吃父母的遗产，这种人完全是个没有活在世上意义的人。应该做一个自食其力、独立自主的人”。所以，富的教育要教给学生致富的本领，使他们在未来的生活中能够创造财富；同时，要使之正确使用财富。“应该教育孩子如何正确使用财富，这比创造财富还重要。”我们在现实中看到，一些人因为富而变成了饥饿的贪婪者和金钱的奴隶。所以，小原国芳强调“富是人不应超越道德和人格拥有和使用的东西”（小原国芳，1993b）[310－311]，旨在发挥精神人格的引导和规范作用。我觉得这对我们今天的教育很有启迪。

基础教育虽然也承担使学生学会生存的责任，但其重点仍然在于促进身心的和谐发展，为成“才”奠定基础。建立在基础教育之上的职业技术教育、高等教育乃至成人教育，重点应该转向生存的教育，其主要的目的在于造就和培养具有谋生本领的劳动者和建设者，使其成为推动社会生活发展进步的人力资源。

总之，全人的教育包括自然生命的教育、精神生命的教育和社会生命的教育，它们各自内部又包含相应的体育、智育、道德教育和审美教育等，共同构成一个复杂的、完整的教育网络和有机统一的教育体系。其中的每一种教育，既相对独立，又相互开放。所谓相对独立，是指每一种教育有它独特的发展任务，是其他各育所不能代替的。所谓开放，那是由于生命是一个相互联系的整体，不可能把某些部分割裂开来，某一教育与其他各育处于密切的联系之中。这种联系体现为两个层面：第一，某一教育内在包含其他各种教育的因素，或者说，它与其他各种教育有交叉重叠；第二，某一教育活动可以为其他教育活动提供有效的手段。所以，全人教育是个整体，每一种教育在这个整体中具有开放的自律性。

二、自由的教育活动

（一）自由：人的天性、天权

伟大诗人裴多菲的悲壮诗句“生命诚可贵，爱情价更高，若为自由故，二者皆可抛”，伟大哲学家亨利（P. Henry）的悲壮宣言“对我来说，不自由，毋宁死”，都昭示着自由是人性中最宝贵的东西，是人性的“圣物”。历史发展的事实表明，无数仁人志士，为了自由，抛头颅，洒热血，奉献出了宝贵的（自然）生命，用生命谱写了一曲追求自由的壮歌。所以，一部人类的发展史，表面是血与火的历史，实际上是人类文明的发展史，是人类追求自由解放的历史。恰似恩格斯所指出的，“文化上的每一个进步，都是迈向自由的一步”（马克思，恩格斯，1972d）[154]。

正因为如此，“自由”不仅引起人们在实践活动中对它的追求和向往，也引起众多思想家对它的思索。

虽然自由作为一种时代的精神，是从资本主义的兴起开始的，但哲学家对自由的认识远在古希腊时期就提出来了。古希腊对自由做出明确探索的是亚里士多德。他提出了“人本自由”这一命题，第一次把自由看作人的本性。他说，“人本自由，为自己的生存而生存，不为别人的生存而生存”

（亚里士多德，1959）[5]。在他看来，人是自己生存的主人，不是他人生存的工具，这隐含了康德后来提出的“人是目的”的思想。

古希腊的“人本自由”思想，到了中世纪被涤荡得一干二净。基督教神学成为欧洲中世纪思想文化的主导。经院主义哲学肆无忌惮地歪曲古希腊罗马思想家的“人本自由”学说。经院主义哲学的集大成者阿奎那（T. Aquinas）把上帝看作一个非受动的、纯粹的主动者、自由意志者，人是按照上帝的要求塑造出来的，必须服从上帝的安排，人才可能有自由。他把人的自由置于上帝之下，自由是上帝的恩赐，实际上，把人的自由控制在上帝手中，人无自由可言。文艺复兴使被亵渎了千年的人类自由重见天日。正如黑格尔所描述的，它“好像在长时期暴风雨之后，第一次又预示一个美丽日子的来临。这一个日子……它经过了中古时代的阴森可怕、漫漫悠长的黑夜，终于破晓了！……它充满了最尊贵的和最高尚的东西，曾经由基督教给予了自由的、由教会解放出来的人类精神，显示出永恒的、真正的内容”（黑格尔，1956）[458]。自由是文艺复兴时期的一面旗帜。高举这面旗帜的首先是意大利的伟大诗人但丁。恩格斯把但丁的出现看作封建中世纪终结和现代资本主义新纪元开端的标志，说他是中世纪最后一位诗人，同时又是新时代的最初一位诗人。他在《神曲》中歌颂了自由的理性、个人的情感、求知的精神。他在《君道论》中宣称，上帝赐给人类最大的恩惠就是所有人自由的原则，而“自由的第一原则就是意志的自由”（周辅成，1966）[19]。但丁的伟大在于他开启了一个人类追求自由的新时代。但丁之后，意大利涌现出了一批著名的人文主义学者，如维多利诺、拉伯雷、蒙田等人，他们尖锐地批判基督教神学的天意说，充分肯定人的自由和尊严。拉伯雷在其名著《巨人传》中描述了一个叫特来美的修道院，他为修道院定下的规矩是“随心所欲，各行其是”。所以，在那里没有任何束缚个性自由发展的清规戒律，也没有繁文缛节的宗教仪式，每个人都有充分发展自我的权利，谁也不能把自己的意志强加给别人。

“人本自由”的思想在近代资产阶级哲学家那里得到了进一步的发挥和深化。他们力图从人的本性中给自由寻找最牢固的根基，形成了“天赋自由论”。所谓天赋自由论，就是主张自由不是后天获得的，而是天赋的，是与人性同在的，并由人性决定的。这方面的重要代表人物有霍布斯（T. Hobbes）、洛克和康德。英国著名的唯物主义哲学家霍布斯在《利维坦》中说，自然权利“就是每一个人按照自己所愿意的方式运用自己的力量保全自己的天性——也就是保全自己的生命——的自由。因此，这种自由就是用他自己的判断和理性认为最合适的手段去做任何事情的自由。自由这一语词，按照其确切的意义说来，就是外界障碍不存在的状态”（霍布斯，1985）[97]。作为近代资产阶级国家学说和社会学说的奠基人，他第一次从理论上论述了自由是“天赋人权”，论证了自由的神圣不可侵犯性，强调自由必须受到法律的保护。他说，“人的天然的自由，就是不受地球上任何高一级的权力约束，不处于人们的意志或立法权之下，而仅以自然法则为其准绳”（艾德勒，范多伦，1988）[990]。康德也认为，“天赋的权利只有一个，即生来就有的自由权”。“自由是独立于别人的强制意志的；……它能够和所有人的自由并存，它是每个人由于他的人性而具有的独一无二的、原生的、生来就有的权利。当然，每个人都享有天赋的公平，这是他不受别人约束的权利，正如他不能以同样的权利去约束别人。”（艾德勒，范多伦，1988）[1002]洛克和康德把自由看作人的天然权利，是不可剥夺的，这对资产阶级的革命客观上起着积极的作用。

18 世纪法国的启蒙思想家卢梭也是天赋自由论者。在《社会契约论》中，他提出了“人生而自由”的命题。他认为，自由是人性的产物，是人的天生本性，是人的一切能力中最崇高的能力（卢梭，1962）[135-136]。因此，“放弃自己的自由，就是放弃自己做人的资格”（卢梭，2011）[12]。但卢梭又指出，人虽然有主动自由的天性，“但却无往不在枷锁之中”；虽然拥有自主、自由的权利，却“反而比其他一切更是奴隶”。这其中的原因被归结为社会的恶浊和专制，正如他在《爱弥儿》中所揭示的，出自造物主的东西，都是好的，可是，一到人间就变坏了。于是，他揭露了人的自由天性与私有制和随之而来的社会不平等的矛盾，希望以社会契约的形式建立良好的社会秩序，保障每个人的自由和平等的实现。卢梭的自由学说中深厚的革命民主主义思想，不仅对法国资产阶级大革命产生了直接的影响，而且奠定了西方社会政治思想的基础。

德国古典哲学的创始人康德的自由学说，是建立在实践理性基础上的。康德把世界二分为“现象界”和“本体界（物自体）”。现象是指我们的感觉表象，现象界是自然的领域，是可以被知性所认识的。物自体是超出经验、不可被知性规定的存在，它是一个自由的领域。依康德的观点，在现象界的自然领域，人受自然必然性的支配，必须服从自然法则、因果规律，因而人是不自由的。但在自然领域无法实现的自由可以在实践领域实现。在实践的领域、道德的领域，人能够超越自然的限制，完全按照理性为自身订立的法则来行动，因而是自由的。自然界遵循外在的法则，人虽然可以认识自然，而且在认识自然中，把自然纳入人的认识经验，突出人在认识中的主体地位，但人终究不可以支配自然，是“知性为自然立法”，而不是“人为自然立法”。真正实现人的“自我立法”的是在道德领域。因为道德是人自身的道德，它是建立在人性基础上的自由和自律。道德是理性为自己立法，自己立法自己遵从，因而是自由的。“道德法则无非表达了纯粹实践理性的自律，亦即自由的自律。”（康德，1999）[34−35]自由是康德伦理学的核心。不仅如此，借助“自由”的本性，人为自己而存在，自己是自己的目的，而不是别人的工具，这就使得“自由”在康德哲学中超出了伦理学的内涵，而对人具有了本体的意义，因此“理性为自己立法”所体现的人之自由，与“人是目的”是相通的。在康德那里，自由通过在实践领域、道德领域的体现，进而成为人的内在本性，所以，康德又把自由看作人生来就有的权利，而且是每个人平等具有的权利。

德国古典哲学的集大成者黑格尔也把自由看作人的本性。他认为，人的本质是精神，而“‘精神’的一切属性都从‘自由’而得成立；……一切都是为着要取得‘自由’的手段；……一切都是在追求‘自由’和产生‘自由’”。因此，他说，“精神——人之所以为人的本质——是自由的”。（黑格尔，1956）[55−56]但他不同意自由天赋论。他认为，如果把自由看作天赋的，就等于承认有一个原始的天然状态，这是一个没有驯服的天然冲动状态，这只能使人停留在原始的本能和情感的任性上。黑格尔批判通常人们把任性当作自由的看法，他指出，“当我们听说，自由就是指可以为所欲为，我们只能把这种看法认为完全缺乏思想教养”，“通常的人当他可以为所欲为时就信以为自己是自由的，但他的不自由恰好就在任性中”。（黑格尔，1961）[25,27] 所以，黑格尔所说的“自由”是建立在“理性”基础上的，从自由与必然的辩证关系中，指出自由是对必然性的认识。他说，“世界历史无非是‘自由’意识的进展；这一种进展是我们必须在它的必然性中加以认识的”（黑格尔，1956）[57]。他又进一步解释说，“必然之变为自由，并非由于必然消失了，而只是由于它的还是内在的同一将会表现出来”（黑格尔，1976）[232]。在他看来，必然性在没有被认识和理解时，是盲目的、外在的，精神一旦认识和把握了必然性，也就扬弃了必然性的外在形式而把它变成自身内在的环节，纳入了内在生命的必然性就是自由，所以，必然性在内在的同一中，实现了从必然向自由的飞跃。黑格尔基于必然性对自由的深刻认识，得到了马克思主义经典作家的高度评价，并影响了他们在人与自然关系中对主体自由的认识。恩格斯指出，黑格尔正确叙述了自由和必然之间的关系（马克思，恩格斯，1972d）[153]，他也据此认为，自由是在于根据对自然界的必然性的认识来支配我们自己和外部自然界的权力。

黑格尔的自由建立在理性的基础上，对必然性的认识，一定意义上限制了康德所说的物自体的意志自由。黑格尔哲学巅峰之后，哲学转向了非理性，回归意志自由，这首先表现为唯意志主义的出现。叔本华和尼采是其主要代表。叔本华把自由与必然性割裂开来，主张意志本身是自由的，并且是不依靠理性，绝对自由的。但在表象的世界，是没有自由的，只有必然性。因此，他说“必然性是大自然的王国，自由是天惠的王国”（叔本华，1982）[554]，意志作为自在之物，独立于必然性之外，是真正的自由。实际上，叔本华的自由意志与康德相差无几，只不过康德把意志自由仅仅局限于实践领域而已。

存在主义从根本上颠覆了理性主义的第一原理——本质先于存在，确立了它的第一原理——存在先于本质，从而为自由找到了人性的根据。萨特认为，所有形式的决定论都依据一个共同的假设，即本质先于存在。他说，这种“本质先于存在”的哲学假设，只能说明人以外的其他事物，而不能说明人。对人来说，人首先得生下来，即首先得存在，然后才能选择自己，造就自己的本质。所以，对人的理解必须排除任何形式的预先决定，从“无”出发。“人除了自己认为的那样以外，什么都不是。这就是存在主义的第一原则。”（萨特，1988）[8]萨特从存在的本体是“虚无”和“存在先于本质”的第一原则出发，得出“人命定是自由的”。他说：“如果存在确是先于本质，人就永远不能参照一个已知的或特定的人性来解释自己的行动，换言之，决定论是没有的——人是自由的，人就是自由。”（萨特，1988）[12]他还说：“人并不是首先存在以便后来成为自由的，人的存在和他‘是自由的’这两者之间没有区别。”（萨特，1997）[55]萨特的自由是行动的自由，是选择的自由。因为人是虚无，随自己的行动而成，随自己的意愿而成，人是自己造就的。存在主义的另一位大师海德格尔也指出，“是自由给人提出了选择（在者的）可能性，又给人端出了必然性”。人“只是作为自由的所有物出来生存的”（熊伟，1997）[346]。

回顾上面思想家的诸多论述，我们可以看出，“人本自由”一直是西方思想的主流。但思想家们“自由”的所指不同，有哲学上的自由，有伦理上的自由，有政治上的自由等。我们这里选取的多是在哲学意义上，论述作为人的特性的“自由”的含义，这其中又有不同，包括自由天赋论，如霍布斯、洛克、卢梭等；自由意志论，如康德、叔本华、尼采；自由选择论，如萨特等；自由是对必然性的认识论，如黑格尔等。

马克思也认为，自由是生命的本质，但他对“自由”的认识，是建立在“活动”基础上的。马克思在《1844年经济学哲学手稿》中谈到动物种的特性或种的类特性与人的类特性的区别时指出：“一个种的全部特性、种的类特性就在于生命活动的性质，而人的类特性恰恰就是自由的自觉的活动。”（马克思，恩格斯，1979a）[96]理解这句话，我们可以看出，马克思至少谈到了两种含义。第一，自由是人的类特性、类本质。所谓类特性、类本质主要在于“生命活动”的性质。人的生命活动和动物的生命活动的区别，就在于动物的活动唯一地受本能的支配，和它的生命是同一的。但人能“使自己的生命活动本身变成自己的意志和意识的对象”，而“仅仅由于这一点，他的活动才是自由的活动”（马克思，恩格斯，1979a）[96]。所以，马克思对自由的理解是基于本体论的，自由是人的生命的内在本性的要求，即“人的生命的自由表现”（马克思，恩格斯，1979a）[254]。第二，人的自由是以活动为基础，并在活动中获得实现的。因为在活动中，人懂得按照任何一个种的尺度，并且懂得把内在的尺度运用到对象上去，因而也是按照美的规律来塑造，活动体现了人的真善美、合规律和合目的的统一，因此活动是自由的。“在这样的活动中，人成为越来越自由的人。”（冯契，1996）[9]马克思因此把“真正自由的劳动”看作生命的自由表现，在劳动中肯定了自己的生命，也肯定了自己的个性。

（二）人的自由与生命的自由发展

“自由”的含义如此之多，不仅反映了思想家认识上的差异，而且反映了对自由的认识需要多个维度。从辞源学上考察，英语中的“自由”一词，就有两种写法，表示两种含义。“freedom”，来源于条顿民族，意指原始社会中无任何羁绊的自然生活状态；“liberty”则源自罗马法，有权利和义务双重含义。所谓“无任何羁绊的自然生活状态”，反映了人的主体性的要求，表现在人对自然的控制之中。所谓“权利和义务”，反映的是主体的社会权利和义务不可分割的思想，表现在人与人之间结成的社会关系之中，是处理人与人关系的社会准则。辞源学的考察，使我们看到“自由”在不同领域中的两种含义。

马克思主义认为，人是现实的、关系中的人，人既要受到业已形成的现实关系的制约，又要摆脱、超越这种关系的束缚，体现出生命的自由。所以，人的自由表现在关系之中，是对现实关系的超越和支配，成为支配各种现实关系的主体。从总体上看，我们可以把人的现实关系分为三类：（1）人作为主体与外部世界构成的主体与客体关系，这种关系的实质就是人的主体性或自觉能动性与外部世界的客观规律性的关系；（2）人作为主体与其他作为主体的人构成的主体与主体之间的社会关系，这种关系的实质就是主体间的利益关系，涉及人或主体在政治、经济等利益面前的地位和权利的各种规定；（3）作为主体的人与自身存在和发展的关系，这种关系是从人的本性出发去对待自身存在和发展的问题。与之相对应，人的自由也表现为三种关系中的三维自由①：（1）在人与外部世界关系中的主体自由；（2）在人与人之间关系中的社会自由；（3）在人与自身关系中的个性自由。“三维自由”总体上对应了我们前面提到的人的三重生命：自然生命、社会生命和精神生命。三重生命是一体的，因此，三维自由也是统一的，它统一于马克思的“自由自觉的活动”“真正自由的劳动”之中。

在人与外部世界（包括自然界和社会）的主客体关系中，人的活动要受到外部世界客观规律或必然性的制约，同时，人作为有意识的能动的存在物，能够在实践中认识外部世界的客观必然性，并在这种认识的指导下，通过实践能动地改造外部世界。前者表现了人的受动性，后者表现了人的主体性，后者就是主体的自由。所以，在主客关系中的自由，是指人们在作为客体的外部世界所固有的规律面前的自由，是人作为主体而具有的自觉能动性的发挥所达到的自由。正如黑格尔所讲到的，客观事物的规律或必然性，在没有被人认识，或者人的活动没有遵循规律时，规律是外在的，在人的面前就表现出“盲目的必然性”，人不得不服从外部事物的支配和统治，因此，对主体来说，就不是一种自由状态。但如果人一旦认识了外部事物的必然性或规律，也就扬弃了必然性的外在形式而把它变成自身内在的环节，能够按照自己的意志驾驭外部力量，从而适合自己的需要，达到主体预期的目的。对主体来说，这就是一种自由状态。因此，主体的自由就表现为对必然性的认识和对客观世界的改造。

人与他人的关系，是主体间的社会关系，包括人与人之间结成的经济关系、政治关系、思想文化关系等。在这些关系中，人与人之间体现的是一种利益的划分，经济关系涉及的是经济利益，政治关系涉及的是政治利

---

① 关于人的“三维自由”的论述，参见贾高建. 三维自由论［M］. 北京：中共中央党校出版社，1994.

益和权利划分，思想文化关系涉及人在思想文化方面的主导或支配地位。社会关系的维持必须使每个人在政治、经济、思想文化方面得到各自的利益，享有相应的权利，同时承担相应的义务，体现权利和义务的统一。所以，在人与人之间关系中的社会自由，是人与人之间在社会地位和社会权利意义上的自由。人们按照自己在社会关系中所处的地位和权利，在一定的范围内，也就是在不妨碍他人的地位和权利的范围内，可以按照自己的意愿去决定自己的行动，从而实现自己的利益，这就是社会的自由。相反，如果人应享有的社会地位被否定，所应享有的社会权利被剥夺，人不能按照自己的意志，而是按照别人的意志去行动，最终实现的不是自己的利益，而是自己成为实现别人利益的工具，这种马克思所称的“异化”，就是不自由。历史上，哲学家们在政治的意义上提出的“自由是从事一切无害于他人的活动的权利”，“自由是从一定社会关系中得到许可的、按自己的意志活动的权利”，“自由就是做法律许可的事情的权利”，都是对人与人之间社会自由的界定。

我们从辞源上考察的“自由”的两种含义，其实指的是人在外部世界中所体现的主体自由和人与人之间的社会自由。长期以来，我们容易忽视人与自身之间的关系，即使注意到这种关系，也是把自身作为客体加以反思和改造。其实，生命的内在本性不在于“是”，而在于“应是”，由此生命表现出能动性和超越性。人与自身之间的关系，就是人的生命内在本性的要求与人的已有发展水平之间的关系。在这一关系中，自由表现为人按照生命本身所固有的内在本性的要求去支配自身的存在和发展的自由，是主体的“应然”对自身的否定、超越的自由，是主体自我实现的自由。这种自由不同于主体对客体的认识和改造（主体自由），也不同于主体之间的利益分割（社会自由），而是基于主体人的生命的内在超越性，自觉地把这种本性的要求转化为自己的意志，进而在自身各方面的存在和发展过程中将其实现。也就是说，生命本性的要求成为他活动的目的，成为他建构自身、发展自身需要和能力的动力。这种自由来自生命本性的要求，表现为人按照自己的意志，实现自身的发展。因此，“自由是个人按照自己的意志行事的权利”（伏尔泰）。如果主体的发展不能根据自己的意志，不能根据自己的兴趣、爱好，发展为外力所支配，人被动地听任自己进入这样或那样的存在和发展状态，就是不自由的。由于人的内在本性的要求在人的个体存在形式中体现为个性的要求，所以，主体在自身存在和发展意义上的自由，就称为个性自由。个性自由完全是生命本身的事情，它发生在精神生命之中，是生命对自身的改造、超越和发展。

上述内容分别考察了人在与外部世界、与他人、与自身关系中的三维自由。一方面，它们各自都有自己的特殊规定性，从而具有相对独立性。虽然主体自由、社会自由、个性自由所指涉的领域不同，与人构成的关系不同，但它们都反映了自由的一般特性——人在现实关系中的自主活动状态。另一方面，它们又相互影响、相互联系，共同构成人的完整的自由体系，这就是恩格斯所说的，自由王国中的人，“终于成为自己的社会结合的主人，从而也就成为自然界的主人，成为自己本身的主人——自由的人”（马克思，恩格斯，1972d）[443]。

马克思认为，自由不是凭空进行的自由，自由体现于实践活动中，完成于实践活动中。马克思对实践活动的认识包括两个方面：一方面是人对自然的作用，另一个方面是人对人的作用（马克思，恩格斯，1979b）[41]。但并非任何实践活动都能体现人的自由。马克思认为，只有“自由自觉的活动”，“个人自己自我提出目的”的活动，才能体现人的自由。因为这种活动反映了人的自主状态。在实践活动中，“人对自然的作用”，体现着主体自由；“人对人的作用”，体现着社会自由。人的实践活动，虽然只表现为认识、改造客观世界和人与人之间的交往关系的创造与共享，但通过这两种外部活动，人改造了自身，实现了个性的自由。所以，自主的实践活动，实现着人的三维自由的统一。

马克思对自由的认识不仅立足于实践活动的尺度，而且立足于人的历史发展的向度。自由是一个历史的范畴，人类的自由在某一阶段所能达到的程度，与人类自身的解放程度成正比。历史越向前追溯，人的自由的程度越低，越往后发展，人的自由程度就会越高。马克思按照人类发展的自由程度，将人类社会形态分为三个阶段：人的依赖关系是最初的社会形态；以物的依赖性为基础的人的独立性，是第二大社会形态；建立在个人全面发展和他们共同的社会生产能力成为他们的社会财富这一基础上的自由个性，是第三个阶段，也是可以预见的最高形态。（马克思，恩格斯，1979b）[104]在人的依赖关系阶段，个人不具有独立的价值，个人依附于群体，最初是血缘关系的群体，后来是权利关系的群体，个人只具有依附性，群体是这一阶段的主体，个人不是主体，因此谈不上自由。随着生产力的发展、资本主义的形成，古代社会所形成的人身依附状态被打破，个人获得了独立性。但这种独立性是以对物的依赖为基础的，实际上，这个阶段把前一个阶段对人的依赖转化为对物的依赖，人仍然不能表现出完全的独立性，不能获得真正的自由，但我们必须看到，“物的关系比单个人之间没有关系要好，或者比只是以自然血缘关系和统治服从关系为基础的地方性联系要好”，因为对物的依赖，使个人摆脱了人身依附，出现了个人独立，这是走向自由的前提。所以，马克思说，第二阶段为第三阶段创造条件。正是在第二阶段的个人独立性的基础上，人的发展才最终走向了“自由个性”的最高形态。在这一阶段，人不仅摆脱了“人的依赖关系”，而且摆脱了“物的依赖性”，从而真正地、自由地存在和发展自身，按照自己的特点自由地支配自己的活动和所创造的社会关系。

马克思虽然也把自由看作人的本性，但他不同于自由天赋论者、自由意志论者把自由当作生命固有的本性来看待，而是以历史唯物主义和实践唯物主义的视野，把自由置于人的活动的自主尺度和人类发展的历史向度来认识，超越了资产阶级哲学家抽象的、唯心主义的自由观，使自由回到现实之中，通过人类的活动，不断地追求自由，逼近自由，最终实现自由。

人的自由发展是人在发展过程中的一种自由自主状态。从广义上讲，现实的人在现实关系中呈现的各种自由状态，都可认为是人的自由发展状态，因为人作为类的存在物，体现着与自然、与社会、与自身的统一。但在狭义上讲，人的自由发展，它只能指人与自身关系中的个性自由，即人按照自己的意志去实现自己本性的要求，去生存、活动并发展自身。生命体中的个性自由的实现，即为人的自由发展。人在外部世界中的主体自由，在人与人之间的社会自由，都是实现个性自由的手段，因此，也是促进人的自由发展的手段。

自由发展的人，即马克思所说的“自由个性”，是建立在全面发展基础上的完整的人，是有自由的主体性的人，是可以支配自己发展的有个性的人，是个体和类之间真正和谐统一的世界历史性的、真正普遍的个人（冯建军，2001a）[205-208]。

（三）教育活动中的自由

自由是生命的内在要求，人的发展因此必须是自由的发展。但教育的问题恰恰是对人的自由发展的强制。所以，教育史上的每次改革，都是针对不同意义上的强制发展论。文艺复兴时期的人文主义教育家反对宗教、神学对人的强制，卢梭的自然主义教育反对社会对人的强制，杜威及其进步主义教育反对教师对儿童发展的强制，苏联的合作教育学反对教师的权力主义和强迫命令。可以说，传统的教育一直没有认识到自由的人本地位和价值，所以无论是教育体现的社会意志，还是教育过程的精致化、设计化，教师的代言人身份以及所体现出来的教师中心主义，都在自觉不自觉地扼杀儿童的自由。因此，今天重提“教育自由”，就是把自由还给儿童，使教育回归儿童的自由本性。

自由是人的天性和天权，是自然而然的流露。在这个意义上，自由不需要教育。自由是人性潜在力量的展开。就像本真的大自然无须保护，我们之所以现在要保护大自然，是因为我们破坏了大自然。同样，自由无须教育，但历史上之所以出现自由教育，恰恰是因为教育存在着对自由的破坏，有识之士意识到这一问题的严重性而提出教育保障自由，这就是要排除对人的身心和谐发展的干扰、控制和奴役，使儿童返归自由。这意味着教育自由不是教育过程中儿童的一种单纯的天赋的自然权利，而是一个人走向可能生活的过程中必须履行的义务，也就是人之为人的责任。

自由使每个人成为一个大写的“人”，一个集体或社群中的大写的

“人”。自由教育就是培养自由人的教育。对自由人的理解，在历史的不同阶段，因限制人的自由的因素不同而各异，所以，自由教育所着力克服和强调的重点不同。例如，在亚里士多德那里，他认为职业和专业妨碍了人的自由，人的心智自由只能由自身的非功利性取向的追求所确证，所以，亚里士多德极力反对职业教育和专业教育，把自由教育定义为博雅教育、普通教育，教育以人自身的和谐发展为目的。在卢梭那里，他认为，以社会的要求、以成人的世界强制儿童，束缚了儿童的个性发展，所以卢梭的自由教育就是尊重儿童，促进儿童天性的自由发展。细究起来，这是两种差异比较大的自由教育观，不过在培养自由人上，它们是相通的。所以，概括之，自由教育可以笼统地说是培养自由人的教育，自由教育的实施又要以教育自由为保障，就如同西方学者伍迪（T. Woody）所言，“自由教育就是自由人的教育，是适应自由人的自由的教育”（Woody，1977）[225]，它体现着自由的教育和教育自由的统一。我们在上面的全人教育中已经论述了教育如何促进人的生命的和谐发展问题①，这里把论述的重点放在教育自由的构成以及如何保证教育的自由上。

人是自由的，他的自由在实践活动中实现，表现为人与外部世界之间的主体自由，人与人之间、与社会之间的社会自由，与自身发展之间的个性自由。教育也是一种实践，是教育者和受教育者共同参与的实践活动，它应该也体现出参与主体的自由。只不过，我们长期以来把教育过程的主体认定为教育者，教育过程成为教育者“塑造”“教”受教育者的过程。例如，《中国大百科全书·教育》就指出，“学校教育是指教育者根据一定社会（或阶级）的要求，有目的、有计划、有组织地对受教育者的身心施加影响，把他们培养成为一定社会（或阶级）所需要的人的活动”。这是一种

① 我们所理解的全人与自由教育所理解的有所不同。自由教育反对职业的、专业的教育，而倡导身心的和谐发展，仅仅局限于精神发展的层面。我们认为，全面发展的人不仅应该具有和谐的人格，而且要适应社会，承担社会的相应角色。如果一个人不能适应社会，不会工作，不会劳动，没有谋生的基本本领，那不能算一个全人。所以，我们对全人教育的理解，不排斥职业和专业教育。

只重视教，而忽视学的片面的教育观，它强调教育者的主体地位，把教育过程中的学生作为“教的对象”，置于“受”教育的被动地位①，根本上把教育当作一种灌输，而忽视了受教育者自身的活动、自身的能动性和发展的主体性。教育活动就成为教育者支配受教育者的活动，教育活动对外体现的是社会的意志和要求，对内体现的是教育者的权力。这种情形在巴西教育家弗莱雷的著作《被压迫者教育学》中有精彩的描述：(1) 教师教，学生被教；(2) 教师无所不知，学生一无所知；(3) 教师思考，学生被考虑；(4) 教师讲，学生听——温顺地听；(5) 教师制定纪律，学生遵守纪律；(6) 教师做出选择并将选择强加于学生，学生唯命是从；(7) 教师做出行动，学生则幻想通过教师的行动而行动；(8) 教师选择学习内容，学生（没有人征求其意见）适应学习内容；(9) 教师把自己作为知识权威和专业权威，与学生自由相对立；(10) 教师是教育过程的主体，学生只纯粹是客体。（弗莱雷，2001）[25–26] 所以，以教师为中心的压迫教育、灌输教育，无视学生的存在，成为教师对学生的一种操纵和控制。“通过对生命体的完全、绝对的控制，生命丧失了一个基本品质——自由。”（弗莱雷，2001）[14]

教育在于促进学生的发展，而不是教师的发展。人的生命的发展只能由自己来完成，而不可能由教师来代替完成。所以，教育活动根本上说不是教师教学生的活动，而是学生的一种自我建构的实践活动。“我们应使学习者成为教育活动的中心”（联合国教科文组织国际教育发展委员会，1996）[263]，“教师的职责现在已经越来越少地传递知识，而越来越多地激励思考……。他必须集中更多的时间和精力去从事那些有效果的和有创造性的活动：互相影响、讨论、激励、了解、鼓舞”（联合国教科文组织国际教育发展委员会，1996）[108]。概言之，教师帮助学生来完成他的自我建构。因此，教育活动不是教师改造学生的活动，而是教师帮助学生自己改造自己的活动。

① 有些学者已经认识到“受教育者”的称谓体现出来的被动性，把“受教育者”改称“学习者”或“求教育者”，“学习”或“求教”显示了教育过程中学生的主动性。本书仍然沿用习惯的“受教育者”的称谓，但反对把学生置于“受”教育的被动地位。

教育活动的中心由教师转向学生，教育自由，或者准确说是教育活动过程中的自由主体应该是学生。学生在教育活动中的自由是他作为人的自由在教育活动中的体现，因此，也包括三个方面：学生与教育影响（教育内容、教师的影响）之间的主体自由，教育关系（学生与学生的关系、学生与教师的关系）中的社会自由，学生与自己身心发展之间的个性自由(或精神自由)。

1. 教育活动中的主体自由：理性的选择自由

主体自由是人面对客体，在主客关系中所表现出来的自由，这种自由的前提是对外部事物的客观规律和必然性有一个正确的认识，在此基础上，主体表现出自觉的能动性，能够对客体世界做出符合外部事物规律的理性选择。所以，主体的自由不是人在客体面前的肆意妄为，不是人的随心所欲，自由都是限制的自由，脱离约束和限制的自由是不存在的。在主体自由中，违背了外部事物的客观规律所实施的“随心所欲”的自由必然遭到客观事物的报复[①]，这恰恰说明，这种情况下人是不自由的。

学生在教育过程中面对的客体是教育影响，包括教育内容、教育形式和来自教师的影响。应该说，在“物”的客体面前，人是理所当然的主体。但唯在这些教育影响受教师的操纵、受社会的支配。是社会和教师选择了这些教育内容、教育方式，而学生不得不接受。因此学生面对这些客体，不是一种自由的选择，而是教师的“强制”教育。之所以会出现这种情况，原因就在于整个教育活动只演变成教师“教”的活动，而忽视了学生“学”的活动。在“教”的活动中，教师是主体，教师“把学生变成了‘容器’，变成了可任由教师‘灌输’的‘存储器’。教师越是往容器里装得完全彻底，就越是好教师；学生越是温顺地让自己被灌输，就越是好学生”(弗莱雷，2001)[24]。

合理地理解教育活动，我们认为，它由教和学两类活动组成，但两类活动不是平行的。教育活动的目的是促进学生的发展，因此，最终是在以

① 人对自然改造中的“人类中心论”，已经很好地说明了这个问题。

学生为主体的学的活动中完成的，学生的发展只能通过学生对教育影响的改造和认识来完成。没有学生的学习活动，就如同没有顾客的商店，教育活动就没有存在的必要。没有学生的积极参与，不调动学生的主体性，尽管可能有学生的存在，但学生的活动完全被教师所控制，表现为教师“讲解”，学生“静听”，教育活动就只成为教的活动。但学生的学习活动不同于社会中的学习活动或一般的认识活动，就在于它有“教”的引导。对二者的关系，不是“教”决定“学”，而是“教”引导“学”，为“学”服务。教育活动的实质是教师的主导活动与学生的主动活动的结合，教师在活动中的主导作用就是组织和引导学生积极主动地开展学习活动，真正使学生成为学习活动和教育活动的主体。

所以，针对传统教育无视学的活动，没有把学生当作主体，教育活动中的主体自由首先要确立前提性理念——学生是教育活动的主体，教育活动归根结底是“学”的活动。“学”是学生自己独立的、主动的活动——这正是学生最大的自由，是教师包办代替不了的。可以说，教育活动中没有学生的主体地位，就不会有学生的自由。学生成为主体，这是自由的底线和前提。

当然，学生的自由具有特殊性，就在于它有教师的引导。何谓引导？教师的引导首先要树立以学生发展为本、为学生服务的思想，教师的一切工作不在于“教”学生，而在于调动学生的积极性，学生的学习不是原发性的探索活动，而是要在教师的指引下进行，但对学的指引，要做到《学记》所说的“道而弗牵，强而弗抑，开而弗达”。在引导过程中，学生的意图必须反映到教师的意图中，教师要尊重学生的意愿和天性。

在此前提和基础上，学生的主体自由表现为选择的自由。选择的自由是一种消极的自由，它的动机就在于免除强制和奴役。学生在教育过程中为了避免教师的强制，力求在自己的活动中有所选择。联合国教科文组织在《学会生存：教育世界的今天和明天》中指出，现代教育应该使它本身适应于学习者，而不是让各异的学习者适应于固定的教育。应该说，这是教育的一个动人目标，但在工业化时代的集体教育形式中却难以完全实现。

集体化教育在形式上沿用了大工业的批量生产模式，不可能根据每个学生的个性差异创造各异的教育模式，所以，自由只能在时代所赋予的教育框架中体现。教育活动中的自由，随着学生主体性的成熟程度的提高而允许他们有越来越大的自由；由他们自己决定要学习什么，他们要如何学习以及在什么地方学习。当然，学生在学校的自由学习不可能完全等同于社会中的自由学习。那种学习可以完全根据自己的兴趣，自由选择学习内容；可以根据自己的能力和现实条件，自由选择学习的时间、地点、形式。但在教育尤其是学校教育中，学生丧失了选择上学与不上学的自由，选择哪所学校甚至哪个班的自由，丧失了想不想学习的自由，丧失了想学什么以及在什么地方学的自由。但这正如帕克（F. W. Parker）所说的，理论上尽善尽美的、极端的自由在任何地方都是得不到的，现实中的自由都是有缺陷的，它要受到规则、法律的限制。比如说，根据《中华人民共和国义务教育法》，适龄儿童没有不选择教育的自由。根据一些地方教育行政部门的规定，学生必须就近入学，没有任意选择学校的自由。进学校后，必须遵守学校纪律，学习国家规定的课程，这也限制着学生的自由。因此，自由是建立在理性选择的基础上，建立在规则、法律法规许可的范围内的。但这并不意味着人就完全成为既定规则、既定内容的“奴隶”，因为规则和内容都是人来确定的，它可以反映人的意愿，体现人的意志自由，只不过这种意志不是成人的意志、教师的意志，而必须是学习者的意志。在教育过程中，“即使学习者对教材和方法必须承担某些教育学上的和社会文化上的义务，这种教材和方法仍应更多地根据自由选择、学习者的心理倾向和他的内在动力来确定”（联合国教科文组织国际教育发展委员会，1996）[263]。因此，教育自由意味着任何时候都不能强迫学生，意味着给学生创造更多的机会，引导他们自我选择，为他们自我发展和自我创造寻找适合他们自己的道路。教育应该鼓励学生进行多元选择，激励他们尽可能根据自己的特性选择适合的教育内容和模式，从而真正地实现自我。

2. 教育活动中的社会自由：权威和纪律保障的自由

人生活在社会中，与其他人共同生活，因此，个人就不能是仅凭自己的意志自由行动。黑格尔早就指出，“当我们说，自由就是指可以为所欲为，我们只能把这种看法认为完全缺乏思想修养”。“通常的人当他可以为所欲为时就信以为自己是自由的，但他的不自由恰好就在任性中。”（黑格尔，1961）[27] 为所欲为是一种任性的自由，它建立在冲动的基础上，是在偶然性的控制之中，表面上是自由的，实际上是最不自由的。所以，人在社会中，为了保持自由必须有所限制，这种限制来自道德、法律、规则，其底线就在于个人的自由不以侵犯或损坏他人的利益为前提。1789 年通过的《人权和公民权利宣言》规定：“在权利方面，人生来是、而且始终是自由平等的。”“自由就是指有权从事一切无害于他人的行为。因此，各人的自然权利的行使，只以保证社会上其他成员能享有同样权利为限制。”“各个公民都有言论、著述和出版的自由，但在法律所规定的情况下，应对滥用此项自由负担责任。”（艾德勒，范多伦，1988）[998–999] 因此，社会自由并不是人们愿意做什么就做什么，人们的自由只能在法律、道德规范许可的界限内行使。

社会自由指向人与人之间的关系，这种关系是一种平等的关系。一方对另一方有任何的强制和奴役，都谈不上社会自由，对强制方和被强制方都是如此。在教育活动中，使学生有效地行使社会自由，必须使他们从教师的规训中解放出来。规训化教育的主要功能是训练，而不是教化，它把学生作为一种必须制服、要监视、要支配的对象，教师通过权力意志不断地进行操纵，完全无视学生自主性的价值。所以，规训化的教育在师生关系上是一种控制与被控制、压迫与被压迫的关系。在这种情况下，学生完全成为教师意志的工具，成为教师权力的牺牲品，学生的言行举止都要迎合教师的需要。为了压制学生自主性的出现，教师的有效法宝就是纪律和权威，教师通过严酷的纪律、无处不在的监视和制度所赋予的权威，对儿童进行全面的控制。课堂成为心灵的监狱，学生成为犯人，教师就是看管者。

社会自由首先要求学生从教师的规训中走出来，师生之间的关系从控制者与被控制者的关系转变为平等的交往关系。教育过程不是教师对学生施加影响的过程，而是一个师生交往、对话的过程。教师与学生是主体间的“我”与“你”的关系。为了肯定教师对学生的引导，后现代主义在承认师生平等的基础上，提出教师是“平等中的首席”，但绝对不是规训化教育的控制者和主宰者。师生平等虽不是教育活动中个体的社会自由的表现，但它是社会自由的前提，没有师生的平等，侈谈教育活动中的社会自由。

社会自由是在平等交往中有限制的自由。课堂中最基本的交往有两类：一类是教师与学生的交往，一类是学生与学生的交往。在这两种交往类型中，前者的限制因素是教师的权威，后者的限制因素是纪律。所以，如何处理教师权威和学生自由的关系，如何处理班级纪律与学生自由的关系，成为教育活动，尤其是课堂中学生社会自由的关键。

第一，权威与自由。

教师权威是教育权威的集中体现，影响自由的诸多因素，如知识、制度、教学、纪律等都是通过教师而表现出来的，从这个意义上说，教育权威就是教师权威，教师权威对学生的自由起着决定性的作用。

我们时常把教师的权威与学生的自由对立起来，其实是一个错误的理解。其错误就在于我们把权威与权力主义相混淆。权威固然要行使权力，但通过权威而行使的权力，是使用一系列合乎规范的制度和价值体系来规范行为；超过了这个范围的权力使用，等于是滥用权力，便属于权力主义。所以，权威和民主、自由不矛盾。涂尔干就指出，权威和自由“非但不互相排斥，而且互相联系。自由是恰当地加以理解的权威之女儿。因为，所谓不受束缚，这并不是意味着做他喜欢做的事，而是自制，以及善于有理智地行动和履行义务。教师的权威，恰恰就应该用来使儿童有这种自制”（涂尔干，1989）[23]。但权力主义是民主的对立面，是一种独裁和专制。所以，教师的权威，不是压制儿童的自由，而是使儿童自制，从而使儿童得到自由。

闻道在先、术业专攻、先知先觉的教师面对发展中的学生，理应成为权威的引导者。学生虽然有自主性，有自由的天性和权利，也有探究、创造的愿望，但他们缺乏必要的知识储备，没有能力认识自己的行为可能导致的后果，面对成长中需要的浩瀚的人类知识和社会规范，他们需要教师的引导。所以，教师在教育制度中的责任和他的知识、人格赋予教师以权威。我们不可能否定权威，因为放弃权威，就放弃了对儿童的引导，让儿童在社会中“自发”“自由”地生活，这是当代社会不可能允许的，这只能是一种落后的原始的教育生活。当前，教育活动中教师对学生行使的不是真正的权威，而是借权威之名，行权力主义之实。因此，使学生获得自由的途径不是取消权威，走向儿童中心的极端，而是正确地行使权威，不使权威滑向权力主义。

教师的权力主义通常表现在两个方面：一个是知识霸权，使教学过程中教师传授的知识和规范成为“圣经”，不容学生提出质疑，更不容许批判；二是借助于制度所赋予的权力，任意地对学生实施惩罚或奖赏，使儿童处于屈从与谦卑的状态。在教育过程中，权力主义使教育成为教师对学生的控制。控制“是主客体在完全疏离的情况下，将我（主体）的意志强加于他人身上。……控制并非爱，控制固守着人与人心灵无交流隔绝状态的距离，……爱则是对人不自由的束缚的解脱”（雅斯贝尔斯，1991）[5]。教师应该是教育过程中的权威，但权威如何不滑向权力主义，不至于假借权威之名，对学生进行控制，我认为，其出路就在于使教育充满爱的关怀和沐浴，有爱，控制才能变成师生“我”与“你”的平等交流和对话，教师的要求才能为学生乐于接受，化为学生的内在需要；有爱，教师的知识和他所代表的制度才能变成实质的权威，得到学生的认可；有爱，教师才能平等地对待每个学生，公平地分配教育资源，不至于使“优生”更多地享有自由，而限制和否定所谓的“差生”的自由；有爱，教师的管理才能走向民主，师生也才能走向平等。

第二，纪律与自由。

纪律是一定的集体为了维护集体的利益并保证工作的顺利进行而制定的、要求每个成员遵守的各种规范和规则。人生活在集体或社群之中，要使每个人都具有自由，不可能没有纪律。纪律的功能就是维护集体的利益，纪律是维持正常的集体运行秩序所必需的，是集体生活的必要的保护神，它以规范和规则的形式出现，是对个人极端自由的约束。正是因为如此，人们也常常把自由与纪律相对立。似乎要自由就是要打破纪律的束缚，要纪律就没有自由，这都是对纪律和自由关系的不正确认识。

纪律和自由是孪生兄弟，纪律既约束自由，又保障自由。同时，纪律必须通过自由而获得，只有这样才能实现纪律的目的。人们需要纪律不是对人进行压制和管制，而是为了保护每个人平等的自由。因此，马卡连柯直截了当地指出：纪律就是自由。“集体中的纪律正是对每个人的权利和可能发展的充分保障……。没有纪律和秩序，个人的自由就无法得到保障。”当然，说“纪律就是自由”可能略显偏激，但公共生活中的自由必须有纪律来保障，纪律也必须建立在保障自由的基础上，才不至于成为一种压制和奴役。

强制与纪律不同。强制是外在的，它为了某种外在的利益，如为了维护教育和教学的外部秩序，而采用威胁、监视、惩罚和禁止等手段，压制儿童的天性。强制不是为了儿童，是为了外在的秩序而扼杀儿童活泼好动的天性，窒息儿童生命的潜能和创造。但纪律首先是为了儿童。罗素说：“那种合于要求的纪律就是从内心发生出来的一种纪律。……是从一个人自己的意志里发生出来的，而不是从外界的权力来的。”（罗素，1959）[92]蒙台梭利也认为，真正的纪律必须是积极主动的状态，是建立在自由的基础之上的。她说：“我们并不认为当一个人像哑巴一样默不作声，或像瘫痪病人那样不能活动时才是守纪律的。他只不过是一个失去了个性的人，而不是一个守纪律的人。”“当一个人是自己的主人，在需要遵从某些生活准则的时候，他能够节制自己的行为，我们就可称他是守纪律的人。”（蒙台梭利，1993）[107]蒙台梭利认为，纪律必须通过自由而获得，也就是给儿童自由思考、自由活动的机会，让他们在自由中理解纪律，主动遵守纪律。

纪律是人的纪律，而不是“非人”的纪律；是自我的纪律，而非强制的规训。纪律与规训相比，其根本在于尊重人的生命，尊重人的主体性，表现为自由意志性和自我约束性的统一，所以，纪律的最终目的是走向自律。课堂中的纪律应该是以学生为主体的纪律，学生是纪律的执行者，纪律也应该体现学生的自由，它决不能成为教师扼杀学生自由的“元凶”。但现实当中，纪律往往成为教师权威的体现，成为维护教师权威的一种重要手段；纪律的目标不是保障学生的自由，恰恰相反，是为了换取一个安静、有序的课堂而压制学生的自由，纪律成为教师维持课堂秩序的唯一准则，而且教师将纪律与惩罚联系起来。这都是对纪律的错误理解。课堂需要纪律，纪律是学生自由的保障，因此，需要的是一种充分反映学生内在要求的人性化的纪律。

必须指出的是，纪律为了儿童的天性，但不是纵容儿童，而只能是合理地约束儿童。约束本身是保护和发展儿童积极的良好的天性，抑制和矫正不良的品质，它恰恰是为了儿童个性的良好发展。所以，儿童在集体中的自由是有限度的。当一个学生故意破坏教学秩序，妨碍别人学习时，我们不应该借口自由而不加以制止。在这个意义上，纪律并不完全否定外在规范对人的控制，但问题是这只是手段，不是纪律的目的。纪律的目的是从外在的约束走向自我控制，从他律走向自律，这是纪律发展的必由之路。对个体来说，这也是一个长期的、渐进的过程。

3. 教育活动中的个性自由：自我的实现

教育活动中有两种自由，一种是行为领域的自由，表现为行动的自由、行为的自由，包括主体自由和社会自由，它们属于消极的自由。因为人本身是自由的，但教育活动的预设性，教育过程的程序化、机械化，教育形式、方法的技术化、操作化，教育评价的统一化，教师的权力主义，不民主的课堂纪律，使教育成为一种精神的规训、奴役、灌输，消解了生命的自由。所以，教育活动中的主体自由和社会自由意味着教育在制度的设计上，在教育方式上，在施加教育影响的过程中免除任何的强制，并且脱离任何以“教育”之名出现的对学生的压制、贬抑和强迫。这种靠免除强制和奴役获得的自由是一种消极的自由，这种自由作为人权或儿童的权利，是靠制度来保障实现的。

教育活动中另一种自由，是精神领域的自由，表现为理智自由、思想自由、发展自由等，这是一种个性自由。个性自由是在主体自身关系中，作为主体的人按照自己所固有的内在本性的要求去支配自身的存在和发展，个性自由实现了人的自我价值和自我追求，表现为人的自由发展，这是一种积极的自由。教育归根结底是实现受教育者的自由发展，即达到个性的自由，但个性自由的实现需要保障，主体自由和社会自由就在为个性自由的实现创造着条件。所以，教育自由是在积极自由和消极自由中展开的。没有消极自由，就没有自主，个人就无法进行选择。但教育活动中的自由不同于政治自由，政治自由的目的仅在于争取权利，但教育自由争取权利，是为了服务个体精神的发展。所以，仅有消极自由还不够，教育活动必须达成积极的自由，追求自我的实现。

就个体的生命发展而言，个人是最高的主权者，是自己精神健康的最好守护者。正是为了个体的精神发展，每个人才需要自由，也只有在自由中，个体的精神才能获得自主发展，才能获得实现优秀和卓越的机会。

个性的自由是自由意志在人的需要、道德、智慧和审美等精神领域发展中的体现，包括需要的满足、道德的自由、理智的自由、审美创造的自由。

需要的满足。作为人的内在本性要求即“生命体现”的个性自由，首先表现在自由地实现或满足自身各方面的需要。虽然人的需要有共同的形式，如物质需要和精神需要，但一般的需要体现在个体身上，都表现出差异性。因此，需要是私己的，每个个体的需要都是自己的，在个体身上不存在他人的需要。因此充分肯定个性需要的多样性，并满足个体的各种需要，就体现着自由的实现。

道德的自由。道德作为一种实践理性，其核心便是自由。道德是人性善的追求，善是人的“良心”所在，道德活动就是人以自己的“良心”对不同的价值准则和善恶冲突做出的自觉选择。没有选择，就没有道德活动，强制性地灌输某一道德准则，本身就是不道德的行为。因此，真正的道德是自由的选择，任何强制性地迫使受教育者服从既定的道德规范的做法，都是反道德的。

理智的自由。无论是知识的掌握，还是智慧的形成，都受制于个人的生活场景、知识经验以及个人独特的精神气质，所以，即便是同一客观事物或呈现同样的内容，个人的理解和收获也存在差异。理智自由就是要承认并珍视个体理解上的独特性，发展一种求异思维和批判意识，使之具有思维和表达的自由。

审美创造的自由。美是自由的，审美的王国是自由的王国，达到了审美境界的生命也就是自由境界的生命。美是人类通向自由的必由之路，美的真正价值也就在于自由。所以，审美创造不是为艺术而艺术，为技法而“精雕”，而是炽热的、自由的生命的表达。

一句话，精神领域的自由就是为了个性发展的自由。个性的自由发展就是要承认个体生命独特的存在，为个体生命的发展创造自由的空间，反对成人的、社会的意志对儿童的强制，还精神发展的主动权于儿童。当然，个性发展的自由并不意味着否定社会化。社会化是形成人的个性的手段，对社会人的要求必须提高到充分发挥人的潜能、充分实现人的价值的高度，这正是个性自由的价值体现。

总之，教育自由是通过免除人为的干预，为学生提供平等、充分的条件，创造最大的个人精神成长的空间，使个人享有最大限度的自我创造。它是消极自由和积极自由的统一，是个性自由在主体自由和社会自由中的实现。马克思说，“我的劳动是自由的生命表现”，“我在劳动中肯定了自己的个人生命，从而也就肯定了我的个性的特点”。（马克思，恩格斯，1979a）[38] 马克思所谈的劳动是去掉外在强制的“自由劳动”。教育活动也是如此，学生在活动中的主体自由和社会自由体现了生命的自由，也正是通过自由活动创造着自由发展的生命，实现着个性的自由。

三、个性化的教育形式

（一）人是一个独特的生命体

正如世间没有两片完全相同的树叶，世界上也没有两个完全相同的人，即便是孪生兄弟，相同的基因遗传也因后天生活环境、教育、实践活动的不同，而出现不同的发展，形成不同的个性。所以，在时间和空间的纵横扩展中，每个人都以其独立的个性存在着，都是作为无可替代的独立个体存在着。（香山健一，1990）[16，100]

人是一个个性的存在，这可以说是关于人的认识的一个最基本原理。长期以来我们不愿意承认这一原理，或对其存在理解的偏差。

之所以不愿意承认这一原理，是因为我们似乎认为个体的独特性与社会的整体性有矛盾。因此强调个人是社会的存在物，以社会的整体性或抽象的社会性掩盖或压制了个体生命的独特性。其实，这是对马克思主义人学观的片面理解。马克思强调，个人是社会的存在物，他的生命表现是社会生活的表现和确证，人的本质是社会关系的总和。但这并不否定个体的独特性。恰恰相反，这说明了马克思主义反对抽象地、一般地考察人，而把人当作现实中的活生生的人。现实中的人，生活在社会之中，个体的发展就是把一般的、特殊（集体）和单一的全部丰富性结合在自身之中，因此，社会整体便在个体身上产生出其生命的种种特定表现，个体因此成为一个特定的整体。这就是马克思所说的，个性融于共性之中，共性通过个性表现出来。马克思写道："人是一个特殊的个体，并且正是他的特殊性使他成为一个个体，成为一个现实的、单个的社会存在物，同样地他也是总体，……作为人的生命表现的总体而存在。"（马克思，恩格斯，1979a）[123] 社会由这些特殊的个体组成一个丰富多彩的整体。社会不是一个"划一的一"，而是一个"多中的一"。社会的发展和文明程度，是以人的个性的发展程度来衡量的。历史发展表明，越是高度个性化的社会，社会越和谐，越充满生机和活力，社会的整体力量越强。相反，越是个性受到压抑的社会，社会的维系靠的是外在的强制，社会内部缺乏和谐，社会的整体力量就越弱。"我们必须抛弃一个唬人但错误的观念：不断增长的差异性会自动地带来社会紧张与冲突。事实恰恰相反。……只要有适当的社会安排，差异性会有助于一个安全和稳定的文明。"（托夫勒 等，1996）[93–94] 因此，"自由个性""丰富个性"是马克思主义预见的人类发展的最高阶段。共产主义联合体也是以"每个人的自由发展"，即个性的充分发展为条件的。

正是因为我们把个性与社会性或整体性对立起来，甚至把个性的实现等同于个人主义，才造成了谈个性而色变。教育也只强调其社会化的育人功能，而不提其个性化的功能。

有时候，我们还会以人的全面发展掩盖人的个性发展，认为马克思主义人的全面发展就是指人的一切方面平均地、完美地发展，既然每个人都是全面发展，那么每个人都是一样的，不存在个性的问题。这也是对马克思主义人的全面发展理论的错误理解。其实，马克思所说的人的全面发展确切地说是人的“全面而自由的发展”，它包括相互联系的两个方面：个体的全面发展和个体的自由发展。“个体的全面发展”指个体的体力、智力、道德和审美人格等诸要素发展的普遍性，而“个体的自由发展”则是基于个体独特的先天禀赋的自由发展，所以，自由发展使得每个个体都有别于他人而在发展水平、特征和品质上具有差异性和独特性。马克思认为，人的全面发展首先必须是人的自由发展，即全面发展以自由发展为基础，全面发展不是人的一切属性的平均发展或完美发展，而是人的“自由个性”的全面发展。用马克思的话来说，是“人的全部才能的自由发展”，是“个人独创的和自由的发展”，是个人“自由而充分的发展”，是“每个人的全面而自由的发展”。所以，以自由发展为基础的全面发展，就是基于个体差异的自由发展，它不是一种毫无差别、无一遗漏的发展，而是人的“自由个性”的全面发展，它形成的是丰富的个性，而不是样样完美的人。离开了人的自由发展，人的全面发展实际上是永远不可能达到的。所以，正确地理解马克思所提的人的全面发展的含义，就是指“自由而全面的发展”，归根结底就是个性的发展。

因此，我们的教育目的要培养全面发展的人，不是培养样样精通、样样都好的人，而是根据个体的差异，扬长避短，培养有个性的人。教育的目的就在于使人成为他自己，变成他自己（联合国教科文组织国际教育发展委员会，1996）[14]。

通常我们以个性表示生命的独特性。但我们对个性的理解容易解释为某种心理品质，比如说“个性心理特征（能力、气质、性格）和个性心理倾向性（需要、动机、兴趣、世界观等）”，这就大大缩小了个性的含义。其实，即便是心理学理解的个性，也不应该局限于某种心理品质。苏联心理学家鲁宾斯坦指出：心理学中个性概念的引入，首先就意味着在心理现象的解释上，是由人的真实存在出发的。所有的心理现象都是属于一个具体的、活生生的、实实在在的人。因此，在解释任何心理现象的时候，个性是作为统一地联系起来的内部条件的总和而参与其中的，全部外界影响通过这些内部条件而发生了折射作用。所以，个性反映的是一个人独特的心理特征的总和，而不是某方面的心理品质，换言之，个性就是一个独特的“心理人”。

因为不同的学科对个性存在不同的理解，即便是同一学科，不同的学者对个性也存在不同的理解，致使个性所包含的内容和范围不一。所以，我们对个体差异性的表示不采用个性的概念，而直接标明“个体生命的独特性”。存在于世间的每一个人，都有唯一属于自己的独特生命，这是其他人所不能代替的，也是每个人得以存在的根据和理由，因而也是每个人有其个人价值的理由和根据。

生命的独特性所表示的意义是：（1）唯一性。每个人的生命是唯一的存在，是基于自己独特的遗传基因，基于自己独特的环境和实践活动发展而成的。因此，每个人的生命唯一地属于他自己。正如社会学家米德（G. H. Mead）所说，一个人就是一种个性。（2）不可重复性。人是不断发展、不断生成的，是一个“进行时”。因此，个人在时间中没有固定不变的本质，他是什么取决于他在时间变化中所遇到的条件和现实。柏格森因此把人看作一个时间性的存在，时间在流淌，生命在绵延，此时的生命与彼时的生命是不同的，是不可重复的。（3）独特性和不可取代性。每个人都是独一无二的，世间不可能存在两个绝对相同的生命体。每个人都是作为无可替代的独立个性存在着。（4）自我性。人生活在社会之中，属于一个共同体，但他把共同体的因素融进了他自己的行为之中，对社会都是通过自我的独特和唯一的角度来反映的。所以，同样生活在社会中的个体，都有他自己独特的个性，有自己唯一的模式。

我们说，每个人之间有所不同，即都有其自我独特性，具有不可重复和不可取代的唯一性，都有其对社会独特的感受和经验，有自我独特价值的觉识、自我的价值和尊严。一个人可以失掉外在的一切，但不可能失掉生命的自我独特性。

生命是独特的，“生命作为对一种特有的生活方式的肯定而成为标准，它有责任保护和实现自己的形式”（费尔曼，2000）[51]。教育面对人的生命，就是要承认和尊重生命的独特性，为生命独特性的实现创造条件。教育就是要在每一个个体独特生命的基础上去促进他们的成长、发展和完善，而不是去遏止、压抑和抹杀这种个性和独特性。让教育为个体而存在，创设适合个体独特生命的个性化教育，是教育对待生命的最基本的态度。

（二）适应独特生命的个性化教育

1. 后工业信息时代个性化教育的出现

每个人都是一个独特的生命体，具有不可重复和不可取代的唯一性，因此，个人就等同于个性。[①] 教育面对个体的生命，必须正视每个生命的独特性，以独特性为基础，尊重个人的尊严、价值、个性，确立自由、自律、自主的原则，促进完整的生命自由发展，使每个人成为他自己。这就是个性化教育的真谛。

今天，提出个性化教育是针对划一性教育而言的。农业时代，教育就如同“农业”，它像阳光、雨露、肥料，滋润种子，使之自己发芽、开花、结果。无论是中国古代孔子的“启发式教学”“因材施教”，还是古希腊苏格拉底的“产婆术”，都是如此。工业时代，“正如经济上的统一生产需要大批工人集中在厂里干活，教育上的统一生产过去也需要大批学生集中在学校里学习，随之而来的是统一的学纪、正规的学时、经常的考勤等等。

---

① “个性”一词的俄文是“ЛИЧНОСТЪ”，既可译作“人格”，也可译作“个人”。在俄文词典中，“个性”一词被解释为“作为某些属性之承担者的人”，“作为社会动物，认识和积极改造世界的主体的人”。华东师范大学已故的比较教育专家马骥雄教授认为，我们过去把“ЛИЧНОСТЪ”译作“个性”不妥，最好是译作“个人”。“个性”的英语词是“personality”，它可以同时译作“个性”“人格”“个人”。

总之，形成了一种求齐划一的压力”（托夫勒，1985）[242]。工业时代的教育，不再是“农业”，不仅不是农业的个体生产，而且不允许个体生命的自由伸展。它像“工业”，学生处在工业生产的流水线中，以统一的要求、统一的标准、统一的内容、统一的教育方式和方法，进行着批量生产，塑造着统一规格的人才，把原本独特的生命，加工得一模一样，成为一个个“合格产品”。与过去的农业时代相比，“过去人们比现在自由得多，那时，‘自由选择是确实办得到的’。今天恰恰相反，‘无论怎样来理解，人类都再也无法行使选择权了’”（托夫勒，1985）[231]。因为，在农业时代，个体的生产方式使得教学也呈现出个别形式，少了些划一的要求与规范。但工业时代不是如此，大工业的生产是提高效率的批量生产，它同样促成了教育中的班级授课制。班级授课制这种集体教育形式，把学生集体作为教育对象，开辟了从外延上提高教育效率的途径，但把学生集体作为教育对象之时，又延伸出了统一要求和个性发展的矛盾。

> 班级系统被制造成为军事系统。其构造建立在以下假定的基础上：一群“心灵”的成长可以以相同的方式被整顿和控制，犹如一个军官带领一列士兵走方阵一样。在固定的无法忍受的方阵中，每个年级就是一个锁步，在锁步中对齐。锁步就是学生的平均水平——一个代数学的神话式，出自无生命的人物和陈腐的教育学。（邓志伟，2002）[34]

班级授课制作为一种集体教育的形式，面对学生整体来授课，无视学生个体之间的差异。所以，虽然提高了效率，但它根本上排斥了个性化的要求。可以说，班级授课制在把越来越多的学生吸收到课堂中来的时候，也越来越多地忘记了每个学生的存在。教育面对的不再是一个个具体的鲜活的生命，而是从班级所抽象出来的共同特征。“学生的一大积怨是，教育不把他们当作具有个性的个人来看待，教给他们的不是带有个性的东西，而是一锅烂粥。”（托夫勒，1985）[239]

近代以来，人们也日益认识到班级授课制的局限性，为改变班级授课制对独特个性的压抑做了很多尝试。先后出现了许多个性化的教学形式，如贝尔－兰卡斯特制、道尔顿制、文纳特卡制、个别化指导教学（individually guided instruction，IGI）、个别化规定教学（individually prescribed instruction，IPI）、凯勒计划（Keller plan）、适应性学习环境模式（the adaptive learning environments model，ALEM）、计算机辅助教学等。（邓志伟，2002）[32-45] 这些只是对班级授课制的有限改进，最终没有改变班级授课制所固有的排斥个性化的本质。

托夫勒（A. Toffler）认为，标准化是早期的技术水平（即原始的工业技术或自动化前的技术）必然导致的结果，是任何技术发展过程中必须经过的一个阶段。后工业的信息时代，不再是工业时代的大批量生产，而是多品种、多样化的生产。建立在信息化技术之上，我们又重新获得了工业时代被剥夺了的"自由"。这就是后工业时代教育个性化的物质基础和技术平台。"因此我们看到，教育这支社会文化大柱，一如经济也不得不考虑起产品的多样化了。也正象物质生产领域里的情况一样，新的技术并不能带来标准化，反之，却在推动我们走向超工业时代的多样境界。"（托夫勒，1985）[241] 信息技术结束了标准化的历史，而使人类的生活走向多样。教育因此而与工业时代的划一性宣告割裂，而踏入多样化、个性化的教育时代。

严格地说，古代的教育是个别教育，而非都是个性化教育。因为它虽然面对的是个别学生，但却是用统一的、主导的价值观念要求所有的受教育者，比如中国古代儒家文化的统治，使受教育者成为时代思想的奴隶，而非自主发展的主人。近代以来，无数教育家倡导个性化教育，比如德国教育家第斯多惠就指出，"在现实生活中所有的人不可能也不应当都变成一模一样"，"每一个人都应当追求内在自我和谐培养"。（第斯多惠，1990）[82] 所以，"教学法应当符合儿童的个性的发展，……重视儿童个性的差异，并且要因势利导来促进儿童个性的发展。不能强求一律，也不能强求学生平均发展"（第斯多惠，1990）[142]。同样，杜威也认为，"只要千篇一律地对待儿童，就不可能建立一个真正科学的教育学"（杜威，1994）[297]。我国近代教育家蔡元培也对划一性教育深恶痛绝，强烈呼吁“与其守成法，毋宁尚自然，与其求划一，毋宁展个性”。这些主张可能会以某种特殊的形式，如夏山学校等实验而出现，但对近代以来整个教育现实来说，只能是一种美好的愿望而已。

走进后工业的新时代，个性化教育不再是浪漫主义的教育情怀，而成为时代的必然要求。它已成为各国教育改革的目标之一。

20 世纪 80 年代中期以来，日本的教育改革一直把“重视个性”作为改革中最主要的、贯穿于其他各条之中的基本原则。日本临时教育审议会猛烈批评了传统教育体制的划一性、僵硬性、封闭性，认为传统的教育过多地培养了以死记硬背为中心的、缺乏主见和创造能力的、没有个性的模式化人才。所有这些都是由教育制度和教育管理的僵硬、刻板造成的。80 年代的教育改革就是要打破这种划一的、僵硬的教育制度，充分尊重每个人的个性，提倡自由。“尊重个人，尊重个性这一思想的关键是在时间、空间这一纵横广阔的环境里，每个人都是以自己独特的个性存在着，而有个性的个人团结起来就构成了有生气的集体。”“自由的含义根本不同于放纵、不负责任、无纪律、无秩序。自由是和认识自己的责任重大同时并存的；生活在自由选择增多的社会里的人们，一面享受着自由，一面又必须为自由尽自己的义务。因此，个人的尊严、尊重个性、自由、自律、尽职尽责等等，是一个不可分割的统一体。”（国家教委情报研究室，1988）[10] 确立了“尊重个性”的原则，就要针对这一原则从教育内容、方法、制度、政策等各个方面，进行重新认识和改革。

在 20 世纪 80 年代苏联解体前的教育改革中，“个性化”“人道化”“民主化”也是最关键的词眼。1988 年全苏国民教育工作者代表大会的主题报告，就指出“新的教育方针”就是“发展个性”，“使儿童、青少年的个性成为一切教育工作的中心，我们应当结合他们的个人特点去组织这一过程”。报告还批评了长期以来驯服的教育，这样做的实质是为社会选择更听话、更守度、更好管的人，但这就意味着扼杀创造性、首创精神、勇敢精神，扼杀学生的思考和行动。

我国20世纪80年代后期，就不断地有学者提出“把发展人的个性作为教育的首要目标”。但真正把它落实在教育实际中，成为一种政府的行为，则在于20世纪末启动的基础教育课程改革之中。《基础教育课程改革纲要（试行）》明确提出：使学生在普遍达到基本要求的前提下实现有个性的发展；教师应尊重学生的人格，关注个体差异，满足不同学生的学习需要；促进学生在教师指导下主动地、富有个性地学习；评价不仅要关注学生的学业成绩，而且要发现和发展学生多方面的潜能，了解学生发展中的需求，帮助学生认识自我，建立自信；等等。总之，新课改为每个学生个性的健康发展创造条件。

工业时代“标准化”的尽头已经在望，教育批量生产的划一时代正在终结。个性的发展成为后工业的信息时代的要求。教育必须适应这一要求，破除划一性，促进个性化。个性化教育成为后工业的信息时代教育的唯一形态。

2. 个性化教育的基本理念

个性化教育是取代划一性教育的一种新的教育形态。它不是回归到古代的个别教学，也不是为弥补班级授课制的缺陷而提出的个性化教学。个性化教育作为对划一性教育的否定，不仅是方法论方面的变革（个别化教学），而且是教育目的论、教育价值观方面的跃升和更新。个性化教育是面对独特的生命个体，通过适合每个独特生命的手段，挖掘个体生命的潜能，促进每个生命体的自由发展。所以，个性化教育不是要培养个性，而是采取个性化、特色化的手段，保护原本就有的独特生命，促进个体生命更好地朝着个性化的方向发展。

第一，尊重个体的独特性和差异性。

个性化教育不同于划一性教育，就在于划一性教育的重心在教师，教师行使权力，而无视学生的差异和要求。个性化教育的重心在学生，教师要把每个学生当“上帝”，树立为学生发展服务的观念。借用今天的商业用语就是，“学生所需要的，就是教师所提供的”，“学生的满意，是教师的最大追求”。这就是要树立“生本教育”的理念。

树立“生本教育”的理念，就必须尊重每个学生。尊重学生不只是在道德上、人格上的尊重，而是要尊重每位学生的生命独特性。(1) 尊重个体的个性。人是教育的出发点和归宿，所以在教学过程中必须尊重每一个个体，而每一个个体的存在是一种个性的存在，所以说，尊重人归根结底是尊重人的个性，在平等博爱的基础上尊重每一个个体的人格。(2) 尊重个体的需要。需要是行动的动力，也是个体发展的动力。发展就是对人的需要的不断满足。因此正确的教育是尊重个体需要的教育，个性化教育既要尊重受教育者的需要，又要引导受教育者的需要，使其向有利于个人身心健康和促进社会进步的方向发展；使所有学生都享有个性化学习的权利，即都能接受适于其自身需要与特点的学习方法，满足每一个学生的教育需求、身体需求，求得每一个学生身心的和谐发展。

对每个人来说，生命是独特的，因此也是有差异的。这些差异，有的比较明显，有的比较隐晦；有的差异是永久的，有的可能是暂时的。无论是什么差异，教育都必须根据差异来进行，谋求适合差异的教学方略。表5–1 呈现的是个性化教学适应学生个别差异的四种方法。(邓志伟，2002) [60]

表 5–1 个性化教学适应学生个别差异的方法

个别差异特征	初步的教学适应
能力	能力分组、分轨、分流，根据恰当的能力和困难安排任务
学习者的个性与学习风格	不同的呈现方法或模式（结构或者视觉图像）
学习愿望	教师激励、高层次的成功、高兴趣
学习步调	学生自定步调

个体的差异不仅表现在能力、学习风格、学习愿望、学习步调等这些后天形成的因素中，而且表现在先天形成的差异上。先天差异中，最值得注意的是人的智能优势类型的差异。以往人们多认为智能是以言语 – 语言智能、逻辑 – 数理智能为核心的，智能是一元的，每个人的智力都可以测量并用来加以比较。加德纳经过长期的研究，提出了多元智能理论。他认为个体的智能结构是全面性与独特性的有机结合。人的智能是多元的，到

目前为止他提出了经过验证的九种智能：言语 – 语言智能、逻辑 – 数理智能、视觉 – 空间智能、音乐 – 节奏智能、身体 – 动觉智能、交往 – 交流智能、自知 – 自省智能、自然观察者智能和存在智能。他说，每个人都同时拥有这九种相对独立的智能领域，但每个人都是以各自独特的方式把各种智能组合在一起，形成自己的智能组合。“人与人的差别，主要在于人与人所具有的不同智能组合。”（加德纳，1999）[13]

根据加德纳的多元智能理论，每一个学生的智能都各具特点并有自己独特的组合形式，学校教育就应该是开发多种智能并帮助学生发现自己的优势智能，因此，他反对划一性的教育内容和方法，主张“以个人为中心的学校”。“以个人为中心的学校，应该在评估学生个体的能力和倾向方面富有经验。这种学校不但寻求和每个学生相匹配的课程安排，也寻求与这些课程相适应的教学方法。”（加德纳，1999）[11] 只要教育充分尊重每个学生的优势智能领域，为他们提供适合他们各自的教育方法①，为他们创设多种多样的展示自己才能的情境，给每个学生多样化的选择，他们都能充分发展各自的个性特长，激发潜在的巨大的智能，形成独特的自我。

第二，发挥学生的自主性和选择性，使个性发展的过程成为一个自主、自由的过程。

人的发展是在活动中进行的。但活动有两类，一类是自主的活动，一类是被迫的活动。马克思说，“各个人在自己的联合体中并通过这种联合体获得自己的自由”，才能“使自己作为个性的个人确立下来”。（马克思，恩格斯，2012）[199] 这就说明，只有当人成为劳动和一切活动的主体，他们的活动成为自由、自主的活动时，人才能成为有个性的人。因此，个性的发展只能存在于自主活动之中。

教育要发展学生的个性，首先要摆脱来自教师的控制，还学生以自主性和发展的主动权。自主性是指一定条件下，个人对自己活动具有的支配

① 西方学者已经研究了适合每种智能的教学方法和策略。参见 L. 坎贝尔，B. 坎贝尔，狄瑾逊 . 多元智能教与学的策略 [M]. 王成全，译. 北京：中国轻工业出版社，2001.

和控制的权利和能力。科恩说，自主“有两个尺度。第一个尺度描述个体的客观状况、生活环境，是指相对于外部强迫和外部控制的独立、自由，自决和自己支配生活的权利与可能。第二个尺度是对主观现实而言，是指能够合理利用自己的选择权利，有明确目标，坚韧不拔和有进取心。自主的人能够认识并且善于确定自己的目标，不仅能够成功地控制外部环境，而且能够控制自己的冲动”（科恩，1986）[407]。有自主性的人是客观环境的支配者和控制者，是自己活动的主人，能以自己的意识、思维支配自己的行动，而不是盲目受客观环境的支配，也不是盲目顺从他人的意志。有自主性的人能够自我立法、自我控制，具有自律性。

长期以来，我们把教育过程视为教师施加影响的过程，是“制造”符合教师理想的“产品”的过程，它忽视发展只能由自己来完成。教育过程以促进学生发展为目的，归根结底是学生自我建构的过程。教育者或教师如果企图不通过儿童自己的活动去使其掌握知识、形成品德，将知识、品德、要求“加到”儿童身上，只会破坏儿童健康的智力发展和精神发展的基础，破坏其个性品质形成的基础。我们当前的课堂教学仍然是以教师为中心，教师设计课程，设计台词，以教师的思维代替学生的思维，以教师的认识代替学生的认识，学生几乎成为教师的“克隆”。课堂围绕教师转，甚少有学生独立开展的活动，甚少有他们独立思维的空间，教师以自己的喜好评价学生，“听话”的学生成为教师最喜欢的学生。这样的教育，只能塑造教师的“奴才”，难以培养有主见、有思维、有创造性的充满个性的人。我们必须树立“学生的发展只能由自己完成”的观念，切实把精神发展的自主权交给学生，还学生一片自主的天空。

当然，自主不是放弃教师的引导，更不是不要教师的盲目的自主。教师在学生自主过程中的作用越来越要从前台走向后台，扮演一个“资源的提供者”和“顾问”的角色。学生的自主不是盲目的自主，而是对教师提供的多样的教育资源进行自主的选择，这种选择不仅包括选择不同的学科内容，而且包括对教师提供的同一内容的自主理解，珍视自己独特的经验体会。自主和选择是密切相连的，没有自主就不可能有选择，选择的过程体现着自主的过程。学生只有面对多样化的教育内容，具有了自主选择权，才能避免划一性的教育，个性的发展才有希望。反思我们当前的教育，可以说是“削足适履”，使儿童适应教育，适应学校，适应教师，唯独不使教育适应儿童。所以，培养有个性的人，必须彻底翻转这种状况，使“削足适履”变为“使鞋合脚”。“如果削足适履，或缠小脚，我们就不能走路了，或者走得不好了。今天，如同给脚提供合适的鞋，我们需要提供给儿童适合的教育，当教育适合儿童时，我们也就可以看到儿童忘记了自己在学习，忘记了自己在课堂上，甚至忘记了自己，这时人的内部自然起作用了，儿童的学习热情和学习效率空前提高了。”（郭思乐，2001）[18] 适合儿童的教育，使儿童忘记了自我，处于一种兴奋而积极的状态，有效地调动儿童的各种潜能，促进其身心和谐、自由地发展，形成个性。

自主的最高境界是自由，自由自觉的活动也是人的最高本质，因而也是个性的本质。自由的人即是有个性的人。自由包括多个层面：处理对象性活动中的主体自由，处理人与人之间关系的社会自由，处理人与自身关系的个性自由。在教育活动中，前两种自由赋予了学生自由活动的权利和合理的限度，它使学生在一种非强制的状态下或非强迫的制度下自主地学习。杜威说，“自由就是提供机会”，“给儿童以自由，使他在力所能及的和别人所允许的范围内，去发现什么事他能做，什么事他不能做”，“使他能尝试他对于周围的人和事的种种冲动及倾向，从中他感到自己充分地发现这些人和事的特质，以致他可以避免那些有害的东西，发展那些对他自己和别人有益的东西”。（杜威，1994）[297-298] 所以，这两种自由是个性自由的途径，个性自由是儿童在智力上、情感上、道德上发展的自由，它反映了人的自主性，是人按照内心世界的愿望，不断超越，实现自我的过程。

第三，创设展示生命潜能的条件，使生命潜能得到自由而充分的发展。

哲学人类学认为，人是未完成的存在。人的未完成性，决定了生命具有发展的潜能。弗洛姆甚至把人的本质就看作一种特定的潜能。潜能是生命所蕴含的、潜在的、可能发展的倾向，是人自身中“沉睡着”的力量，是现实生命发展的源泉。潜能不是培养、教育的结果，但潜能也不会自动转化为现实，正如弗洛姆所说，“如果我们说，种子中现在已潜伏着树木的存在，那么，这并不意味着每一粒种子势必会长成一棵树。潜能的实现有赖于一定的条件，例如，在种子这种情况下，条件就是适当的土壤、水分、阳光等”（弗洛姆，1997）[233]。教育对潜能而言，可以促进潜能的发挥，也可以扼杀生命的潜能，这取决于教育的指导思想。

长期以来，我们的教育贯彻的是“一刀切”“一锅煮”的思想，所有的学生只按照年龄编班，而不问其智能的优势、学习风格、能力和个性倾向等的差异，对所有的学生都实行统一的教学内容、统一的学习进度、统一的学习方式、统一的评价方式，这犹如古希腊神话传说中普罗哥拉斯蒂斯的“铁床”①，严重忽视了学生之间存在的个体差异和个性特征，教育因此成了压抑潜能自由发展、扼杀学生个性的“元凶”。个性化教育的首要原则或首要理念是“适应性原则”，即让教育适应学生，而不是相反，“让学生适应教育”。学生和教育之间的关系，是教育服务于学生，满足学生的需要。学生的自由、自觉的发展是第一位的，教育只是为发展提供机会，创造条件。可以说，有什么样的学生，就需要提供什么样的教育，教育对每个学生都是特色化的、唯一化的，而不是相反，让教育用一个标准来塑造所有的学生，人为地消除他们之间个性的差异。

人的潜能是全面的，但并不意味着潜能发展就是平均发展，因为每个人的潜能在全面的基础上，都有其独特的优势，使个体的生命显示出差异性。在智能发展中，加德纳就指出，每个人都是多种智能的独特组合，在这些组合中，每个个体都有其相对而言的优势领域，如有的人显露出过人的音乐天赋，有的则表现出超常的数学天赋，而每一个体不同优势智能领域的充分发展，才能使个体的特殊才能得到充分展示、个性得到充分的体现。因此，个性化教育所主张的发展生命的潜能，不是潜能的平均发展。

---

① 普罗哥拉斯蒂斯是神话传说中的强盗，他让捉到的囚徒躺在特定的铁床上，如果囚徒身体比铁床长，就把多出的部分锯掉。如果囚徒身体比铁床短，就强行把他的身体拉长。以一张不变的铁床的长度要求所有的人，使人适应铁床，而不是让铁床适应人。

个性化教育相信，每个人都有着独特的生命，生命的独特性就表明每个人都具有优势潜能，教育就是要“扬长避短”，最主要的是在每个学生身上发现最强的一面，找出它作为人发展源泉的“制高点”，在对丰富的教育资源进行自主选择的基础上，通过有目的、有针对性的、特色化的教育，努力挖掘每个学生优势潜能的巨大潜力，使其优势潜能得到最大化、最优化的发展。

生命潜能的发展需要教育者提供个性化的教育资源，但这只是一种外在的因素，这种外在的因素并不必然保证生命潜能转化为现实个性。因为促进这种可能性变为现实性的关键在于生命自身的活动，在于这种活动的自主性。只有在自主活动中选择、消化、吸收、利用这些资源，才能激活沉睡的潜能，使潜能的发展不仅是全面的、和谐的，而且是自主的、自由的。自由而充分发展的人，是全面发展而又具个性的人，是一个真实实现自我的人。所以，生命的个性化的发展，还必须置于主体教育的视野之中，“培养人的主体性是以发掘人的个性潜能优势，培养个人独特的创造性为宗旨的”（刘文霞，1997）[98]。人只有成为发展的主体，才能全面激活潜能，使潜能得以自由发展，优势潜能得到最大限度发挥。

不仅激活生命的潜能、发掘优势潜能需要主体性，而且有个性的人，必然具有主体性的人格。所以，主体性不仅是培育独特个性的条件，而且构成了个性本身。只有具有主体性的人，才是有个性的人。唯唯诺诺，唯书唯上，缺乏自主性、能动性和创造性的人，不可能成为有个性的人，只能是供他人使唤的“奴隶”和“工具”。所以，个性化教育在实施过程中要唤醒学生生命成长的自觉意识，发展学生的主体能力，培育不断追求、不断超越的良好人格，给生命的自觉、自由、创造性发展提供动力。任何的发展都是基于自身的现实，是对已有现实的自觉超越，而先天的遗传赋予了个体差异，所以，发展的过程是增强差异和个性的过程。

总之，生命个体的发展只要是全面而和谐的，又是自由而充分的，生命就必然是独特的、有个性的。有个性的人就是潜能全面而和谐、自由而充分发展的人。所以，实现个性化教育的目标，必须从两个方面入手：一是要以全人教育为面，二是要以自由活动为线。线和面的交界点，也就是全人教育和自由活动的共振、融合，最终落实到个性发展上，个性的充分发展就是全面开发人的潜能的“全人教育”和促进潜能自由发展的“自由活动”结合的必然结果。（冯建军，2001a）[210]

3. 个性化教育的原则

个性化教育是引导个体生命独特性发展的教育，它以尊重差异为前提，以提供多样化教育资源和自主选择为手段，以促进个体生命的自由而充分的发展为目的。根据这样一种定位，个性化教育作为一种方式，贯彻在教育实践过程中，要遵循这样几个最基本的原则。

第一，适应性原则。

适应性原则是个性化教育的首要原则，甚至可以说是个性化教育的一种指导思想。个性化教育面对个性化的生命，通过个性化的手段，促进生命更加“个性化”。所以，个性化教育在根本上是与划一性教育对立的。划一性的教育，不顾生命的个体差异，而用统一的标准将所有的生命加以裁剪和阉割。“在过去的世纪中，教学的最大错误是：假定全体儿童是没有差异的同一个体，而以同一方式教授同一学科般地对待全体儿童。”（邓志伟，2002）[55]划一性教育的重心，可能在于社会，以满足社会的要求作为教育的基本取向，依据社会需要制定教育目标，并据此设计核心课程，以是否解决社会问题衡量教育的成效；也可能在于知识，把教育建立在知识的本质及其重要性的基础上，根据知识本身的状况与逻辑来安排课程，组织教育活动，并以知识的掌握情况衡量教育的质量。无论是社会本位，还是知识本位，教育的中心都不在儿童，都不是围绕儿童的生命发展组织教育，因此创造的不是适合学生的教育，而是适合教育的学生。传统教育以课堂为中心，以书本为中心，以教师为中心，是创造适合教育的学生的最明显的特征，这是一种无学生的教育。

教育是直面生命的事业，这不是一个空洞的口号。教育必须面对具体的、有着鲜活生命的人。个体的生命具有无限的潜力，而且优势潜力的表现也各不相同，个体的身心各方面表现出很大的差异。潜力不会自动地得到发展，个体潜力的充分开发需要合适的教育，“合适”就是符合个体生命发展需要。只有适合个体生命差异的教育，才真正是“以学生为本”，发展生命潜能的教育，对每个生命个体而言，才真正是“个性化”的教育。在这个意义上，“个性化教育”和“适应性教育”是可以互换使用的术语。适应性原则作为一种工作要求，体现在一切教育实践中，要求教育教学安排适应个别差异的环境条件，创设相应的情境，构建相应的课程内容以及建立相应的评价尺度。教师适应学生，为学生发展服务，是个性化教育的核心。

个性化教育强调对个体生命独特性的适应，并不否认社会对生命发展的要求。因为现实的生命不是纯粹的生物体，而是生活在社会中的人，他在社会中的活动以及他所创造的社会关系构成了生命的社会性本质。今天社会已不是一个专制的社会，社会的民主化程度越来越高，社会的需要也越来越多样，社会多样化的需要就要求教育培养多样化的人才。在这个意义上，教育适应独特的生命需要，培养多样化、特色化、个性化的人才也是社会发展的必然要求。所以，只有教育适合学生，才能真正培养适合民主社会需要的人才。我们不必担心强调生命的独特性会忽视个体的社会化，无视社会发展的要求而重谈“个体本位”的老调。传统的教育只注重统一性，不注重差异性，把人抽象化和奴役化，禁锢人的个性和自由，这无论对个体自由的发展，还是对社会的文明进步都是不利的。

第二，分化性原则。

生命的独特性实际上就是个体在社会生活中表现出来的个性品质和差异性，它表明每个个体都是具有自己独特内心世界的鲜活、生动、特殊和具体的生命个体，是一个不可重复、不可替代的生命体。个体的生命是独特的，因此，教育活动所面对的群体的生命是丰富多彩的。传统教育的划一性，对一切生命体统一要求、统一管理，使用统一的内容、方法、形式，无视学生之间个体差异的存在，限制了个体独特生命的发展。这种教育按照学生的年龄分级分班，貌似适合学生的年龄特征，其实恰恰不适合任何一个“真实”的学生；对所有学生都进行同一的教育，似乎符合公平与民主的精神，其实，它又违背了现代教育的平等原则。①

尊重差异和独特性是个性化教育的前提。尊重差异就意味着承认学生之间发展的差异性，教育就是使每个学生在自己已有的基础上，尽可能地充分发展，最终是使每个人“各得其所”，而不是达到统一的要求，把个体差异“填平补齐”。有差异的生命，就是独特的生命。生命的独特性表现在每个人的发展都有自己的优势潜能，教育就是要充分挖掘优势潜能。个体生命的差异性和独特性要求生命化的教育要适合每个学生，但“适合”并不是主张回到古代的个别教学，人为地废除班级授课制这种集体教育形式必然走向极端，我们需要的是在集体教育中如何更好地“关注学生的差异，满足不同学生的需要”，这就需要贯彻分化性原则。

分化性原则就是在集体教育的框架中，根据一类学生或个别学生之间的差异性，进行分层教学、分类指导，使教育尽可能适合每个学生，促进他们充分、自由、独特地发展。教育过程中个体的差异首先表现在各个方面，如能力、个性、学习愿望、动机和学习步调等，然后才表现出人与人之间的独特性。所以，分化性原则可以针对每个方面的差异，也可以针对个体的整个差异。

有学者介绍了西方适应个别差异的教学，包括能力本位的个性化教学、态度本位的个性化教学、兴趣本位的个性化教学、学习进度本位的个性化教学等（邓志伟，2002）[60–61]。实际上，我们不可能只根据人的某一方面的差异组织教学，即便是根据兴趣组织教学，个体在能力或态度方面也存在着差异。所以可行的方法是对同一内容，让学生找出适合自己的学习方式。例如在学习“光合作用”有关的内容时，使不同智能的学生选择他所适合的内容和学习方式。

---

① 教育平等的三个原则：第一，平等考虑原则，人人皆应该获得平等的教育待遇，包括教育权利平等和教育机会平等；第二，差别对待原则，在平等的基础上以不同的方式对待不同的对象；第三，切适性原则，每个人获得适合其发展的教育。参见冯建军，等. 现代教育原理［M］. 南京：南京师范大学出版社，2001：313.

- 言语－语言智能：让学生阅读教材和参考书中描述光合作用的章节，用语言提炼和概括光合作用的过程；
- 逻辑－数理智能：列出光合作用的具体步骤；
- 视觉－空间智能：用水彩描绘光合作用不同阶段的效果图；
- 音乐－节奏智能：创作一段音乐，其中不同的音乐片段表示光合作用的不同步骤；
- 身体－动觉智能：用角色扮演的方法展示光合作用的过程；
- 交往－交流智能：以小组合作学习的形式，讨论叶绿体在光合作用过程中的转化作用，并找出生活中的类似现象；
- 自知－自省智能：描述个人的转化过程，并将它与光合作用进行比较；
- 自然观察者智能：把种子分别种在阳光充足与没有阳光的环境中，对两者的成长进行比较。

这样，每个学生都能以适合自己优势智能和特点的学习方式进行学习，通过多种途径达到对某一特定内容的掌握和理解。

在实际工作中，个性化教育针对的通常不是个体某方面的差异，而是个体整体的差异。实施的方式是分组教学或分层教学。分组教学包括能力分组和作业分组两种情况。能力分组是按学生的能力，把他们分成不同的小组，不同小组的学生按不同的修业年限修完基本同一的课程。作业分组是在修业年限不变的条件下，改变对课程的划一要求，使不同的儿童在规定的年限内完成不同的学业要求。分层教学是根据学生学习能力和水平、学习倾向性上的差异，在教学目标、课堂练习、课外作业等方面对学生提出不同的要求。分组教学可以不打破年龄的编班，也可以打破年龄的编班；分层教学是在同年龄班级中提出的针对不同学生的不同要求。

无论是分组教学还是分层教学，都容易犯一种僵化的给学生“贴标签”的毛病，给学习能力较低、学习成绩不良的学生以消极的影响。实际上，根据加德纳的多元智能理论，一个人可能言语－语言智能较弱，不适合学习语文，语文成绩较差，但身体－动觉智能是其优势，适合运动或体育，体育成绩较好。所以，针对某一学科，学生可以根据自己的学习志向、学习能力自主选择自己的学习层次，如某生数学可能在 A 层，语文则在 B 层，英语可能是 C 层。教学打破行政班级，按年级实施不同层次的教学。允许学生根据自己学习的情况不断调整自己的学习层次。这样，每个学生各方面的学习兴趣和能力都实现了最大限度的发展，达到了最佳状态。这是一种动态的分层教学，也可以称为“跑班制”。

第三，自主性原则。

适应性原则和分化性原则针对的是划一性教育对生命独特性的压抑，而把教育归还于个体，这是个性化教育的基本要求。但教育作为外在的因素，必须转化为主体自身的需要。个体掌握发展的主动权，他可以根据自我发展的愿望和能力水平，自主选择教育资源和学习方式。只有以自主发展的方式，才能使个体在全面发展的基础上自由发展，形成自己独特的个性和人格。因此，自主性原则是针对强制性教育、他主教育而言的。

在日常生活中，我们都能体会到，一个人必须自主解决他的生理需要，换言之，生理需要的满足不可能由他人代为解决，必须“亲自”解决，否则，没有这些自主和主动，生命就不可能自然维持和生长，就会走向死亡。自然的生理生命需要自主完成，人的精神发展也同样需要自主完成，因为它也是生命的组成部分，一个人只能自己“活”，而不能由他人代“活”。这个浅显的道理说明，自主性或主体性是生命活动的基本方式。

但反思我们长期以来的教育，它却剥夺了学生精神发展的自主权。课堂按照教师意愿来设计，学生按照教师的每一个指令来行动，按照教师的要求作答；教师清楚每一节课要教什么、为何教和如何教，学生却不知要学什么、为何学和如何学。教育不是基于学生的需要，而是基于教师的需要，不是“生本”的教育，而是“师本”的教育；课堂不是学生发展的场所，而成为教师表演的舞台。即便是课堂上让学生提出问题、发表不同的意见，最终又会被教师引导到他所谓“正确”的答案之中，纳入教师预设的框架之内；教师会要求学生努力地去理解、掌握某一现成的知识，而不敢让学生去面对一个陌生的世界，更不敢放手让学生创造一个新的世界。在班级管理中，教师似乎是一个永远正确的价值“法官”，根据他的喜怒和爱好评判和裁决班级的一切事务。在这样的班级中，学生不是为自己而“活”，是为班主任而“活”，学生的最大愿望是为班主任所喜欢，所表扬①。所以，无论是课堂，还是班级，都被教师所牢牢控制，学生的发展只能听任教师的摆布。它把学生生命发展中最宝贵的精神活力和创造力销蚀了，把学生形成积极、主动、自主的自我的可能性扼杀了。

可怕的是，我们至今还没有意识到对学生发展主动权的剥夺，我们还在以“学生的不成熟和无知”以及“教师的主导作用”给这种剥夺以合理性的证明。实际上，即便是不成熟的庄稼，也都是自己长，而不是由农民“拔苗助长”。无论是多么弱小的身体，他的生命也只能由自己来完成，不可能由他人代为完成。鉴于此，华东师范大学叶澜教授强烈呼吁“把个体精神生命发展的主动权还给学生”，并在她所主持的“新基础教育实验”中将其化为行动的纲领，“把课堂还给学生，让课堂焕发生命的活力”，“把班级还给学生，让班级充满成长的气息”，切实把发展的自主性原则体现在教学和班级管理之中。

生命的潜能是全面的，但不是整齐的、平均的，客观上是存在差异的。允许差异的自主发展，必然生成独特的生命。所以，发展的自主性不仅是生命的存在方式，而且是形成独特生命和个性的保证。自主性本身是生命活动和存在的方式，不需要教育去发展人的自主性，但千万不能压制人的自主性，发展的主动权永远属于自己。教育就在于为个体生命的自主发展创造所需要的条件，让生命自主、自由地发展。教育必须转换长期形成的“师本”教育观念，树立“生本”教育和主体教育的观念，“把教育的对象变成自己教育自己的主体，受教育的人必须成为教育他自己的人；别人的教育必须成为这个人自己的教育”（联合国教科文组织国际教育发展委

---

① 南京市小学生心理信息采集与分析中心的一次调查表明，平均有 29% 的学生把“受到老师的表扬”作为他们的最大愿望，而且这一比例在三年级学生中高达 40.5%，四年级学生达 32.6%。而选择“学习进步”作为自己最大愿望的只占 5.4%。

员会，1996）[200]。

第四，特色化原则。

“所谓个性，不仅指个人的个性，同时还意味着家庭、学校、社会、企业、国家的文化和时代特性。”也就是说，既指单个人的个性，也指人之集合体的个性，包括学校的个性。所以，个性化教育的原则，既指向个体独特的生命，如前面所述的适应性原则、分化性原则和自主性原则，它要求教育个人化或个别化；同时还指向学校的个性化，即所有的学校都应办得富有个性化、特色化（教育发展与政策研究中心，1986）[163-164]，它要求学校教育特色化。二者是相辅相成的，个体的个性化要求学校教育的特色化，学校教育的特色化促进个体的个性化。个体发展的个性化是目的，学校教育的特色化是个体个性化发展的手段和保证。

就像今天生产产品必须讲究品牌一样，个性化教育要求学校也必须有自己的特色。这种特色，从上位的理念到具体的教育教学方法，都必须一以贯之。具体说来，学校教育的特色化包括：第一，教育理念的特色化。学校必须有自己独特的教育理念，教育理念是一面旗帜，指引着学校的一切工作，是学校工作的魂灵。如郭思乐教授提出的“教育走向生本”，我本人提出的“让教育凸显生命的灵动”，叶澜教授提出的“把课堂还给学生，让课堂焕发生命的活力；把班级还给学生，让班级充满成长的气息；把创造还给教师，让教育充满智慧的挑战；把精神生命的主动权还给师生，让学校充满生机”等都是生命化教育的理念。第二，培养目标和办学目标的特色化。对一个时期、一个时代来说，先进的教育理念可能具有共同性，但这些共同的理念体现在不同的学校和不同的学生身上，就体现出办学目标和培养目标的特色化。办学目标是把一个学校办成什么样子的设想，培养目标是学校培养什么样人的设想。学校的办学目标是为完成培养目标服务的。第三，课程设置、课程内容的特色化。课程设置要打破国家课程和必修课程一统天下的局面，设置地方课程和校本课程，开设选修课程，增强课程的多样化、弹性化和灵活性，给地方、学校和师生个人以适当的灵活机动权、一定的选择自由。第四，教育方式、方法的个性化。在教学中，应该依据“以学定教”“因材施教”的原则，教什么、怎样教、教多久、如何评价教学效果，这些问题都应该由学生的经验、意向、需要、兴趣和能力水平来决定。“许多个别化的教学形式强调对个人的判断和推行自我教育。按照每一个学生的要求和才能，给每个学生布置一个学习计划。”“学校的时间不再被分成许多划一的课时。各人的进度不同；多种多样的工作代替了整齐划一、步调一致的共同前进，学生有一定的时间按照个人进度进行学习（这种情况在美国和瑞典的中学里达到学校时间的40%）。”（联合国教科文组织国际教育发展委员会，1996）[170-171] 教师在教学过程中要更多地进行指导，充当一个指导者和顾问，而淡化“教”的意识。第五，教师的个性化。教师和学生同是教育的参与者，要使学生在教学中充满生命活力，教师的工作必须充满智慧和创造；要使学生有个性，教师的教学也必须有自己独特的风格和个性。没有教师个性对学生个性的直接影响，不可能培养出独特的学生。相反，有个性的教师，就有可能培养出有个性的学生。但现实是，从上什么课到怎样上课，从教科书到教学参考书再到同步训练题，我们为教师准备得太多太全了；从怎样备课到教案的格式，从一堂好课的标准到教师课堂的言语举止，我们对教师的要求也太多太细了，使教师本身丧失了创造能力和展示个性的机会。教师从教什么、怎样教，到考什么、如何考，处处受控制，彻底沦为一架教学机器。个性化教育在解放学生的同时，也需要解放教师，给他们以教学的自主权，少一点要求，多一点自由，使他们的教育教学真正充满智慧的挑战，多一些创造性的内涵。

第六章　生命的品质及其教育意蕴

促进生命——让它自由地发展、展开——这便是教育家的首要任务。教育家必须能被对生命的深刻崇拜所激发，必须通过这种崇拜，尊重儿童生命的发展。

——蒙台梭利

一、生命的超越性及其教育意蕴

教育作为一种有目的的实践活动，它的内在就包含了超越性。教育的宗旨并不是要把现实存在的人再摹写、再复制出来，而是要培养一代又一代的新人，实现对现实人的超越。

——鲁洁

（一）生命的超越性及其实践本质

人的生命的奥秘就在于尊重自然生命，但不成为生命的奴隶，要超越生命的有限性。人的生命无论是本能，还是已成为生命组成部分的要素，只要成为生命既定的现实状态，它都是有限的。但人的生命追求是无限的，人从不满足于有限，而在不断地追求无限。有限成为人超越的对象，无限成为生命追求的目标。一个“无限”经过人的创造性活动成为“有限”，人又会产生新的“无限”，人总是生活在这种不断地否定有限，不断地追求无限的动态过程之中。因此，人是宇宙间唯一的能够“是其所不是”和“不是其所是”的存在物，除人之外的一切存在物都“是其所是”地存在着。因此，当代的一些哲学家把超越性看作人的生命本质。舍勒指出，“人，只有人——倘使他是人本身（Person）的话——能够自己——作为生物——超越自己”（舍勒，1989）[34]，因此他给人的定义是：人是超越的意向和姿态，人是生命超越本身的祈祷，人是一个不断开放、不断生成的X。尼采也指出，“生命自身曾向我吐露了这一秘密：‘看，’它说，‘我就是那必须永远超越自我的东西。’”“无论我创造了什么，无论我如何爱它，——不久我必然成为我的造物和我的爱的对手：我的意志要我如是。”（熊伟，1997）[79-80]

人的生命是双重的，正是生命的双重性，使生命的发展衍生出一系列矛盾，发展的过程是矛盾的否定性统一，因而也是生命实现超越的过程。这些超越表现在以下几个方面。

第一，精神性对生物性的超越。人是一个双重生命的存在，种生命规定着人的生物性，类生命规定着人的精神性和社会性。人是生物性和精神性的统一，但人的超生命的本性，决定着精神是人的生命的根本。人失去了精神，就成了纯动物性的存在。当然，精神离开了人的肉体，也是一个虚幻。因此，精神依附于动物性机体而存在，同时又将动物性带出自身，使人超越了人的内部自然所规定的各种生物学需要——自然本能的冲动。对人来说，人也有本能的冲动，但人能够有意识支配自己的本能冲动，“意识代替了他的本能，或者说他的本能是被意识到了的本能”（马克思，恩格斯，1960）[35]，从而使人能够把本能的需要置于意识的支配之下，实现精神对生物本能的超越。人也有食色性的本能、欲望和冲动，但在精神性的支配和润色下，已经打上了社会的烙印，使人从一个纯粹的生物体变成一个社会人。越是文明的人，就是离本能越远的人。康德说，人只有受过教育才能成为人。前一个“人”就是生物体的人，后一个“人”就是社会人。教育在实现人的精神性对生物性的超越中起着重要的作用。

第二，无限对有限的超越。人是一个现实的存在，现实性本身规定了生命的有限性。无论是人的肉体，还是人已获得的社会经验，或是人已达到的身心发展水平，都是有限的。但人的追求却是无限的，人永不满足于他的现实，对现实永远说“不”，他没有确定的追求目标，追求本身就是他的目标。人生的过程就是一个阶段性目标的达到，又追求新的目标的无限的过程。所以，直至生命终结，人是带着遗憾而去，但同时也是带着希望而去。卢梭在《社会契约论》中有一句名言：人是生而自由的，但却无往不在枷锁之中。这句话说明了“人是能意识到无限的有限者”（车玉玲，2001）[46]。意识使人超越有限，走向无限。无限是神的本性，但人不是神，人能意识到自己的有限性。无限对有限的超越意味着进入有限必须以无限为根基，有限是通达无限的前提和根基。人虽身处有限，但总是在进行着无限超越的努力。

第三，可能对现实的超越。人是一个开放性的存在，人的本质不是预成的，而是生成的。现实是使人成为人的基础，但不规定人的本质，人的本质就在于不断地创造，不断地生成。所以，人既是现实的、经验的，又是理想的、超验的。人要在现有和经验中对自身做出肯定，使他生活在当下。但人的本性使人还生活在理想世界，生活在“乌有之乡”，不断地走向人的“应是”的理想中。人生活在现在，现在不仅是过去的浓缩，更是未来的指向。“存在决不是现在，而是不断运动着的未来。”（麦基，1987）[95]“思考着未来，生活在未来，这乃是人的本性的一个必要部分。”（卡西尔，1985）[68]人对未来“应然”和“可能”的关注较之于对现实的关注更为强烈，更为本质和深刻。对未来的向往，成为人前进的动力，人总是处在向着“理想”和“应是”行进的途中，正是对“未来”的向往和对“可能”的追求，使人超越了自己的历史和现实。

第四，自由对规定性的超越。人生活在现实之中，他面临着一个无法选择的既定前提，这个前提历史地、现实地规定着人的存在。因此人的存在是“直接给予的事实”，这就是马克思所说的，人是历史的“剧中人”。人生活在社会现实中，首先要适应社会，获得社会赋予的规定性，即社会化，否则，人连存在的资格都没有。但正如马克思所说的，人不是环境的被动产物，人在能动地改造环境的同时，也在创造着自我，实现着对既定我的超越。因此，人又是自己自由创造活动的产物。人既是环境的被动产物，又是主动的创造者，创造的过程就是不断地超越自身的既定性，不断地走向自由。

由上，我们可以把生命的属性分为两类：一类是“实然”的属性，是指生命已经达到的，或已经具备的属性，包括与生俱来的生物性和已经内化为个体生命组成部分的精神性和社会性水平；另一类是“应然”的属性，这是一类目前虽然没有达到但却是生命正在追求的对象性存在。生命的发展就表现在以先前的“实然”为基础，“应然”不断转化为“实然”，随之又产生新的“应然”。生命就是在“应然”与“实然”的不断转化之中，实现着对自身的超越，对现存的超越，这种超越以人对“总体性”的追求和寻求完满为动力，这是每一个灵魂深处永远跳跃着的不灭的火花。正是这种超越性决定了人生活在现实世界之中，然而又不满足停留于此，他的目标永远在前方，追求一种终极完满的存在方式。它不仅包括人的理想的存在环境，而且包括人对自身的超越和完善。立足于现实，又不满足于现实，不断地追求一种理想，这就是生命中的“乌托邦”精神。

人的超越性作为人对自身存在的限制、现状、有限性的不断超出和突破，一方面是由生命的本性所使，但归根结底是由实践活动所决定的。超越性发生在人身上，是生命双重属性的否定性统一。为什么人具有对未来、对完满的向往和追求？原因就在于人特有的自我意识。自我意识使人不断地意识到自身的有限、现存的不足，人对自身的每一次超越都是人对自身生命存在状况进行有意识反思的结果，这样，人就为超越现状提出了任务，并首先在人的精神世界中构建了优化的生存意义图景。动物之所以只能在进化的意义上繁衍和发展，正是因为它们不具备人那样的自我意识。但是，马克思主义认为，超越绝不仅仅是一个精神过程，引导超越的也绝不能归为所谓神秘的“绝对精神”，而是人的实践活动。人的自我意识的发生和超越性的体现，其现实的基础只能是人的实践活动。马克思把“自由自觉的活动”看作人的类本质，说明实践是人之为人最根本的活动，是人之本性产生的根源。人在实践活动中产生着自我意识，并通过实践活动完成人对现实世界的改造，创造一个新的世界。新的世界作为人化的世界，反映着人的意志和愿望，是人的本质力量的体现。人不仅在实践活动中完成了对现实世界的超越，而且通过对世界的改造，也改造着自身，完成着对自身的超越。实践本身是一种不间断的活动，只要人存在着，他就必须进行实践活动，在这种“自由自觉的活动”中，人超越了现存世界，超越了自身，朝着理想的目标，不断地改造世界，完善自身，这是一个伴随生命终生的过程。

（二）“超越性”的教育学意义

教育的对象是人，是生命，教育要致力于生命的和谐、自由、充分的发展。因此，明确生命的超越本性，对我们重新审视和认识教育的本质具有重要的意义。

1. 发展是人的自我超越

以往的教育学对人的发展之认识，不是从“人”的双重特性出发，而是把人仅仅作为一个自然的生物体，把人的发展看成一种内在结构的自然变化过程，把它的规律等同于身心成熟的自然规律，因此，身心的发展表现为“阶段性”“顺序性”“不平衡性”“差异性”“互补性”，这种身心发展的规律不光是人所具有，即便是动物也有不同的体现。所以，仅仅把此归结为作为人的生命体的发展特点，显然没有抓到根本。

以人的方式来认识生命的发展，发展以生物体的自然成熟为基础或物质载体，但发展绝不等于自然生命机能的成熟。发展的过程是生命自我否定、自我超越的过程，它是生命不断地否定“实然”，走向“应然”的无终极过程。支配生命发展的不是生物体的成熟，而是人的自我意识。动物也有自然机体的成熟，但无自我意识，因此不存在自我超越的发展。人的自我意识使人不满足于现状，不满足于自身，不断地创造理想的存在环境，不断地提出发展的新境界。生命的发展就是一个不断地超越，“应然”不断地成为“实然”，又在自我意识的驱使下，产生新的“应然”的过程。“实然”与“应然”是对永恒的矛盾，“实然”限制着“应然”，“应然”要否定“实然”，“人类生存的基本要素正是矛盾。人根本没有‘本性’——没有单一的或同质的存在。人是存在与非存在的奇怪混合物，他的位置是在这对立的两极之间”（卡西尔，1985）[16]。但处于这一矛盾的主要方面的是人的“应然”，“对人来说，最紧要的不是‘当下’，而是‘尚未’。人的‘尚未’集中体现了人的应然逻辑”（陆杰荣，1998）[78]。正是由于这一点，超越才可能存在和发生，人的活动才是自由的活动。

2. 发展的主动权在于生命自身

确立“人是发展的主体”，“把生命发展的主动权还给个体自身”，最根本的是要转换对人的认识，即从“物的逻辑”转换为“人的逻辑”。“物的逻辑”是对物的认识方式，物的本质是确定的，是预成的、不可改变的，因此，对物的认识是“实然”的逻辑。而人与物不同，就在于人的本质的不确定性，人是在“应然”的追求中不断地被创造的，是开放的、生成的。因此，人的逻辑是“应然”的逻辑。“‘应然’突出了人的筹划，人的运思，人的未来，‘应然’把人看作可能性的存在，超越性的存在。”（陆杰荣，1998）[79]

超越性是人的生命特有的发展方式，意味着生命发展的动力不在于外，而在于内。“人的应然性存在说明人内在的具有自我发展的动因，表现为他对当下自我发展状况的不满与否定，对更高水平、更完善发展状态的企望与追求，以及实现这种种企望之‘自我筹划’等等。”（鲁洁，2001b）[383]所以，为什么教育对象是能动的、主体性的存在？为什么生命发展的主动权在于人自身？就因为人有内在于生命本性的超越性，有对现实规定性的不满足和对“是其所应是”的不懈追求。人从不满足周围的现实，“永远在想方设法打破他的此时–此地–以此方式的存在和他周围世界的樊篱，其中也包括他自己当时的自身现实”（舍勒，1989）[42]。人正是通过对自己生命的这种不断的追求和超越，来揭示生命的意义和价值，使人不只是一个动物性的存在，更是一个价值存在。歌德用喻意的方式表达了这一命题，即“生活在理想世界，也就是要把不可能的东西当作仿佛是可能的东西来对待”。人只要生活在“应然”中，就具有不断发展的动力。在个体发展观上，外烁论和行为主义的错误就在于都没有认识到“个体生命自身具有发展的主动权”，生命发展具有内在的超越性。

长期以来我们习惯于将人、将教育对象看作一种实体，把一系列已经表现为事实的属性——个体所具备的知识、技能、能力和品德——视为他们的本性，作为发展所追求的目的，而没有把人看作一个可能的、开放的、应然的追求者，看不到人的本质是在“应然”中不断地被创造的，人的特征总是在超越“实然”，追求“应然”中体现出来的。因此，把人看作一个被动的存在，找不到蕴藏于教育对象自身的发展的真正动因。教育促进人的发展就表现为教育者对受教育者施加影响，使受教育者获得相应实然属性的过程。如此，我们看到，知识、能力本身成为受教育者追求的目标，进而使以知识、能力为标志的升学成为受教育者的唯一目标。一旦这一目标达到，或不可能实现，人就丧失了发展的能动性和自主性。教育或者学习似乎是为别人所进行，而不是自己的事情。当代教育学倡导主体教育，强调教育对象的能动性和主体性，强调把发展的主动权还给他们，但若不改变对人的认识，受教育者的主体性充其量是更加热爱学习，或更加努力学习，这种热爱和努力是靠外在的诱因驱使的，只不过以前是用“惩罚”的手段，现在改为用“诱饵”的方法，其外在于人的本质没有改变。一旦失去了惩罚或诱饵，人同样没有学习的主动性，同样不会成为教育的主体。

3. 在教育中实现生命的超越

个体生命的超越性不是宗教式的神秘主义，它是通过实践活动并在实践活动中完成的。实践活动的根本是变革客观世界，创造一个新的世界，因此，一切实践活动的本质就是超越。教育作为一种有目的的实践活动，它以受教育者自身为实践的对象，以对受教育者现实规定性的否定和超越为出发点。教育不是教育者对受教育者的改造，而是受教育者自身的自我改造和自我超越的实践活动。对受教育者而言，已有的发展状况不能满足他的要求，教育就是有目的地按照发展的应然目标改变人的现实本性，达到一个新的发展水平。因此，教育在最根本的意义上是受教育者以自我为对象，通过自己对自己的主动改造和超越而实现的主动发展。

在促进个体生命发展的意义上，教育活动就是一种超越性活动，超越性成为教育的本质规定。对此，鲁洁教授做了精辟的论述。她指出："教育赋于人以现实的规定性，是为了否定这种规定性，超越这种规定性。一切现实的规定性只能是规定人的现在，而不是要去决定他的未来。理想的教育并不是要以各种现实的规定性去束缚人、限制人，而是要使人从现实性看到各种发展的可能性，并善于将可能性转化为现实性；它要使人树立起发展与超越现实的理想，并善于将理想赋之予现实。培养一种理想与现实相统一的人，超越意识和超越能力相统一的人，这才是教育之宗旨。"（鲁洁，1996）这是基于人的生命本性，基于马克思实践唯物主义对"教育"的新认识。

教育实践是受教育者的自我超越的活动，是受教育者自我建构的活动，是受教育者的一种主体活动。因此，教育活动中，教育者一定要把受教育者视为发展的主体，把生命发展的主动权还给他们。教育者在教育活动中的责任是引导、激励和唤醒。"引导"不同于"灌输"和"训练"，就在于它尊重个体生命发展的主体性要求；"引导"不同于"放任自流"，就在于它能使个体生命的发展不被生物性所奴役，而赋予社会的价值。"引导"就其内容而言，不是对个体的发展规定什么，而在于提供价值导航，在于唤醒个体潜能发展的意识，激励生命个体不断地超越自身，彰显和弘扬人的主体性。基于对教育活动中教育者角色的这种认识，我们认为，教育就在于教育者引导受教育者不断地实现自我超越，教育活动是教育者的价值引导和受教育者自我建构的统一。

（三）基于生命超越性的教育

超越性是生命的品质，但一切生命的品质都具有潜在性，它不会自发地流露出来，需要提供一定的条件，包括社会条件和教育条件。不适宜的条件只能造成超越性的缺失。马尔库塞认为，工业社会技术理性的控制，导致了丧失否定性、批判性和超越性的"单向度人"的出现。他说，当代社会是一个新型的极权社会，这种极权社会不同于旧的以政治为手段的极权社会，它把技术理性作为新的控制形式取代政治理性，制服了人们心中的否定性、批判性和超越性的向度。技术理性渗透到政治、生活和文化的各个领域，人成为一切按照技术合理性的要求行事的单纯工具，从而使社会成为单向度的社会，使生活于其中的人成为单向度的人。

这种技术理性也支配着工业社会的教育。“今天，我们却不问怎样使一个孩子成为一个完整的人；而是问我们应当教他什么技术，使他成为只关心生产物质财富的世界中的一颗光滑耐用的齿轮牙。”（劳伦斯，1992）[IX]这种教育使人放弃了对可能生活的“应然”追求，放弃了对人生终极意义的思考，把人塑造成简单的生产工具，使其成为整个生产流水线中的一个被动的环节。于是，科学的教育独占鳌头，人文教育日趋衰微。即便是人文学科的教育，也渐失人文的内涵，道德教育不去唤醒内心的道德良心，而是教人如何遵循道德规则，如何“听话”“顺从”；连最能体现心灵自由和人性陶冶的美育，也远离“高尚”和“神圣”，成为艺术技能的训练，成为高考艺术特长生加分的砝码。今天的教育越来越市场化，今天的学生越来越务实。教育就是要复制社会的现实，使学生掌握既定社会的要求，成为社会现实的需要者。现实社会不需要的，教育坚决不教，学生坚决不学，市场化的“产销对路”正在成为主导教育运行的原则，“有用”成为学生衡量是否要学习的唯一法则，人的理想、追求、超越，人的精神与生命激情等应然性的价值，被视为“不合时宜”而常常被排斥在教育之外。教育“务实”了，放弃了生命的应然追求，人却丧失了可能性，也就与被动适应环境的动物无异了。

为此，要走出现代教育的误区，必须补足教育的“另一半”——人文的、应然的教育关怀，并把它置于价值引导的地位。我们说，人是一个独特的超越性存在，支配超越性的动力，就在于人有“是其所应是”的不断追求。因此，唤醒人的超越意识，培养人的超越精神和超越能力，是生命的超越性对教育的必然要求，也是唯理性主义教育需要补足的“另一半”。

1. 教育要唤醒人的自我意识和超越意识

人类超越自然本能生命的被动性，能够以内在的尺度支配自己的生命，就在于人类是有"意识"的存在。人类的意识发生在实践活动之中，人类在改造客观世界的活动中，把"世界"当作自己的对象，产生了"对象意识"，人类要认识客观事物的特点，进而"不仅按照任何物种的尺度"，而且按照"内在固有的尺度"，改造客观事物，实现对客观现实的超越。人类的自我改造、自我超越，也需要关于自己的"实然""应然"的自我意识。在这种自我意识中，人类能够"觉其所觉"，"知其所知"，"想其所想"，"行其所行"，因而又能够超越自己狭隘的、有限的存在，在自己的"意识世界"中为自己创造无限广阔、无限丰富、无限发展的"世界"，给自己构成理想性的、真善美统一的世界，这就是人的"超越意识"。超越意识是超越性的"导火线"，是超越性的"发动机"。人无自我意识以及包含在其中的超越意识，就不可能有超越自身的行动。人只能是"只管耕耘，不问收获"的老黄牛，它只能听从主人的使唤，顺从环境的要求，而不可能改变自己的命运，超越自身的境遇。

就像身体需要锻炼才能强壮，超越意识深达人的存在本性和潜在的意识深处，只有在被唤醒后，才能启动。教育对精神潜能唯一可做的就是"唤醒"。对于潜能而言，没有一个人能知晓自己天分中沉睡的部分有多少，因此，需要教育来唤醒人未能意识到的一切。我们的教育就是要使学生"清楚地意识到要成为完整的人全在于自身的不懈努力和对自身的不断超越，并取决于日常生活的指向、生命的每一瞬间和来自灵魂的每一冲动"（雅斯贝尔斯，1991）[1]。在这个意义上，我非常赞同德国文化教育学派"教育即唤醒"的观点。文化教育学派的主要代表人物斯普朗格指出，教育的目的并非传授或接纳已有的东西，而是从人生命深处唤起他沉睡的自我意识，将人的创造力、生命感、价值感唤醒。自我意识和超越意识没有被唤醒的人是麻木的，缺乏行动的动力。人的自我意识和超越意识一旦被唤醒，就会在剧烈的震荡中，荡涤尽情感的自然状态，使人在灵魂震颤的瞬间感受到一种从未体味过的内在敞亮，潜在的意识得到复活，而获得一次心灵的解放。从此，生命就会像一头睡醒的雄狮，焕发出勃勃的生机。文化教育学派的另一位代表人物博尔诺夫还十分强调人在遭遇困境、面临危机时被“唤醒”的重要价值。人在遭遇困境时，最可能意志消沉，唤醒就是要使人正视危机，鼓起勇气，树立希望，从而走出危机，走向新的生命层次。

2. 教育引导学生树立远大的志向，使他们心中时刻充满着希望

从本体论上看，人生就是一个遭遇悲剧和充满希望的过程。其悲剧性就源于人生命的自然性与超自然性、有限与无限、现实性与可能性、规定性与自由性之间的矛盾。人总是想从生物性、有限性、现实规定性中摆脱出来，追求超生命的“神性”、无限性、理想性和自由，却又总是达不到他的目的，这就是人生的悲剧。因此，人的悲剧就是“奋斗与抗争的结果必然是失败或毁灭”。对于悲剧，我们不应该从消极方面来认识它的意义，走向消沉、停顿、毁灭与死亡。对于超越的人生而言，“悲剧的意义就在于明知失败或毁灭的结果也要奋斗和抗争。奋斗和抗争是人面对悲剧命运的生存勇气，也是人在希望中的行为”（雷体沛，2001）[109]。对于“勇气”存在的意义，蒂利希在《存在的勇气》中做了深刻的揭示。他认为生命的有限性以及“应然”对“实然”的不断否定，使人总处于焦虑之中，“勇气”就是要挑战焦虑对生命所造成的压力和逼迫，防止可能的消沉。他说，所谓“勇气”即“人在其中肯定他自己的存在而不顾那些与他的本质性的自我肯定相冲突的存在因素”（蒂利希，1988）[3]，是不顾非存在的威胁而对存在进行的自我肯定。人只有以存在的勇气去面对生命的有限性、空虚、无意义，才能在“非存在”、虚无的威胁的边缘上建构其生的意义和希望。勇气给生命之超越注入了动力，而希望作为目标，照亮人的前进路程，将人推上追求完满的超越之路。没有希望，人生就没有追求，就没有未来，也就丧失了生活的勇气和信心，走向绝望。“哀莫大于心死”，心的死亡是人生最大的死亡。一个人可能身体还活着，但浑浑噩噩，充其量也就是等待死亡。所以，人生就是在不足、不完善中，在有限中不断地制造悲剧，又在生存的勇气和对希望的追求中实现着超越。人生有了勇气和希望，就能实现超越。

人生有了希望，不仅有生存的勇气，而且使生命有着因对完美的追求而不断超越的动力。但希望从哪里来？我认为，根本的就在于人要有“志”。“三军可以夺其帅，匹夫不可夺其志。”“志”即“志向”“志气”“立志”。有“志”，人生就充满希望，无“志”，人生就无着落，就会空虚。凡成大事者，人生皆立大“志”。大“志”则成大事，小“志”则成小事，无“志”则不成事。“志”是意识超越性活动的根本动力。实现人生的超越，教育必须引导学生立“大志”，树立远大的目标，具有崇高的追求。一个人具有了远大的追求，就会在遇到困难时表现出坚强的毅力。爱因斯坦在悼念居里夫人时指出，居里夫人对世人和后世的影响中，其道德和人格的影响也许比单纯的才智和成就的影响还要大。她之所以能取得伟大的科学成就，“不仅是靠着大胆的直觉，而且也靠着在难以想象的极端困难的情况下工作的热忱和顽强”。在纪念文章的最后，爱因斯坦针对现实既不无担忧又充满期待地说，“居里夫人的品德力量和热忱，哪怕只要有一小部分存在于欧洲的知识分子中间，欧洲就会面临一个比较光明的未来”（爱因斯坦，1976）[339−340]。爱因斯坦的这句话，同样给我们敲响了警钟。我们的学生可以在考卷上得高分，得到各种证书，取得学士、硕士、博士学位，但他们心中太缺少理想，或者说他们的理想就是拼命考上大学，找个好工作，过上荣华富贵的一生，而缺少远大的志向。

人有远大的志向，人生就会充满希望，超越就会充满动力，人才能摆脱生命的有限性，超越“是其所是”，在不断的追求中走向“是其所应是”，人生才能创造出意义和价值。教育必须引导学生立大志，不断明确奋斗的目标，使人生充满希望，从根本上解决超越的源泉问题。

3. 教育要引导学生认识生命的意义，实现对世俗和存在的超越

人不仅是一个实体的存在，更是一个意义的存在。现实性规定人成为一个此时此地的“实体”，人仅仅是实体，就不可能有生命的超越。超越性的发生，全在于人是一个意义的存在，人总是为寻求“意义”而生活。生命的超越性，在于它总是超越“存在”而创造“意义”，生活在意义世界之中。对人而言，“意义”大于“存在”。

“意义”成为哲学家衡量人之为人的根本。赫舍尔指出，人的生存，在动物学的意义上，他们可以算作人类，但他们缺少一种可以从精神上把自己与生物区分开来的性质，人之为人就在于他有一种意义的向度——“做人”。他说：“人的存在从来就不是纯粹的存在；它总是牵涉到意义。意义的向度（dimension）是做人所固有的，正如空间的向度对于恒星和石头来说是固有的一样。……人……可能创造意义，也可能破坏意义；但他不能脱离意义而生存。”（赫舍尔，1994）[46−47] 蒂利希把人能否发现生命的意义，获得生命的意义，看作人的存在的最后依据，指出“人最终关切的是自己的存在及其意义”。我国著名哲学家高清海教授更是把人的本质看作超生命的生命，强调意义对人的本体价值，他说：“人是不会满足于生命支配的本能生活的，总要利用这种自然的生命去创造生活的价值和意义。人之为‘人’的本质，应该说就是一种意义性存在、价值性实体。人的生存和生活如果失去意义的引导，成为‘无意义的存在’，那就与动物的生存没有两样，这是人们不堪忍受的。”（高清海，2001）[213] 对意义的追寻，是人的生存方式，人也在追寻意义中实现精神生命的自我超越。

人是“意义”的存在，培养人的教育也必须给人以“意义”，把人生引向意义的追求。在这一点，我赞同郭元祥博士对教育的认识，“教育在本质上就是一种唤醒人的生命意识，启迪人的精神世界，建构人的生活方式（物质的和精神的），以实现人的价值生命的活动”（郭元祥，2002）[107−108]。教育必须超越功利主义和极端的现实主义，教人思考“为何而生”的意义，找到正确的人生航向。只有这样，人的知识、智慧才不至于迷失方向，成为残害人类的“元凶”。我们说，生命智育要完成知识的授受、智慧的启迪和生命的润泽三个任务，它们并不是同等重要，最重要的是“润泽生命”。我们的教育“绝不应当被用于制造学识渊博的怪物、多才多艺的变态狂、受过高等教育的屠夫。只有在能使我们的孩子具有人性的情况下，读写算的能力才有其价值”（郝德永，2002）[321]。所以，教育必须关注生命的意义，正确地引导学生认识生命的意义，创造有意义的生活和有意义的人生，实现生命的价值。只有这样的教育，才能解放人，提升人，使人超越现实的功利主义，从被动的工具化存在状态中解放出来。这是当代工具性教育走出困境的唯一选择。

4. 教育要培养学生的批判和反思能力，给学生生命超越的工具

生命的超越是个体在“应然的理想”引导下，通过对“现实规定性”的反思和批判，实现对“现实规定性”的否定。从一定意义上说，超越与否定是同一语。要“否定”，就有一个否定的“对象”和“为什么”要否定的前提。否定就要对“对象”进行反思，发现其中的不足进行批判，进而产生克服不足、走向完满的新的理想，完成一个循环的超越。超越是无终极的螺旋循环过程，个体的“现实规定性”总成为反思和批判的对象，进而在反思和批判中树立新的目标，实现新的理想，达到新的水平。所以，否定的超越总是借助于反思和批判来完成的，反思和批判成为实现生命超越的工具和拐杖。当一个人失去了反思和批判能力，对他生活的社会、他的处境、他的人生处处感到满足的时候，处于马尔库塞所说的“不幸意识被幸福意识（即‘相信现实的就是合理的并且相信这个制度终会不负所望的信念，它反映了一种新型的顺从主义’）所取代”，人沉溺于动物式的“幸福”和“满足”之中，丧失了人的否定性、批判性和超越性，就成了“单向度的人”。可以说，没有对现实及其规定性的反思与批判，就没有超越，人类社会发展和文明的进程就会停滞，个体就会在故步自封中走向沉沦与异化，失去生命的创造和活力，最终走向心灵的死亡。反思是前提，在于发现问题；批判是反思的延续，在于找出解决问题的办法，实现新的超越，所以，批判不是为了“颠覆”，否定是为了在更高程度上的拯救和召唤，是为了更好地发展。“人在‘批判’中否定着世界，生成为人，升华着人性，寻求着人的意义。”（陆杰荣，1998）[146]

反思和批判既是生命超越的工具，本身也是人所特有的一种超越意识和超越能力。我们的教育必须培养这种反思与批判精神。教育不只是在于接受已有的知识，而在于以这些知识为基础产生、发现新的问题，解决问题，产生新的知识。一味地强调接受，“极有可能的是：受教育越多，受束缚也越多。人们从教育中所得到的一切既定的价值观念、道德规范、审美意识、思维模式乃至科学技术等都可能成为‘束缚人的框架’”（鲁洁，2001b）[339]。因此，受教育不在于肯定自己，不在于“占有”知识，而在于否定自己，生成“思想”，产生创造。教育是面向“未来”的事业，它遵循的是一种“应然”的逻辑，它应该永远对现实说“不”，具有反思和批判意识。教育的批判性与人的超越性是一致的，是基于生命超越性的教育本性的体现。工具性教育，被动地适应和接受既定的现实，培养不了人的反思与批判精神。人的反思与批判精神只能在批判性教育中产生。

5. 在自主发展教育中实现生命的超越

超越是个体生命的发展，而且是一种自主、主动的发展。显然，这种自主的、主动的发展，只有在自主发展的教育中才能实现。自主发展的教育，不完全等同于自我教育。自我教育，一般认为是自己教育自己，但自己怎样教育自己，在哪些方面教育自己，则未能详细地辨别。叶澜教授根据自我教育的目的和对象的不同，把自我教育分为表层和深层两种结构。表层的自我教育，它的直接认识对象指向外部世界，认识的目的是掌握外部世界现存的知识或其他，这种自我教育就是我们通常所说的自学。深层的自我教育，其认识对象指向自身的某种、某方面状态或身心的整体状态，认识的直接目的是改变、发展和完善自己。这种教育是以受教育者的自我认识为基础的自我发展，其活动的机制是“反思内求”。显然，这里所说的自主发展教育就是一种深层的自我教育。

自主发展的教育必须通过学生的自主活动来体现，并且使他们在活动中具备自我教育、自我反思的意识以及自我教育的能力。当然，自我教育的意识、自我教育的能力与活动是一体的，既在活动中培养和生成自我教育的意识和自我教育的能力，又以自我发展的意识和能力计划和安排活动，使活动体现出学生的主体性和自由。学生在学校的教育活动主要有两类：一类是以课为单位的课堂教学活动，另一类是以班级为单位的班级管理活动。学生在校的发展主要是通过这两类活动形成和体现的。就这两类活动而言，目前还都笼罩在“教师中心”的阴影下，教师为学生安排设计的活动过多，学生的有效自主活动过少。要改变这种情况，我们必须把“教师的价值引导和学生的自主建构”这一教育活动的本质属性体现在课堂教学和班级活动之中。把课堂还给学生，让学生学会自主学习；把班级还给学生，让学生学会自主管理。一句话，把精神发展的主动权还给学生，让学生通过自主学习、自主管理、自主评价，并在这些活动中认识自我、反思自我、调控自我、激励自我，实现精神生命的自主建构和自我超越。

二、生命的可持续性及其教育意蕴

> 人是一个未完成的动物，并且只有通过经常地学习，才能完善他自己。如果确实如此，那么教育就要终生进行，要在所有现存的情况和环境中进行。这样，教育就会体现它的真正本性，即完整的和终身的教育。
>
> ——联合国教科文组织

可持续发展观作为一种新的发展观念，源于20世纪下半叶以来对环境、资源、人口与经济发展问题的反思，其基本的价值取向是正确地处理人类与自然生态环境、国家与国家、当代人与后代人之间的关系，建立新的“全球伙伴关系”——人与自然的和谐统一，人与人之间的和平共处，树立人类整体的、和谐的、持续的发展观。

社会的可持续发展，人类处于关键地位。所以，1987年世界环境与发展委员会在《我们共同的未来》中公布的权威的“可持续发展”的含义就是以人类的可持续发展来反映的，即一种既满足当代人的需要，又不损害子孙后代满足其需要能力的发展。而人类的可持续发展取决于其基本的组成细胞——个体的可持续发展。个体的可持续发展不仅包括个体作为人类社会的一员处理好个体与个体之间、个体与社会之间、个体与环境之间的关系，使他们保持发展向度上的一致与和谐，“更要求个体生命具有内在的、源自心灵深处的发展后劲来维持生命进程的永动状态，真正使个体生命的持续努力融入整个人类文明发展的主潮之中”（潘涌，2001）。人类的可持续发展直接的目标是追求个体与外部世界的和谐，取得社会的持续发展，根本的目标则是追求个体生命内部的和谐持续发展。而且后者是前者发展的内在根据，前者是后者的外在表现。所以，归根结底，社会的可持续发展、人类的可持续发展最终都取决于个体生命内部的可持续发展。

（一）“生命可持续发展”的含义

认识到可持续发展的核心或关键是人的可持续发展，1990 年联合国开发计划署在《关于人的发展报告》中，随之对人的发展做了新的界定，使用了“人的可持续发展”的概念。所谓人的可持续发展，即既能满足当时的需要，又能保证其身心和谐、均衡、持久的发展力不受损害的发展。也就是说，谋求生理与精神的和谐圆润，身心发展的有序、均衡、协调，以保持全面的、长久的、强劲的发展能力。生命的可持续发展具有以下特征。

第一，生命的可持续发展是生命全面地、和谐地发展。如同以环境和生态的破坏、资源的掠夺式开发为代价换取的经济发展是不可持续的发展一样，以损伤身心的某一方面而换取的生命的发展也是不可持续的。可持续的发展是身心潜能的全面的和谐的发展。所谓全面发展，要面向生命的各个组成要素，要顾及身心各个方面，但全面发展不是要平均用力，追求平均发展，或样样都“优”，而是基于个体生命内在潜能的不同优势的和谐发展，因而也是有个性的发展。那些不顾自己的实际情况，盲目追随或模仿他人的发展，不是适合自己的发展，必然是不可持续的发展。这种情况在现实生活中比比皆是。

第二，生命的可持续发展是生命主动地发展。生命的可持续发展与生命的成熟与衰老不同，后者是生命自然而然地率性发展，生物学的规律支配着这一发展，只能使生理的发展“顺其自然”“听天由命”。而可持续发展是一种主动的发展，是人的一种内在追求。主动性或主体性使生命获得了终身发展的源泉、动力和永不枯竭的持续后劲，只有发展源于内在的需要，具有面向未来的长远规划，具有明确的发展方向和不断超越的动力，这种发展才能持续。在发展的过程中，遇到困难就退缩，或者没有明确的方向，“当一天和尚，撞一天钟”，这样的发展必定是不可持续的。因此，生命的发展要持续，个体必须具有主体性品质，包括具有主体的意识、主体人格和主体的实践能力。

第三，生命的可持续发展具有终身性和持久性。个体的生命都有一个从出生到死亡的过程，整个过程都呈现为生命的发展。所以，人的可持续发展是一个伴随终身的、连续的、没有间断的发展过程，这一发展过程具有顺序性、阶段性和不均衡性，其发展速度可以有快有慢，但没有尽头。活到老，学到老，发展到老，发展具有终身性。人的可持续发展还意味着今天的发展是日后发展的基础和条件，而不是以损伤后继的发展为代价。今天的发展是明天发展的基础，发展本身是没有尽头的不断超越，“不断地发展”才是发展的本真所在，也是生命超越性的要求。不过，对发展的“终身性”和“持久性”仅仅从生命的“自然发展”来认识还是不够的，必须反映出精神生命发展的超越性。这就意味着可持续发展的持久性必须具有发展的指向。“指向”亦“志向”，是个人根据自己的先天禀赋、潜在志趣和社会需求而对自己一生发展走向的预期性宏观规划（潘涌，2001）。个人具有发展的指向，发展才会成为主动追求，发展才能持久。指向本身不是持久性的内涵，但它是保持持久性的动力。

总之，人的可持续发展致力于个体发展周期的最大化，生命潜能开发的最优化，其最终目标是达成生命的全面、和谐，主动地、持续终身地发展。

提出人的可持续发展，并非空穴来风，它是对现实中人的不可持续发展的反思。现实中人的发展的不可持续性主要表现为：第一是发展目标的功利性。个体的发展不是追求内在的潜能、智慧、生命和谐地、自由地发展，教育的追求不是养成完满的人格，而是为了外在的功利目的，学问成了政治和经济的工具，失掉了本来应有的主动性。学问不是为了智慧、为了精神的发展，而成为谋取学历、获取实利的工具。在这种情况下，发展不再属于自己的生命，功利主义的要求主宰着人的发展，因而也就异化了生命，异化了人，谈不上生命的可持续发展问题。第二是发展的片面性、不和谐性。主要表现为重精神生命的发展，轻自然生命的发展；重认知的发展，轻情感的发展；重知识技能的获得，轻探索精神的养成。在这种情况下，人成为只具有知识、理性的“单向度人”，而缺乏情感，缺少人文关怀，也缺乏理性的探索和怀疑批判精神。第三是缺乏发展的方向和动力。“顺其自然”和“强制发展”在现实中都有表现。“顺其自然”者对自己未来的发展没有明确的方向和目标，他们不了解甚至也没有想了解自己的潜能，对自己未来的发展没有任何设计甚至也很少去思考，基本上是“听天由命”，让生命在自然消耗中流失，失去人生进取的动力。“强制发展”者是指发展不为自己所主宰，而为他人所主宰，发展也不是为了自身的需要和幸福，而是满足他人的要求。无论是“顺其自然”，还是“强制发展”，都缺少个体生命主动发展的动力和源泉，因此都不可能获得持续的发展。第四，发展的不持续性。以今天的发展牺牲未来的发展，以一时的发展牺牲长久的发展，这些发展都是以损伤后继的发展为代价，他们尽管在人生的某一阶段获得了较大的和较快的发展，但他们的发展却不是可持续的。早期教育中的“拔苗助长”，小学教育中的各种“兴趣班”对儿童潜能的“无限开发”，中学“应试教育”中沉重的学习负担对学生身心的摧残，以学生今天的“痛苦”换取明日“幸福”的做法，以及知识分子中英年早逝的现象，都是发展不持续性的表现。第五，发展的暂时性。我们常常把教育和发展联系起来，而且又把教育局限在学校之中。因此，人生分为两段，前段受教育，后段工作。前段的受教育在于为后段的工作在知识技能上做准备，后段的工作只是谋生，而不具有发展的价值和任务。我们把发展只限定在学校之中，出了学校就意味着教育的结束，也意味着个体不再负载发展的任务。发展只局限在学校之中，具有暂时性，而非终身的发展。

鉴于此，今天提出并认识生命的可持续发展，既是现实的发展需要，也是对本真生命的认识。关乎生命的教育，必须正确地认识生命发展的可持续性，树立可持续发展的生命观，使教育贯注生命的全程，有效地促进生命持续地、终身地发展。

（二）终身教育：生命可持续发展的内在需要

可持续发展是21世纪世界各国共同的发展战略。实现社会的可持续发展，人的可持续发展是关键，而人的有目的的可持续发展离不开教育。所以，联合国教科文组织在21世纪的教育宣言《教育——财富蕴藏其中》的开篇就明确指出，教育在人和社会的持续发展中起着重要的作用，教育是人的可持续发展的条件。但并非任何的教育都能促进人的可持续发展，反思人的不可持续发展的现实，很多也是教育所为。所以，联合国教科文组织建议，把终身教育作为促进生命可持续发展的唯一有效的教育形式，以此重新考虑并沟通教育的各个阶段。过去将教育仅仅局限于人生某一阶段所接受的正规的学校教育，已远远不适应人的可持续发展的需要。人们必须终身学习，终身受教育，教育不再局限在学校，局限在课堂，而延伸到社会生活的各个领域，贯穿人的终生。

终身教育作为一种国际教育思潮形成于20世纪60年代。它的形成源于朗格朗（P. Lengrand）在《终身教育引论》中提到的“现代人面临的各种挑战”，包括社会的变化加快、人口的增长、科学知识和技术的进步、政治挑战以及闲暇的出现等各种社会的变化，这些变化对传统的正规的学校教育提出了挑战，要求必须变革负载发展任务的阶段性的学校教育为贯穿生命全程的终身教育。如果对终身教育源起的认识仅限于此，就会把终身教育推向适应社会的功利化目标。其实，终身教育的最深刻的依据，在于人的生命的未完成性以及可持续发展性。“人永远不会变成一个成人，他的生存是一个无止境的完善过程和学习过程。”（联合国教科文组织国际教育发展委员会，1996）[:96] 这就是人需要终身学习、需要终身教育的最根本原因所在。

所以，终身教育并非20世纪60年代才出现的。终身教育的观念，古已有之。例如，我国自古就有“活到老，学到老”的说法。古代的波斯教育亦包括个人要终生受教，直到老死为止的做法。日本也早有“修业一生”

的观念。20世纪初，杜威针对学校教育与生活相脱离，提出的“教育即生活”及“学校即社会”的主张，把教育等同于无处不在、无时不在的生活过程，从而把教育的范围从学校、课堂扩展到人的所有生活领域，把教育的时限从学校教育的一段扩展到生命的全程。整个人生，就是学习的过程，也是生命发展的过程。杜威的这些思想也说明教育是贯穿生命全程的过程。但20世纪60年代以前，终身教育的思想并没有引起足够的重视，因为通过学校教育获得的知识可以满足后期从事工作的需求，学校教育与社会发展的矛盾并不突出。20世纪60年代以后，社会变化迅速，尤其是知识量猛增，知识陈旧率加大，第一次出现了学校教育所获得的知识无法满足日后工作需要的情况。因此，教育就不能以学校教育为唯一形态，贯穿生命全程的终身教育思想就走到了前台，被提上了教育发展史的议事日程。所以，终身教育的出现是现代社会发展的要求，但并不是为了简单地应对社会的要求，根本是基于生命持续发展的需要。正如朗格朗在《终身教育引论》中所说：终身教育与人类本质和人类发展之间这种密切的关系是无可置疑的，它比起历史的、社会的和经济的这一类使终身教育成为人类必需的原因更具有说服力。

所以，朗格朗对终身教育意义的认识，就不是着眼于满足社会的要求，而是满足个体发展的需要。他说，终身教育的真正意义在于个人的发展，在于作为连续经验的结果得到越来越充分的自我实现。据此，他提出了终身教育的职责：第一，组织适当的结构和方法，帮助人在一生中保持他学习和训练的连续性；第二，培养每个人通过多种形式的自我教育在真正的意义上和充分的程度上成为自己发展的对象和手段。（朗格朗，1985）[44]

终身教育并非简单的学校教育加上成人教育，或正规教育加上非正规教育，而是一种统整教育的新思路。它与以往的制度化的正规学校教育在教育对象、教育目的、教育方法等方面都有显著的差异。我们将二者做如下比较（见表6–1）。

表 6–1　制度化学校教育与终身教育的区别

比较项目	制度化学校教育	终身教育
教育对象	青少年儿童中的部分精英	所有年龄阶段的人
教育目的	一次性获取知识，为未来工作做准备（为工作而学习）	把知识作为进一步发展的手段，促进个性和谐、完善地发展（为发展而学习）
教育内容	偏重现成的知识技能	“全人”的教育，尤其是强调情感、态度、方法、过程的教育
教育方法	接受教师传授的内容，自我发展的意识较差	把学习当作自己的事，主动地发展
教育功能	注重外部的筛选，培养和选拔杰出人才	注重内部潜能的开发，促进身心和谐发展，全面提高人的素质
教育性质	精英教育、学历社会	大众教育、学习化社会

从上述比较中，我们可以看出，终身教育有利于实现人的可持续发展。换言之，终身教育是实现人的可持续发展的理想形式。

第一，终身教育从纵向上看，它与生命共始终，开始于生命之初，结束于生命的终止。它包括幼儿教育、初等教育、中等教育、高等教育，也包括成人教育和老年人的教育。我们一般认为，老年意味着人的精力的衰退，意味着人到了无可奈何地听天由命的人生阶段，从而忽视了这一阶段的教育。其实“高龄人不可能靠自身有意义地度过其年龄阶段。因此，他们在退出职业生活后将遇到一种对他们来说业已变得无聊的生存，并需要得到帮助，以便顺利地度过他们的风烛残年”（博尔诺夫，1999）[39]。对生命全程有意识的连续性教育，是生命持续发展的保证。

第二，终身教育从横向上看，它实现了教育在空间上的整合，教育与生活的整合，学校教育、家庭教育、社会教育的整合，各种教育影响的整合。它既包括学校内的教育，也包括校外各种教育机构的教育；既包括正规的教育，也包括非正规的教育和非正式的教育。正规的教育是学校系统内的教育，非正规的教育是学校之外所进行的有目的、有组织的教育活动，非正式的教育是在日常生活和环境中所受到的潜移默化的影响。终身教育在横向上“正在越出历史悠久的传统教育所规定的界限。它正逐渐在时间上和空间上扩展到它的真正领域——整个人的各个方面”（联合国教科文组织国际教育发展委员会，1996）[200]。终身教育实现了教育与生活的统一、教育与社会的统一，一个“学习化社会”在终身教育中形成。正是在学习化社会中，无处不在的教育促进了人的全面的、全方位的发展。“惟有全面的终身教育才能培养完善之人。”（冯建军 等，2001）[196]

第三，终身教育从实施的层面看，强调学习者的自觉性和主动性，增进学习者自我教育的动机和能力。制度化教育把人生分成两段，前一段受教育是为了后一段工作使用。后一段不受教育，也不再思考发展问题。终身教育变革了这一观念，要求人全面地、整体地规划自己的一生。学校教育的任务就不在于知识的获得，而在于获得进一步发展的动力，终身教育成为助长终身学习、终身发展的一种方法，用以促进、支持、改进终身的学习，促进生命终身的发展。任务的改变，使学习的方式也发生变化。传统的学校教育学生可以被动记忆某些知识，重复练习某种技能，一旦获得，就能够终身使用。但终身教育彻底改变了这种状况，它要把受教育者变成学习者，使学习者成为教育活动的中心，随着他的成熟程度允许他有越来越大的自由，由他自己决定他要学习什么，他要如何学习以及在什么地方学习和训练。这不仅是对学校后教育而言的，对学校教育而言，也应该如此。“未来的学校必须把教育的对象变成自己教育自己的主体。”（联合国教科文组织国际教育发展委员会，1996）[200]

第四，终身教育从目的上看，可以导致个人获得、更新和提升知识、技能和态度的改变，最终的目的在于促进个人的自我实现、人格的健全和完善。人们对终身教育目的的认识，从应对外部世界的“学会生存”，到“学会关心”，到教育的“四大支柱”增添了“学会发展”“学会做事”“学会共同生活”。从终身教育的实践看，20 世纪 80 年代以前，人们把终身教育的重点放在职业技术上，侧重于对科技、经济和社会变革的适应；80 年代以后，随着人性危机的暴露和价值理性的迷失，终身教育日益将超功利性的目标提上日程，将培养健全的人格作为教育的终极目标。不仅学校教育加强对学生的人文道德教育、人文素质的培养，而且还通过校外教育机构和日常生活营造培育人文精神的氛围。

（三）基于生命可持续发展的教育定位

1. 基础教育：为生命终身发展奠基

众所周知，基础教育具有基础性，但对于“基础性”的理解，长期以来是局限于制度化教育的框架中。在学制上，把它理解为整个教育事业的基础，把小学作为进入中学的基础，中学作为考取大学的基础。如此观念使小学教育成为中学教育的预备，中学教育又是大学教育的预备。因此，小学教育就被视为升大学的基础之基础。这些年，“应试教育”已经从中学蔓延到小学，甚至已到了幼儿园阶段。众多的家长把小学教育作为起跑线上的竞争，而提前演绎升学的压力。可是，当我们正在为升学率而陶醉时，儿童对学习的热情却正在明显地随着年级的升高而降低。儿童失去了他本该欢乐的童年，换来的是对学习的厌恶和逃避。全国少工委和中国青少年研究中心提供的《新发现——当代中国少年儿童报告》蓝皮书表明，有近14% 的小学生和 22% 左右的中学生感到“学习已成为一种沉重的负担，希望自己能快点离开学校”。

基础教育不是升学教育的基础，而是素质教育的基础。在当今学习化社会之中，它是终身教育的奠基阶段，它要为人一生的发展奠定基础。基础教育为人生的发展打好基础，基础的东西应该具有可持续发展的本性，它的养成必须有助于儿童的终身发展。这一“基础性”的定位，是一个符合终身教育理念的定位，一个符合人的生命可持续发展的定位。

对基础教育“基础性”的新定位，使我们看到，小学教育的任务主要不再是基本知识、基本技能、技巧的训练和掌握，而必须把每个学生潜能的开发，健康个性的发展，为适应未来社会发展变化所必需的自我教育、终身学习的愿望和能力的初步形成作为重要的任务。基础教育应该教会儿童学会做人、学会做事、学会学习、学会与其他人共同生活，为儿童终身发展提供动力，奠定一生持续发展的基础。这包括如下几点。第一，道德品质发展的基础。进入学校的少年儿童，随着生活范围的不断扩大，会遇到越来越多的道德问题。教育工作者应引导学生认识、了解与他们的生活经验相联系的道德观念，并养成相应的道德习惯。第二，智慧品质发展的基础。学龄时期的少年儿童，正是智慧潜力逐步显现并迅速发展的时期。基础教育的一个重要任务应当放在启迪儿童智慧发展上，知识教学应为智慧发展服务，智慧发展应促进知识教学。第三，个性品质形成的基础。基础教育阶段是少年儿童的个性倾向开始显露的时期。基础教育应当维护、尊重、发现并培养小学生的个性，使他们养成良好的个性品质。第四，身体发展的基础。基础教育阶段是少年儿童身体迅速发展的时期，应当使少年儿童养成良好的锻炼身体的习惯，掌握锻炼的基本技能、技巧，以保证少年儿童的健康发展。

“做人”和“做事”是人生的两大主题，教育也应围绕两大主题而进行。相对于职业或专业教育而言，基础教育更偏重于“做人”的教育，同时打下“做事”的基础和终身学习的基础。只有打下终身学习的基础，才能为每一个受教育者在科技日新月异、竞争日趋激烈的社会奠定生存的基础。所以，国际21世纪教育委员会在向联合国教科文组织提交的报告中十分强调“学校应进一步赋予学生学习的兴趣和乐趣、学会学习的能力以及对知识的好奇心”（联合国教科文组织国际21世纪教育委员会，1996）[8]。这说明，学校教育不能把知识的传授作为主要的甚至唯一的目的，要从“知识本位”的过时观念中走出来，走向“发展本位”。学校教育不是要使学生在学校学完终身够用的知识，而是给他们打下基础以使他们终身受益。这个“基础”就是当今的学校教育应该为保证学生的可持续发展打下的基础，即不仅使学生“学会”知识，还要“会学”，具有强烈的求知欲望和创新精神，有一个强健的体魄、良好的道德品质、健康的心理素质。

当然，正如那句西方格言所说的“空袋不能直立”，知识是我们的精神成长和提升生命质量不可缺少的营养素，离开知识的学习和掌握，不可能有生命的延续和发展。但如果学习的目的仅止于知识的获得，那么我们的生命质量也会黯然失色。知识一旦不具备生命的意义，就会成为生命的负担，使学习者苦不堪言，压抑和浪费生命。所以，教育不是“占有”知识，而要“生成”知识。占有的知识是外在于人的，不具备生成性。只有与生命构建了意义关系的知识，才能够转化为生命的一部分。所以，教育必须关注知识的“安置”方式：它使儿童越来越热爱学习还是越来越厌倦学习？是越来越提高自我学习能力，还是越来越依赖教师、懒于思考？是在获得知识的同时体验到自尊、自信，还是变得自卑、消极？是变得越来越热爱生活，不断增长对社会的爱心和责任，还是变得越来越悲观、萎缩、感情冷漠？如果答案是后者的话，无论我们教了什么知识，教了多少知识，都是失败的。因为脱离了生命意义的知识，对主体来说只能是假知识。对生命来说的“真知识”，已经融入生命之中，这种知识已经不是外在于人的“公共知识”，而是一种“智慧”。知识不等于智慧，知识是获得并储存起来的文化符号和理论，它是客观的、可以传递的。智慧是知识融入个体生命之后的一种创造性生成，是个人特有的。知识转化为智慧，使公共知识转变为个人知识，使工具性的知识转化为创造性的生成，这不仅使知识具有了生命的意义，而且提升了知识的创造性。占有知识的教育，是缺乏智慧的教育，我们的教育必须从“知识性教育”转向“智慧性教育”，用智慧统率知识，培养“智慧之人”，而不是“书呆子”。

实际上，完整的生命不只包括知识、智慧等认知因素，而且包括情感因素。生命是知情的统一体。情感是人的生命的重要组成部分，没有情感的生命，是呆板的、机械的，因此也是黯然失色的；有情感伴随的生命有活力、有朝气，因此是光彩夺目的。基础教育要为生命的发展奠基，必须促进生命中认知和情感的和谐发展，使生命中的知与情相互作用、相互提升。“未来的教育不应仅限于给学习者坚实的知识和培养他们对继续学习的兴趣。它还应该培养人的行为和能力并深入精神生活之中。包括明智、责任感、宽容或敏锐、自立精神在内的行为与包括洞察实质、确切概括、区分目的与手段和确定原因与结果等的智能同样重要。”（拉塞克，维迪努，1992）[144] 中国在新一轮基础教育课程改革中，也开始改变课程过于注重知识传授的倾向，各科的课程标准，在强调具有适应终身学习的基础知识、基本技能和方法的同时，把情感和态度作为儿童发展最重要的目标列在前位。

对基础教育而言，“应试教育”是阻碍生命和谐、持续发展的大敌。一方面“应试教育”的目的是为考试做准备，因此，考什么就学什么，怎么考就怎么学。高考成为“应试教育”的唯一准则。由于考试本身成为指挥棒，而目前高考本身存在着诸多的缺陷，使得“应试教育”成为片面的教育，成为重智育、轻体育、轻思想品德培养的教育。在智育中又重知识，轻视情感、意志等人格素质的形成，轻视创造力的培养，最终造成学生身体素质下降、创造力贫乏、人格不健全等，破坏了生命的和谐和平衡。另一方面，为了升学，在智育方面还存在着“掠夺式”的开发，甚至这种掠夺式的开发，从幼儿教育阶段已经开始。幼儿园教育的小学化以及幼儿教育中的“拔苗助长”，使多少孩子失去了欢乐和自由。有的孩子在家长的安排下，在各种“兴趣班”之间疲于奔命，儿童正常的游戏、娱乐时间没有了，甚至连充足的睡眠时间也被无情地挤掉了。中小学生沉重的学习负担使他们苦不堪言，严重地摧残着他们的身心。“应试教育”的目的在于升上大学，不论是如愿达到目的，还是以失败而告终，走出校门的人因缺少进取的动力，缺乏进一步发展的自觉性和主动性，也使有意识的生命的持续发展随着学校教育的结束而宣告终结。

20 世纪 90 年代以来，成为我国基础教育主旋律的素质教育是实现生命可持续发展的根本途径。素质教育是面向全体，实现德智体全面发展的教育，是以培养学生的创新精神为核心，促使学生主动发展的教育，是为人的进一步发展提供基础的教育。素质教育体现了人的可持续发展精神，是实现生命可持续发展的基本保证。

2. 成人教育：追寻生命的完善

终身教育主张教育应该贯穿生命的全过程。儿童教育、青少年教育和成人教育在生命发展的完整概念中密切地联系在一起，儿童教育、青少年教育作为基础教育，为生命的发展奠基；成人教育在基础教育之上，追求生命的完善，使人以最大的潜在可能性去有效地、自如地迎接他一生中遇到的各种挑战。

过去，我们对成人教育的认识，过分强调外部的要求，即学会适应外部世界的变化而能够生存。《教育——财富蕴藏其中》把终身教育的目的由外部适应转向内部发展，指出“教育不仅仅是为了给经济界提供人才：它不是把人作为经济工具而是作为发展的目的加以对待的。使每个人的潜在的才干和能力得到充分发展，这既符合教育的从根本上来说是人道主义的使命，又符合应成为任何教育政策指导原则的公正的需要……”。成人教育“重要的是应使其超越纯粹适应就业的范围，而将其列入作为人的持续协调发展条件加以设计的终身教育这一含义更广的概念之中”。（联合国教科文组织国际 21 世纪教育委员会，1999）[70-71] 终身教育视野中的成人教育越来越显示出它的人文关怀和生命属性，它是在成功的基础教育之上，激起继续学习的愿望，不断地造就人，不断扩展其知识和才能以及不断培养其判断能力和行为能力，追求生命的持续发展、完善和幸福。

第一，成人教育促进人的全面发展。

什么是人的全面发展，马克思主义经典作家从分工来考察，把它限定在“劳动能力”的范围内。恩格斯认为，全面发展的人，是各方面都具有能力的人，即通晓整个生产系统的人。马克思认为，全面发展的人就是把不同社会职能当作相互交替的活动方式的人，是能够适应极其不同的劳动需求并且在交替变换的职能中使自己先天和后天的各种能力得到自由发展的人。马克思、恩格斯认为，教育同生产劳动相结合，是培养人的全面发展的唯一方法。这一“结合”，包括国民教育中的教育与生产劳动相结合和社会生产过程中的生产劳动与教育相结合两个方面。

早期的生产劳动与教育相结合，是针对资本主义对童工的摧残而言的。但生产劳动与教育相结合的根本则在于劳动的变换、职能的更动和工人尽可能多方面的发展。现代大生产不同于手工业生产，科学技术的不断发展，机器的不断改进和更新，会引起社会内部分工的不断调整和改变，消灭旧分工，产生新职业，要求劳动者的劳动职能不断地变换，这是现代生产的普遍规律。但是，在劳动中工人不可能自发地获得劳动形式变化所需要的知识、技能，这就需要对劳动者进行教育，即成人教育。因此，成人教育是实施生产劳动与教育相结合的唯一途径，是造就全面发展的劳动力的唯一方法。成人教育的对象“成人”是指为社会所承认并直接承担社会的某种职责和义务，创造财富或提供劳务的人。“成人”的所指正是社会生产中的劳动者，不仅包括在岗的，也包括下岗的和转岗的。成人教育就是为不同需要的劳动者提供相应的教育：对于没有受过基础教育的人们来说，成人教育是代替他们失去的基础教育；对于那些只受过很不完全的基础教育的人们来说，成人教育是补充初等教育或职业教育；对于那些需要应付环境新要求的人们来说，成人教育是延长他们现有的教育；对于那些已经受过高级训练的人们来说，成人教育给他们提供进一步的教育。尽管教育的层次不同，但通过这些教育，成人能发展他们的劳动能力，丰富他们的知识，提高他们的技术和职业水平，获得全面发展，进而通过他们的社会生产实践，促进政治、经济、文化的发展。

“21 世纪最成功的劳动者将是最全面发展的人。”成人教育对培养全面发展的劳动者起着重要的作用。但成人教育的作用并不局限于对劳动者素质的培养，成人教育的目的在于使人日臻完善，使人格丰富多彩，表达方式复杂多样，使他作为一个人，作为一个家庭和社会的成员，作为一个公民和生产者、技术发明者和有创造的思想家承担起各种不同的社会责任，使他们有能力在各种专业中尽可能多地流动，永远刺激他们自我学习和培训的欲望。

第二，成人教育促进人的持续发展。

心理学研究表明，成人期和儿童、青少年时期一样，也同样具有发展的需要，同样面临着自己的过渡和危机，这不仅表现在为应付社会的挑战而必须具备相应的知识、能力，也在于人本身的社会化的要求和完善生命的需求。所以，成人教育是继儿童教育之后，促进人的进一步发展和完善的教育。传统意义上的成人教育，是对没有受过教育的成人的补充教育，随着时代的进步和教育的普及，成人教育的含义发生了变化，它建立在儿童教育的基础上，不再是对失去或错过儿童教育的补充，而是追求人的新的发展阶段。成人教育在人的后期发展中起着重要的作用。没有成人教育，就不可能有人持续终身的发展。

促进人的生命质量的持续提高，是对成人教育认识的一个新台阶。传统的成人教育以对知识的拾遗补阙为目标，表现为知识扫盲；20 世纪中叶，随着科技革命的挑战，成人教育是学校教育的延伸，旨在满足社会发展对劳动力的要求，表现为继续教育、回归教育。它们都强调成人教育以更新知识、学习新知识为目的。终身发展视野中的新的成人教育观，并不否认知识学习的重要性，但它的重点不在于知识的获得，而在于赋予人发展的动力，知识只是作为个人满足自身发展的需要和保证以后各阶段自身的持续发展的手段。比如 1989 年在北京召开的“面向 21 世纪教育国际研讨会”提出的未来人才的三张“通行证”：原先我们强调的是“学术通行证”和“职业性通行证”，未来人才除了具有这两张“通行证”外，还必须具有第三张——“事业心和开拓技能的通行证”。传统的成人教育就在于使人获得前两张“通行证”，现代的成人教育必须致力于第三张“通行证”的获得。只有具有事业心和开拓技能的人，才能对变化持积极的、灵活的和适应的态度，才能从容自如地面对危险、冒险、难题和未知，才能提出新的创造性的思想，才能使生命之花常开不败。

我国的成人教育长期以来强调“干什么，学什么；缺什么，补什么”，片面追求人应对外部世界变化的学科专业知识的获得和职业技能的训练，完全忽视了作为个体人的内在的可持续发展。不少人接受成人教育，不是以提升自己的精神境界、充实自身的知识内涵、完善自己的人生价值为目的，而是为了获得某种资格、文凭，即获得晋级、提升或跳槽的砝码。成人教育的这种明显的功利化倾向和做法，旨在满足社会发展的需要，使成人的发展受外在力量的支配，导致人的异化和支离破碎，无法通过个体可持续发展的精神和能力而提升其生命质量，使生命的潜能得到淋漓尽致的发挥。因此，成人教育必须从“职业型”的人力开发中解脱出来，走向成“人”的教育，促进个体不懈地去建构自我，实现自身能力和精神的全面的、持续的发展。

第三，成人教育促进个性的自由发展。

学校教育是一种制度化教育。制度化教育的正规性、封闭性和划一性特征，排斥学生的自主选择，因而也限制了个性的自由发展。打破制度化教育，教育必须满足所有人的基本学习需要，成为一切时间、一切地点进行的终身教育。它可以是正规的，也可以是非正规的。为此，终身教育要求教育的机构和手段必须大大增加，使人们比较容易得到教育，使个人有尽可能多的选择机会。制度化的学校教育在内容要求上具有统一性，尽管也强调因地制宜和因材施教，开发地方课程和学校课程，增强课程的选择性和适应性，但其所占的比例较少，中央集权的管理体制，决定了国家课程的主导地位。国家课程反映了国家对公民和各级人才的统一要求，对个人的不同需求顾及不足。但成人教育是开放的，它不具有规定性，参加者主要根据自己的旨趣选择听什么讲演和学习什么科目，选择读什么书，用什么方法。在形式上，也不局限于全日制的学校教育，而包括全日制教育、半日制教育、函授教育以及直接利用知识来源的各种形式的自我教育。所以，终身教育视野中的成人教育，作为一个全面开放的教育体系，它能够根据个人的不同需要，增加教育的选择性和流动性，并扩大他们可能得到的选择范围。(联合国教科文组织国际教育发展委员会，1996) [228-230]

成人学习具有明确的目的性和针对性，学习的动力不是外部强加的，而是基于自己发展的需要。它凸显了人的主体性，使教育成为一种自觉意识和自我选择。因此，“虽然一个人正在不断地受教育，但他越来越不成为对象，而越来越成为主体了”(联合国教科文组织国际教育发展委员会，1996) [200]。对成人来说，无论是从身心发展来看，还是从他们所受教育的形式、内容看，这种主体性都达到了顶点，因此，成人教育中的教的活动应让位于学的活动，把教育过程的重点放在“自学”上。成人教育尊重每个人的个性和独立性，是学习者根据自己需要的自主、自觉的发展，因此也是有个性的发展。

传统意义的成人教育，回应迅速发展的社会对劳动力的要求，它注重“何以为生”本领的掌握，以科学技术教育和专业技能训练为主旨，造就的是“会工作的劳动者”。今天成人教育虽然也培养人的劳动能力，但成人教育发展个性的功能，随着闲暇时间的增多而愈加凸显。闲暇增加了个人的自由时间，马克思说，“增加自由时间，即增加使个人得到充分发展的时间”。个人可以有自己的空间和时间，从事自己感兴趣的事情。因此，成人教育也是发展每个人个性的手段。这一被《学会生存：教育世界的今天和明天》当年列在最后的成人教育的功能，在现在和未来都必须列在首位。成人教育从培养会工作的劳动力，转向培养享受闲暇的主体。“教会闲暇”成为成人教育在当代的新使命。闲暇教育的凸显，使成人教育更加接近生命的本质，因为闲暇教育把过有意义的生活和诗意的人生作为追求的目标，这种教育“不是因为它有用或必需，而是因为它是自由的和高贵的”。

当然，把成人教育的目的归结为成“人”——生命的完善，这绝不是反对成人教育的“人力”目标，而是反对把人的本质、价值归结为“人力”，反对把“人力”当成每一个人接受教育的终极目的。在成“人”的前提下成“材”，在作为成“人”组成部分的意义上成“材”，成“人”是成人教育的真意和根本追求。过去，成人教育把满足社会的需求作为目标，凸显其成“材”的功能，淡化或弱化了教育固有的提升人的生命本性和促进人的全面、自由、和谐发展的本体功能。因此，建立在终身发展、终身教育基础上的成人教育实现从“人力”到“人”的复归，从人的片面性到人的完整性的复归，把成人教育变成每一个人探寻生活道路、谋求自我发展、求解人生幸福的一种生活方式。

三、生命的主体间性及其教育意蕴

> 世界向来已经总是我和他人共同分有的世界。此在的世界是共同世界。“在之中”就是与他人共同存在。他人的在世界之内的自在存在就是共同此在。……此在自己本来就是共同存在。此在本质上是共在。
>
> ——海德格尔

（一）从主体性到主体间性：生命的复归

马克思曾经指出，现实中的人具有双重地位，“正如他在现实中既作为社会存在的直观和现实享受而存在，又作为人的生命表现的总体而存在一样”（马克思，恩格斯，1979a）[123]。这意味着社会中的每个人既是一个具体的、特定的、属于自己的生命个体，又是社会的、类的生命总体的承担者。即人是个体性和社会性的统一，既是他自己，又是社会中的一员。离开了社会，个人的生命就不复存在，就像离开了个人，没有社会一样。马克思讲，人类社会以个体生命的存在为前提，但反过来，社会也规定着人，人的本质在现实性上是一切社会关系的总和。社会是人与人之间交往的产物，社会关系只有在人与人之间的交往中才可能存在。所以，马克思从社会关系着手，揭示了个体生命并非孤立的、单子式存在，而是一种人与人之间相互依赖的共同存在。

20 世纪的哲学家对于人的共在性给予了充分的关注。胡塞尔认为，每个生命个体都是一个独立的自我，但这些“自我”却拥有一个共同的生活世界——世界不只是我的，世界也是你的，世界是他的，世界是我们的。我、你、他因为拥有一个共同的世界而成为共同体。海德格尔把个体当作“此在”。他认为，“此在”中渗透了世界和他人，“此在的世界是共同世界。‘在之中’就是与他人共同存在。他人的在世界之内的自在存在就是共同此在。”“此在自己本来就是共同存在。此在本质上是共在。”所以，“此在”不可能单独、孤立地存在，共在在生存论上规定着此在，此在之独在也是在世界中共在。（海德格尔，1999）[138–140] 海德格尔的最后这句话在黑格尔那里也得到了证明。黑格尔通过自我意识的发展阶段说明了即便是个人意识，也不是纯“个人”的产物，渗透着他人的存在。黑格尔将个人意识发展分为三个阶段：第一个阶段是“单个自我意识”，只认识到为自身而存在；第二个阶段是“互助的自我意识”，认识到人与人之间共存在，并达到相互之间的认可；第三个阶段是“全体自我意识”，个人存在于家庭、邻里、国家、社会以至于整个人类。第一个阶段产生于幼儿期，随着人际交往的出现，自我意识就走向了第二个阶段。第二阶段和第三阶段都表明了个体意识的共存性，只不过第三阶段比第二阶段共存或共在的范围更大一些。第三阶段试图超越简单的人际共在而走向“世界历史性”。哈贝马斯也认为，一个具有主体意识的自我，并不是纯粹个人的事情，因为“这种存在的主体性从一产生就已经是一种主体际性”（列文，1997）[134]。

无论是马克思主义，还是现代西方哲学都深深认识到，单独的个体“我”是不存在的，存在的只有“我们”，“个体”只有在“共在”中才能获得存在的资格。生命具有共在性，这是生命的本然。

然而，历史发展的现实表明，个体生命并不是以共在的形式表现出来的，他是一个自我封闭的、自我中心的、在相互对立中孤立的单子式存在。人类历史发展的起始阶段，“人依附于自然”，天人混沌不分，独立的个人尚不存在，个体也因此必须借助群体而生活。随着生产力的发展，个体支配自然能力的不断增强，天人出现分离而且逐步走向对立，所以，在这种人对自然征服的关系中孕育了人的主体性。马克思说，主体是人，客体是自然。人在对自然的利用、占有、征服、改造中确立着人的主体性。人对自然征服中所表现出来的主体性迁移到人与人之间，表现为一些人对另一些人的征服、改造、占有和利用。在这之中，一些人逐步成为利用他人的主体，而另一些人则成为被占有和利用的对象，成为客体。原本生命的共在性演变成一部分人对另一部分人的控制，这意味着不是每个人都会成为主体，成为主体的人也不是共在的主体，而是自我的主体。直截了当地说，主体论的逻辑就是自我论的逻辑。

主体性是在“主体－客体”关系中的主体属性，它适合于处理人与自然、人与物的关系，但它不适合于处理人与人之间的关系。因为“主体－客体”框架的根本缺陷就在于它是单主体，忽视、忘却了多极主体的共在以及他们之间的交往关系。这种主体被“永远监禁在他的自我之中”，被判定像“城堡中的骑士”那样看世界，它生成的是单子式的主体性。在这种主体性中，“人对人是豺狼”，个人无法突破自我的框架而走向共通，每个人都是孤独的，“公众”只不过“是一个抽象的名词而已”。由此可见，主体性异化了共在性的个体生命。

人是主体，它不是说某个人或某些人是主体，而是说所有的人都是主体。人与人之间的关系不是“主体－客体”的关系。“主－客”关系在于主体的“我”把他人当作客体，作为手段和工具，实现“我”的目的。在主客关系上，主体具有排他性。这样的关系，既没有尊重马克思所说的“人是主体”，也没有实现康德所强调的“人是目的”，而且不符合生存论意义上生命个体的共在性。

个体生命的共在性，要求生命个体之间必须具有“主体间”的关系。“主体间或主体际，指的是两个或两个以上主体的关系。它超出了主体与客体关系的模式，进入了主体与主体关系的模式。”（郭湛，2002）[235] 马克思对“人是社会关系产物”的认识，正是要从主体间的关系来认识人。因为社会关系是人的一种相互关系，哈贝马斯认为，“只有主体之间的关系才能算得上相互关系”，因为“主体和客体的关系是分主动和被动的，是单向的，因此不能称为相互关系”。（余灵灵，1998）[180] 主体间的相互关系规定着人的本质。

因此，主体间性成为生命个体的又一本质。“主体间性”，英文是“intersubjectivity”，还可以译作“主体际性”“交互主体性”。主体间性不是主体和主体之间的在人之外的某种性质，它实际上是主体性在人与人之间关系中的一种表现，在本质上仍然是一种主体性。在人与人之间的“主－客”关系中表现出来的主体性是单子式的，不符合生命的要求，是异化的主体性。“真正的主体只有在主体间的交往关系中，即在主体与主体相互承认和尊重对方的主体身份时才可能存在。”（郭湛，2002）[253] 只有在主体间的关系中，每个主体既是目的，又在一定程度上作为手段而起作用。

只有确立生命个体的主体间性，才能消解主体在客体面前的霸权，消除主体对客体的支配和统治，才能既使每个人成为平等的自由人，又使人与人之间结成一个“自由联合体”。

从“主体性”到“主体间性”是生命本然的要求，更是对“监禁”在主体性中的异化生命的解放。

（二）培养个体的“世界历史性”观念

从主体性到主体间性，是人的生存方式的根本变革。这种变革是时代的要求。

从历史的角度来审视人类个体的发展，马克思把其分为三个阶段：群体主体、个人主体和类主体，制约这一发展阶段的是交往范围的不断扩大和日益平等。原始的初民借助群体的力量与自然抗争，个人不能脱离以血缘、地缘关系为纽带的群体而生活，个人与其所属的群体处于直接同一之中，独立的个人实际上并不存在。随着生产力的发展，产业革命和市场经济的兴起，人依靠物与物的交换建立了独立个体之间的关系。所以，以物的依赖性为基础的独立性人格开始形成，个人主体性开始形成。但这种个人的主体性是单子式的、孤立的，以物的占有为目的的。表现在人与自然的关系上，就是盘剥、开发自然，走向与自然的对立；在人与人之间，个体具有排他性，是以自我为目的，以他人为工具的；在自我的关系上，自我等同于他的占有物，人被物化、异化。这种主体性，美国学者多尔迈在《主体性的黄昏》中已经宣告它的终结。实际上，这种主体性所带来的恶果，如人类中心主义的生态危机、环境的恶化，民族主义的频繁战争和政治霸权，个人中心主义的自私自利、尔虞我诈，已经带给人们切肤之痛。

本来，随着市场经济的进一步发展，“世界市场”的形成，“过去那种地方的和民族的自给自足和闭关自守状态，被各民族的各方面的相互往来和各方面的相互依赖所取代”（马克思，恩格斯，1972b）[255]，但世界市场的资本主义运作，最终没有达到本应该出现的“各民族融合”的理想境界。现代人类的发展仍然处于分裂甚至对立状态，频繁的战争就是明证。

到了当代，特别是20世纪80年代后期，逐渐兴起的全球化是世界历史的典型特征。表现为：第一，和平与发展是全球主题和指导思想，在这一主题下，世界局势呈现多极化趋势；第二，网络和信息高速公路的广泛使用，使人们成为信息“地球村”的村民；第三，全球危机，尤其是环境污染的生态危机和恐怖主义行动，使全球的利益联系越来越密切；第四，各国在经济贸易、政治领域的合作日益加强，世界性的政治、经济已经初步形成；第五，不同文化之间的对话意识增强；等等。正是这些社会变化，要求人的生存状态必须超越单子式的个人主体走向类主体；必须摆脱狭隘的国家主义观念，而走向着眼于人类社会共同利益的世界历史性。

当代人应该具备什么样的类意识或世界历史观念呢？（冯建军，2001a）[168-179]

第一，具备为了全球利益和人类生存的类意识和类观念。

人类活动引起全球变化。它完全改变了人类的生活，包括人的世界观和价值观、人类社会的社会关系，以及生活方式和生存方式，从而促进世界进入“人类地球王国时代”。生活在全球化时代的公民，他不仅仅是一个个人、一个国家的公民，而且是人类的一员、地球的公民。这种公民的价值观的最突出特点，就是具有整体的意识和类的意识，包括关心地球、关心人类的意识，科学的整体意识，合作与对话意识，正义、和平与统一的意识等。

政治、经济、文化、通信技术使世界变得越来越小，“地球村”已成为人们可以感触到的现实。然而，在这个地球村中，目前最大的危机是环境的污染、生态的失衡、人口的爆炸、资源的匮乏。地球是我们赖以生存的自然环境，人口、资源等问题直接影响着我们的生活质量。生活在地球村上的人们，今天的关系已不是“你死我活”“你穷我富”的孤立的、对立的关系，而是你中有我、我中有你、一荣俱荣、一损俱损的关系。人类在地球上要么“同甘苦，共命运”，要么“同归于尽”。这是一个严酷的现实。地球好像一张拉开的网，谁也逃脱不了，哪个国家和哪个人都不是收网人，收网的只能是大家——整个人类。当然，地球的污染需要治理，人口要加以控制，以维持在地球最大的负载能力内。但是，假如你治理，他污染，你控制增长，他放纵增长，终究还解决不了问题。所以，比治理污染、控制人口这一技术和制度更重要的是观念。要树立全人类共存、共命运的观念，树立全球一体化的观念，去关心地球，关心人类，以共同解决人类所面临的社会问题，推动社会的进步和人类文明的发展。

尽管生态和经济发展两股力量使全人类的利益已成为一个具体的现实存在，但是，在社会尚未到达“人类自由联合体”的阶段，而是处在国家、民族、阶级利益仍起主导作用的情况下，人类利益的一体化，不是超国家、超民族的共同体，而是为了共同利益的联合体、合作体。为此，要树立科学的整体主义观：在经济上，世界各国以互惠互利、共同发展作为建立世界新秩序的基本原则，确立人类在创造生存环境、共同开发生存空间方面应该携手并进的信念；在政治上，各国政府、政党坚持和平共处五项原则，把共同维护世界和平、反对和制止战争、抑制强权政治和霸权主义作为共同的目标；在文化上，反对文化霸权，尊重不同文化的个性，加强不同文化的交流、沟通和合作，减少对立，加强融合。（陈金美，1998）

人类只有合作，才能生存。但在当今主权意识仍然强烈的情况下，合作就要通过对话来进行。“对话意识”已成为现代社会的一个主旋律。在调整人与人、国与国、民族与民族之间的关系上，对话打破了原有的边界，对话展示的是“两极联合”和“交叉生成”模式；在人与自然的关系上，对话意识是挽救地球的良药。所以，“高扬对话意识的社会将呈现出与以往任何社会截然不同的风貌，为人和自然提供一种最有利的生活和生长环境”（滕守尧，1997）[导言21]。它将消除人与人之间、集团与集团之间不必要的摩擦，消除人与人、人与自然的对立，为他们的联合找到共同点。由是，可以肯定，对话应该成为一种全球意识和宇宙意识。

强调类观念、类意识，反对狭隘的民族主义，但并不排斥爱国主义，关键是正确理解爱国主义的内涵。我个人认为，以前对爱国主义存有片面的理解，正如大哲学家罗素所指出的，“在每一个文明的国家里，对于青年的一切教导，都强调了他们本国的优点和其他国家的缺点”，在这种情况下，“一个充满了爱国者的世界是一个充满了斗争的世界”。（罗素，1959）[30–31]把对自己祖国的爱，变成对其他国家的憎恶和蔑视，这是不正确的观念。今天，爱国主义和类观念是统一的，爱国主义也是以“促进世界和平和人类进步”为宗旨。国家的利益和全球的利益从来就不是相互抵触的。“如果学生在全球环境中，为了其各自国家的利益，想成为成功而有力

的公民的话，他就必须具备国际观和国际性的技能。”（拉姆勒，1993）

第二，保持尊重差异、开放而不排斥的心态。

随着世界经济全球化、一体化趋势的加快，各个国家民族、地区之间的经济、政治、文化联系日趋紧密，它们之间的交往也越来越频繁，世界越来越成为一个不可分割的整体。但这并不意味着国家、民族、地区之间差异性的消失；相反，差异性加大。所以，为了世界各国的繁荣与发展，各国必须相互尊重，相互开放。只有这样，才能和平共处，形成一个稳定、繁荣、发展的世界秩序。

站在全球和全人类的立场上反思，我们这个社会是一个完全以追求占有和利润为宗旨的社会，占有的价值取向影响着人们的日常生活，也成为当代人的典型特征。这种人视占有为自己的最高目的，对他人、他物都抱有一种敌视的态度。正是这种占有性人格，导致了人对自然的侵犯和自然对人的报复；导致了国家与国家之间的冲突和战争；导致了人与人之间的争斗，他人成为自己的“地狱”。这种不健康的人格是封闭的自然经济的产物。今天，人们正在寻求一种适应于开放的人类社会的新的人格。鲁洁教授指出，这就是走向世界历史的人。

当代社会，“人类为共同致富和生存而合作的重点，正在从国家转向世界一级”。人们必须在和平中谋求发展，“建立和平意味着我们应当在日常行为中体现出一种理解和宽容的态度、一种了解他人并尊重他人的‘他人意识’”（赵中建，1995）。

按照亨廷顿在《文明的冲突》中的观点，“冷战”之后，国家之间、民族之间的冲突，不是制度的冲突，而是文明的冲突。文明的冲突主要表现在文化上。“每一文化之内，总有一些特别的，没有必要为其他类型的社会分享的目的。”（本尼迪克，1987）[36] 文化的异质性和地域性，决定了文化之间的冲突是不可避免的。对待文化冲突，强行以一种文化压制另一种文化，消灭另一种文化是不可能的。在这种情况下，以一种宽容的态度，站在他人的角度，用他人的眼光、心态看待事物，尊重每种文化的异质性，相互理解，求同存异，显得尤为重要。所以，世界历史性的个人必须保持广阔的视野，加强对不同文化的理解，养成尊重不同文化的态度，具备能与不断“缩小”的地球上的所有人共同生活与工作的“共存性”健康人格。

在全球化时代，教育目的必须强调培养人的全球视野和对他人、对人类的关心。

1989 年 11 月，联合国教科文组织在北京召开的面向 21 世纪教育国际研讨会，最后形成了“学会关心”的圆桌会议报告。“关心”是报告的主题词。关心什么？概括起来就是：关心自己、他人、群体、全人类；关心社会、经济、生态利益、全球生存环境；关心真理、知识、学习等生存技能及人道主义取向。为此，21 世纪的教育哲学观需要强调对全球合作精神的承诺，教育体系要实行一些重点转移：从促进竞争转变为促进合作；从民族的、狭隘的观点和忠诚转变为全球的观点和忠诚；从强调为个人利益而学习转变为强调为公共利益而学习；承诺促进人际关系发展，促进对不同观点和看法，不同文化、宗教、种族和对异性、残疾人的容忍和尊重（国家教育发展中心，中国教科文组织全委会秘书处，1991）。1996 年，联合国教科文组织又发表了由雅克·德洛尔任主席的国际 21 世纪教育委员会的报告《教育——财富蕴藏其中》。该委员会确信，教育是使人类朝着和平、自由和社会正义迈进的“一张不可缺少的王牌”。为此，他们在教育的目标上确立了“学会共同生活”的重要地位，把它作为教育的四大支柱之一，并认为“这种学习可能是今日教育中的重大问题之一”（联合国教科文组织国际 21 世纪教育委员会，1996）[82]。

未来学家预测，21 世纪日益呈现出一体化和文化多元化的趋势。培养善于在文化多样性的世界里和平共处、并肩前进的 21 世纪的新人，是教育义无反顾的选择。当代的教育应该为培养这种新人做出努力。

当然，培养个体的世界历史性观念，不仅要使他们认识到生活中日益出现并扩大着的人与人之间的共同利益、共同价值，以及正在形成着的共同规则，使他们了解世界发展中全球化、一体化的大趋势，又要使他们了解“全球化”“一体化”并非一元化。对于借“全球化”之名，推行各种霸权主义、强权政治的，要予以坚决反对。“所谓‘世界历史性’就是指当今世界全球化、一体化的特征，但又与民族、国家相联系，必然还受到各自民族、国家利益的制约。它强调全球的利益，全人类的观念，但又不抹杀民族、国家的存在。”（冯建军，2001a）[151]所以，当今的世界在追求共同的全球观念、类观念的同时，又要认识到世界存在多极主体，存在着不同的利益和多元的价值追求，每个国家、民族、个体带着各自的利益和追求，求大同，存小异，共在一个“地球村”之中。孔子曰：“君子和而不同，小人同而不和。”从世界历史性出发，个体一定会成为“君子”，世界也会变成“君子的世界”。

（三）培养个体的宽容意识

“世界历史性”观念，是主体间性在人与社会之间、国家与国家之间，甚至人与自然之间关系的放大。它着眼于个体作为全球化时代的社会人，作为一个“国际人”和“世界公民”应该具备的观念。这是一种时代的要求。

人除了是一个时代的公民，遵循时代提出的要求，还是一个生活在现实之中的个体，要处理人与人之间的关系。着眼于生活中人与人之间的关系，主体间性表现为一种宽容的意识。因为在“主－客”对立的关系中，作为主体的“我”把其他人视为“他者”而予以消极否定，具有排他性。而主体间性是把交互的双方都作为主体，主体间体现的是一种“我”与“你”的平等关系。由于世界的多元、认识的多元、价值观念的多元、人的独特性导致的人与人之间的差异等，要使人与人之间体现出一种平等的交往关系，渗透在其中起无形的决定作用的正是真正的宽容意识和宽容精神。可以说，没有宽容就没有平等。

1. 何谓宽容

宽容是以多元为依据的。没有多元，没有差异，世界是统一的，处处是一致的，人就不可能产生宽容的意识和要求。或者虽然世界是多元的，但人为地使其“统一”，剥夺事物的本真存在，包括存在的权利和存在的形式，这就是一种压制，表现的就是一种不宽容。正是由于存在着多元，在多元中为了使每个存在保持它的本真，我们才需要宽容。可见，宽容是多元时代保持事物独特性的保证。贺来在其专著《宽容意识》中，从哲学角度全面分析了“宽容”的本体论根据、认识论根据、人性论根据。（贺来，2001）世界的本质是丰富的“差异性”，不是僵死的“同一性”，或者说世界的本质是“多”，而不是“一”，根本不存在以一驭万的“同一性权威”。也就是“一个世界，多种声音”，这就是宽容的“本体论根据”。宽容的认识论根据是人的认识具有“可错性”，而不具有“永真性”，更没有“全知论”。“全知论”基于一种“巨无霸式”的断言：人类所有知识可以形成一个前后相连的整体，所有的知识尽管在个人那里是分散的，但最终可以在某些精英人物那里实现集中，这些人拥有无与伦比的理性能力，可以一劳永逸地彻底摆脱知识的限制，最终变得“全知全能”。“全知全能”者就可以凭借自己在知识上的权威，成为真理的化身，统摄他人的认识。实际上，人的认识都是有限的，不存在“全知全能”者。“全知全能”是宽容的大敌。宽容的人性论根据即承认每个人都是一个真实的存在，都是一个不可互代的个体。每个人在人格、价值和个性上都拥有不可剥夺的存在空间，他们都有自然的物质需要和生命的冲动，都有凡人的欲望，因此，每个人都是行走在大地上的“个人”，任何人都不可能成为至善至美的“神”。“成神”似的自恋，是不宽容的根源。放弃“成神”的虚幻，回到“真实”之中，每个人都是独一无二的存在，每个人的自由选择，每个人的生存方式，每个人的独特的体验都变得天经地义，任何对它的压抑和摧毁都不再有效。这正是宽容最为深层的底蕴。因此，贺来把能否承认“个体的真实性”看作衡量宽容与否的最为根本的尺度。

因此，宽容是一种建立在对人与世界的多样性、真理的相对性与个体的真实性自觉意识基础上的理性和明智的生活态度、行为方式和人生观。具体讲，宽容意味着对世界差异性存在的认可，意味着对价值多元主体的承认、尊重和平等看待，意味着对不同事物个性化理解的合法化，意味着对非主流的、不守成规的观念行为的容忍，对挑战甚至反对自己的观点的容忍。但必须注意的是，仅仅“尊重他人的不同观点”并非宽容。“宽容者所‘容忍’的并非他人的完全不同的观点、见解和标准、或态度、行为方式、做法或某些行动，而是这些人的存在。”（库茨拉底，1998）所以，宽容最根本的还表现为一种人生态度，对他人存在、对他人权利的一种尊重。这也就是贺来在《宽容意识》中提出的宽容最根本的就是要“捍卫‘个体的真实性’”。

因此，宽容虽然可以表现在本体论和认识论上，但对宽容的定义要集中于人生态度上。权威的《不列颠百科全书》对“宽容”就如此定义：容许别人有行动和判断的自由，能够耐心而又毫无偏见地容忍与自已或正统的观点不一致的意见。一句话，尊重和容许差异是宽容的灵魂。

但宽容不是无原则的迁就。宽容有一个边界，超越这个边界，就走向宽容的悖论。正如波普尔（K. R. Popper）所指出的：如果人们主张一种绝对的宽容——即使对不宽容者也是如此，而且不保卫宽容的社会来抵抗不宽容者的进攻，宽容者就会被消灭，宽容也随之消失。所以，缺少边界的宽容最终导致了宽容的自杀。宽容需要边界，这种边界可以从多个层面来分析，如在认识论层面，边界就在于遵循科学的规律；在社会层面，边界就在于不违反社会制度和公共的价值准则；在政治层面，边界在于公平和正义；着眼于主体间性的宽容意识，是在处理人与人之间关系所存在的差异、矛盾和冲突时所表现出的一种宽容，是对他人生活态度、实践方式的宽容，其边界则在于不妨碍他人的利益和自由。在不妨碍别人的自由、不损害他人利益的前提下，容许个人有自已独特的生活态度、行为方式和人生观。任何对他人的指责、强迫、压制等都是不宽容的表现。

2. 宽容的价值

宽容是主体间性的深层品质。主体间性超越了主客二元对立，“自我”把“他人”视为平等互动的主体，既把“自我”作为目的，也尊重他人的“我”；既把自已的生命和权利看得极为崇高，也不能为了自已损害他人的权利和利益，同样要把他人的生命也看得神圣不可侵犯。它超越了主客体之间的对立、压迫和排斥，而提倡主体间在交往中实现平等的对话、理解、移情和体验，达成一种“视界的融合”。主体间性把交往、对话和理解作为人的一种生存方式，在这种生存方式中单子式的自我中心化结构得以消解，个人的生存获得了开放性，也使得建立在开放性基础上的宽容意识得以形成。在主客对立的情况下，要么“东风压倒西风”，要么“西风压倒东风”，只能生成人的仇恨意识。宽容意识只能在主体间性所要求的“平等对话”“投入的理解”“真诚的合作”中实现。宽容作为主体间性的一种品质，是最基本的，也是最深层的。因为宽容意味着对每个个体的承认和尊重，离开了宽容，人就不可能有平等，不可能有真诚的对话、理解和合作。

宽容是“自由”“平等”“民主”的保障。自由是生命的本质要求，但现实自由不是单子式的自由，而受到他人的影响和制约，即必须在生命个体之间的关系中体现自由。正是个体的自由与他人紧密相连，我们可以看到，一个专制的、不尊重他人生命、不具备宽容品格的人，总是要以自我为中心，为了达到自己的目的，而置他人于不顾，去排斥和挤压他人，甚至不择手段地置人于死地。在这种人的眼中，给其他人以自由，平等对待自己和他人，等于自找麻烦，制造障碍。所以，一个不宽容的人绝不会承认自由、平等和民主的价值，甚至会想法阻止和破坏这些价值的实现。自由、平等、民主都意味着对他人的发现，对他人的认可，而真实的人性是多方面的，有差异的，所以，认可他人，尊重他人，就意味着对差异的容忍。在此意义上，“‘宽容’是‘自由’、‘平等’、‘正义’等人类基本价值的‘准生证’，舍此，它们只能落个‘非法出生’的罪名，最终难逃厄运”(贺来，2001)[17]。

宽容是金，是一种美德。多一点宽容，就会减少冲突，生活就会多一点和谐，人间就会多一点美好。人是群居动物，生活在他人的共在之中。没有宽容，社会要么充满专制，充满压迫；要么是充满混乱，充满战争。在全球化的时代，在一个追求民主的社会，宽容成为维系人与人之间和谐的关系、维持社会正常生活秩序的越来越重要的力量。检视人类生活中的种种冲突，包括国家之间的冲突、人际冲突，都是缺少宽容所致。我们坚信，战争、冲突只能导致仇恨的升级，只有宽容才能带来和平。

宽容是一种沉默，但沉默中蕴含着期待、理解和信任，它是一种巨大的教育力量。事实证明，有时宽容引起的道德震动比惩罚更强烈。

雨果说，比大海宽阔的是天空，比天空更宽广的是人的胸怀。其实，宽容就是退一步海阔天空。因此，宽容是一种境界，更是一种修养。它需要胸襟，需要勇气，更需要智慧。宽容似一缕阳光。有了它，世界是美好的，心情是快乐的。心理学的研究也表明，宽容（宽恕）对心理健康和社会性人格的完善具有积极的作用：第一，对他人的宽容，可以使双方原本的彼此支持、互相关心的建设性关系得以维持或恢复；第二，保持长期持久的宽容情结，可以帮助调节和减少个人间的敌对情绪，以保持平和的健康心理状态。（傅宏，2003）

3．学会宽容

走出前现代的专制社会，走向民主开放的自由社会，宽容成为生活在现代社会的人的必备品质。当代中国社会的转型，呼唤培养人的主体意识，但如果我们要使这种主体意识不至于重蹈西方社会单子式主体的覆辙，就必须培养主体间的宽容意识。宽容对现代社会来说，就不再意味着高尚的美德，而是最基本的生存方式的要求。培养宽容的意识，成为时代的要求。培养宽容意识，教育应使人认识到以下几点。

第一，消解自我中心，把自己从“巅峰”解救下来，作为普通的一员。

从世界的多样性（本体论），认识的有限性（认识论）和生命的真实性、矛盾性（人性论）来认识，宽容是对世界差异性与多样性的认可，对认识、思想和经验多元性的尊重，对个体真实性的肯定。在这其中，个人把自己当作主体间的普通一员，承认个体认识的局限性，承认个体生命的凡俗性，认识到自己的有限性，把自己和他人摆在相同的地位，没有凌驾于他人之上的资格和能力。认识到自己的有限，等于看到他人不可取代的作用，宽容的意识就会油然而生。

大凡不宽容者从根本上讲，是缺少对个体认知的有限性、生命凡俗性的认识。他们自命不凡，把自己看作“救世主”，表现在：其一，认识上的自我中心。近代西方的认识论，从笛卡儿的“我思故我在”始，确立的就是单子式的个体认知方式，这种认知方式在莱布尼兹自我封闭的单元理论中得到了最为典型的描绘。建立在这种认知方式基础上的主体性，不仅排斥和否定其他认识主体，而且把自己的认识看作唯一，自己就因此成为一个“全知全能”者，就为设计、安排他人的生活找到了合法化的依据。可以说，“全知”赋予了他以权力，导致了知识的“暴政”，理性的专制，最终走向宽容的反面。其二，意志上的自我中心。以自我为中心的人，总想让外界围绕自己转，单向地把外事、外物、他人、社会当作实现自己目的的手段。在这个前提下，个人要求他人服从自己，对与自己要求不相符的都给以打击和排斥，人与人之间的关系就成为“豺狼式”的统治与被统治关系。其三，人性上的神圣性——“成神”似的自恋。生命是矛盾性的存在，对积极的、应然的追求是生命的本性，这种追求是无止境的，但又永远难以企及理想的境界，这就是生命的凡俗性。任何人，无论多么高贵，都不可能实现至善至美的境界。基于自我中心的认识论和自我中心的价值观，自我中心主义者认识不到自己也只能是凡俗的一员，总把自己装扮成“真理”“美德”“完美的人格”的代表，从而摆出一副高高在上、盛气凌人的架势。所有这些都必然导致不宽容的出现。

反思不宽容的原因，就在于个体的自我中心，把自己置于他人之上，成为一个虚假的“大写主体”。因此，确立宽容意识，首先要消解自我中心，使自我“走下神坛”，回归到凡俗的人本身。

第二，确认他人的价值，形成开放的心态。

贺来在《宽容意识》一书中概括了不宽容者通常采用的三种策略：把个体的“专名”还原和归类为一般性的“共名”，把个人的“个性”磨损为无差别的“共性”，把“说不”的尊严转化为连声说“是”的臣服。其实，前二者是根本，后者是结果。通过前两种手段，泯灭他人的主体性，把“自我”的认识乔装成“客观”的“共名”或“共性”，他人对“我”的俯首帖耳就理所当然了。这仍然是一种陷于“主－客”二分对立模式中的“自我中心”。走出“自我中心”，最重要的是确认他人的价值，形成开放的心态。

世界不只是“我”的，也是“你”的、“他”的，是“我们”的，我们“共同”拥有“一个”世界。但对世界的认识，“我”是“我的”认识，“你”是“你的”认识，“他”是“他的”认识，“我们”又拥有“不同”的认识，这恰是每个人不同“个性”的展现。但同时要注意，每个人的认识既有价值，又都有局限。“我”的认识并不比“他人”的认识高明，而凌驾于“他人”之上。因此，我们必须承认和尊重每个人的价值，实现康德所惦念的“人是目的”的理想。“人是目的”，意味着在任何时候，都不能把这个或那个当作随心所用的工具和手段，任何人都没有资格蔑视、侵害、压制另一个与自己有同样躯体的个体。

承认每个人的价值，确立“人是目的”和每个人的神圣不可侵犯性，就要求个体必须树立开放的观念，具有包容的心态。包容与自己不同的认识，甚至包容反对自己的意见。正如文学家伏尔泰所说，“我不同意你的观点，但我誓死捍卫你发表这个观点的权利”。包容反对自己的意见，需要勇气，但更能体现宽容的精神。真正的宽容还包括对错误、对弱点的宽容。正因为存在错误，存在弱点，才需要宽容。错误、弱点与宽容是“孪生姊妹”，因此伏尔泰把“我们彼此宽容各自的愚蠢”视为“大自然的首要法则”。但宽容学生的错误，并不是软弱，并不是妥协，而是给学生一个宽松的环境，使学生有反思的机会，感受到教师的期待，把外在规范的约束变成自我的压力，进而转化为动力。

为此，我们的教育必须使学生克服偏见和傲慢，向他人开放，“走近”进而“走进”他人，构建“共同”“共容”的世界，从而实现“各美其美，美美与共”。

第三，尊重、理解他人，构建平等的交往关系。

宽容是主体间性在人际关系中的延伸和表现，换言之，宽容产生于主体间的交往关系，真正平等的主体间性体现为交往中的“我－你”关系。现代著名的教育哲学家布伯（M. Buber）认为，人际交往的双方是主体间的“我－你”（I and You）关系，而不是把双方看作某种物品的“我－它”关系。在这种关系中，双方不是把对方看作要改变的对象，而是把对方看作与“我”讨论共同话题的“你”，沟通交流中的“你”，是一个完整意义上的人，对方的情感与理性、直觉与感觉、思想与行动都参加到“我”与“你”的对话中。“‘你’与‘我’相遇，我步入与‘你’的直接关系里。”（布伯，1986）[26]这种交往关系不仅强调交往双方是平等的主体，而且更强调“我”与“你”都作为完整的生命“融入”交往之中，实现精神的“沟通”“相遇”“共享”。

宽容就产生于这种“我”与“你”的全身心投入的交往关系之中。交往的双方如果只有表面的形式上的平等，如给予他人说话和辩解的机会，但内心缺少“真诚”的态度和意向（哈贝马斯提出的交往的条件之一），此时，面对差异、矛盾和冲突，强势的一方对另一方不会有宽容之心，充其量是假惺惺的“怜悯”。

因此，平等的交往不仅需要形式的平等，更需要内心的平等。这种内心的平等必须由尊重、理解来保证。交往的双方只有相互尊重和理解，通过角色换位，设身处地为他人考虑，才能够相互宽容。我们坚信，傲慢只会产生傲慢，独断和专制只能生产奴性。“宽容”之花永远绽放在平等、尊重、理解的交往之中。

让我们放弃自大，拥有一颗平常心，和他人共处在同一片蓝天下，相互尊重，相互理解，相互合作，在“视界”的“融合”中，在生命的“共鸣”中，走向宽容。

（四）从“对象化活动”到“交往”：教育实践观的转变

交往与对象化活动不同。对象化活动反映的是主体与客体之间的“占有”关系，它是单一的主体对客体的占有，因此在单一的对象化活动中生成的主体性是单子式的个人主体性。交往是社会性的交往，它是社会中主体与主体间的社会－实践系统的实现。交往反映的不是“主体－客体”关系，交往的双方，不存在纯粹的客体，每个人都是主体，都是彼此间相互关系的创造者，他们塑造的不是对方，而是相互间的关系，通过对相互间关系的塑造而达成共识、理解、融合。因此，交往意指一种主体间的关系或一种内在的相关性。

长期以来，我们对“实践”的认识都定位于“对象化活动”。比如，实践是人们对客观世界的改造活动；实践是主观见之于客观的活动；实践是人的本质力量现实对象化的过程。这些“实践”观揭示的都是主体对客体的单向规定，虽然有学者克服这种单向性，又提出了实践活动是主体与客体之间能动而双向的对象化过程，即主体客体化和客体主体化的统一（王永昌，1992），但终究没有跳出“主体－客体”的两极模式，把实践活动仍然等同于对象化活动。

对象化活动可以处理人与自然、人与物的关系，但它不适合处理人与人的关系，因为在任何时候，人都是目的，而绝不是手段。人与人之间的关系只能是一种平等主体间的交往关系。人与人之间的交往具有两个功能，一是沟通、协调功能，二是整合功能。正是交往的这两个功能，使人与人之间通过交往而相互承认、理解，达成共识。主体间性就由此而生。

对象化的实践观，深深地支配着对“教育实践”的认识。教育作为教育者对受教育者施加影响的活动，都是以“主体－客体”的关系为思考框架的，其中的主体是一种单子式的个体，与个体主体相异的“他者”则被当作被动的客体，这种“对象化活动”的实践观，造成的只是一方的主体性，传统教育中是教师，现代教育中是学生。不论是传统教育，还是现代教育，对象化的教育实践活动观都无法突破主体的封闭性，难以找到实现主体间性的逻辑出发点。

主体间性通过主体间的交往来实现，“交往是人与人之间的相互联系和相互作用”（郭湛，2002）[248]。“交往”的教育实践观的转向，才能将教育过程中人与人的关系从“人与物”的关系中解救出来，以“主体－主体”的关系取代“主体－客体”的关系，这种主体间的关系，将自我与他者同作为主体，在交往中既有对自我价值的肯定，也有对对方价值的尊重；既把自己当作主体，也把他人当作主体，主体间通过中介物的交往，达成共同的认识。所以，主体间的交往关系是“主体－中介－主体”，或“主体－客体－主体”的模式，它是“主体－主体”关系和“主体－客体”关系的内在统一。

对象化的教育实践观，把教育活动中本该是“人与人”之间的关系，当作“人与物”的关系来处理，从而扭曲、异化了个体的生命。从“对象化活动”到“交往”，这一教育实践观的转变，其意义在于还教育关系以本来面目，使教育过程成为师生之间、生生之间的交往、合作的过程，在平等的交往中，消除单子式个人主体的异化状态，而走向“共在”“共生”的主体间性。①

四、生命发展的非连续性及其教育意蕴

> 不论教育的本质是积极的塑造，还是自发的发展，有一点对这两种看法是一致的，这就是教育活动的连续性。但仅此还不全面，还需要作一处重要修正，……在人类生命过程中非连续性成分具有根本性的意义，同时由此必然产生与此相应的教育之非连续性形式。
>
> ——博尔诺夫

（一）生命发展的非连续性

长期以来，我们对教育的认识都是根据人的身心发展来定位的。对人的身心发展而言，认为它存在特定的顺序和发展的规律，我们根据身心发展的顺序和规律合理地进行教育设计，预测教育的活动。实际上，我们之所以能够有目的、有计划地设计和实施教育活动，也就在于身心发展具有特定的顺序和规律，教育依顺序和规律而行，正是这种连续性的设计，才促使人的发展越来越完善。对依据生命发展的连续性（有顺序和规律）而提出的这种连续性教育，“基本上揭示了教育过程的本质。但仅此还不够全面，还需要作一处重要修正”（博尔诺夫，1999）[51]。因为连续性教育易于

---

① 对“交往教育过程”的分析和对“交往教育过程意义”的认识，笔者在专著《当代主体教育论》中有详细的论述，有兴趣的读者可以进一步阅读《当代主体教育论》第五章。

把生命的发展机械化、程式化，而排除了生命发展过程中“偶然的、来自外部的干扰”，认为这些东西是没有价值的，是应当避免的，而且原则上也是可以避免的。这些干扰无论如何改变不了生命发展的顺序，因而是无关大局的。但按照存在主义的观念，生命的存在是一个“此在”，偶然性本身构成了生命的本质。所以，以存在主义来看，人的生活中突然出现的这些偶然的、外在的事件，无论如何不能把它们纯粹视为外在的干扰，相反，这些事件具有重要的积极作用。如果我们仅仅按照存在主义的理念，每个人的存在都是偶然的，即“每个人的最近的始终只在瞬间出现又在瞬间消失”，那么“教育似乎根本是不可能的，即使单纯的尝试也是毫无意义的——至少在人们把教育看成是成长着的一代人不断进步的形式时是如此”（博尔诺夫，1999）[56]。

在我们看来，无论是以往把生命视为按照固定顺序和规律的机械发展，排斥偶然事件的影响，还是存在主义把生命发展看作一个偶然性，否定生命发展的有序性，都不符合生命发展的本性。生命的发展，特别是人的精神生命的发展，既有连续的渐进发展的一般规律，又有因偶发性、突发性事件导致的发展连续性的间断以及发展的转向，因此生命的发展是连续性与非连续性的统一，既有规律，又有偶然性。

所谓生命发展的连续性，不仅指生命发展的持续和不间断性，而且指发展过程的顺序性，发展表现出特定的规律性。从总体上看，个体生命发展具有连续性。这表现在：第一，任何生命的发展总有一个从出生到死亡的过程，任何人、任何外在的变化都改变不了这一过程。第二，任何国家、任何时代的任何人，生命的发展无论是生理的发展，还是精神的发展，都有相同的顺序性，表现出相同的发展阶段。例如，皮亚杰揭示的认知发展的阶段、科尔伯格（L. Kohlberg）揭示的道德发展阶段、埃里克森（E. H. Erikson）揭示的个性发展的阶段，以及我国通常按照生理年龄划分的阶段等，都是如此。虽然一个阶段与另一个阶段具有质的差别，表明生命发展的不连续性，但从阶段之间的必然跃升来看，又说明了生命发展的连续性。身心发展的顺序性和阶段性，不仅对所有的人都相同，而且任何的外在因素，都不可能改变这一顺序和阶段。教育的“自然适应性原则”和“循序渐进原则”以及自然主义的教育思想都是依此而提出的。现代生理学、心理学，尤其是发展心理学的研究，正在揭示越来越多的身心发展的顺序。

但我们认为，连续性是就人的发展的一般过程而言的，它只指明了生命发展的方向，预定了发展的目的地，即到达某个阶段。在顺着这一方向达到这一目的的过程中，生命发展的道路是“曲折”的，受外在因素的影响很大，因此发展又表现出非连续性。所谓生命发展的非连续性，就是指在生命连续发展的过程中，常常出现一些突如其来的事件和不可预测的外在因素，引起生命发展顺序的局部中断、停止或转向，导致生命在局部出现非连续的发展。因此，“从人的发展的一般过程来看，连续性表现为显性，非连续性表现为隐性；反之，从人的发展的具体过程这一角度看，非连续性表现为显性，而连续性则表现为隐性”（庞学光，1994）[129]。

生命发展的连续性和非连续性不是对立的，连续性是就总体的方向而言的，它着眼于一个较长的生命发展过程；非连续性是就局部生命发展的某一方面或某一阶段而言的，非连续性虽然总体上不改变生命发展的顺序，尤其是身心发展的顺序，但并不意味着不改变局部的身心发展，尤其是精神发展的方向。

赫舍尔从生存论的角度，给生命的这种偶然的、非连续性的发展赋予了本体论的意义。赫舍尔首先认为，研究人的问题，不能以“人是什么”来发问，而必须问“人是谁”。“人是什么”指向人的事实性和现成存在，并且把人当成了自然界中一个简单的存在者、一个物来看待。“人是谁”是指人怎样才能成为人，指人在具体的环境和经历中怎样成为他此时此刻的样子（海德格尔谓之“此在”）。“既然人的显著特点是他的存在的可能性超过他的存在的现实性，所以我们不应当把我们的理解力局限于他实际是什么。我们必须超越事实的限制，以便正确地看待人。人不仅应当被理解为一连串的事实，还应当被理解为一系列的机会。”（赫舍尔，1994）[36]是这些机会在不断地造就着人，人没有先在的本质，“他生命的旅程是不可预料的；没有人能够事先写出自传来”（赫舍尔，1994）[34]。从生存中具体的人出发来理解人，生命不是预设的，也不具有一般性，而是具有个别性，是有着许多偶然经历的一个人。赫舍尔认为“做人”不是一个物，而是偶然的一个时机；它不是一个过程，而是一系列的行为和事件，是非连续的。“一个过程定期出现，它遵循比较恒久的模式；而一个事件是非同寻常的、不规则的。一个过程可能是连续的、稳定的、始终如一的；而事件的发生是突然的、间断性的、偶然的。过程是具有典型的，事件是独特的。过程遵循规律，而事件则创造先例。”（赫舍尔，1994）[39]在赫舍尔看来，做人不是一个固定的结构，也不是一系列可以预见的事实，人完全是一个个无法预料的偶发事件塑造的，个体的发展完全是偶然的事情。

生命哲学家柏格森也反对把生命固定化、程序化，而认为生命是不断地选择和生成的。生成是没有终极，也是没有方向，不可预知的。他说：“走过的路程可以一目了然，看到它的方向，……至于今后要走的路，人类精神则无话可说。因为道路是走出来的，它本身就是行为的方向。”（柏格森，1989）[43]存在主义大师海德格尔也反对在一般或抽象意义上谈论人的本质，他说，我们只关心人的存在。海德格尔因为这样的认识而把人称作“此在”。“此在”即在此存在，这一称谓表明，生命不是现成摆在那里的东西，而是通过在“那里”的存在展现出来的，生命的发展是此时的存在造就的。

总之，在这些哲学家看来，在生活中出现的一些非连续性的、令人不愉快的障碍和干扰不只是一种偶然性事件，它是深隐于人类存在本质之中的。在生命发展的过程中非连续性成分具有根本性的意义。虽然我们不完全同意西方哲学家把非连续性视为生命的根本特征，但他们关于生命发展的非连续性思想富有启发，也值得重视。

我们在总体的生命发展的连续性基础上认识生命发展的非连续性，这种非连续性主要表现在精神生命的发展之中。当然，一次偶然的灾难、意外伤害或疾病都可以打乱生命的自然发展顺序，甚至夺取人的生命，但这些不仅是教育所无能为力的，甚至是不可抗拒的。对正常的生命个体，或者正常环境中成长的生命个体而言，身心的自然发展都具有连续性。在精神生命包括的理性和非理性中，生命发展的非连续性又主要体现在非理性领域，这包括非理性思维和情感、意志。柏格森就认为知性无法理解生命的特征，无法把握人的生成性。所谓知性就是一种逻辑的、明晰的理性思维，理性的思维具有严密的逻辑性和连续性。他提出，直觉是把握生成的唯一方法，因此也是理解生命的唯一方法。“所谓直觉，就是一种理智的交融，这种交融使人们自己置身于对象之内，以便与其中独特的、从而是无法表达的东西相符合。”（柏格森，1963）[3-4]对生命的直觉，是在生命之中对生命的一种体验和顿悟的非理性思维，具有非连续性。生命发展的非连续性更多地表现在情感、意志、愿望、兴趣、爱好、态度、价值观等方面。一次偶然的失败或打击都可能改变人的兴趣、爱好，改变人对该事物的态度，也可能使人意志消沉；一次偶然的心灵震颤或遭遇，也可能改变一个人的志向。鲁迅就是因为在电影中看到日本宪兵屠杀中国人时围观同胞的麻木不仁，而决定弃医从文，用自己的心灵和作品发出呐喊，唤醒民众。苏联教育家马卡连柯用迅速、强烈的影响和心理上突然袭击的方式来改变人的不良习惯，就是相信强烈的、偶然的事件和影响，足以打断学生的心理“定势”，扭转其不良的习性。

马克思主义认为，活动是生命发展的机制，生命的发展是在活动中个体与环境相互作用的产物。人在活动中所遇到的每一个物，所经历的每一件事都影响着生命的发展，在这个意义上，就是存在主义所说的人是“此在”。但长期的相互作用使人的发展形成了相对稳定的人格特征，比如特定的思维方式、性格、价值观等。在这种情况下，不是任何事件、任何的经历都能再改变这些稳定的特征，它需要有较大的强度。博尔诺夫指出属于这类事件的有“威胁生命的重大危机”“突发的对新的更高级生活的向往”“使人摆脱无所事事状态的号召和告诫”“对今后生活起决定作用的遭遇”。如果按照存在主义的说法，这些事件都是狭义的存在经验，它们突然地、令人震惊地影响到人们的生活。我们虽然不完全从存在主义的立场去理解这些存在经验，但还是应该承认这些事件对人的发展具有重大的影响，它可能使生命发展出现中断、转向等非连续性。

生命发展的非连续性是通过“觉醒”的形式表现出来的。“觉醒”（从教育者的角度说是“唤醒”）是德国文化教育学的一个核心概念，它最早由斯普朗格提出。斯普朗格认为，人的生成并非树木生长那样是连续的渐渐生长的，人的生成过程的关键是“顿悟”，人在某一神圣的时刻会突然感到“心里一亮”“豁然开朗”，完成从“渐悟”到“顿悟”的飞跃。“觉醒”的过程是突变的，是生命过程中的非连续性、非阶段性的瞬间生成。博尔诺夫从生存的危机着眼，深深认识到“觉醒”对走出危机、走向生命新层次的重要性。他说，“觉醒”使主体的人在灵魂震颤的瞬间感受到一种从未体味过的内在敞亮，他因主体性空前张扬而获得一次心灵的解放。觉醒触及心灵的深处，生命发展的过程就是不断觉醒的过程，在觉醒中呈现发展的非连续性。

（二）非连续性教育的形式

传统的教育理论，无论是强调有目的“塑造”的“积极的教育”，还是强调“顺其自然发展”的“消极的教育”，都是基于生命发展的连续性而强调教育活动的连续性。在连续性教育看来，生命发展是有固定的顺序的，教育就是要遵从这一顺序，逐步推进儿童的发展完善。连续性教育把儿童发展过程中来自外部的偶然的因素，当作阻碍和干扰教育，导致教育失误或失败的因素，因此，连续性教育把其作为控制的对象，尽量地避免或者减少这些干扰因素。

从生存论的观点看，个体的发展具有很大的偶然性，那些偶然的事件对人的发展都具有重大的意义。所以，存在主义并不把这些事件作为干扰因素，相反，认为它是“深深地埋藏于人类存在的本质中，从这些事件中表现出一种新的、迄今尚被忽视的人类存在的基本方面，它使连续性发展的观念趋于破灭或者至少表明有很大的局限性”。博尔诺夫批判吸收了存在主义的这些基本观点，据此，他得出结论：“在人类生命过程中非连续性成分具有根本性的意义，同时由此必然产生与此相应的教育之非连续性形式。”（博尔诺夫，1999）[51]

其实，对具体的个人来说，生活是复杂的，偶然性事件对人的发展的影响是客观存在的。但是，连续性教育总是从一般意义上来看待学生，极易把学生作为一个抽象的、标准的、具有普遍性的客体来看待，而无视生存中的活生生的、具体的、内心充满了矛盾与困惑的个人的存在。赫舍尔就指出，对人的认识的这种概括化过程，显得很不恰当。“我们之所以一再失误，正是由于我们片面地把一般原理运用于人类的境遇造成的。”（赫舍尔，1994）[34] 一旦我们走进具体的教育过程，就会发现影响人的发展的偶然事件随处可见，这些事件是不可能回避的，而且不仅要看到它的消极作用，更要看到它的积极作用。正是由于非连续性因素在现实的具体的生命发展过程中具有根本的作用，那么，教育就必须正视这些非连续性因素，并针对这些非连续性因素采取相应的非连续性教育形式，来正确处理和利用影响个体生命发展的这些偶发性因素，从而把它变成有利的因素，促进生命的发展。

德国著名的教育哲学家、教育人类学家博尔诺夫批判吸收了存在主义关于“人”的观念，创造性地提出了“非连续性教育”的概念，而且在他1959年出版的《存在哲学与教育》和1983年出版的《教育人类学》中系统地论述了非连续性教育的几个重要范畴，这些范畴既可以看作影响人的非连续性发展或教育非连续性的原因，又可以看作非连续性教育的形式。

1. 危机

危机（如社会危机、家庭危机、疾病危机和成熟危机等）是突然出现的威胁和中断人类和个体生活进程的事件。危机是造成人类社会和个体发展非连续性的一个重要因素。过去，我们把危机看作干扰人的正常生活的偶然因素，力求避免和排除之。博尔诺夫认为，危机不是一种偶然现象，而是人生的一个组成部分，带有必然性，只要人生存着，就必然会遇到这样或那样的、来自外部或产生于内部的危机。“具有合理功能的危机必然属于生活的一部分。”（博尔诺夫，1999）[63]

人的成长过程是一个通过自我否定而实现的自我超越的过程，否定的本身说明，身心发展达到一定程度和水平，出现危机，渡过危机，使生命进入新的阶段。这就如同库恩所说的——科学危机的出现必将导致科学革命，带来科学的进步——一样。所以，危机对于生命的发展而言，就不只具有破坏性，而且具有积极的意义，它内含于生命的成长过程之中。博尔诺夫看到了这一点，指出“向某个新的生命阶段的过渡只有通过危机才能得以实现”，“只有在危机中或经历过危机我们才能成熟起来”。（博尔诺夫，1999）[63-64] 比如，青春期的危机就是青少年在走向成熟的过程中必然伴随的现象，认知危机是个体社会性成长过程中的必然。人的生活处处充满危机，人在危机中，学会坚强，磨炼意志，砥砺人生，走向成熟。所以，危机不单是坏事，关键是对待危机的态度，要学会克服和战胜危机。经过努力，一旦战胜危机，人就会感到生活格外轻松和特别有意义。因此，危机也往往与人生的新起点紧紧联系在一起，它能增强人生活的信心和勇气，“危机越严重，渡过危机的决心越大，危机后的一种重新开始的清新感就越酣畅”（博尔诺夫，1999）[64-65]。危机就像“乌云”，“乌云”过去天空一片晴朗。

危机既然对人的成长具有如此重要的积极意义，是否意味着教育者要人为地制造危机、有意识地去触发它呢？答案是否定的，因为危机总是可能引发不幸。就像卢梭对逆境作用的认识，虽然逆境是一个了不起的先生，但是它索取的学费太贵，往往让人得不偿失。但面对生活中已经出现的，或者必将出现的危机，逃避不是办法，唯一可行的办法是正视危机，积极应对，渡过危机。对学生的危机，教育者不能用安慰性的掩饰来降低危机的严重性，也不能代学生去承担困难，消除危机。教育者所能做的就是启发和引导学生认识危机的本质和意义，培养他们面对危机的勇气和克服危机的顽强意志品质，从而使他们战胜危机。博尔诺夫认为，教师最好的措施就是告诫和号召。教师的“告诫和号召”作为外力，唤醒和鞭策学生，为他们的发展指明方向，提供动力，推动学生使中断的发展重新启程。

2. 遭遇

“遭遇”是存在主义的概念。按照存在主义的观点，人生毫无规律可言，它被“抛入”世界中，不断地遭遇一些偶然的事件。这里的“遭遇”就是“相遇”。不过，博尔诺夫所谈的“遭遇”是在“相遇”的基础上，强调相遇的强度，它不是一般的人与物、人与事的相遇。他说："这一概念标志人们所遇到的实在的强度。这种实在根本上不与人们的愿望和期待相符，以致人们即使反对它也是徒劳的，只有被迫改变自己的行为。"按照博尔诺夫的这一说法，并不是任何的与他人、他物的相遇，都足以震撼人的心灵，改变一个人的人生，称得上"遭遇"，只有少数重大的特定的经验才可以称作"遭遇"。它们突然闯入人的生活，打乱正常的生活秩序，令人痛苦地中断正常的活动，对人生产生强烈的振荡，使人生的连续性中断，甚至导致人生的方向发生转折。

遭遇到的可能是某个人、某件艺术品、某部著作，也可能是某件事情，遭遇到的可能是好事，也可能是坏事，但都能够震撼人的心灵，改变人的精神状态。教育就是要利用遭遇的这一强烈震撼的价值，使其深入人心，触及灵魂，真正地促进生命的成长。

遭遇某件事情或某个人，都会对人的正常生活带来冲击，迫使人在两种可能性之间进行选择并做出取舍的决断。遭遇的这一过程，要求教育者在学生遭遇某一重大事件时，应注重对学生的引导，使他们在遭遇中做出正确的选择，以尽量保证他们发展的积极方向。同时，要有意识地培养儿童在遭遇中自我选择的能力，培养他们应付遭遇的良好心理素质和坚强的意志。现实生活中，一些人面对遭遇，或惊慌失措，或萎靡不振，轻者出现心理问题，重者丧失生活的信心，出现自残行为，这些都是因为缺乏面对遭遇的良好心理素质所致。对待学生的不良遭遇，虽然教育者的直接指导是必要的，但更根本的是培养学生处变不惊、沉着冷静的心理素质，以及随时对付突然遭遇的能力和意志。

遭遇对心灵的震撼作用还可以有意地用在教学之中。因为教学的过程不只是为知识而知识，知识本身的价值必须触及人的生命，这样的知识才不至于成为人的一件精美"外套"，正像博尔诺夫所说，"如果不能产生真正的触及人心灵深处的、改变其全部生活的遭遇，那么所有的文化知识都不起作用，所以也就无关紧要了"。因此，如果要对精神世界产生真正的内在的理解，遭遇是不可缺少的。正是基于这种认识，博尔诺夫提出教学的方向就是“引导成长着的一代人与精神世界的人物进行这种决定的遭遇”。（博尔诺夫，1999）[61，60]教学，尤其是人文学科的教学，要创设教育氛围，通过体验和理解，在引导学生与教材、与教材中的儿童和事件遭遇时，产生强烈的震撼，使教育真正从知识的积累转变为生命的体验，成为感悟人生、提升生命境界的过程。在教育教学中，我们虽然不能预料某个特定的遭遇，但我们可以在尽可能大的范围内创设一种遭遇的“良好氛围”，以期使遭遇发生后可以朝一个好的方向发展。

3．唤醒

按照存在主义教育家雅斯贝尔斯的观点，教育并非理智知识和认识的堆积，而是人的灵魂的教育。那么，教育者对学生的教育就不是知识的“授受”，而是灵魂的“唤醒”。“唤醒”对教育具有本体论意义，换言之，教育就是唤醒。斯普朗格说，“教育之为教育，正在它是一个人格心灵的‘唤醒’，这是教育的核心所在”（邹进，1992）[73]。知识的授受不是教育的目的，教育的目的是要从人的生命深处唤起他沉睡的自我意识，唤起他的创造力、生命感、价值感，使他具有一种觉悟。所谓唤醒，就是催醒人内心深处沉睡的意识的过程。

雅斯贝尔斯在《什么是教育》中也表达过类似的观点，他把“唤醒”扩大到“知识领域”，指出“知识必须自我认识，自我认识只能被唤醒，而不像转让货物”，所以，对于知识的教育，他认为不是“授受”，不是“有知者”带动“无知者”，而是苏格拉底式的对话，“对话是探索真理与自我认识的途径”。雅斯贝尔斯用“顿悟的艺术”来概括他所认识的以唤醒为核心的教育。他说，顿悟“是灵魂的眼睛抽身返回自身之内，内在地透视自己的灵肉，知识也必须随着整个灵魂围绕着存在领域转动。因此教育就是引导‘回头’即顿悟的艺术。由于教育的这一神圣本源，因此在其藏而不露的力量中一向存在着精神体认的财富，但教育只有经由顿悟才能达到对整个人生的拯救，否则这些财富将失去效用”（雅斯贝尔斯，1991）[14]。

博尔诺夫从生存哲学的视角赋予唤醒以本体论的意义，他认为，在人的心灵深处存在着一种所谓“本源性”的道德意识，这种道德意识通常处于沉睡状态。生活在日常生活中的人，社会的意识和规范蒙蔽了他的认识，使他丧失了自我的“个性”，而成为一个无“我”的抽象“共性”。因此，教育就是要深达人的存在本性和无意识的深处，在危机和遭遇的剧烈震荡中，唤醒受教育者处在沉睡状态的道德意识，使他们回到本源上去，使一个人可能真正认识自己和自己所处的世界，同时也理解自己的当下处境、历史及未来，从而使自己成为一个具有自我意识和充满希望的真正的人。所以，博尔诺夫的“唤醒”不仅是唤醒沉睡的潜质，而且还要“揭开”和“除去”对本真意识的“蒙蔽”，解放人的心灵。与雅斯贝尔斯“致知”的理性“顿悟”不同的是，博尔诺夫的“唤醒”主要在于解放个人的意识，所以，他认为最好的唤醒方法是启迪式的警醒、告诫和号召。

总之，在他们看来，精神领域里教育对人的影响只能是在觉醒上的影响，如果没有意识的觉醒，任何的教育都不起作用。同时，通过生命意识的觉醒，实现了人的非连续性发展。所以，在这个意义上，教育对人的最根本的作用是唤醒沉睡的意识和解放人的沉沦、蒙蔽的心灵，使人感受内心的敞亮，进而实现人生的自由。

4. 告诫和号召

人是一个“不是其所是”“是其所不是”的存在，人本身的现实（“是”）总是落后于他的“应是”，因此，人生需要不断地奋斗，需要不断地摆脱“是”的这种衰退状态，而走向一个新的状态（“应是”），这就是人的超越性。超越性的主体是人自身，超越的动力只能来自个体生命本身向上的要求。博尔诺夫认为，人似乎不可能保持一个水平或者持续地向前发展。他的生活更多地由于习性和疲乏而被“损耗”，由此而陷入非其存在本意的退化状态。在日常的学习生活中，我们也可以感到由于学习枯燥无味，也由于缺乏明确的学习意向和理想，身心疲惫，学习热情锐减，学习成绩下降，出现学习的障碍。人生就如一台机器，它在持续不断地运转中，也会遇到故障，因此，需要排除故障，需要不断地加油，才能正常、持续地运转。

机器遇到障碍，不可能自动地排除，必须要有人来修理。但人的发展过程出现衰退，就不完全是这样，它可能有两种情况。一种是“自动修复”，发现自己出现问题，主动查找原因，马上“鼓起劲来”，以更大的热情主动投入；另一种与之相反的情况则是，出现问题后，一蹶不振，更加萎靡，甚至误入歧途。这种情况多出现在缺乏主体性的人身上，也常出现在年龄较小的儿童身上，他们无法以自己的力量纠偏，必须借助于外部的推动力。一个人在出现衰退状态时，有可能出现自我激励，但这种情况也不能持续太久，最常见的情况还是需要外部的推动，需要他人不断地给予告诫并激发其意志力。

在教育中，受教育者由于年龄较小，学习任务较重，学习过程是一个很艰辛的过程，他们在发展中出现种种退缩是正常的，并不可怕，关键是教育者要及时激励，教导他们从哪里跌到，从哪里爬起。博尔诺夫认为，告诫和号召是两种有效的激励措施。当一个人处于发展的迷茫状态，或者无所事事，或者陷入困境无力自拔，或者已经有所失误，误入歧途，这时需要教育者的及时告诫。告诫既要警告他，使他意识到问题的严重性及其危害，同时，要给他指明方向，使他幡然醒悟，回到“该做的事情上去”。告诫的作用在于使他迷途知返，号召的作用在于给他鼓足干劲，调动他的积极性，就像重新上紧的“发条”，投入新的运动。

此外，博尔诺夫在非连续性教育形式中还提到了“吁求”。“吁求”是教育者对受教育者充满爱心的一种呼吁。教育者和受教育者由于年龄、学识和角色的差异，通常会出现心理的错位，教育者对受教育者“耳提面命”，缺少平等和爱的交流。博尔诺夫的“吁求”就是要改变这种教育者以权威和压制对受教育者的“耳提面命”，以拳拳之心、殷殷之情，向受教育者发出吁求，力求达到与他们心灵的互通。吁求固然是教育者对受教育者发出的一种要求，但这种要求不是指令，不是建立在强制基础上的居高临下的压制，而是在平等交往基础上对受教育者的关怀和理解，建立在对受教育者尊重基础上的要求，使受教育者领会到教育者要求中所包含的一片热心，因此而获得良心的感染和发现，从而达到教育的效果。吁求对人的思想情感转化和品德教育具有重要的意义。因为心灵只能靠心灵来呼唤，情感只能靠情感来感染。武断的、教条式的说服教育，不仅不能解决心灵的问题，而且会引发受教育者对教育者的敌对情绪，教育效果适得其反。

同“告诫”“号召”一样，吁求也是教育者引导受教育者走出困境的一种方式，只不过它针对的是一种情感的困惑、思想的危机。吁求的目的也在于唤起受教育者心灵中潜在的良知，使其受到良心的谴责，进而改正错误，进入新的境界。

总之，人生不会一帆风顺，生活中的危机和遭遇如同暗礁，处处存在；人生也不是永动机，故障和困倦也是发展过程中必然伴随的现象。正是危机、遭遇、挫折、衰退等导致人生发展的中断，甚至转向，呈现发展的不连续性。人生必须借助新的动力重新开始生活。唤醒、告诫、号召、吁求作为非连续性教育形式，就是要给中断的人生以激励和动力，激发人们积极向上的热情，使他们重新充满活力，冲破困扰，从而使生命再放异彩。非连续性就像生命成长中的一道“坎”、一条“沟”，迈过这道坎，跨过这条沟，人生依然可以走向连续。以往的教育过分地注重有目的、有组织的计划和设计，忽视了非连续发展的偶然性。虽然这一点尚未引起重视，但它却具有根本的意义。人的发展是在非连续中延续着连续性，所以，教育也应该在连续性教育中穿插非连续性教育，是连续性教育和非连续性教育的统一。

五、生命的有限性及其教育意蕴

> 这个世界上的生命之所以有意义，只是因为有死亡，假如在我们的世界里没有死亡，那么生命就会丧失意义。意义与终点相关。假如没有终点，也就是说在我们的世界上存在无限的生命，那么在这样的生命中就不会有意义。
>
> ——别尔嘉耶夫

（一）生命的有限性

人是生物性与神性的结合，生物性是有限的、现实的，神性则是无限的、理想中的。在宇宙万物中，人唯一地兼顾二者的特性。人不是动物，因为他有动物所不具有的成“神”似的向往。但人也不是神，因为他具有动物的有限性。但成“神”只是生命的一种价值追求，现实中的人依然是一个生物体。生命的逻辑就表现在意义和价值追求必须依附于生物个体，“意义只能对活着的人们显现”，“如果生命不再存在，对人而言的一切价值都不复存在”。（孙利天，2001）[48] 所以，生命意义的无限性追求必须以生命的有限性为前提，在这个意义上，我们可以说，人是追求无限的有限者。

生命是有限的，就是因为人有一个生物体。对于一个生物体来说，生存总是有限的。生有涯，死有期，谁也无法摆脱死的结局。生命的有限性始终是摆在生命个体面前的绝对性，长生不老只是神话传说，它反映了人的一种需求和期盼。之所以有这种期盼，恰是人意识到了生命的有限性，其中死亡是人生的必然归宿。生命是不期而遇的偶然，生命中的众多偶然可以改变一个人的命运，人在偶然中度过自己的一生。但死亡是一个必然，人必有一死，无论高贵、卑微，都回避不了死亡。可以说，死亡实现了人的真正平等，没有谁可以超越“死亡”而进入“不朽”。

有生必有死，生与死构成了完整的人生。我们对生命的理解，当然要着眼于生命意义的追求，着眼于生命价值的实现，着眼于生命的自由、和谐发展，但还必须兼顾生命的另一半，“如果不理解人类的有限性，那就也不理解人的本性”（巴雷特，1995）[282]。可以说，有限性是生命的本真规定之一。

死亡是生命有限性的“大限”，它是生命有限性的结果。在生命发展的过程中，有限性是指生命存在的条件性、相对性、受限制性（田春利，2003）。这种有限性主要在：其一，生命的存在以肉体为前提，肉体的消失，意味着生命的结束。其二，肉体的存在是有时间限度的，这就是寿命。其三，生命是脆弱的，不仅非连续性因素可以改变生命的历程，而且不可控制的疾病、灾难等各种偶然事件都可能使得个体生命变得更加有限，甚至结束生命。其四，人生经历的不可逆性。生命的不可逆性，根本在于时间的不可逆性（田春利，2003）。不仅生命只有一次，没有来世和再生，而且生命的流程也不可以推倒重来，过去的永远过去，人生没有后悔药，人面对的只有现实。其五，生命有许多不可超越的限制（田春利，2003），这种限制包括人作为生物体的自然限制，也包括人作为社会人的社会限制。限制束缚着人，也正是这些束缚和限制，使个体成为社会中的自由人，成为现代社会的文明人，使人远离了动物的本能，远离了野蛮。

单纯地看待生命的有限性，人生就等于"慢性自杀"，容易走向生命悲观主义。我们认为，生命的有限性只是生命本性的一维，把其中的一维当作生命的全部，是对生命的歪曲理解。而且在生命的整体结构中，其他维度的生命属性，也必然规定着生命的有限性。只有放在生命的整体结构中，在其他维度观照下理解的生命有限性，才是真正的人的生命有限性。

对个体生命有限性的理解，还需要参照两个维度：一是个体生命的无限性，二是人类存在的持续性。生命的有限性标志着人的动物性一面，但人的生命与动物的生命不同，它还有对无限性的追求，无限性源于人的自我意识，并以种种文化的方式支配自己的生物性，超越生命的有限性。对于个体来说，生命有限性反映了个体生存的悖论：人要不断超越生物的有限性，但又永远摆脱不了生物的有限性。不断地超越，不断地追求，使人生活出了意义和色彩，但人又会以死亡这一最高的有限性结束一生。我们在终极的、绝对的意义上，言及生命有限性，但在生命存在的过程中，生命表现为无限可能的追求。海德格尔正是在这种追求无限可能的意义上理解"向死而生"的。所以，走出个体生命有限性之悲观主义情结，我们必须用生命的无限性关照有限性。个体的生命虽然是有限的，有死亡的终结，但人类社会却是一代代个体生命的接力，使个体生命的有限性转换为群体或人类生命的连续性。人类的生命作为种的延续，作为人类文明的延伸，没有终结。无数的生命个体延续了人类的生命，但反过来，人类生存的延续性也支撑着生命的个体。每个个体都是人类发展中的一朵浪花、一环链条，个体生命的有限性包含在人类发展的连续性之中，获得其永恒的意义。所以，“有的人死了，他还活着”，是他的精神“活着”，是他创造的文化在延续着人类的文明。

因此，对生命有限性的理解，既要把人作为生物体的存在，看到有限性的绝对性，又要超越生物的有限性，看到人对可能的无限追求，有限性表现出来的相对性。同时，把生命个体的有限性纳入人类发展的历史长河中，个体的有限性又被赋予无限的永恒性。生命是一个矛盾的存在，我们只能在矛盾中理解生命的有限性。

（二）基于生命有限性的教育

1. 树立保护生命的意识，尊重个体生命的生存权

生命的有限性首先表现在生命是一个自然的存在，自然存在即肉体生命的消失，则意味着生命的结束。所以，生命有限性的教育，首先要求保护人的自然生命体。在这个意义上，我国的生命教育观念需要彻底反思。

请先看一组教育“英雄”的报道：

> 2000 年 1 月 2 日，某市一职业中学一年级学生张某某在抢救溺水儿童时，由于坝坡陡且滑，反被小孩拉入水中，冰冷的库水无情地吞噬了这个年轻少女的生命。
>
> 2000 年 5 月 6 日，江西省某县 13 岁的聋哑少年聂某某为救一名在水库落水的儿童，献出了自己的生命。
>
> 2000 年 5 月 26 日，广西壮族自治区某县 16 岁的曾某某与同伴一起抢救一名 30 岁的落水村民，曾某某不幸遇难。
>
> 2001 年 1 月 19 日，宁夏回族自治区某县 16 岁的王某，为抢救落水儿童不幸光荣牺牲。
>
> 2001 年 5 月 26 日，广东省某县 12 岁的少女刘某某为抢救掉入深潭的 8 岁儿童，献出了自己宝贵的生命。
>
> 2001 年 6 月 1 日，湖南省衡阳市某初中一年级学生谭某某为抢

救 3 名落水儿童，不幸献出了年仅 14 岁的生命。

2001 年 7 月 26 日，天津市宝坻区某中学学生王某某为抢救两名落水儿童献出了 14 岁的宝贵生命。

……

像这种舍己救人的英雄事迹，我们从媒体报道中还可以见到更多。《中国少年报》的一份资料曾显示，自新中国成立以来至资料统计之时，全国获中央和省一级表彰的“少年英雄”有 36 人，其中，与坏人英勇斗争的有 9 人，舍己救人的有 14 人，保护牲畜的有 5 人，救火及救火车的有 5 人。他们的背后都有一个感人的英雄故事，不过几乎同时都伴随着崇高行为的悲剧。

学生为“崇高”而牺牲，教师也不例外。我们身边还有许许多多牺牲生命的“英雄”教师。

2003 年 3 月，南京市山西路小学年仅 25 岁的女教师杨惠因多年来带病坚持上课，甚至因为离不开课堂，而没有到医院及时治疗，最终离开了她可爱的学生。当地教育部门领导称赞说，长期以来，杨老师不顾自己的小毛小病缠绕，顶着工作、学习、生活的压力，一心扑在讲台上，默默地奉献自己的青春和智慧，表现出新时期一位老师甘做“红烛”的高尚情怀，体现出一个青年人追求事业的拼搏精神。

河南省方城县博望镇董庄小学校长许海龙，在父亲、叔父重病在身，本人又患肺癌的情况下，依然以校为家，辛勤耕耘，直至病情恶化，用“春蚕到死丝方尽”的实际行动诠释了一名普通教师为党的教育事业无私奉献的美好师表师德。

傅小荣，湖南省岳阳市一名普通的小学教师，一年前就发现自己身体有病，学校及有关领导多次劝她休假养病，她总是想到学校师资紧张，怕耽误学生学业，一直坚持上课。有一次她晕倒在讲台上，可第二天又走进了教室。一天上午，她在接连上了两节课、批改完学生的作业后，已感身体不适，但仍坚持上完第四节课。就在快下课时，她猝然倒在讲台上，右手还握着一支粉笔。学生的哭声没有唤醒她。

……

我们看到的这些报道，都是在盛赞我们的教师和同学，盛赞他们的英雄行为，盛赞他们“舍己为人”的高尚品质。看得多了，有时候不免产生疑问，面对一个活生生的生命的黯然离去，我们需要的真的只是盛赞吗？

在这些英雄事迹中，年幼的、身体单薄的、明知不会游泳的小英雄却又下水救人；明知自己有病的教师，依然带病为学生上课。似乎只有突出这些，才表明一个人有意的、无私的奉献精神。所有的报道都会引用当地政府部门表彰的决定，并发出向英雄学习的号召。我时常思考，就如此报道，我们到底要向英雄学习什么？也学习他遇到困难时奋不顾身、英勇牺牲吗？自己有病也不去看，最后累死在讲台上吗？我不知道这些报道究竟为什么要赞扬死亡，似乎人只有死了才是伟大的，遇到危险，保全了性命，似乎是不应该的，只能落个“懦夫”和“逃兵”的名声。

为什么只有“死”才能证明自己的伟大呢？归根结底，是我们的生死观在作怪。中国传统儒家文化中的“杀身成仁”及“舍身取义”表明，生命的本身无所谓意义，生命的本身在于它的社会价值，而不是自然存在的价值。面对危险和死亡，如果只考虑自己的安危，不能挺身而出，那就是不光彩的人生。如果奋不顾身，全然不考虑自己的安危，将生命的社会价值置于生命的本然之上，虽然牺牲了，但牺牲得光荣，生命焕发出了无限的光彩。为实现社会的价值，即使付出生命的代价也无所畏惧。这就成了中国人的思维方式。所以，一旦英雄人物出现时，深度报道他的思想，通常揭示的是：他心中只有别人，只有社会，唯独没有自己，没有家人。如此的高尚和伟大，我们不去怀疑它的真假，我们只想问的是：他人的生命是生命，自己的生命不也是生命吗？关心他人应该赞扬，关心自己难道就可耻吗?

康德讲，人是目的。这说明，“我”不是他人的手段，更不意味着牺牲我自己换取他人的幸福才是人生价值的实现。每个人都有存在的权利，每个人的生命都是可贵的，保护他人光荣，保全自己也同样光荣。说这些并不意味着我们不称赞救人的小英雄和呕心沥血的教师，而是说，奉献爱心和承担社会的责任，必须讲究方略，必须以自己力所能及为前提，不要做出无谓的牺牲。“舍己救人”固然可敬，但若不舍己又能救人不是更值得提倡吗？对于年幼的、缺乏自我保护能力的青少年学生，他们学习英雄的精神应该得到正确的引导，盲目地提倡“舍己救人”，在道德上是不应该的。为避免青少年在危急关头做无谓牺牲，《北京市小学生日常行为规范》删除了鼓励中小学生“敢于斗争”的内容。北京市教委德育处一位负责人说：“删除有关‘敢于斗争’的内容并不是对‘不畏困难’、‘见义勇为’精神的否定，而是更加成熟理性地对待牺牲精神。”我们的教育、媒体在宣传这些小英雄的事迹时，不能只号召青少年学习英雄的“舍己”和“奉献”精神，还应该教会他们自我保护的方法。“如果明明知道儿童的无知，却要利用他们的无知去诱导他们做英雄，那实质上是比一般的欺诈更阴险的犯罪行为。”（刘德华，2003）[19]

教育应该使学生树立“生命可贵”的人道主义思想，培养他们敬畏他人和自己生命的意识，保护个体的生命存在权利。教育不是教人去“死”，而是教人去“活”，而且活得更幸福，更有尊严。我们固然对“舍己救人”者表示由衷的敬佩，但不应该去盛赞这种英雄的悲剧，而是要教给学生自救和救护的方法，减少“英雄悲剧”的发生。多点生命保护意识，学会救护和自我救护的方法，就会减少点无谓牺牲的“英雄悲剧”，这是生命教育的最低要求。

2. 活在当下，珍惜时间，享受生活

按照柏格森的观点，时间是构成生命的本质要素，生命在时间中流淌，时间就是生命。时间有过去、现在和未来之分，人经历过去，生活在现实，期盼着未来。虽然在本质上，人是一个未来性的存在，人在对未来的期盼中完成时间的超越和生命的发展。但未来只是一种理想，只是一种可能，人归根结底生活在当下，“现在包含在过去，而充满了未来”，它完成了三维时间的统一。现在也是过去的“未来”，它是“新”未来的基础，人生追求可能的未来，但它不能忽视可靠的“现在”。“人生命的有限，使人珍惜以瞬间的形式存在的现在。”人“有关于未来的目标，但任何未来都开始于现在，也必将实现于现在。只有把握瞬间的生命，才能把握整个的生命”。(田春利，2003)

人生需要谈理想、谈未来，追求未来的美好和幸福，但人生也需要立足现实，活在当下，享受生活的每一天。但今天“人们似乎不是为了今日生活，不是为亲在之在的当下感悟，反而无视现在而转向未来”（雅斯贝尔斯，1991）[23]，这是本末倒置的做法。没有现实的幸福，也不可能有幸福的未来。“主体解放、活在当下无疑是对人的生命有限性的深刻体认和最有效的应对，是‘珍惜时间、珍惜生命’的真正内涵。可以说，这是从质的角度对生命有限性的应对，只有在这个意义上，生命量的扩充才有了实际的意义。”（田春利，2003）活在当下，就是要珍惜当下的每一天，活出每天的风采和意义。人生在世，时光短暂，不虚度年华，就要从每一时、每一刻做起，使人生在有限的时间里，争取有所作为，不浪费生命。

同时，珍惜生命，不浪费时间，不能只看一个人花费了多少时间，而且要看单位时间的利用效率。如果一个人单纯地进行重复劳动，时间的利用效率不高，即便花费时间再多，也等于浪费生命。我们的教育教学中有太多这样的情况。例如对一个概念、原理，教师要反反复复地讲解，反反复复地问，反反复复地练习。对于明了的问题，教师也要提问。据说一位美国的老师在听了我们特级教师的一节课后，向授课老师提出了这样一个疑问，“既然老师你提的问题，学生都会回答，那为什么还要提呢？”这不等于是浪费课堂学习时间，等于浪费青春和生命吗？这样看来，我们课堂中不知道有多少时间就在这毫无意义的提问、重复的练习中消磨掉了。生命的有限性，使我们意识到每一天、每一时、每一刻对我们都是无比宝贵，因此我们要提高时间的利用效率，在有限的时间里，做更多有意义的事情。

活在当下，不仅要珍惜时间，而且要享受生活的每一天，追求每一天的幸福生活。当前教育的最大问题是，为了孩子未来的幸福，而不惜牺牲现实的幸福；为了结果的幸福，不惜牺牲过程的幸福。我们的家长、教师在给学生灌输“不受苦中苦，难熬人上人”和“今日的苦和累，是为了明日幸福”的思想，在“应试教育”的阴影中，为了获取明日的幸福——考上大学，中小学生承受着巨大的痛苦。升大学的压力，已经从高中延伸到小学，六七岁的儿童每天沉溺于学习和作业之中，没有了童年的快乐。在这种情况下，许多教育问题纷纷出现，且呈日益严重的趋势。如厌学成为一种普遍的现象，青少年心理问题增加，学生自杀率增加并低龄化。

现行的教育在教学生追求幸福的时候，却在“远离幸福”。我们必须要反思和纠正这种做法，使学生从今日的“痛苦和压力”中走出来，享受生活的每一天，享受愉快的童年，让他们在快乐中成长。

3. 超越生命的有限性，追求生命的无限

一个人无法主宰自己怎样来到人间，也无法主宰自己如何离开人间。但在生与死之间漫长的人生路上，一个人却可以主宰自己，为其生命注入意义，从而使生物学层面的个体生命真正转化为文化学层面的“主体角色”，超越生物的有限性，向无限的自由迈进。

有限性和无限性、现实与理想，这些矛盾内在地统一在人身上。人作为生物体，生命是有限的；人生活在当下，生命是一个现实性存在。这些是人生存的前提，但仅仅局限于这些，人无疑就混同于动物。人在有限性和现实性的基础上，还超越现实和有限。人是追求生命价值和生活意义的存在，对人来说，无价值、无意义的生活，是人的“存在的空虚”。现实的人总是不满足于人的现实，总是要使现实变成对人来说更有价值、更有意义的理想的存在。人生活在当下，又期待着理想的存在。现实规范着理想，理想引导着现实；现实使理想获得存在的“根基”，理想使现实超越存在的“空虚”。人无法忍受“无意义”的生活和存在的“空虚”，人要超越现实而创造理想的存在。

所以，基于生命有限性的教育，如若不使人的有限性混同于动物的有限性，必须以无限性关照有限性，超越生命的有限性。

从整体上说，教育是人类克服生命有限性的最重要手段（田春利，2003)。人的生命的未特定化，生命不能适应后天生活的需要，教育因此而发生。因为人生有涯而知识无限，每个个体不可能只从自己的经验中获得一切知识，而必接受教育。如果没有教育，个体的知识都从自己的经验积累来的话，那么其知识的获得是有限的，而且知识的获得具有重复性，人类无法积累知识，延续文明（田春利，2003)。克服人生有涯而知识无限的矛盾，有意识、有目的精选人类文化知识的教育是最有效的途径，因为它可以在有限的时间内利用前人千百年来积累起来的知识，在知识获得与创造的速度和广度两个层面大大提高成长的效率，从而使有限的生命获得极大的扩充。

教育之所以能够使人的生命超越有限，根本在于人是文化的存在，是一个符号的动物。卡西尔认为，人能够制造和使用抽象的符号。符号与信号不同，信号是物理世界的一部分，符号则是意义世界的一部分。符号为人设计了一个超越现实的无限广阔的世界。如果“没有符号系统，人的生活就一定会象柏拉图著名比喻中那洞穴中的囚徒，人的生活就会被限定在他的生物需要和实际利益的范围内，就会找不到通向‘理想世界’的道路——这个理想世界是由宗教、艺术、哲学、科学从各个不同的方面为他开放的”（卡西尔，1985）[52-53]。教育作为一种以符号为中介的文化传播活动，它使人认识符号，理解符号的意义，使用符号，进而创造新的符号和文化。教育给人以知识，知识越多，对物理世界的认识越充分，人类的活动就越自由；教育通过知识的掌握，发展人的理性能力，使人可以在精神领域里追求对生命有限性的克服。这就是所谓的“生命有限，而精神无限”。

就教育的一般功能而言，它可以实现对生命有限性的超越。其实，对于个体的人来讲，我们在日常生活中还可以看到，一些人浑浑噩噩，当一天和尚撞一天钟，甚至有些人看破红尘，自甘堕落，自寻毁灭。他们人生的空虚和灵魂的失落，需要道德教育去唤醒，唤醒他们的超越意识和进取精神。这在本章第一节已经做了比较充分的论述。这里我们需要再强调的是，作为道德意义上的生命教育，必须教人体悟生命的意义和价值，只有深刻认识到生命的意义、人的追求、活着的价值，才会对生命爆发出强烈的热爱，人生才会活出价值、意义和精彩。

人活着究竟为了什么？人的追求是什么？哲学家冯友兰将人生划分为四个境界：自然境界、功利境界、道德境界与天地境界。美学家宗白华说人生有六个境界：功利境界、伦理境界、政治境界、学术境界、艺术境界和宗教境界。心理学家马斯洛把人的需要也划分为：生理的需要、安全的需要、归属和爱的需要、尊重的需要和自我实现的需要。尽管分类存在着差异，但他们都把超越生理的、物质的、功利的和政治的境界而向道德的、艺术的、宗教的境界攀升，实现人生的自我价值，作为人之为人的精神标识。对现代人而言，解放自己的心灵，摆脱对物质和金钱的欲望，融入自然，融入宇宙，与万物对话、交流，悲天悯人，培养博大而深沉的情怀，确认良知对人类的重要作用，无疑是生命意义的首选价值（夏中义，2002）[本卷导言2]。所以，追问生命意义的教育，是一种人文的教育，是一种唤醒心灵和充实心灵的教育，是一种解放生命的有限性而追求无限精神的教育。

4．“向死”而“思生”，启迪死亡积极的人生意义

人生有生有死，有始有终。死是对生的告别，它是生命历史的最后一幕，而且是必然的一幕。对待死亡，国人总是回避得多，把死看作不吉祥，就像鲁迅先生说的，面对初生的婴儿，你要说这孩子以后必定大富大贵，其父母会兴高采烈；你若说这孩子以后必会死亡，一定招来一顿臭骂。其实，是否大富大贵，那只是推测，死则是必定无疑的。国人对死亡的避讳，暗含着对死亡的恐惧。

“所谓死亡，必须用组成生命的自然动力加以解释。如果抽离了生命的意义，死亡也便没有意义可言。死亡之所以是人类存在的一个极其重要的问题，无非是因为它加入了我们对生命意义的探究。关于死亡的一切思考，都反映出我们对生命意义的思考。”（辛格，2001）[84]面对死亡，有两种不同的人生态度：一种是彻底的悲观主义。既然人生的最终结果是死亡，那么不管贫富差距，高尚与否，最后都不过是化作“荒冢一堆草”。这种态度使人会彻底地放弃人生，或者是及时享乐，消遣人生。另一种是积极进取。既然生命短暂易逝，人生只有一次，那么，人生在世就应该活得更有意义，使日后死而无憾，而且对后人、对社会有所贡献。

正因为死是必然的，而对待死亡又有不同的人生态度，所以，正确地认识死亡的意义就显得尤为重要。马克思说，“生就意味着死”（马克思，恩格斯，1972d）[570]。死为生之始，亦为生之终。自觉到“死亡”，便是对生命有限性的自觉，因而也成为对“生”的意义和价值的追问。如同海德格尔指出的人“向死而生”。蒙田也指出“谁教会人死亡，谁就教会人生活”。死亡教育就是要使人“向死”而“思生”，教人面对必然的死亡，度过充实的人生。

死亡是人生的大限，正是因为人生有死，才显示了生的珍贵。“假如在我们的世界里没有死亡，那么生命就会丧失意义。意义与终点相关。假如没有终点，也就是说在我们的世界上存在无限的生命，那么在这样的生命中就不会有意义。”（别尔嘉耶夫，2000）[330]死和生是一对矛盾，它们都相互从对方获得意义和规定。死的意义就在于为了生，生的意义就在于人有死。这正如别尔嘉耶夫的认识，“生命是高尚的，这只是因为在其中有死亡，有终点，这个终点证明，人的使命是另外的一种更高的生命。假如没有死亡和终点，那么生命就将是卑鄙的，就将是无意义的”（别尔嘉耶夫，2000）[330]。所以，死亡教育强化死亡意识，不是催人死亡，而是教人珍惜生命，过好有意义的人生。对于多数人来说，死亡似乎很遥远，加之国人把死亡视为不吉祥而回避，平日并没有死亡意识，因此，放纵人生、浪费生命时有存在。一旦人走到生命的尽头，死亡意识骤升，才方觉人生的珍贵，但为时已晚。为了使学生珍惜现在，珍惜人生，就应当强化他们的生命死亡意识，这也是德育意义上的生命教育的应有之义。

死亡，对每个人来说，都是不可避免的命运。但现实生活中，我们看到许多自杀和杀人的事件不断发生，就其表面来看有各种各样的原因，或因学习压力过大，或因生活的窘迫，或因婚姻的不幸和失恋，等等，但深层地透视，寻死者一个共同的特点就是希望的磨灭。“哀莫大于心死”，一个人决意要结束自己生命之前，他的精神早已枯竭。正像小说家欧·亨利所说的，一个准备走上神秘的遥远的死亡道路的心灵是全世界最寂寞、最悲凉的了。面对枯竭的心灵，生命教育就是要挽救这些心灵，为这样的心灵点起一盏灯，撷来一缕阳光，鼓励他们走出生命的黑暗，给他们生活的勇气。

当前青少年出现自杀的行为，除了因为心灵的冷漠外，还有重要的一点就是他们耐挫能力太差，经不起一点痛苦和磨难。针对这种情况，我们还应该加强生命磨炼的教育。及早地让他们适度经历一些诸如挫折、苦难、打击、逆境等，给他们一些挑战生命极限的心智运动，这样即使到了山穷水尽之境，还可以点起心中的灯，照亮自己的道路。所以磨炼生命要进行挫折教育、逆境教育、死亡教育，引导学生认识痛苦和苦难是生命的一部分，是无法选择的。生命只有在战胜苦难中才会有乐趣，才会有生机。教育要创造一定的逆境，磨炼学生的意志，使他们体会生命的艰辛；要透过对死亡的了解，使他们看到生命的有限性，从而能够更加欣赏生命、珍惜生命、提升生命的意义和质量。“向死”而“思生”，挑战苦难而获取欢乐，这是生命发展的必然路向。

综上所述，生命是有限的，有限的生命却要创造出无限的光辉，这就是基于生命有限性的教育要求。

结束语　生命，在教育中诗意地栖居

充满劳绩，然而人诗意地，栖居在这片大地上。

——荷尔德林

“人，诗意地栖居在大地上”，海德格尔之所以非常喜欢荷尔德林的这句诗，是因为在海德格尔看来，它道出了生命的一种本真的、自在状态。人原本就栖居在大地上，与自然同在，过着自由自在的、“天然的”、本真的生活，但科学技术的发展使人控制自然的欲望不断膨胀，以致忘却了原本的人与自然的“同在”关系，人对自然的征服、盘剥和利用，使人离开了自然的“家”，变成了漂泊的“孤魂”，异化了人自身。所以，海德格尔呼唤人向大地回归，回归到与自然本真的同在关系，使人与大地、与自然融合，“诗意地栖居在大地上”。海德格尔认为，诗意是“把人带向大地，使人归属于大地，从而使人进入栖居之中”。“栖居是以诗意为根基的”，栖居的本质就是诗意。人栖居在大地上，才能是一个诗意的存在。

现实中的“生命”与“教育”之关系，也似海德格尔分析的“人”与“大地”的关系，处于分离的状态。教育并没有把生命作为它的对象，教育的过程也没有把人当作“人”。生命化的教育倡导“以人为本”，就需要把“远离”教育的人“还给”教育。在此，我们套用这句名言，把生命化教育的理想概括为：让生命在教育中诗意地栖居。

有人会问：我们的教育教着学生，难道学生不是人吗？有谁会说，我们的教育教的不是人，而会是某种动物呢？这话不无道理，但它所说的人，不是介入“教育之中的人”。就像海德格尔要分析的“人”，有谁会说自己是揪着头发离开大地，而不栖居在大地上呢？人虽然住在大地上，但他与大地已经不具有“同一性”，不是本真地自在地“栖居”。每类活动都有对人的要求，换句话说，只有满足这种要求，人在这种活动中才称得上是“人”。经济活动、商业活动把人看作“经济人”，伦理活动把人看作“伦理人”，它们突出的只是人的某个方面。教育作为培养人的活动，它所看到的人不仅是全面的，而且是具体的，是一个实实在在的、有血有肉、有情感的生命。明白这一点，我们不禁要问：当我们的老师站在讲台上，他们的眼中有“具体的人”吗？当我们在滔滔不绝地讲课时，我们的心中有“人”吗？当我们管理课堂时，我们的心中有“人”吗？当我们在制定规则和行使教师的“权力”时，我们的心中有“人”吗？有“人”的教育是为“人”的教育，我们的教育行为以及所采取的措施都是为了“人”吗？不夸张地说，我们的教育是“有书无人”，“有知识无人”，“有抽象的群体无具体的个人”，“有教师无学生”。教育过程是教师把一些预先准备好的东西一步步呈现出来，不考虑学生是否有兴趣，是否符合学习者的需要，强硬地“塞给”他们。我们的教育规章制度不是满足学生的需要，而是为了便于教师的管理。教育不是把人当作“人”，而是当作“动物”来“训练”；不是把人当作正常的人，而是当作犯人，“学校是监狱，教师是管教，学生是犯人”。正是由于教育的“目中无人”，新时代的教育改革才把“一切为了学生，为了学生的一切，为了一切学生”作为共同的目标，这是教育对“人”的呼唤。

我们的教育首先需要的是使人回归到教育之中。教育中的人是具体的、完整的，因此是生命。让生命回归到教育之中，使教育直面生命，这是生命化教育的第一步。在此基础上，我们再进而追求，生命在教育中如何“诗意”地“存在”。这就是生命化教育的真正境界——诗意教育。

生命在教育中的诗意境界，是一种生活的境界。什么叫生活？陶行知说，一个有生命的东西在一个环境里生生不已就叫生活。人生就是要

"活"——要"生活"。生活作为人的一种存在形式，并不是简单地"生存""活着"，单纯地"生存""活着"，动物也可以，人的"生存""活着"要显示人的意义，这就是陶行知所说的对生命"生生不已"的追求，生活是人的生命动态展开的过程，是体验生命的过程。生活本身具有自在性，是生命自在地舒展，自在即自由，自由自在，因此，生活是自由的。我们的教育使人不是在生活中，而是在制度中，在制度的规训中。制度不具有自在性，它作为调节人与人之间关系的规范，要求人们在某种场合必须遵守，制度下的"生活"不具有自在性，不是人的自由自在的生活，而是一种社会制约性的生活，生活的价值和意义依据与制度、规范相符合的程度加以判断。在学校教育中，学生的生活被制度化，而无法过上自由自在的生活。因此，我们的教师眼中看到的是"制度"，而不是"学生"。当学生的行为与制度相撞时，我们首先批判的是学生行为的不"轨"，而甚少有人怀疑制度的不合理。当然，这样说并不是要取消制度，生活也不是随心所欲、为所欲为，它同样也有生活的规则。这如同人发现鞋"挤"脚时，并不是不穿鞋，而是想怎样使鞋适合脚。当鞋"跟"脚时，人并不觉得鞋在"限制"脚，而恰恰是在"保护"脚。如果我们要反过来，使脚"跟"鞋，那我们只有"削足适履"，脚不仅难受，而且会发育不良。教育中的制度与学生，现在就处在脚"跟"鞋的状态。所以，我们需要大的转变，使鞋"跟"脚，使制度保障学生的自由，为学生的利益和发展服务。只有这样，学生在教育中，才是在生活中，他们所体验到的才是生命自由自在的追求和经历。就像"人诗意地栖居在大地上"一样，人在教育中的栖居是一种"生活"，"生活"在教育中就是"诗意"地栖居在教育中。故此，我们对教育中人的期待是，"让生命在教育中诗意地生活"。这里的生命不仅包括学生，也包括教师。这意味着教育将成为师生共同生活的过程，成为共度生命的历程。

何谓诗意的教育？

诗意的教育是自由的教育。著名哲学家叶秀山教授在分析海德格尔的"人诗意地栖居在大地上"时，指出"诗意的境界"是"自由的境界"，是

“自在的境界”。“自在”即“自由”，“自由自在”（叶秀山，1995）。“自在”是一种初始的、整体的、未开发状态，是未经过“制作”“打磨”的状态，它不受外力的约束和规范，因此是自由的。人的教育是一种有意识的活动，它不可能停留在无意识的“自在”的水平，只能导向一种更高级的“自由”水平。“自由”已经不完全“自在”，它加入了“人为”的痕迹，但“自由”要遵循生命自然发展的顺序，不违背“自在”的要求。只有“自在”的，或者不违背“自在”的生命，才会是自由的。生命的自由表现在主体自由、社会自由和个性自由①，无论是哪一种自由形态，它都首先要求人成为一种独立的、具有完整人格的主体，具有独立性、自主性、自觉性、能动性，这是人之自由的前提。没有独立性、自主性的人，永远只会是供他人使唤的“奴才”；没有自觉性、能动性的人，只能成为他人的工具和手段，而无法使自己“发光”，也体会不到真正的充满乐趣和意义的人生。叶澜教授在分析中国教育的问题时指出，中国基础教育的根本弊病就在于忽视学生的主动性的培养，忽视学生自主意识的培养。在学校中强调的是统一和服从、规范和秩序，忽视的是多样和创造、灵活和变化。教师、成人在儿童、少年的学习世界和生活世界中基本上是主宰者，学校教育在相当程度上抑制学生多方面的生动活泼发展（叶澜，1999）。独立性、自主性、自觉性、能动性是自由活动的前提，也是自由的品质。自由体现在与知识的“相遇”中，就是一种对知识的向往、喜悦和由此激发出来的创造；体现在与教师的“相遇”中，就是一种主体间的平等交流和对话；自由使师生双方在教育过程中体验到的是自在、和谐、安宁、怡然自得。这是一种教学美的境界，也是一种教育的游戏之境。

诗意的教育是唤醒和引发的教育。“诗意”总与诗、与画有关，谓之“诗情画意”。诗与说明文不同，画与实物展示不同，后者是要明明白白、清清楚楚告诉读者、观者“是什么”，而“诗画”本身不在“呈现”的本身，而在心中的“意会”。诗意的境界总是与朦朦胧胧、似知而非知的境界

① 参见本书第五章第二个问题的详细论述。

有关。一旦一个东西说得太明白，那就缺少诗意了。所以，“诗意”展示的是显现者与隐蔽者相互作用的人生境域。在这个意义上，可以说教育者应该成为“让栖居”的诗者。教育就是由“在场者”过渡到“不在场者”，由“在场者”引出隐蔽的“不在场者”。教育在场的是“知识”，是物化的“符号”，但教育的目的不在于“知识”，而是要用“知识”带出隐蔽在“知识”背后的“意义”和“智慧”。正如黄克剑先生所阐述的教育的三个层次：“授受知识”“启迪智慧”“润泽生命”，三个层次是一层比一层隐蔽，教育就是要一层带出一层，最隐蔽的“生命意义”才是教育的核心。知识可以传递，但知识背后的意义，却无法传递。意义隐含在心中，它需要通过教师与学生的对话来唤醒和引发。“对话以人及环境为内容，在对话中，可以发现所思之物的逻辑及存在的意义”，师生在以知识为中介的对话中，交流了情感，分享了智慧，敞亮了人生，发现了对生命意义的觉解与体悟。

诗意的教育是精神相遇的教育。正如雅斯贝尔斯所说，教育不是有知者带动无知者，而是人对人主体间灵肉交流的活动。在这种交流中，人将自己与他人的命运相连，处于一种身心敞开，相互完全平等的关系中，因此，教育是人与人精神的契合，是“我”与“你”的对话与敞亮。这种“相遇”不仅发生在师生之间，而且发生在人与文本之间。就师生关系而言，需要的不是简单的法律意义或人格意义上的尊重和平等，更需要的是在对话中相互激励，相互理解，相互接纳，使师生的精神被深深地卷入，沉浸与被吸引到对话之中。人与文本的对话，不是人对文本的认识，认识本身是占有，不是对话。人与文本的对话是人走进文本，用生命阐释文本的意义，构建富有独特个性的生命化理解。这种对话是读者与文本作者之间心与心的交流。诗意的教育使对话的双方走进“我”与“你”，用心交流，用心感受，自由地展现各自的情感与理性、直觉与思维、意义和知识，创造精神领域的共识和共在。

诗意的教育是幸福的教育。诗意是一种不为外力所迫的自由自在，因此也是一种幸福的境界。幸福不同于快乐、愉快，快乐和愉快是一种感性的体验，是身心所体验到的即时的、自然性积极情感；而幸福则更为深沉，它是感性与理性的交织。居里夫人的实验室工作非常单调，也非常辛苦，还常常面临着失败，谈不上快乐，但她对科学的热爱和投入，使她能时时体会到幸福，这种幸福不仅仅是由于她成功的发现，即便是没有成功，过程本身也使她体会到了幸福。所以，幸福的教育不等于是愉快的教育，学习本身是一种艰苦的脑力劳动，简单地停留在感性的快乐上，那是娱乐，而不是教育。著名学者赵汀阳指出，幸福要有“双重关注”，既关注结果的价值，也关注通向结果的行动的价值。在结果上，幸福的教育来自生命的超越性和对可能生活的追求；在行动上，来自自由、自主的创造性活动。一个人只有在自由自在的创造性活动中实现着自己的生命追求，才是一个幸福的人。不过，极有可能出现的是“目的”和“手段”的剥离，在追求幸福的过程中丧失了幸福，以不幸福的行动换取着“幸福”的结果。幸福的教育要以幸福的手段达成幸福的结果，赢得幸福的人生。当前，学生在教育过程中的不幸福，不仅来自过重的课业负担，更可怕的是，学校、教育成为心灵的“屠宰场”，生命失去了灵动，失去了放飞的自由。幸福的教育呼唤把自由还给学生，把精神发展的主动权还给学生。

诗意的教育是自我实现的教育。从目的上看，诗意的教育并不局限于知识的掌握、技能的形成、能力的发展，知识、技能、能力虽然负载于人，但它外在于人的生命，是人认识、改造外部世界的工具。诗意的教育是心灵的沟通和敞亮，它触及生命，充盈精神，建构人生。诗意的教育是关怀生命的教育，是致力于生命自我实现的教育。教育过程中师生同在的交流和对话关系，达成的不仅仅是学生的自我实现，也是教师的自我实现，师生双方共同在教育中臻于自我当下的完满实现和超越。此乃真正的“教学相长”。

生活是诗意的，教育即生活，生命在教育中，也即在生活中诗意地生存。让生命在教育中诗意地生活，是我们的期待，也是生命化教育的必然。让我们以真心祈想明日——生命化的教育。让我们每位教育工作者以生命化的行动来创造生命化的教育吧！

参考文献

艾德勒，范多伦，1988. 西方思想宝库［M］.《西方思想宝库》编委会，译编 . 长春：吉林人民出版社 .

爱因斯坦，1976. 爱因斯坦文集：第一卷［M］. 许良英，范岱年，编译 . 北京：商务印书馆 .

奥伊肯，1997. 生活的意义与价值［M］. 万以，译 . 上海：上海译文出版社 .

巴雷特，1995. 非理性的人：存在主义哲学研究［M］. 杨照明，艾平，译 . 北京：商务印书馆 .

北京师范大学教育系、河南安阳人民大道小学联合实验组，1994. 小学生主体性发展实验与指标体系的建立测评研究［J］. 教育研究（12）：53—59.

贝塔朗菲，1987. 一般系统论：基础、发展和应用［M］. 林康义，魏宏森，等译 . 北京：清华大学出版社 .

贝塔朗菲，1999. 生命问题：现代生物学思想评价［M］. 吴晓江，译 . 北京：商务印书馆 .

本尼迪克，1987. 文化模式［M］. 何锡章，黄欢，译 . 北京：华夏出版社 .

别尔嘉耶夫，2000. 论人的使命：悖论伦理学体验［M］. 张百春，译 . 上海：学林出版社 .

伯尔纳，1985. 实验医学研究导论［M］. 傅愫和，张乃烈，译 . 北京：知识出版社 .

博尔诺夫，1999. 教育人类学［M］. 李其龙，等译 . 上海：华东师范大学出

版社.

柏格森，1963. 形而上学导言［M］. 刘放桐，译. 北京：商务印书馆.

柏格森，1989. 创造进化论［M］. 王珍丽，余习广，译. 长沙：湖南人民出版社.

柏格森，2000. 创造进化论［M］. 肖聿，译. 北京：华夏出版社.

布伯，1986. 我与你［M］. 陈维纲，译. 北京：生活 · 读书 · 新知三联书店.

布鲁纳，1982. 教育过程［M］. 邵瑞珍，译. 北京：文化教育出版社.

蔡元培，1984a. 蔡元培全集：第四卷［M］. 北京：中华书局.

蔡元培，1984b. 蔡元培全集：第二卷［M］. 北京：中华书局.

蔡元培，1984c. 蔡元培全集：第三卷［M］. 北京：中华书局.

车玉玲，2001. 总体性与人的存在［M］. 哈尔滨：黑龙江人民出版社.

陈鹤琴，1991. 陈鹤琴全集：第四卷［M］. 南京：江苏教育出版社.

陈嘉明，吴开明，李智，等，2001. 现代性与后现代性［M］. 北京：人民出版社.

陈金美，1998. 整体主义探析［N］. 光明日报，1998－09－18（5）.

陈向明，2000. 质的研究方法与社会科学研究［M］. 北京：教育科学出版社.

陈友松，1982. 当代西方教育哲学［M］. 北京：教育科学出版社.

池田大作，汤因比，1985. 展望 21 世纪：汤因比与池田大作对话录［M］. 荀春生，朱继征，陈国梁，译. 北京：国际文化出版公司.

丹森，1989. 情感论［M］. 魏中军，孙安迹，译. 沈阳：辽宁人民出版社.

邓志伟，2002. 个性化教学论［M］. 2 版. 上海：上海教育出版社.

第斯多惠，1990. 德国教师培养指南［M］. 袁一安，译. 北京：人民教育出版社.

蒂利希，1988. 存在的勇气［M］. 成显聪，王作虹，译. 贵阳：贵州人民出版社.

杜时忠，1999. 人文教育论［M］. 南京：江苏教育出版社.

杜威，1981. 杜威教育论著选［M］. 赵祥麟，王承绪，编译. 上海：华东师范大学出版社.

杜威，1990. 民主主义与教育［M］. 王承绪，译. 北京：人民教育出版社.

杜威，1991. 我们怎样思维 · 经验与教育［M］. 姜文闵，译. 北京：人民教育出

版社.

杜威，1994. 学校与社会 · 明日之学校 [M]. 赵祥麟，任钟印，吴志宏，译. 北京：人民教育出版社.

杜卫，2000. 美育论 [M]. 北京：教育科学出版社.

多尔迈，1992. 主体性的黄昏 [M]. 万俊人，朱国钧，吴海针，译. 上海：上海人民出版社.

樊浩，2001. 人文精神的培育及其价值合理性 [J]. 江苏教育研究（5）：4—9.

范梅南，2003. 生活体验研究：人文科学视野中的教育学 [M]. 宋广文，等译. 北京：教育科学出版社.

费尔巴哈，1984. 基督教的本质 [M]. 荣震华，译. 北京：商务印书馆.

费尔曼，2000. 生命哲学 [M]. 李健鸣，译. 北京：华夏出版社.

冯建军，1995. 西方教育学科学取向的历史考察 [J]. 教育理论与实践（2）:1—5.

冯建军，2001a. 当代主体教育论 [M]. 南京：江苏教育出版社.

冯建军，2001b. 主体间性与教育交往 [J]. 高等教育研究（6）：26—31.

冯建军，2002a. 人的道德主体性与主体道德教育 [J]. 南京师大学报（社会科学版）（2）：84—89.

冯建军，2002b. 主体道德教育与生活 [J]. 教育研究（5）：36—40.

冯建军，等，2001. 现代教育原理 [M]. 南京：南京师范大学出版社.

冯契，1996. 冯契文集：第三卷：人的自由和真善美 [M]. 上海：华东师范大学出版社.

冯增俊，2001. 教育人类学 [M]. 南京：江苏教育出版社.

弗莱雷，2001. 被压迫者教育学 [M]. 顾建新，赵友华，何曙荣，译. 上海：华东师范大学出版社.

弗兰克纳，1987. 善的求索：道德哲学导论 [M]. 黄伟合，包连宗，马莉，译. 沈阳：辽宁人民出版社.

弗洛姆，1988. 为自己的人 [M]. 孙依依，译. 北京：生活 · 读书 · 新知三联书店.

弗洛姆，1997. 弗洛姆文集 [M]. 冯川，等译. 北京：改革出版社.

弗伊，1988. 社会生物学 [M]. 殷世才，孙兆通，译. 北京：社会科学文献出

版社.

佛罗斯特，1987. 西方教育的历史和哲学基础［M］. 吴元训，张俊洪，宋富钢，等译. 北京：华夏出版社.

傅宏，2003. 宽恕心理学：理论蕴涵与发展前瞻［J］. 南京师大学报（社会科学版）（6）：92—97.

伽达默尔，1988. 科学时代的理性［M］. 薛华，高地，李河，等译. 北京：国际文化出版公司.

高清海，2001. 人就是"人"［M］. 沈阳：辽宁人民出版社.

高清海，胡海波，贺来，1998. 人的"类生命"与"类哲学"：走向未来的当代哲学精神［M］. 长春：吉林人民出版社.

戈布尔，1987. 第三思潮：马斯洛心理学［M］. 吕明，陈红雯，译. 上海：上海译文出版社.

顾志跃，1999. 中小学生课业负担状况调查与分析［M］. 南宁：广西教育出版社.

郭思乐，2001. 教育走向生本［M］. 北京：人民教育出版社.

郭元祥，2002. 生活与教育：回归生活世界的基础教育论纲［M］. 武汉：华中师范大学出版社.

郭湛，2002. 主体性哲学：人的存在及其意义［M］. 昆明：云南人民出版社.

国家教委情报研究室，1988. 今日日本教育改革［M］. 北京：北京工业大学出版社.

国家教育发展中心，中国教科文组织全委会秘书处，1991. 未来教育面临的困惑和挑战：面向 21 世纪教育国际研讨会论文集［M］. 北京：人民教育出版社.

海德格尔，1987. 存在与时间［M］. 陈嘉映，王庆节，译. 北京：生活·读书·新知三联书店.

海德格尔，1996. 形而上学导论［M］. 熊伟，王庆节，译. 北京：商务印书馆.

海德格尔，1999. 存在与时间［M］. 修订译本. 陈嘉映，王庆节，译. 北京：生活·读书·新知三联书店.

郝德永，2002. 课程与文化：一个后现代的检视［M］. 北京：教育科学出版社.

何光沪，1999. 蒂里希选集：下卷［M］. 上海：上海三联书店.

贺来，1998. 现实生活世界：乌托邦精神的真实根基［M］. 长春：吉林教育出版社.

贺来，2001. 宽容意识［M］. 长春：吉林教育出版社.

赫舍尔，1994. 人是谁［M］. 隗仁莲，译. 贵阳：贵州人民出版社.

黑格尔，1956. 历史哲学［M］. 王造时，译. 北京：生活·读书·新知三联书店.

黑格尔，1961. 法哲学原理［M］. 范扬，张企泰，译. 北京：商务印书馆.

黑格尔，1976. 逻辑学：下卷［M］. 杨一之，译. 北京：商务印书馆.

黑格尔，1980. 小逻辑［M］. 2 版. 贺麟，译. 北京：商务印书馆.

胡塞尔，1986. 现象学的观念［M］. 倪梁康，译. 上海：上海译文出版社.

胡塞尔，1988a. 欧洲科学危机和超验现象学［M］. 张庆熊，译. 上海：上海译文出版社.

胡塞尔，1988b. 现象学与哲学的危机［M］. 吕祥，译. 北京：国际文化出版公司.

胡文耕，2002. 生物学哲学［M］. 北京：中国社会科学出版社.

华东师范大学教育系，杭州大学教育系，1985. 西方古代教育论著选［M］. 北京：人民教育出版社.

华勒斯坦，等，1997. 开放社会科学：重建社会科学报告书［M］. 刘锋，译. 北京：生活·读书·新知三联书店.

怀特，1981. 分析的时代：二十世纪的哲学家［M］. 2 版. 杜任之，主译. 北京：商务印书馆.

黄克剑，2012. 回归生命化的教育［J］. 教师月刊（9）：20–26.

黄葳，2002. 主体性教育理论：时代的教育哲学［J］. 教育研究（4）：74−77.

黄希庭，1991. 心理学导论［M］. 北京：人民教育出版社.

霍布斯，1985. 利维坦［M］. 黎思复，黎廷弼，译. 北京：商务印书馆.

霍克海默，阿多诺，1990. 启蒙辩证法：哲学片断［M］. 洪佩郁，蔺月峰，译. 重庆：重庆出版社.

加德纳，1999. 多元智能［M］. 沈致隆，译. 北京：新华出版社.

教育发展与政策研究中心，1986. 发达国家教育改革的动向和趋势：美国、苏联、日本、法国、英国 1981—1986 年期间教育改革文件和报告选编［M］. 北京：人民教育出版社.

金生鈜，1997. 理解与教育：走向哲学解释学的教育哲学导论［M］. 北京：教育科学出版社.

金生鈜，2003. 德性与教化：从苏格拉底到尼采：西方道德教育哲学思想研究［M］. 长沙：湖南大学出版社.

卡西尔，1985. 人论［M］. 甘阳，译. 上海：上海译文出版社.

康德，1987. 实用人类学［M］. 邓晓芒，译. 重庆：重庆出版社.

康德，1999. 实践理性批判［M］. 韩水法，译. 北京：商务印书馆.

科恩，1986. 自我论：个人与个人自我意识［M］. 佟景寒，范国恩，许宏治，译. 北京：生活 · 读书 · 新知三联书店.

克拉斯沃尔，布卢姆，等，1989. 教育目标分类学：第二分册：情感领域［M］. 施良方，张云高，译. 上海：华东师范大学出版社.

克利斯特勒，1987. 意大利文艺复兴时期八个哲学家［M］. 姚鹏，陶建平，译. 上海：上海译文出版社.

孔德，1996. 论实证精神［M］. 黄建华，译. 北京：商务印书馆.

库淶拉底，1998. 论宽容和宽容的限度［J］. 黄育馥，译. 第欧根尼（2）：19—28.

夸美纽斯，1984. 大教学论［M］. 2 版 . 傅任敢，译. 北京：人民教育出版社.

拉姆勒，1993. 二十一世纪的全球教育［J］. 夏惠贤，编译. 比较教育研究（3）：47—48.

拉塞克，维迪努，1992. 从现在到 2000 年教育内容发展的全球展望［M］. 马胜利，高毅，从莉，等译. 北京：教育科学出版社.

兰德曼，1988. 哲学人类学［M］. 阎嘉，译. 贵阳：贵州人民出版社.

朗格朗，1985. 终身教育引论［M］. 周南照，陈树清，译. 北京：中国对外翻译出版公司.

劳伦斯，1992. 现代教育的起源和发展［M］. 纪晓林，译. 北京：北京语言学院出版社.

雷体沛，2001. 存在与超越：生命美学导论［M］. 广州：广东人民出版社.

雷通群，1935. 西洋教育通史 [M]. 北京：商务印书馆.

李吉林，1988. 情境教学实验与研究 [M]. 成都：四川教育出版社.

李吉林，1996. 小学语文情境教学 [M]. 南京：江苏教育出版社.

李鹏程，1994. 当代文化哲学沉思 [M]. 北京：人民出版社.

李文阁，王金宝，1998. 生命冲动：重读柏格森 [M]. 成都：四川人民出版社.

利奥塔，等，1999. 后现代主义 [M]. 赵一凡，等译. 北京：社会科学文献出版社.

联合国教科文组织国际 21 世纪教育委员会，1996. 教育：财富蕴藏其中 [M]. 联合国教科文组织总部中文科，译. 北京：教育科学出版社.

联合国教科文组织国际教育发展委员会，1996. 学会生存：教育世界的今天和明天 [M]. 华东师范大学比较教育研究所，译. 北京：教育科学出版社.

梁启超，1981. 美术的趣味 [M] // 北京大学哲学系美学教研室. 中国美学史资料选编：下册. 北京：中华书局.

梁漱溟，1994. 谈生命与向上创造 [M] // 马秋帆. 梁漱溟教育论著选. 北京：人民教育出版社.

列文，1997. 倾听着的自我：个人成长、社会变迁与形而上学的终结 [M]. 程志民，金令，孙晶，等译. 西安：陕西人民教育出版社.

林崇德，1995. 发展心理学 [M]. 北京：人民教育出版社.

刘次林，1999. 幸福教育论 [M]. 南京：南京师范大学出版社.

刘德华，2003. 让教育焕发生命的价值：审视教育中的“罪”与“罚”[M]. 桂林：广西师范大学出版社.

刘放桐，等，1990. 现代西方哲学 [M]. 修订本. 北京：人民出版社.

刘文霞，1997. 个性教育论 [M]. 呼和浩特：内蒙古大学出版社.

刘晓东，1998. 儿童教育新论 [M]. 南京：江苏教育出版社.

刘晓东，2003. 论教育与天性 [J]. 南京师大学报（社会科学版）(4)：69−75.

卢梭，1962. 论人类不平等的起源和基础 [M]. 李常山，译. 北京：商务印书馆.

卢梭，1985. 爱弥儿 [M]. 李平沤，译. 北京：人民教育出版社.

卢梭，1996. 爱弥儿［M］. 李平沤，译. 北京：商务印书馆.

卢梭，2011. 社会契约论［M］. 李平沤，译. 北京：商务印书馆.

鲁洁，1994. 道德教育：一种超越［J］. 中国教育学刊（6）：2–8.

鲁洁，1996. 论教育之适应与超越［J］. 教育研究（2）：3–6.

鲁洁，2000a. 道德教育：一种超越［M］// 朱小蔓. 道德教育论丛：第 1 卷. 南京：南京师范大学出版社.

鲁洁，2000b. 人对人的理解：道德教育的基础［M］// 朱小蔓. 道德教育论丛：第 1 卷. 南京：南京师范大学出版社.

鲁洁，2001a. 教育的返本归真：德育之根基所在［J］. 华东师范大学学报（教育科学版）（4）：1–6，65.

鲁洁，2001b. 超越与创新［M］. 北京：人民教育出版社.

陆杰荣，1998. 哲学境界［M］. 长春：吉林教育出版社.

罗素，1959. 社会改造原理［M］. 张师竹，译. 上海：上海人民出版社.

罗素，1997. 人类的知识［M］. 张金言，译. 北京：商务印书馆.

马尔库塞，1988. 单向度的人［M］. 张峰，吕世平，译. 重庆：重庆出版社.

马克思，恩格斯，1956. 马克思恩格斯全集：第一卷［M］. 中共中央马克思恩格斯列宁斯大林著作编译局，译. 北京：人民出版社.

马克思，恩格斯，1957. 马克思恩格斯全集：第二卷［M］. 中共中央马克思恩格斯列宁斯大林著作编译局，译. 北京：人民出版社.

马克思，恩格斯，1960. 马克思恩格斯全集：第三卷［M］. 中共中央马克思恩格斯列宁斯大林著作编译局，译. 北京：人民出版社.

马克思，恩格斯，1972a. 马克思恩格斯选集：第二卷［M］. 中共中央马克思恩格斯列宁斯大林著作编译局，译. 北京：人民出版社.

马克思，恩格斯，1972b. 马克思恩格斯选集：第一卷［M］. 中共中央马克思恩格斯列宁斯大林著作编译局，译. 北京：人民出版社.

马克思，恩格斯，1972c. 马克思恩格斯全集：第一卷［M］. 中共中央马克思恩格斯列宁斯大林著作编译局，译. 北京：人民出版社.

马克思，恩格斯，1972d. 马克思恩格斯选集：第三卷［M］. 中共中央马克思恩格斯格斯列宁斯大林著作编译局，译. 北京：人民出版社.

马克思，恩格斯，1979a. 马克思恩格斯全集：第四十二卷 [M]. 中共中央马克思恩格斯列宁斯大林著作编译局，译. 北京：人民出版社.

马克思，恩格斯，1979b. 马克思恩格斯全集：第四十六卷：上 [M]. 中共中央马克思恩格斯列宁斯大林著作编译局，译. 北京：人民出版社.

马克思，恩格斯，2012. 马克思恩格斯选集：第一卷 [M]. 3 版. 中共中央马克思恩格斯列宁斯大林著作编译局，译. 北京：人民出版社.

马斯洛，1987a. 人性能达的境界 [M]. 林方，译. 昆明：云南人民出版社.

马斯洛，1987b. 自我实现的人 [M]. 许金声，刘锋，等译. 北京：生活·读书·新知三联书店.

麦基，1987. 思想家：当代哲学的创造者们 [M]. 周穗明，翁寒松，译. 北京：生活 · 读书 · 新知三联书店.

梅休，等，1991. 杜威学校 [M]. 王承绪，赵祥麟，赵端英，等译. 上海：华东师范大学出版社.

梅逊，1984. 西方当代教育理论 [M]. 陆有铨，译. 北京：文化教育出版社.

蒙台梭利，1993. 蒙台梭利幼儿教育科学方法 [M]. 任代文，主译. 北京：人民教育出版社.

莫兰，1999. 迷失的范式：人性研究 [M]. 陈一壮，译. 北京：北京大学出版社.

莫兰，2001. 复杂思想：自觉的科学 [M]. 陈一壮，译. 北京：北京大学出版社.

莫里斯，1986. 开放的自我 [M].2 版. 定扬，译. 上海：上海人民出版社.

牟钟鉴，1992. 道家学说与流派述要 [M] // 陈鼓应. 道家文化研究：第 1 辑. 上海：上海古籍出版社.

尼采，1991. 权力意志：重估一切价值的尝试 [M]. 张念东，凌素心，译. 北京：商务印书馆.

倪梁康，1994. 现象学及其效应：胡塞尔与当代德国哲学 [M]. 北京：生活 · 读书 · 新知三联书店.

宁骚，2002. 权利回归社会：中国政府机构改革的根本方向［M］//《北大讲座》编委会 . 北大讲座：第一辑 . 北京：北京大学出版社 .

ORANGE C，2002，塑造教师：教师如何避免易犯的 25 个错误［M］. 吴海玲，译. 北京：中国轻工业出版社 .

潘涌，2001. 人的可持续发展与教育转型［J］. 教育研究（11）：34−39.

庞学光，1994. 完整性教育的探索［M］. 重庆：重庆出版社 .

秦金亮，2000. 质化研究的人文精神［D］. 长春：吉林大学 .

萨特，1988. 存在主义是一种人道主义［M］. 周煦良，汤永宽，译. 上海：上海译文出版社 .

萨特，1997. 存在与虚无［M］. 陈宣良，等译. 北京：生活 · 读书 · 新知三联书店 .

单中惠，1996. 西方教育思想史［M］. 太原：山西人民出版社 .

舍勒，1989. 人在宇宙中的地位［M］. 李伯杰，译. 贵阳：贵州人民出版社 .

石中英，2004. 本质主义、反本质主义与中国教育学研究［J］. 教育研究（1）：11−20.

史蒂文森，1994. 人性七论［M］. 袁荣生，张蕖生，译. 北京：商务印书馆 .

叔本华，1982. 作为意志和表象的世界［M］. 石冲白，译. 北京：商务印书馆 .

苏霍姆林斯基，1984. 关于全面发展教育的问题［M］. 王家驹，张渭城，杜殿坤，等译. 长沙：湖南教育出版社 .

孙利天，2001. 死亡意识［M］. 长春：吉林教育出版社 .

孙喜亭，1989. 人的教育与劳动力教育［J］. 教育研究与实验（3）：5−8.

索洛维约夫，1992. 道德的原始材料［M］// 王岳川，刘小枫，韩德力 . 东西方文化评论：第四辑 . 北京：北京大学出版社 .

陶行知，1985a. 陶行知全集：第二卷［M］. 长沙：湖南教育出版社 .

陶行知，1985b. 陶行知全集：第五卷［M］. 长沙：湖南教育出版社 .

陶行知，1996. 中国教育改造［M］. 北京：东方出版社 .

滕大春，1984. 卢梭教育思想述评［M］. 北京：人民教育出版社 .

滕守尧，1997. 文化的边缘［M］. 北京：作家出版社 .

田春利，2003. 论基于生命有限性的教育 [J]. 教育理论与实践（2）：12−16.

涂尔干，1989. 教育及其性质与作用 [M] // 张人杰. 国外教育社会学基本文选. 上海：华东师范大学出版社.

托夫勒，1985. 未来的冲击 [M]. 孟广均，吴宣豪，黄炎林，等译. 北京：中国对外翻译出版公司.

托夫勒，等，1996. 创造一个新的文明：第三次浪潮的政治 [M]. 陈峰，译. 上海：上海三联书店.

汪行福，2000. 走出时代的困境：哈贝马斯对现代性的反思 [M]. 上海：上海社会科学院出版社.

王策三，1985. 教学论稿 [M]. 北京：人民教育出版社.

王策三，1994. 教育主体哲学刍议 [J]. 北京师范大学学报（社会科学版）(4)：80−87.

王道俊，郭文安，1989. 让学生真正成为教育的主体 [J]. 教育研究（9）：14−17.

王道俊，郭文安，1990. 试论教育的主体性：兼谈教育、社会与人 [J]. 华东师范大学学报（教育科学版）(4)：33−40.

王道俊，郭文安，1992. 关于主体教育思想的思考 [J]. 教育研究（11）：31−36，51.

王坤庆，2002a. 当代西方精神教育研究述评 [J]. 教育研究（9）：89−96.

王坤庆，2002b. 精神与教育：一种教育哲学视角的当代教育的反思与建构 [M]. 上海：上海教育出版社.

王庆文，冯建军，2002. 论道德纪律及其实施 [J]. 中学教育（6）：6−9，12.

王天一，方晓东，1996. 西方教育思想史 [M]. 长沙：湖南教育出版社.

王永昌，1992. 实践活动论 [M]. 北京：中国人民大学出版社.

韦伯，1992. 社会科学方法论 [M]. 朱红文，等译. 北京：中国人民大学出版社.

席勒，1984. 美育书简 [M]. 徐恒醇，译. 北京：中国文联出版公司.

夏甄陶，2000. 人是什么 [M]. 北京：商务印书馆.

夏中义，2002. 大学人文读本：人与自我 [M]. 桂林：广西师范大学出版社.

香山健一，1990. 为了自由的教育改革：从划一主义到多样化的选择［M］. 刘晓民，译. 北京：高等教育出版社.

项贤明，2000. 泛教育论：广义教育学的初步探索［M］. 太原：山西教育出版社.

小原国芳，1993a. 小原国芳教育论著选：上卷［M］. 由其民，刘剑乔，吴光威，译. 北京：人民教育出版社.

小原国芳，1993b. 小原国芳教育论著选：下卷［M］. 刘剑乔，由其民，吴光威，译. 北京：人民教育出版社.

辛格，2001. 我们的迷惘［M］. 郜元宝，译. 桂林：广西师范大学出版社.

熊伟，1997. 存在主义哲学资料选辑：上卷［M］. 北京：商务印书馆.

雅斯贝尔斯，1991. 什么是教育［M］. 邹进，译. 北京：生活·读书·新知三联书店.

亚里士多德，1959. 形而上学［M］. 吴寿彭，译. 北京：商务印书馆.

严元章，1993. 中国教育思想源流［M］. 北京：生活·读书·新知三联书店.

杨岚，张维真，2002. 中国当代人文精神的构建［M］. 北京：人民出版社.

杨启亮，1996. 道家教育的现代诠释［M］. 武汉：湖北教育出版社.

姚全兴，2001. 生命美育［M］. 上海：上海教育出版社.

叶浩生，1998. 西方心理学的历史与体系［M］. 北京：人民教育出版社.

叶澜，1991. 教育概论［M］. 北京：人民教育出版社.

叶澜，1999. “新基础教育”探索性研究报告集［M］. 上海：上海三联书店.

叶澜，郑金洲，卜玉华，2000. 教育理论与学校实践［M］. 北京：高等教育出版社.

叶秀山，1995. 何谓“人诗意地居住在大地上”［J］. 读书（10）：44—49.

伊格尔顿，1997. 美学意识形态［M］. 王杰，傅德根，麦永雄，译. 桂林：广西师范大学出版社.

余灵灵，1998. 哈贝马斯传［M］. 石家庄：河北人民出版社.

余震球，1994. 维果茨基教育论著选［M］. 北京：人民教育出版社.

俞可平，黄卫平，1998. 全球化的悖论：全球化与当代社会主义、资本主义

[M]. 北京：中央编译出版社.

俞吾金，1988. 问题域外的问题：现代西方哲学方法论探要 [M]. 上海：上海人民出版社.

喻立森，2001. 教育科学研究通论 [M]. 福州：福建教育出版社.

张汝伦，1999. 思考与批判 [M]. 上海：上海三联书店.

张世英，2001. 希望哲学 [J]. 学海（3）：5–8，207.

张曙光，2001. 生存哲学：走向本真的存在 [M]. 昆明：云南人民出版社.

赵汀阳，1994. 论可能生活 [M]. 北京：生活 · 读书 · 新知三联书店.

赵中建，1995. 理解 · 宽容 · 二十一世纪教育 [J]. 高等师范教育研究（2）：75–79.

赵中立，许良英，1979. 纪念爱因斯坦译文集 [M]. 上海：上海科学技术出版社.

中国科学院哲学研究所西方哲学史组，1963. 存在主义哲学 [M]. 北京：商务印书馆.

中央教育科学研究所比较教育研究室，1989. 简明国际教育百科全书：人的发展 [M]. 北京：教育科学出版社.

周辅成，1966. 从文艺复兴到十九世纪资产阶级哲学家政治思想家有关人道主义人性论言论选辑 [M]. 北京：商务印书馆.

周浩波，2000. 教育哲学 [M]. 北京：人民教育出版社.

朱小蔓，1993. 情感教育论纲 [M]. 南京：南京出版社.

朱小蔓，2000a. 教育的问题与挑战：思想的回应 [M]. 南京：南京师范大学出版社.

朱小蔓，2000b. 育德是教育的灵魂—动情是教育的关键 [M] // 朱小蔓 . 道德教育论丛：第 1 卷 . 南京：南京师范大学出版社.

朱小蔓，梅仲荪，1998. 儿童情感发展与教育 [M]. 南京：江苏教育出版社.

筑波大学教育学研究会，1986. 现代教育学基础 [M]. 钟启泉，译. 上海：上海教育出版社.

邹进，1992. 现代德国文化教育学 [M]. 太原：山西教育出版社.

邹诗鹏，2002. 实践—生存论 [M]. 南宁：广西人民出版社.

POLKINGHORNE D E, 1991. Narrative and self-concept [J]. Journal of Narrative and Life History, 1 (2–3): 135–153.

WOODY T, 1977. Liberal education for free man [M]. Westport: Greenwood Press.

索　引

存在主义教育 093，095，096，097，148，338
道德精神 203，204，205，215
非理性 080，089，092，094，096，098，130，198，199，205，206，207，228，238，333
个体生命发展 106，114，133，134，135，138，139，140，141，142，143，145，146，158，209，273，287，330，335
个性化教育 261，263，264，265，266，270，271，272，273，274，275，276，278，279
个性自由 111，241，243，244，245，246，248，255，256，257，269，357
工具理性 043，069，071，172，184
工具性教育 150，151，152，153，155，163，293，294
关怀生命的教育研究 180，188，191
价值理性 067，068，302
交往 036，070，071，076，077，114，115，116，120，129，130，144，165，175，176，177，178，179，180，193，199，207，208，209，221，222，243，251，252，267，275，312，313，314，315，318，320，322，326，327，328，329，340
精神生活 045，065，189，200，202，305
精神生命 073，133，199，200，201，202，203，205，211，215，230，232，241，243，277，278，292，295，297，298，330，332
精神生命的教育 215，233
敬畏生命 163，167
绝对主义 049，050，052

科学精神 203，204，205，215，217
科学世界 046，065，066，069，070，071，072，140，171，174，175，226
客观知识 049，052，073，074，189
宽容意识 179，320，322，323，324，325
类生命 006，007，008，009，010，020，021，026，033，037，038，117，135，281
理性 002，003，013，014，015，028，040，042，043，047，049，065，066，067，068，069，070，071，072，075，080，081，085，086，087，088，089，091，093，094，095，098，101，102，116，117，120，121，122，123，130，140，146，152，163，172，174，175，181，188，196，198，199，200，205，206，207，216，222，227，228，235，236，237，238，248，250，256，287，288，298，302，321，325，327，333，339，347，350，358，359
情感 042，044，054，068，073，086，097，098，100，130，131，132，136，137，146，156，161，176，177，178，189，192，193，199，200，205，206，207，211，215，217，218，223，225，226，227，228，229，230，233，235，238，269，289，298，301，305，306，327，333，340，341，355，358
人本主义教育 097，098，101，108，109，231
人的超越性 027，036，037，283，294，339
人的未特定化 016，017，018，020，021，024，031，032，033，147，156
人的文化性 032，034
人文关怀 042，044，165，175，177，186，298，307
人文主义教育 081，082，083，084，245
认知 014，097，098，131，136，141，144，148，177，194，199，200，205，207，211，215，217，218，223，225，230，298，305，309，324，325，330，336
社会人本主义 103
社会生命 132，135，199，201，211，230，232，241
社会生命的教育 230，231
社会自由 241，242，243，245，246，248，250，251，252，255，256，257，269，357
审美精神 203，205，215

生活世界 023，027，046，065，069，070，071，072，076，140，171，172，174，175，189，192，196，226，312，357

生命本质 010，026，040，134，150，227，281

生命德育 132，219，224

生命的超越性 036，280，286，288，291，359

生命的可持续性 295

生命的灵性 049，058，092，171，216

生命的意义 028，045，074，091，132，135，143，157，162，163，165，194，285，291，292，304，305，351，353

生命的有限性 007，280，282，290，291，341，342，343，344，348，349，350，351，353

生命的主体间性 311

生命的自由 045，058，225，240，255，257，262，272，342，357

生命发展的非连续性 329，331，332，333，334

生命发展的内在逻辑 158

生命化教育 081，131，150，162，163，164，165，166，171，172，175，179，188，198，278，354，355，359

生命美育 132，226，227，228，229

生命智育 215，292

实证主义 046，047，065，067，068，069，070，072，073，074，089，090，091，096，102，130，180，181，182，183，184，185，186，188，189，190，191

双重存在 005，026，028

文化教育学 088，092，097，148，186，190，289，290，334

物质生活 021，028，202

种生命 006，007，008，009，010，020，021，026，033，038，135，141，281

主体间性 075，076，077，078，091，101，118，123，126，129，130，176，177，179，190，209，311，312，314，315，320，322，323，326，328，329

主体性 022，066，070，074，075，076，077，078，103，104，105，108，110，113，114，116，118，119，121，122，123，125，126，127，128，129，130，131，147，155，179，185，205，209，219，221，222，232，240，241，245，247，249，250，254，271，276，285，286，287，294，296，297，310，

312，313，314，315，325，327，328，334，340
主体自由 229，238，241，242，243，245，246，248，249，255，256，257，269，357
自然人本主义 106，109，231
自然生命 005，006，010，012，020，132，138，139，140，146，147，157，199，200，201，202，208，211，212，213，215，241，280，284，298，344
自然生命的教育 211，212，233
自然主义教育 084，085，088，106，172，245
自由发展 059，C82，106，108，109，110，111，113，131，154，155，231，235，240，244，245，246，256，257，258，259，261，265，270，271，272，276，307，309，310

后　记

“教育与人的关系”是我从事教育学研究以来一直着重思考的问题。我清楚地记得在我的博士学位论文开题会上导师鲁洁教授的一番话语：“教育就是要使人成为‘人’，研究教育必须研究‘人’的教育。”我博士学位论文选题即是“类主体教育”，主要从人类发展的角度，考察并提出了人类在走出工业社会单子式主体的危机后，必将走向类主体，教育也因此走向类主体的教育。类主体是人类克服异化问题之后，向人的本性的回归。类主体的教育是成“人”的教育，是“真人”的教育。但我对“类主体教育”的研究主要着眼于社会发展和人类的视角，是一种“宏大”的叙事，缺少对个体的思考。我还记得吴康宁教授在我博士学位论文答辩会上的一番话：“希望类主体教育能够在教育现实中试验、实施，开花、结果。”正是吴老师的这句话促使我不断地思考，于是，我把后续的研究转向了个体——现实的、具体的、活生生的，具有发展的全面性、自由性、独特性的生命，把类主体的教育转向了个体生命的教育，从而使我对人的研究，进一步地接近了教育现实。正是基于这样的想法，我把“生命与教育”的研究作为我博士学位论文研究的继续，申报了江苏省哲学社会科学研究“十五”规划重点课题。本书就是这一课题研究的最终成果。

本书是在本体论层面对“生命与教育”关系的一种学理性探讨。回答了“生命是什么，生命缘何成为教育的原点，教育为何具有生命的品性，生命在教育中如何自由成长，教育又如何呵护和培育生命”等问题；同时，对教育无视生命、践踏生命、遮蔽生命意义的状况，进行了批判与反思。这是一本基于生命体特征构建的生命教育学，它描绘了一幅走出异化的本真教育的蓝图。

本书对“生命与教育”的研究，相比我的“类主体教育研究”而言，确实走近了现实，但本研究仍然偏重于理论运思与叙述，只是“走近”教育，还没有真正“走进”教育。我想，理念的清理和明晰是十分必要的，它避免了我们“走进”现实后的“盲目性”。当然，“走进”教育现实才是真正的目的。所以，作为本研究的应用或后续研究，我将进一步研究生命化教育的实践，构建促进生命和谐发展的教育模式。因为我坚信，生命化的教育不是“写”出来的，而是“做”出来的。这也大概是叶澜教授把她所倡导的学派称为“生命·实践教育学派”的用意所在吧。

本研究得到了江苏省哲学社会科学规划办、南京师范大学教育科学学院重点学科建设的资助。作为课题研究，在 2001 年 12 月的开题报告会上曾得到过班华、朱小蔓、成尚荣、郑金洲、陈敬朴诸位先生的指导。为完成这一研究，2003 年 9 月到 2004 年 1 月，我曾到叶澜教授那里短暂访学，在她主持的“月末例会”上得以报告本研究的内容，得到叶澜教授、杨小微教授的指导。金生鈜教授关注和督促本书的写作，并提供了许多帮助。责任编辑郑豪杰先生对书稿字斟句酌，使本书增色不少。在此，向为本研究提供帮助的诸位前辈、同人、朋友表示真诚的感谢。

“教育与人的研究”是教育学的永久话题，也是教育学研究的难题。“生命与教育”的研究是“教育与人的研究”在当代的具体化，最近已经引起了教育理论界的关注，本书的研究只是初步的探索，愿更多的同人参与到这一研究中来，也祝愿中国的教育事业在生命之路上健康发展。

冯建军

2004 年 9 月

于南京师范大学随园

再版后记

《生命与教育》被纳入“中国教育思想文库”，据出版社介绍，这套丛书由他们从最近这些年出版的学术图书中精心挑选出来的为数不多的几本组成，《生命与教育》能够忝列其中，倍感荣幸。

《生命与教育》第1版出版于2004年，至今已经过去了16年。16年前，“生命与教育”是一个新的课题。16年后，本书再版之际，再次通读书稿，觉得自己所提的观点依然没有过时。因此，本书的再版只是核对和完善了注释，没有修改其中的观点。

我曾经在一篇综述类文章中说，20世纪90年代，中国教育理论研究的关键词是“主体”，21世纪初的关键词则是“生命”。我的这本书无疑为21世纪初我国教育理论界开展“生命与教育”研究留了浓重的一笔，也成为学界认识我、了解我的一个“符号”。当初，“生命”这个词对教育理论界和实践界来说，还是比较陌生的，今天已经为很多教育研究者和中小学教师耳熟能详，在研究文献和中小学办学实践、教学改革中随处可见关于教育的生命表达。在中国知网上查阅下本书的引用情况，已经高达2800多次。用百度搜索一下，可以在网上看到不少阅读本书的心得和体会。2020年3月疫情期间，看到杭州颜瑶卿名师工作室开展的《生命与教育》多彩共读，被人大复印报刊资料《幼儿教育导读》的微信公众号转载、广为传播，不禁感叹16年前的书还是有价值的，这也坚定了我再版本书的信心。

《生命与教育》这本书主要是从本体论层面探讨了生命与教育的关系，

提出了基于生命的一些教育观点、思想，这种探讨主要是哲学层面的。本书出版后也得到很多一线中小学教师的喜欢，他们不仅阅读本书、传播本书的理念，而且有校长鼓励我按照这种理念办学，他们的鼓励也使我看到了这一理念的实践价值。因此，我把这一基于生命的教育理念，运用于实践，撰写了《生命化教育》一书，并于2007年在教育科学出版社出版。可以说，这两本书，《生命与教育》偏重理论，《生命化教育》偏重实践，是姊妹篇。16年来，我虽然没有自己办学，但我知道一些学校在按照生命化教育的理念前行，如江苏徐州的大马路小学、淮安的淮阴实验小学，它们都在这一理念指导下，在课堂教学、班级建设、学生和教师的发展、学校文化等方面进行改革，打造了生命化教育的学校品牌。

16年来，我个人一方面传播生命化教育的思想，另一方面也把这一思想进行拓展和深化，主要集中在生命教育、生命教育与道德教育的整合研究上。在生命教育研究中，我与朱永新、袁卫星一起建构了新生命教育的课程体系，合作编写了《新生命教育》中小学系列教材和《生命教育教师手册》指导用书。在生命教育与道德教育的关系上，我主张在生命教育中融入道德教育，提出走向道德的生命教育，并在《新生命教育》教材中得以体现。

我坚信，教育是成“人”的事业，生命是人之本，因此，教育的事业必须以生命为原点，基于生命，通过生命，发展生命。无论是何种教育活动，都当永远以人为本，以生命为基。我还会以此为原点，持续推进“生命与教育”的研究。

本书再版得到了教育科学出版社郑豪杰总编、刘明堂主任等的大力支持，在此表示衷心的感谢。

冯建军

2020年10月9日

出版人　李　东
责任编辑　王晶晶
版式设计　孙欢欢
责任校对　贾静芳
责任印制　叶小峰

图书在版编目（CIP）数据

生命与教育 / 冯建军著 .—2 版 .—北京：教育科学出版社，2020.11（2021.11 重印）
（中国教育思想文库）
ISBN 978-7-5191-2348-2

Ⅰ. ①生…　Ⅱ. ①冯…　Ⅲ. ①生命哲学—教育理论　Ⅳ. ①G412

中国版本图书馆 CIP 数据核字（2020）第 193333 号

中国教育思想文库
生命与教育
SHENGMING YU JIAOYU

出版发行	教育科学出版社		
社　　址	北京·朝阳区安慧北里安园甲 9 号	邮　　编	100101
总编室电话	010-64981290	编辑部电话	010-64989363
出版部电话	010-64989487	市场部电话	010-64989009
传　　真	010-64891796	网　　址	http：//www.esph.com.cn

经　　销	各地新华书店		
制　　作	北京大有艺彩图文设计有限公司		
印　　刷	保定市中画美凯印刷有限公司	版　　次	2004 年 11 月第 1 版
开　　本	720 毫米 ×1020 毫米　16 开		2020 年 11 月第 2 版
印　　张	24.75	印　　次	2021 年 11 月第 2 次印刷
字　　数	345 千	定　　价	62.00 元